名家通识讲座书系

《周易》经传
十五讲（第二版）

□ 廖名春 著

北京大学出版社
PEKING UNIVERSITY PRESS

图书在版编目（CIP）数据

《周易》经传十五讲/廖名春著. —2 版. —北京：北京大学出版社，2012.9
（名家通识讲座书系）

ISBN 978-7-301-21195-3

Ⅰ.①周…　Ⅱ.①廖…　Ⅲ.①《周易》-研究　Ⅳ.①B221.5

中国版本图书馆 CIP 数据核字（2012）第 207713 号

本书为"教育部人文社科重点研究基地项目"

书　　　　名：《周易》经传十五讲（第二版）
著作责任者：廖名春　著
责 任 编 辑：艾　英
标 准 书 号：ISBN 978-7-301-21195-3/B·1061
出 版 发 行：北京大学出版社
地　　　　址：北京市海淀区成府路 205 号　100871
网　　　　址：http://www.pup.cn
电 子 邮 箱：编辑部 wsz@pup.cn　　总编室 zpup@pup.cn
电　　　　话：邮购部 62752015　发行部 62750672　出版部 62754962
　　　　　　　编辑部 62756467
印　刷　者：三河市博文印刷有限公司
经　销　者：新华书店
　　　　　　　650m×980mm　16 开本　21 印张　334 千字
　　　　　　　2004 年 9 月第 1 版
　　　　　　　2012 年 9 月第 2 版　2024 年 6 月第 12 次印刷
定　　　　价：69.00 元

《名家通识讲座书系》
编审委员会

编审委员会主任

许智宏(北京大学校长　中国科学院院士　生物学家)

委　员

许智宏

刘中树(吉林大学校长　教育部中文学科教学指导委员会主任　教授
文学理论家)

张岂之(清华大学教授　历史学家　原西北大学校长)

董　健(原南京大学副校长、文学院院长　教授　戏剧学家)

李文海(中国人民大学教授　历史学家　教育部历史学科教学指导委
员会主任　原中国人民大学校长)

章培恒(复旦大学古籍研究所所长　教授　文学史家)

叶　朗(北京大学艺术系主任　教授　美学家　教育部哲学学科教学
指导委员会主任)

徐葆耕(清华大学中文系主任　教授　作家)

赵敦华(北京大学哲学系主任　教授　哲学家)

温儒敏(原北京大学中文系主任　教授　文学史家　中国现代文学学
会副会长　原北京大学出版社总编辑)

执行主编

温儒敏

《名家通识讲座书系》总序

本书系编审委员会

《名家通识讲座书系》是由北京大学发起,全国十多所重点大学和一些科研单位协作编写的一套大型多学科普及读物。全套书系计划出版100种,涵盖文、史、哲、艺术、社会科学、自然科学等各个主要学科领域,第一、二批近50种将在2004年内出齐。北京大学校长许智宏院士出任这套书系的编审委员会主任,北大中文系主任温儒敏教授任执行主编,来自全国一大批各学科领域的权威专家主持各书的撰写。到目前为止,这是同类普及性读物和教材中学科覆盖面最广、规模最大、编撰阵容最强的丛书之一。

本书系的定位是"通识",是高品位的学科普及读物,能够满足社会上各类读者获取知识与提高素养的要求,同时也是配合高校推进素质教育而设计的讲座类书系,可以作为大学本科生通识课(通选课)的教材和课外读物。

素质教育正在成为当今大学教育和社会公民教育的趋势。为培养学生健全的人格,拓展与完善学生的知识结构,造就更多有创新潜能的复合型人才,目前全国许多大学都在调整课程,推行学分制改革,改变本科教学以往比较单纯的专业培养模式。多数大学的本科教学计划中,都已经规定和设计了通识课(通选课)的内容和学分比例,要求学生在完成本专业课程之外,选修一定比例的外专业课程,包括供全校选修的通识课(通选课)。但是,从调查的情况看,许多学校虽然在努力建设通识课,也还存在一些困难和问题:主要是缺少统一的规划,到底应当有哪些基本的通识课,可能通盘考虑不够;课程不正规,往往因人设课;课量不足,学生缺少选择的空间;更普遍的问题是,很少有真正适合通识课教学的教材,有时只好用专业课教材替代,影响了教学效果。一般来说,综合性大学这方面情况稍好,其他普通的大学,特别是理、工、医、农类学校因为相对缺少这方面的教学资源,加上很少有可供选择的教材,开设通识课的困难就更大。

这些年来,各地也陆续出版过一些面向素质教育的丛书或教材,但无论数量还是质量,都还远远不能满足需要。到底应当如何建设好通识课,使之能真正纳入正常的教学系统,并达到较好的教学效果? 这是许多学校师生普遍关心的问题。从2000年开始,由北大中文系主任温儒敏教授发起,联合了本校和一些兄弟院校的老师,经过广泛的调查,并征求许多院校通识课主讲教师的意见,提出要策划一套大型的多学科的青年普及读物,同时又是大学素质教育通识课系列教材。这项建议得到北京大学校长许智宏院士的支持,并由他牵头,组成了一个在学术界和教育界都有相当影响力的编审委员会,实际上也就是有效地联合了许多重点大学,协力同心来做成这套大型的书系。北京大学出版社历来以出版高质量的大学教科书闻名,由北大出版社承担这样一套多学科的大型书系的出版任务,也顺理成章。

编写出版这套书的目标是明确的,那就是:充分整合和利用全国各相关学科的教学资源,通过本书系的编写、出版和推广,将素质教育的理念贯彻到通识课知识体系和教学方式中,使这一类课程的学科搭配结构更合理,更正规,更具有系统性和开放性,从而也更方便全国各大学设计和安排这一类课程。

2001年底,本书系的第一批课题确定。选题的确定,主要是考虑大学生素质教育和知识结构的需要,也参考了一些重点大学的相关课程安排。课题的酝酿和作者的聘请反复征求过各学科专家以及教育部各学科教学指导委员会的意见,并直接得到许多大学和科研机构的支持。第一批选题的作者当中,有一部分就是由各大学推荐的,他们已经在所属学校成功地开设过相关的通识课程。令人感动的是,虽然受聘的作者大都是各学科领域的顶尖学者,不少还是学科带头人,科研与教学工作本来就很忙,但多数作者还是非常乐于接受聘请,宁可先放下其他工作,也要挤时间保证这套书的完成。学者们如此关心和积极参与素质教育之大业,应当对他们表示崇高的敬意。

本书系的内容设计充分照顾到社会上一般青年读者的阅读选择,适合自学;同时又能满足大学通识课教学的需要。每一种书都有一定的知识系统,有相对独立的学科范围和专业性,但又不同于专业教科书,不是专业课的压缩或简化。重要的是能适合本专业之外的一般大学生和读者,深入浅出地传授相关学科的知识,扩展学术的胸襟和眼光,进而增进学生的人格素养。本书系每一种选题都在努力做到入乎其内,出乎其外,把学问真正做活了,并能加以普及,因此对这套书作者的要求很高。我们所邀请的大都是那些真正有学术建树,有良好的教学经验,又能将学问深入浅出地传达出来的重量级学者,是请"大家"来讲"通识",所以命名为《名家通识讲座书系》。其意图就是精选名校名牌课程,实现大学教学资源共享,让更多的学子能够通过这套书,亲炙名家名师课堂。

本书系由不同的作者撰写,这些作者有不同的治学风格,但又都有共同的追求,既注意知识的相对稳定性,重点突出,通俗易懂,又能适当接触学科前沿,引发跨学科的思考和学习的兴趣。

本书系大都采用学术讲座的风格,有意保留讲课的口气和生动的文风,有"讲"的现场感,比较亲切、有趣。

本书系的拟想读者主要是青年,适合社会上一般读者作为提高文化素养的普及性读物;如果用作大学通识课教材,教员上课时可以参照其框架和基本内容,再加补充发挥;或者预先指定学生阅读某些章节,上课时组织学生讨论;也可以把本书系作为参考教材。

本书系每一本都是"十五讲",主要是要求在较少的篇幅内讲清楚某一学科领域的通识,而选为教材,十五讲又正好讲一个学期,符合一般通识课的课时要求。同时这也有意形成一种系列出版物的鲜明特色,一个图书品牌。

我们希望这套书的出版既能满足社会上读者的需要,又能够有效地促进全国各大学的素质教育和通识课的建设,从而联合更多学界同仁,一起来努力营造一项宏大的文化教育工程。

目　录

第一讲

绪　论

一　《周易》的特征

《周易》在中国传统典籍中是最有特色的,也可以说是东方神秘主义的代表作。儒家以它为"五经"(《易》、《书》、《诗》、《礼》、《春秋》)之首,道家以它为"三玄"(《老》、《庄》、《易》)之一,无论研究天文、地理、音乐、兵法,还是研究声韵、数学、武术、气功,古人都喜欢援引、借助《周易》的学说;至于道士炼丹,术士算命,更是以它为根据,以它为招牌。在古人看来,"《易》道广大,无所不包"①,《周易》及其易学,囊括了天、地、人间的一切知识,是社会科学和自然科学的总汇。可以说,《周易》的思维模式、人生哲学、象数理论,深深地影响甚至支配了中国乃至中华文化圈内各国人的思维习惯、人生态度。就是对自然科学的发展,它也在相当程度上充当了至少是哲学指导的角色。它不仅在中国文化史上占有着罕与伦比的地位,同时也是世界文化史上一颗璀璨的明星。

《周易》为什么具有如此大的影响? 我认为原因大致有三:

首先,是其思想的深邃。

《周易》的思想很复杂,可以说是言人人殊。但是,阴阳对待、流行和时中,应是《周易》最为典型的思想。

《周易》六十四卦,一共三百八十四爻,都是由阴爻－－和阳爻—组成的。《易传》将其阐发为阴阳哲学,应该是合乎逻辑的。

《周易》不但阴阳相对,六十四卦和八卦也是两两相对,乾坤、坎离、泰否、损益、谦豫、晋明夷……不但八卦是以"对"的形式出现的,其实全部六十四卦也是以"对"的形式出现的,只不过有的明显,有的隐晦而已。所以,

---

① 《四库全书总目》卷一,经部易类一,北京:中华书局,1987 年。

读《易》当以"对"观。《周易》的这一特点，反映在思想上就是"对待"观。这种"对待"观不能简单地看做"对立"，更包括对立面相互依存、互为条件的思想。

"《易》者，变也。"《周易》就是"变经"，就是讲运动、变化规律的，用《易传》的话来说，就是"流行"。《周易》的卦与卦之间是可以相互变化的，乾卦可以变为坤卦，泰卦可以变为否卦。反之，坤卦也可以变为乾卦，否卦也可以变为泰卦。《周易》从乾坤到既济，象征着事物一个发展过程的圆满结束。但是，既济卦之后还有未济卦，明显含有事物的发展是无穷的思想。

《周易》重视中位，也重视时。这种思想，《易传》概括为"时中"。"中"，不但含有不偏不倚，既反对"过"，又反对"不及"的思想，也含有主张秩序的思想，甚至还包含有"正统"论的倾向。《周易》六十四卦，每一卦都有一卦的"卦时"；一卦六爻，每一爻都有一爻的"爻时"。强调"时"，就是主张随时变化，与时俱进。这些思想，不但吸引和启发了古人，就是在今天，也还有它强大的生命力。

其次，是其思想表现形式和方法的特殊。

中国古代哲理深刻的著作很多，为什么它们都不如《周易》影响大呢？除了历史的原因外，首先要引起注意的就是其思想表现形式的特殊。《论语》、《孟子》、《老子》、《庄子》都是说理的，靠的是逻辑的力量。但是，深刻的哲理要让一般民众都感兴趣，实在是勉为其难。而"《易》则寓于卜筮"①，以"神道设教"（《周易·观·象传》），接过一般民众都迷信的筮法，装进自然哲学和社会哲学的内容，将迷信的形式和哲学的内容结合在一起，使对哲学不感兴趣的民众易于接受，这样，尽管"见仁见智"，但对《周易》哲理的普及无疑是有效的。

《周易》思想表现方法的特殊则更值得注意。《四库》馆臣说："《易》之为书，推天道以明人事者也。"②"推天道以明人事"的典籍很多，但没有哪一种典籍发展到了《周易》的极致。《论语》、《孟子》、《老子》、《庄子》都是借天道来说人事之理的，但它们都是文字的推阐，而"书不尽言，言不尽意"（《周易·系辞传》），文字的内涵毕竟有规定性，表达思想有一定的限度。

---

① 《四库全书总目》卷一，经部易类一。
② 同上。

《周易》则是卦画符号与汉字的结合体。虽然其卦爻辞是文字，表达的意思有限，但其卦画符号的功能却无穷，什么都能用它来代表，就好像 X 和 Y 一样，所以冯友兰（1895—1990）称《周易》是"宇宙代数学"，虽然"只讲一些空套子，但是任何事物都可以套进去"①。可以说，"《易》道"之所以"广大"而"无所不包"，主要不在于它的卦爻辞，而是在其卦画符号。而卦画符号与卦爻辞的结合，就使《周易》成为了一种早期的符号哲学。

再次，是其历史的特殊。

关于《周易》的历史，《汉书·艺文志》有"人更三圣，世历三古"说。这是说，《周易》一书，经历了上古的八卦阶段、中古的六十四卦阶段、下古的《易传》阶段。而八卦为伏羲所作，六十四卦为周文王所演，《易传》为孔子（前551—前479）所作。这么悠久的历史，如此显赫的作者，中国其他典籍，没有谁能与之相比。难怪古书编目，总是以《易》为首。

由此看来，《周易》是一门发展的学问。所谓"伏羲画卦"、"文王演卦"是指《周易》本经的形成。而"孔子作传"则是指《易传》的产生。严格地说，《周易》或《易经》，应指西周时期形成的《周易》本经，而不应该包括《易传》（指"十翼"）。但由于古人认为《易传》为孔子所作，而孔子是"圣人"，"圣人"之作当然可升为"经"。于是，《周易》或《易经》，也就包括了《易传》。

严格地说，除《周易》本经以外的所有研究《周易》本经的著作，都可称为"易传"。但由于《易传》（指"十翼"）习称为孔子所作，以致可与《周易》本经并列，也就成了专称，别的研究《周易》本经的著作也就不好再称为"《易传》"了。这些著作我们可称之为"学"。这样，易学著作也就分成了"经"（指《周易》本经）、"传"（指《易传》，即"十翼"）、"学"（指《易经》、《易传》以外的所有易学著作）三部分②。

儒家经学系统的典籍从汉朝开始，都包括经、传、学三部分。《周易》系统的典籍也是如此。如宋朝朱熹（1130—1200）注解《周易》的著作《周易本义》一书，即由此三部分组成。其中，既有经文，也有传文，朱熹对经、传文所作的注解则属于易学。今人对《周易》经传所作的注解，则属于当代

---

① 冯友兰：《代祝词》，《周易纵横录》，第7页，武汉：湖北人民出版社，1986年。
② 朱伯崑：《易学研究中的若干问题》，《朱伯崑论著》，第834页，沈阳：沈阳出版社，1998年。

易学。

应该指出，由于《易传》"由传而经"的特殊性，人们习称的"《易经》"已包括了《易传》。所以，"易学"不但包括了对《周易》本经的研究，实质上也包括了对《易传》的研究，而且也包括了更多的"《易》外别传"，即借《周易》本经和《易传》之题发挥的著作，比如《四库全书总目》所说的"旁及天文、地理、乐律、兵法、韵学、算术，以逮方外之炉火，皆可援《易》以为说，而好异者又援以入《易》"①之类。

这三部分中，"经"是源，"传"与"学"是流。它们固然有许多的共同点，但显然是不同时期不同作者的作品，我们不能把它们混为一谈。《易传》有的东西，并不等于本经就有，也有可能是《易传》的创造。后来易学著作有的东西，也不等于一定出于本经或《易传》，也有可能是后人的发明。研究《周易》，我们一定要有历史观念，懂得哪些是本经具有的，哪些是本经可能会具有的，哪些是本经不可能具有的。不要把本经不可能具有的强加于本经，也不要轻易否定本经可能会具有的。把后来易学著作才有的东西强加于本经，就会得出《周易》无所不有、无所不能的错误观念，走向神化一途。轻易否定本经可能会具有的，甚至对本经已经具有的视而不见，就会贬低本经的思想性，视本经为简单的筮书，走向矮化一途。

二 学《易》的意义

为什么要学习《周易》？这也是一个古老的问题。古代的学者以《周易》经传为圣人之书，其中蕴涵着关于宇宙人生的大道理，从而认为易学研究的任务是发掘其中的大道理，使圣人之道发扬光大；学《易》则是为了修身养性，提高人的道德水平，进而"齐家"、"治国"、"平天下"，甚至能掌握自然变化的规律，与天地参。当然，也有学《易》为了算命的，但只是旁门左道，不入正流。以《四库全书总目》为代表的历代图书目录，《易》学著作的正统部分都列在经部第一，而与圣人之道无关的《易》学著作，则列入子部术数类。这种重"道"而轻"术"的取舍，很值得我们参考。

---

① 《四库全书总目》卷一，经部易类一。

我们今天学《易》与古人有所同，也有所不同。比较起来，应是同大于异，而不应是异大于同。具体理由，可以列举以下几点。

（一）学习中国传统文化的需要

著名史学家陈寅恪（1890—1969）在《隋唐制度渊源略论稿》二《礼仪》章中曾指出："北朝胡汉之分，不在种族，而在文化。""当时之所谓胡人汉人，大抵以胡化汉化而不以胡种汉种为分别，即文化之关系较重而种族之关系较轻，所谓有教无类者是也。"晚年，他又特别强调这一观点。①

近年来，美国哈佛大学教授亨廷顿（Samuel P. Huntington）也指出："文化的特质与差异较在政治上及经济上的更难改变，也更不容易妥协与解决。在前苏联，共产主义者可以变成民主主义者，贫富亦可易位。可是，俄罗斯人却不能变成爱沙尼亚人，阿塞拜疆人亦不能变成亚美尼亚人。就阶级与意识形态冲突而言，关键问题是：'你到底站在哪一方？'人们可以，并且事实上会选择并改变立场。而文化冲突的问题则在：'你是什么？'但这是既定且不能改变的。"②

这就是说，政治观点和经济情况是可以变化的，而文化背景是无法改变的。文化高于血统，高于种族。对于中国人来说，本质在于文化，而不在于"种"。接受了中国文化的人，才能称得上是中国人。没有接受中国文化的人，哪怕他是汉种，具有纯正的中国血统，也不能称为真正的中国人。而中国文化，其中一个最为重要的组成部分就是传统文化。不懂得中国的传统文化，不珍惜中国的传统文化，不仅是"数典忘祖"，也是一个不合格的中国人。

而要懂得中国的传统文化，继承我们的文化传统，学习《周易》并了解有关《易》学的知识，实在重要。

现代著名哲学家冯友兰临终遗言："中国哲学将来一定会大放光彩。要注意《周易》哲学。"③寄中国哲学的希望于《周易》研究。为什么呢？这除了《周易》本身的特点外，应该还有中国哲学历史的原因。

中国哲学的许多问题是以易学研究的形式展开的，不懂易学就不懂中

---

① 陈寅恪：《柳如是别传》下，第 982 页，上海：上海古籍出版社，1980 年。
② 亨廷顿：《文明的冲突》，《二十一世纪》（香港）总第 19 期，第 8 页。
③ 蔡仲德：《冯友兰先生年谱初编》，第 744 页，郑州：河南人民出版社，1994 年。

国哲学。比如太极、乾坤、阴阳、道器、理事、理气、形而上和形而下、象数、言意和神化等中国哲学最重要的范畴，都出自易学。不懂得《周易》的占筮体例、卦爻象的变化以及卦爻辞的解释，特别是其独特的易学理论思维模式，要弄清这些范畴的起源、演变及其性质，几乎是不可能的。

中国哲学号称"儒道互补"。儒家哲学发展的高峰当推宋明理学。而宋明理学作为中国古代哲学的一种形态，从周敦颐（1017—1073）到朱熹，再到王夫之（1619—1692），就其哲学体系赖以出发的思想资料和理论形式说，是通过其易学形成和发展起来的。宋明理学的五大流派，无论是理学派还是数学派、气学派、心学派、功利学派，都同易学理论结合在一起，他们对哲学基本问题的回答，基本上都来源于易学问题。① 他们的代表人物，周敦颐有《太极图说》、《通书》，邵雍（1011—1077）有《皇极经世》，程颐（1033—1107）有《程氏易传》，张载（1020—1077）有《横渠易说》，朱熹有《周易本义》，王夫之有《周易内传》和《周易外传》……几乎每一个理学大家，都是易学大家。不懂得《周易》，要懂得宋明理学，进而懂得儒家哲学，应该是不可能的。就道家、道教系统而言，魏晋玄学和道教哲学同易学的发展也有密切的关系。谈王弼（226—249）玄学，不去研究其代表作《周易注》的易学问题；谈"方外炉火"——道教的炼丹理论，不懂卦气说，要做出正确的评论，也是不可能的。

"六经皆史"，学习中国上古史尤其离不开《周易》。近代以来，顾颉刚（1893—1980）、闻一多（1889—1946）、郭沫若（1893—1978）、屈万里（1907—1979）、夏含夷（Edward Shaughnesy）等人利用《周易》卦爻辞的材料，揭示了中国古史的许多秘密。

《史记·殷本纪》对商汤之前许多先公的记载，极为简略。对于其记叙的可靠性，学者很有疑问。罗振玉（1866—1940）等人首先从甲骨卜辞中识别出了若干先公先王的名字，王国维（1877—1927）继而深入研究，与《史记·殷本纪》比较对读，终于证明司马迁（前145或前135—？）的记载确有根据，但也有一些错误②。这样，经过文献和出土材料的双重互证，殷商一代终于成了信史，而王国维也成了我国近代新史学的开山。

---

① 朱伯崑：《易学哲学史》第一卷，第5页，北京：华夏出版社，1995年。
② 王国维：《殷卜辞中所见先公先王考》，《观堂集林》卷九，北京：中华书局，1959年。

王国维对殷先公先王的考证,以王亥、王恒、上甲微三世最为出名。顾颉刚受其启发,推衍其说,发表了《周易卦爻辞中的故事》一文,揭示了王亥丧牛羊、高宗伐鬼方、帝乙嫁女等一系列商周史事,做出不凡的成绩。后人继踵其华,使这些长期以来被淹没的史料露出了真相。

　　比如《周易·大壮》六五"丧羊于易"、《旅》卦上九"丧牛于易",顾颉刚认为都是王亥的事迹,是说商人先祖王亥在有易这个地方放牧牛羊,被有易部落首领杀害的故事。王亥是商代开国史上的重要人物,但两千年来在史学界湮没无闻,《周易》的这两条爻辞虽然简短,却包含了王亥故事的不少细节,填补了商代开国史的空白,其意义是巨大的。

　　又如《既济》九三爻辞:"高宗伐鬼方,三年克之。"《未济》九四爻辞:"震用伐鬼方,三年有赏于大国。"高宗,据《尚书·高宗肜日》,即商王武丁。高宗伐鬼方,王季伐鬼戎,纣以鬼侯为三公,都是殷商时事,入周以后,鬼方便不再在史事中出现。实际上鬼方只是商代通行的词,西周以后即成陈迹。《周易》载有武丁伐鬼方故事,正表明其撰作之早。[①]

　　又如《泰》六五爻辞:"帝乙归妹,以祉,元吉。"《归妹》六五爻辞:"帝乙归妹,其君之袂不如其娣之袂良。月几望,吉。"帝乙一名屡见于《尚书》,其历数商朝的列王,成汤是第一代王,帝乙则是亡国之君纣的父亲。顾颉刚结合《诗经·大雅·大明》的记载,认为"《周易》中的'帝乙归妹'一件事就是《诗经》中的'文王亲迎'一件事"。夏含夷进而指出《归妹》的九四、六五、上六爻辞描写的是由于帝乙之女不育,导致了与周王婚姻的失败,暗示了商人与周人关系的破裂。"其君之袂不如其娣之袂良",象征了"大邦"商被小邑周取而代之。不但《泰》、《归妹》两卦,《否》、《渐》两卦的爻辞反映的也是这一史实。[②]

　　郭沫若、闻一多则把《周易》当做研究考察商周社会生活的史料。郭沫若指出:"全体六十四卦,三百八十四爻。卦有卦辞,爻有爻辞,合乾卦的用九,坤卦的用六,一共有四百五十项文句。这些文句除强半是极抽象、极简单的观念文字之外,大抵是一些现实的生活。这些生活在当时一定是现存着的。所以如果把这些表示现实生活的文句分门别类地划分出它们的主从

---

①　李学勤:《周易经传溯源》,第9页,长春:长春出版社,1992年。

②　夏含夷:《结婚、离婚与革命——〈周易〉的言外之意》,《周易研究》1994年第2期。

出来，我们可以得到当时的一个社会生活的状况和一切精神生产的模型。"于是他考证出：《周易》的时代是由牧畜转化到农业的时代，牧畜还是生活的基础，如农业，如工业，如商业，才仅见一些儿萌芽。国家的雏形是约略具备了，但是我们要知道那仅是雏形，和氏族社会相隔并不甚远。人的生产价值老早发现了，结果是用到颓废了的生产上去，于是奴隶制度便产生出来。奴隶便成为财产，成为可以买卖的商品。阶级在事实上公然存在，有一般的抽象的社会上的阶级，那就是大人君子和小人。① 闻一多在此基础上，将《周易》卦爻辞分为有关经济、有关社会、有关心灵三大事类，从中钩稽出器用、服饰、车驾、田猎、牧畜、农业、行旅、婚姻、家庭、宗族、封建、聘问、争讼、刑法、征伐、迁邑、妖祥、占候、祭祀、乐舞、道德观念等大量史料。②

学习《周易》对于古典文学的研究也具有重要意义。《周易》的卦爻辞往往押韵，学者们视之为"古代文学的起源"。王岑认为："中国诗坛上最早的萌芽，就是《易经》里边的这些简短的诗歌，因为在她们之前，没有真正可靠的文学作品，而在她们之后，演进为辉煌灿烂、震古烁今的《诗经》。她们是中国诗歌的先声，也是吾国文学的鼻祖。对于这些珍贵的诗歌，我们应该予以十二分的重视。"③高亨（1900—1986）用"赋比兴"的方法系统地分析了《周易》的卦爻辞，认为其中有采用赋的手法的短歌，有采用比的手法的短歌，有采用兴的手法的短歌，还有采用类似寓言的短歌，由此论定："由《周易》中的短歌到《诗经》民歌，也显示出由《周易》时代到《诗经》时代，诗歌的创造艺术逐步提高的过程。我们如果说《周易》中的短歌是《诗经》民歌的前驱，似乎也接近事实。"④所以，讲中国文学史，讲中国诗歌史，是难以离开《周易》的。

《系辞传》说："《易》者，象也"，"象也者，像此也"。《周易》无论卦爻符号还是卦爻辞，都是"立象以尽意"。因此，《周易》不但是一部以象征为基本特征的作品，而且其卦爻辞也创造了许多有一定文学意义的象征形象，并对先秦文学中常用的一些象征手法产生了一定的影响，可以说《周易》卦爻

---

① 郭沫若：《〈周易〉时代的社会生活》，《中国古代社会》，北京：人民出版社，1953 年。
② 闻一多：《周易义证类纂》，《闻一多全集》卷二，开明书店，1948 年。
③ 王岑：《中国诗坛之原始》，《朔风》第 15 期，1937 年 11 月。
④ 高亨：《〈周易〉卦爻辞中的文学价值》，1961 年 8 月 22 日《文汇报》。

辞是我国古代文学象征的滥觞。①

刘勰的《文心雕龙》是我国第一部系统的文学理论巨著。其篇章布局本于《系辞传》的"大衍之数五十,其用四十有九",故设置五十篇,而可切用于论文的仅《原道》至《程器》四十九篇,末篇《序志》只不过是总结性"以驭群篇"的文字,这就是所谓"位理定名,彰乎大易之数,其为文用,四十九篇而已"。其内容既引据《周易》卦象,以说明文学问题,又援引《周易》文辞,以丰富文论意蕴;既探研《周易》创作,以推阐文学源流,又融化《周易》词语,以自铸美意伟辞。② 因此,不懂得《周易》,是不可能读懂《文心雕龙》的。而不懂得《文心雕龙》,谈中国古代的文学理论,是很难启齿的。

(二) 研究今天的中国的需要

今天的中国是过去的中国的继续和延续,易学虽是一门古老的学问,但其影响则沉积在民族群体和每个人的身上。这些影响有些是明显的,有些则是无形的、潜意识的。学习《周易》,对于认识今天中国的思想和文化面貌,甚至民俗,都是有积极意义的。

毛泽东思想是 20 世纪中国意识形态的主流。毫无疑问,它作为中国化了的马克思主义,有强烈的中国传统文化的背景和中国哲学的渊源。毛泽东哲学的代表作《矛盾论》的基本内容就是阐述"一分为二"和矛盾转化,这也是《周易》阴阳哲学的发展。毛泽东(1893—1976)曾说:"一点论是从古以来就有的,两点论也是从古以来就有的。这就是形而上学跟辩证法。中国古人讲,'一阴一阳谓之道'。不能只有阴没有阳,或者只有阳没有阴。这是古代的两点论。形而上学是一点论。"③这不但指出《系辞传》"一阴一阳谓之道"的实质就是"两点论"④,而且还将"两点论"与"一点论"的对立由今追溯到了《易传》。可以说,不懂得《周易》的阴阳哲学,讲毛泽东《矛盾

① 张善文:《〈周易〉卦爻辞的文学象征意义》,《周易与文学》,第 22 页,福州:福建教育出版社,1997 年。

② 黄寿祺、张善文:《试论〈周易〉对〈文心雕龙〉的影响》,《文心雕龙学刊》1989 年第 4 辑。

③ 毛泽东:《在中国共产党第八届中央委员会第二次全体会议上的讲话》,《毛泽东选集》第 5 卷,第 320 页,北京:人民出版社,1977 年。

④ 2001 年 11 月我带研究生到山东大学参加第三届海峡两岸青年易学论文发表会,讲评时以"两点论"解释"一阴一阳谓之道"说,台湾易经学会前理事长邵崇龄赞叹不已,说从未听过这样的新说。

论》的思想渊源是讲不清楚的。

陈晋说：毛泽东"对《周易》相当喜爱，他在读《伦理学原理》的批语中列举的上述种种对立现象，明显来源于《周易》。特别是《周易》所说的'天行健，君子以自强不息'，揭示了天道盈虚消息，动变无穷；君子所为，便是效法天道，精进有为，在日新月异的运动变化中实现自身的能力价值的宇宙观与人生观，对他更是有直接影响"①。毛泽东崇"动"尚"变"好"斗"的思想性格，人们注意到了康有为（1858—1927）、梁启超（1873—1929）宣传的"穷则变，变则通"说的影响②。其实，《周易·系辞传》就有"《易》，穷则变，变则通，通则久"说，追溯其本，当来源于《易》。

新儒家也是当代思想界的显学。其开山熊十力（1885—1968）的哲学对当代新儒家有重大的影响，牟宗三（1909—1995）、唐君毅（1909—1978）、徐复观（1903—1982）等当代新儒学大家，均出于熊十力之门。而熊十力的哲学本于《周易》，所以说"《易经》是思想革命之宝典，开体用不二之宏宗"。其《乾坤衍》即是对《周易》乾坤哲学的推衍。读新儒家的著作，不懂《周易》，也是很难读懂的。

我们今天流行的许多术语，原本就出于《周易》。如"革命"一词，20世纪以来，已成为大家的口头禅。其实就出于《彖传》对《周易·革》卦之义的阐发："天地革而四时成，汤武革命，顺乎天而应乎人：革之时义大矣哉！"③而近些年来更为耳熟的"改革"一词，也不过是其变种。

随着大陆加入世界经贸组织，"与时俱进"的观念深入人心。考镜源流，这一思想与《周易》关系非常大。从乾卦来看，《周易》本经已有"时"的思想。从初爻到九二再到九三、九四、九五、上九，在不同的爻位里，龙由"潜"到"见"，到"跃"，到"飞"，到"亢"，表现各有不同。特别是九三爻辞，君子白天是乾而又乾，努力工作，晚上则安闲休息，真是"文武之道，一张一弛"。《文言传》将其分别概括为"与时偕行"、"与时偕极"，说是"时乘六龙"，应该是准确的。《彖传》等说《易》，多以"时"解。如"刚当位而应，与时行也"，"损益盈虚，与时偕行"，"凡益之道，与时偕行"，"天地盈虚，与时

---

① 陈晋：《毛泽东的文化性格》，第247页，北京：中国青年出版社，1991年。

② 同上书，第246页。

③ 如刘小枫就著有《儒家革命精神源流考》（上海三联书店，2000年）一书。

消息","过以利贞,与时行也","大亨贞无咎,而天下随时。随时之义大矣哉","时止则止,时行则行,动静不失其时,其道光明",等等。所以,"时"应是《周易》的基本精神。在中国的传统典籍中,没有比《周易》更重"时"的。追溯"与时俱进"的渊源,毫无疑问,应该追溯到《周易》。

而对《周易》缺乏了解,则往往会造成一些不必要的误解。比如时下颇为流行"人文主义"或"人文精神"说。《周易·贲·彖》:"贲,亨,柔来而文刚,故亨;分刚上而文柔,故小利有攸往,天文也;文明以止,人文也。观乎天文,以察时变;观乎人文,以化成天下。"其"人文"与"天文"相对。"天文"是天象,所以观天象,就可以察时变,掌握天气的变化。如此类推,"人文"当是指民情。所以观民情,因情施教,因地制宜,就可以"化成天下"。由此可知,"人文"与"天文"一样,都是中性词,并无值得肯定的价值内涵。提倡"人文主义"或"人文精神"的说法,从发生学的角度说,是有欠妥当的。应该改提"人本主义"或"人本精神",强调以人为本,珍视人的价值。这较之涵义模糊的"人文主义"或"人文精神"说,应该更为合适。

又如清华大学的校训"厚德载物,自强不息"非常出名。但人们在解释时,或者说它出自《周易》的卦爻辞,或者说它出自《象传》,或者说它出自《系辞传》,都是错误的。说它出自《周易》,出自《易经》,出自《易传》,出自《象传》,都还可以;严格地说,应该出自《周易·大象传》。"厚德载物"出自坤卦《大象传》"地势坤,君子以厚德载物","自强不息"出自乾卦《大象传》"天行健,君子以自强不息"。我在清华大学任教十几年了,发现各种宣传品上的解释,甚至包括校史,很少有说对的。这应该是对《周易》的内容缺乏正确认识造成的。

学习《周易》对于了解社会风俗也是有必要的。今年是羊年,家家都说"三阳开泰"。羊和阳谐音,而《周易》泰卦的卦形为☷☰,从下往上数,其初爻和第二、三爻都是阳爻,所以说"三阳"。开,始。泰卦开始的三爻都是阳爻,所以说"三阳开泰"。又如女同志带的手包称为"坤包",女表称为"坤表",为什么呢?原来在《周易》里,乾为男而坤为女,所以女同志用的就称之为"坤"了。我以前在长沙工作,每次经过一个叫"水风井"的地方,都觉得名字奇怪,百思不得其解。后来学习了《周易》,才豁然明白,原来《周易》井卦的卦形为☵☴,上三爻为八卦的☵坎,☵坎代表水;下三爻为八卦的☴巽,☴巽代表风。井卦卦形上坎下巽,也就是上水下风。"水风"就是井卦的卦形。又如蒋介石的名与字，也出自《周易》。《周易》豫卦六二的爻辞是"介于石，不终日，贞吉"。《小象传》的解释是"'不终日，贞吉'，以中正也"。"介石"之名，取自豫卦六二的爻辞；字为"中正"，则出自《小象传》。根据爻位说，《周易》六画卦的二爻、五爻为"中"。而阳爻居奇数位、阴爻居偶数位为得"正"。豫卦六二爻爻位为"二"，为下卦之"中"。"六"为阴爻，居于偶位"二"，是为得"正"。豫卦六二爻既居"中"又得"正"，所以称为"中正"。由此可见，即使在今天的中国，"《易》道"也还是"广大"的。

（三）弘扬中国文化传统，自立于世界民族之林的需要

只有民族的，才能是世界的。易学作为中华传统文化的代表作，不但在我国具有永恒的生命力，在国外也有积极的影响。

汉字文化圈内的日本、韩国、越南等国《周易》相当流行，其中韩国特别突出。韩国的国旗叫太极旗，是白地中间有一圆形的太极，太极由两种颜色青色和红色组成，分别含有阴、阳两种含义，太极的周围是乾坤坎离四卦图。尽管韩国人强调他们国旗的韩国特色，但也不讳言出自《周易》及其易图。①

韩国国旗

科学家们对《周易》的推崇则更令人深思。

德国著名的哲学家和数学家莱布尼茨（Gottfried Wilhelm Leibniz，

---

① 柳承国：《太极旗的原理和民族理想》，《国际易学研究》第一辑，第276—288页，北京：华夏出版社，1995年。

1646—1716)因为从二进制数学理解了六十四卦图(邵雍的六十四卦方圆图)而高兴地说:几千年不能很好地被理解的奥秘由我理解了,应该让我加入中国籍吧！他在致德雷蒙的信中曾这样叙说他的这一贡献:"《易经》,也就是变易之书,在伏羲的许多世纪以后,文王和他的儿子周公以及在文王和周公五个世纪以后的著名的孔子,都曾在这六十四个图形中寻找过哲学的秘密……这恰是二进制算术……在这个算术中,只有两个符号:0 和 1。用这两个符号可以写出一切数字。"半个世纪前,日本学者伍来欣造在其《儒教对于德国政治思想的影响》中,评论莱布尼茨发现二进制与易图的一致性时曾说:"二元算术与易,便是东西两文明之契合点的象征。"①

量子力学的创始人玻尔(N. Bohor,1885—1962)1937 年访问中国时,了解到中国的阴阳概念,深受震惊,尤其对太极图感兴趣,认为他一生反复阐述的量子力学中的互补观念在中国也有它的先河。他因科学成就被封为爵士时,亲自设计自己家族的族徽,以太极图作为主要图案,并刻上了"对立即互补",以象征中西文化的融合。②

莱布尼茨

玻尔

①　以上转引自董光璧《易学与科技》,第 197 页,沈阳:沈阳出版社,1997 年。
②　徐道一:《周易科学观》,第 27 页,北京:地震出版社,1992 年。

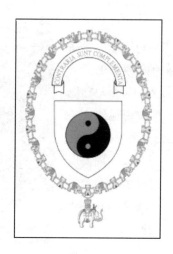

玻尔设计的族徽

1988 年,在北京召开"二维强关联电子系统国际讨论会",中国著名画家吴作人为此次会议制作了"太极图"会标。诺贝尔物理奖得主、美籍华人李政道博士非常欣赏。他说:"您的大作已获国内外科学家的最高评价。如太极、两仪,画中包含的抽象概念,已超过了物理上的基础理论。而其形象动荡,更深深地表达了从宇宙星云至电子、质子……一切之形成。结合古今、融协万象,实创作之结晶。"

"太极图"会标

这幅作品珍藏在中国国际物理研究中心大楼的展厅中,设计图案已定为北京正负电子对撞机的标志。①

---

① 徐道一:《周易科学观》,第145页。

从莱布尼茨到李政道,科学家们对易学理论的推崇"并非一时的感情冲动"。易学中的理论思维,的确有永恒性的东西,可以为人类新思维的形式提供某种养料或借鉴。比如"在人与自然关系异化的今天,易学中的那种'究天人之际'的精神,那种理性与价值合一的生态观,那种整体生成论的方法,对于解决当代人类所面临的全球危机,确实能以其历史的遗惠为未来科学的发展提供启迪"。因为现代科学的发展表明,"生成论"较"构成论"更适合

李政道

于科学的继续发展;与"生物进化论"和"热退化论"相比,"循环论"也更显示出了它独特的魅力;而"天工开物"和"道术一本"作为科学技术观,把技术视为沟通人与自然的中介,而不是人类掠夺自然的工具,"有利于克服不考虑后果的技术的滥用",而使"科学技术必须以伦理道德为最高目标"①。

但是,如何看待易学与科学的关系,一直存在激烈的争论。

于光远认为《周易》作为哲学,只能给科学研究以某种启发,不可能运用它直接取得科学成果。不仅《周易》,而且世界上任何古籍,都不能对现代科学发展起直接的作用。②

而徐道一则认为研究《周易》与现代自然科学的联系是《周易》研究进入到一个新阶段的标志。《周易》的科学思维、宇宙观和微观世界在许多基本点方面是相通的,甚至少数情况下吻合得相当好。对《周易》的研究可以对现代科学和人类社会健康发展做出一定贡献。因此,他将所谓"科学易"改称为"周易科学",其内容概括为两方面:一方面以现代自然科学观点和方法来研究《周易》中内涵的关于自然界的科学论述;另一方面把《周易》的基本概念、研究方法、理论体系应用于现代科学、技术各个方面(或与现代科技相结合),以取得实际效果,推动现代科技进一步发展。③

---

① 董光璧:《易学与科技》,第 13、265 页。

② 于光远:《坚持科学态度——对当前周易研究的一个恳切希望》,《周易与自然科学研究》,第 1—11 页,郑州:中州古籍出版社,1992 年。

③ 徐道一:《周易科学观》,第 1—2、14 页。

董光璧认为应当将"科学易"与"易科学"区分开来。所谓"科学易"，是"以科学治易学"，是易学家的工作，属于解释学的范畴。所谓"易科学"，是"以易学治科学"，是科学家的工作，属于科学的范畴。两者的差别是"理解"与"创造"之别。"以科学治易学"作为易学研究的一种方式，可以随着科学的发展，不断创新对《易》的理解而使易学得以发展，是保存和发展易学的一种好方式。而"以易学治科学"的目的是借易学中某种观念或方法的启迪进而达到新知识的创造，难度要大得多。①

我赞同于光远的观点，也不否定"以科学治易学"的工作，但对"以易学治科学"则实在缺乏信心，也以为大可不必。用王弼的话来说："义苟在健，何必马乎？类苟在顺，何必牛乎？"（《周易略例·明象》）"治科学"者，又何必一定要拘泥于易学呢？

事实上，将易学直接运用于科学研究，迄今尚无成功之例。

20世纪30年代，旅法华人刘子华（1899—1992）将八卦的逻辑结构用于分析太阳系，以八卦配星球，得出了存在一颗尚未被认证的行星的预言。1940年11月18日巴黎大学博士论文审查委员会通过了其论文，并授予其法国国家博士学位。但"据传中国天文学家张钰哲对刘子华的八卦宇宙论持否定态度。至今中国天文学界对此未发表任何书面肯定的意见。也就是未把刘子华的这一工作，作为科学工作接受下来。……八卦宇宙论至今仍不是科学"②。

从德国学者 M. 申伯格（M. Schönberger）开始，许多学者都投入了生物遗传密码与六十四卦对应关系的研究，言"易科学"者，几乎都津津乐道于此。但科学史家比较了申伯格与秦新华、萧景林、徐宏达、顾明、潘雨廷、王贡胜的工作后指出，"各种密码卦模型之间的巨大差别表明，这类研究尚未达到确定的科学结果"③。

至于"太极是科学的灯塔"、"化学元素周期性变化与古代八卦排列之间存在着共同的规律性。因此，可以应用八卦的原理，去探讨原子的秘

---

① 董光璧：《易学科学史纲》，第8—10页，武汉：武汉出版社，1993年。
② 同上书，第262页。
③ 同上书，第263—269页。

密"、"提出八卦定灾指示图,改进现代水文预测方法,并取得较好效果"等等①,要得到科学共同体的公认则更为困难。

总之,善《易》者可以"以科学治易学",开出一片易学的新天地,也可以易学的理论思维为人类科学新思维的形式提供某种养料或借鉴。但切不可反客为主、越俎代庖,以易学代替科学。这是我们在肯定易学对于科学研究的积极作用时万万不可忘记的。

(四)《周易》和易学史本身确实还有很多问题值得研究

记得 1997 年 10 月在西安交通大学召开的"第二届易学与当代文明研讨会"开幕式上,吉林大学的吕绍纲(1933—2008)教授宣读了金景芳(1902—2001)先生的贺信,其中说到"我研究了 70 多年的《周易》,有许多问题至今也还没搞清楚"。出席会议的某名人当即就说:一个东西如果研究了 70 年还有问题搞不清楚,我认为这个东西就没有什么研究的价值了。在随后的讨论中,我当面提出了批评,说科学史上 70 年没搞清的问题比比皆是,比如哥德巴赫猜想是 1742 年提出来的,至今尚未解决,你能说陈景润的工作就没有意义吗?人类起源之谜至今也还有争论,这一问题的研究恐怕也不会低于 70 年。那名人恼羞成怒,当即偕夫人退出了会场。

其实,求知是人类的天性。《周易》经、传本身有很多问题尚待解决,易学史上也有诸多谜团有待清理,这正是驱使我们学《易》的内在动力。如果什么问题都解决了,"乾坤或几乎息矣"(《系辞传》),《周易》也就没有生命力了。从某种角度上来说,在中国的传统典籍中,《周易》之所以影响最大,就在于它问题最多、最大。

比如卦名乾,本义到底是什么?至今尚有争议。卦名坤,本义到底是什么?也还是问题。六十四卦的卦名,说不清楚的决非这两个。

卦爻辞中问题则更多。一个"贞"字,古人以为正,今人则释为贞问,谁是谁非,也难有定论。

六十四卦的卦义,有一些尚不清楚,我们不能强不知以为知。

六十四卦卦与卦之间的关系,《易传》中的《序卦传》和《杂卦传》就有不同的解释,其真相如何?还不好遽下结论。

---

① 详见徐道一《周易科学观》,第 32—33、162、94—95 页。

六十四卦的卦画和卦义的关系也值得探讨。《周易》自身是否存在着象辞相应之理,也就是说,卦爻象与卦爻辞之间是否存在着内在的逻辑联系,也是一个长期争论的话题。

老实地说,《周易》六十四卦,几乎每一卦都存在问题,四百多条卦爻辞,说至少有一半尚有争议,绝非危言耸听。

《易传》的问题也不会少于《易经》,从李镜池的著作到马王堆帛书易传的出土,许多基础性的东西都引发了讨论。

易学史上问题则更多。比如先天卦位的起源、河图洛书的真相、太极图的来源等等,有的一直没有解决,有的以为解决了,其实还是问题。

现代又出现了"以科学治易学"的"科学易"、"以易学治科学"的"易科学"……可以说,哪一个地方都是问题。

易学之树常青,就在于我们不断地探讨问题,解决问题,逼近真理。

三　学《易》的方法

《周易》研究的方法论问题,1963 年曾经引起过我国学界的热烈讨论。讨论的中心集中于两点:一是研究《周易》是否应当以"传"解"经";二是在研究中如何划分现代观念与古人思想的界限。但此类讨论仅涉及局部范围,尚未深入展开,所以也未能做出全面的结论。[①]

事实上,《易》学史中的不同流派,往往都采用过各具特色的研究方法。如《左传》、《国语》所载《易》说重在"本卦"、"之卦"的爻变,汉儒解《易》常用"互体"、"卦变"、"卦气"、"纳甲"、"爻辰"、"升降"、"消息"、"之正"等法,王弼《易注》参以老庄哲理,程颐《易传》贯注着儒家思想,李光(1078—1159)、杨万里(1127—1206)援史证《易》等,均在一定程度上反映了前人对《易》学研究方法的不同理解及运用。

那么,今天我们应采用怎样的方法学习《周易》呢? 黄寿祺(1912—1990)、张善文教授曾提出过八条意见[②],颇值得重视。下面,笔者在黄、张说的基础上,也谈一谈自己的看法,供大家参考。

---

① 详见廖名春等:《周易研究史》,第 404—406 页,长沙:湖南出版社,1991 年。

② 黄寿祺、张善文:《周易译注》,第 28—30 页,上海:上海古籍出版社,1989 年。

（一）先学易学史，从源溯流，对易学有一个基本的把握

易学著作汗牛充栋，浩如烟海。据笔者参加编撰《中国古籍总目提要》时的不完全统计，仅现存的 1911 年以前的《周易》类古籍，就有 2000 多部。而民国以来，专著、论文又年逾一年，难以确数。吕绍纲编《易学大辞典》收入 1911—1991 年易学专著 140 多部，论文 1230 多篇。[①] 至于 1991 年以后，论著的数量更多了。

易学著作质量的参差不齐、鱼龙混杂也是有目共睹的。总的来说是有见解的少，重复的多；严谨的少，信口开河的多；平允的少，走极端的多；重考据的少，空谈大道理的多。如果没有正确的引导，自学往往难上正道，以致多有"歧路亡羊"之叹。

据笔者的经验，学《易》应当先学易学史，只有对古往今来易学发展的大概有了一定的了解以后，我们才能知道哪些书该读，哪些书不该读；哪些书当先读，哪些书当后读；哪些书当精读，哪些书当泛读。如果不了解前人的曲折，只凭血气之勇，势必会南辕北辙，热情也不会持久。

（二）以经传为本，旁及其他

学习《周易》第一要以本经为据，其次则要重视《易传》。今人读《易》，强调经传分离，经是经，传是传。古人读《易》，则强调经传一体，以传解经。这两种方法，都有是有非。忽视经传的区别，以传代经，确实违反历史主义的原则；但忽视经传之间的联系，否定传本于经的事实，也不见得科学。特别是《易传》在发展《易经》的阴阳哲学上，有突出的贡献，代表了正确的解《易》方向，对此视而不见、熟视无睹，只能埋没《易经》的积极面，流于卜筮而不能自拔。所以，过分地强调经传分离，表面上看来是遵循历史主义的原则，实质上隐伏着理性精神迷失的危险。

经传学好了，再学习其他易著也就有了基础。这样，我们就可根据易学史的知识，进行挑选。一般来说，应先读《左传》、《国语》、《穆天子传》以及出土简帛的记载；再看汉魏古注（主要见于李鼎祚《周易集解》），六朝、隋、唐诸家义疏（以孔颖达《周易正义》为代表）；然后是宋、元、明、清各家之经解（宋、元人经说多见《通志堂经解》，清人经说可读《清经解》、《续清经

---

① 吕绍纲：《易学大辞典》，第 108—110、1224—1283 页，长春：吉林大学出版社，1992 年。

解》）；最后才是今人的新注新解。

古人的重要注疏也可到《四库全书》和《续修四库全书》经部易类中去找。这两种丛书过去阅读不容易，但现在有电子版，在超星上就可读到，非常方便。

（三）象辞一体，以象数为义理服务

《周易》的象辞是否有相应之理，是有争议的。读《易》以义理为主，还是以象数为主，也是有争议的。

我们认为《周易》六十四卦的卦画和卦义，也就是说卦爻象和卦爻辞之间既存在着形式上的关联，也存在着实质上的内在的逻辑联系。承认这一前提，就可知道读《易》既不可舍象数而言义理，也不可不顾义理来谈象数。

《易》生于筮，筮源于数。"名物为象数所依，象数为义理而设"，象辞一体，这是《周易》有别于其他典籍的特征。如果只谈义理，不谈象数，那《周易》与其他典籍就没有区别了，《周易》就不成其为《周易》了。反过来，只谈象数，不顾义理，即使能靠上科技史，也必然会"行之不远"。因为研究数学，研究物理，研究化学，甚至研究天文历法，就是不学《周易》，也能照样进行；学了《周易》，也不一定比别人研究得好。中国科技的落后，我们不能归诸学《易》；但也不能说中国人学《易》，促进了科学技术的发展。对此我们必须有清醒的认识。

由此可知，《周易》的义理是本，象数只是手段，是为义理服务的。帛书易传《要》篇记载孔子学《易》"幽赞而达乎数，明数而达乎德"，虽然强调要"幽赞"、"明数"，但其目的是"求其德义"。[①] 孔子开创的这一传统，应是学《易》的正道。几千年来，人们认可并选择了孔子的《易》教，而没有选择"赞而不达于数"、"数而不达于德"的"史巫之筮"，是明智而有理性的，当属历史的必然。

（四）掌握《易》例

朱伯崑教授说，《易传》对《周易》的解释有两套语言，即筮法语言和哲学语言。前者谈筮法问题，后者谈哲学问题，谈哲学问题，往往又不脱离筮法问题。[②] 其实，不但《易传》，《周易》本经也有两套语言，只不过筮法语言

---

① 廖名春：《帛书〈要〉释文》，《国际易学研究》第一辑，第 28 页。
② 朱伯崑：《易学研究中的若干问题》，《朱伯崑论著》，第 860 页。

"显",而哲学语言"隐"而已。

《周易》本经的筮法语言是有规律的。这些规律,前人称之为"《易》例"。掌握了《易》例,就能了解《周易》的筮法语言;不掌握《易》例,就读不懂《周易》的筮法语言,最终也不能了解其哲学语言。一部《周易》,难字并不多。比如乾坤两卦,基本上就没有什么难字。"用九"、"用六",都是非常容易的字。但不掌握《易》例,不懂《周易》的筮法语言,是根本讲不清楚的。从这一点来看,《周易》之难,就在于其筮法语言的难以掌握,就在于《易》例探索的艰难。

前人在《易》例的探索上做了很多的工作。比如六爻居位特征、承乘比应关系及卦时、卦主、中正等规律,这都是需要掌握的。具体可以参考黄寿祺、张善文《周易译注》之《读易要例》的有关部分①。但需要指出的是,对前人归纳的《易》例要重视而不可迷信;对那些经不起实证检验的《易》例要敢于舍弃;同时,应该根据《周易》的新进展,归纳出新的《易》例。

(五) 重视出土材料与传世文献的互证

近年来,与《周易》有关的材料不断出土,其中有许多是王弼、孔颖达(574—648)、程颐、朱熹、高邮王氏父子没有见过的文献。这些出土材料,不但给易学研究提供了新的资源,更重要的是与现有的文献相互印证,能加深我们对现有文献的认识。

1973 年底,长沙马王堆三号汉墓出土了 12 万多字的帛书,这是继汉代发现孔府壁中书、晋代发现汲冢竹书、清末发现敦煌卷子之后又一次重大的文献发现。这批珍贵的帛书中,有关《周易》方面的共有 2 万余字,既有经,又有传。帛书《周易》经传涉及《周易》经传的作者问题、易卦的形成问题、卦序问题、卦名和卦爻辞的异文问题、《系辞传》和《象传》《文言传》的形成问题、《周易》的历史地位问题、传《易》的学派问题、帛书《周易》经传同今本《周易》经传的关系问题等等,无论对研究《周易》经、传本文,还是对研究易学史,帛书《周易》经、传都有着十分重要的意义②。

---

① 即该书的第 41—48 页。
② 详见廖名春《周易经传与易学史新论》第九章《帛书周易经传述论》,济南:齐鲁书社,2002 年。

上海博物馆从香港收购的楚简《周易》虽然还没有正式公布①，但从上海博物馆书法馆所展出的两支简来看，其阴爻、阳爻与今天通行的"—"、"--"符号无别，因此，断定"马王堆帛书《六十四卦》上的卦画是中国最早用阴阳爻写成的"，显然与事实不符。其卦名"㐌"、"大筮"居于卦画之后，下接卦爻辞，与今通行本无异。所以，说"战国中期以前没有卦名"也是不能成立的。楚简《周易》㐌卦有"初六"、"六二"、"六三"、"九四"、"六五"，大筮卦有"初九"、"九二"、"九三"、"六四"，与帛书《周易》、阜阳汉简本《周易》同。所以，《周易》原无爻题、用题说，显然也是有问题的。关于《周易》本经的作年，从古至今有种种异说。现在，从上海博物馆所藏楚简《周易》来看，应该说"先秦无《易经》"的"大胆设想"，已经被证伪了。从抄写的时间早于墓葬时间，成书时间又早于抄写时间看，"战国中期"说也是不能成立的。②

郭店楚简《六德》篇不但《诗》、《书》、《礼》、《乐》、《易》、《春秋》并称，而且说它们都是表达"夫夫、妇妇、父父、子子、君君、臣臣"之理的。其《语丛一》也将《诗》、《易》、《春秋》并列，说明《易》之加入六经，最早不会先于秦汉之际说是完全错误的。早在先秦时代，《周易》就已经入经，而且儒家的学者已展开了对它的研究，这应是不争的事实。③

此外，王家台秦简《归藏》的出土、商周数字卦的发现，对于易学史的研究都极具挑战性。在我们这个大发现的时代，学习《周易》而不注意出土材料，肯定不行。

利用出土材料治《易》，也有一些问题值得注意：

第一，要使用一手材料，称引释文一定要核对照片，尽量少用二手材料。以免以讹传讹。出土材料一般是做论据使用，对立论关系重大，一旦称引有误，引发的后果异常严重。

第二，立足于出土材料与传世文献的互证，要以出土材料去激活传世文献的研究，而不要采取打板子的办法，轻易地以出土材料去否定传世文献。通过出土材料发现传世文献的问题固然可喜，能印证传世文献的可信也同

---

① 补记：楚简《周易》已收入马承源主编《上海博物馆藏战国楚竹书(三)》，上海：上海古籍出版社，2003 年。

② 详见廖名春《周易经传与易学史新论》第三章《上海博物馆藏楚简周易管窥》。

③ 详见廖名春《周易经传与易学史新论》第十二章《从郭店楚简论先秦儒家与周易的关系》。

样有价值。对于出土材料与传世文献的不同要合理解释,切忌简单化。

第三,要坚持一条龙似的系统研究,从出土材料提供的微观的局部的信息中,发掘其宏观的意义,将个别的易学问题上升到易学观的高度来认识,最大限度地发挥出土材料的作用。

最后,谈谈推荐书目。

作为一般大学生,我认为可以读以下几种:

一是黄寿祺、张善文的《周易译注》,上海古籍出版社1989版。① 此书为大陆第一部全面翻译《周易》经传本文,并对其要理进行系统阐释的易著。该书卷首有"前言"、"读易要例"、"译注简说",下分十卷译注。其"前言"阐明了著者自己的易学观,概括了《周易》经传的历史和内容特点,回顾了易学发展的历程,介绍了学《易》的方法,确系经验之谈。"读易要例"介绍了易学的一般知识,要而不烦,对初学者尤其有用。该书的译文,基本上做到了"信、雅、达"。其注释本于注疏,又博采众长,能择善而从,间有发明,可称得上是持之有故、言之成理,非穿凿附会之流可比。对于缺乏资料的自学者来说,此书汉魏古注、六朝隋唐诸家义疏、重要的宋元经解基本具备,一册在手,一般不必另求。更有意思的是,作者还就《周易》四百多条卦爻辞和《易传》诸多章节,撰成五百则"说明";就六十四卦及《系辞传》之下五篇文字写下六十九篇"总论"。这些论述性的文字反映了作者的易学理论,具有一定的深刻性。当然,此书较为传统,稳妥有余而创新不足。至于简帛易学的新材料,该书出版时大部分尚未公布。

二是金景芳、吕绍纲的《周易全解》,吉林大学出版社1989年版。② 该书是当代义理易学的代表作。作者认为《周易》的本质并非卜筮之书,而是一部讲哲学思想的书;《易传》大部分为孔子所作,与孔子思想若合符节;《说卦传》说的"乾,健也",是说乾的性质是健,具有普遍意义,"乾为马",是说乾可以取象于马,并不具有普遍意义;这种性质和取象的区别,表现在语言形式上,前者用"也"表示判断,意思同"是",表明是不变的,后者用"为"表示判断,意思同"化",表示是可变的;《系辞传》"大衍之数五十"下

---

① 补记:此书上海古籍出版社2007年又有新版,分为上、下册。
② 补记:此书上海古籍出版社2006年有修订本。

脱"有五"二字，因为"天数"为二十有五，"地数"为三十，天地之数即大衍之数，故大衍之数应为五十有五。在编写体例上也颇用心思。最突出的是该书在每卦之后都立有"总论"，这些"总论"融会贯通了卦爻辞、《象传》、《彖传》，概括力强，重点阐述了各卦的卦旨及其取象，便于读者从整体上把握全卦。

三是廖名春、康学伟、梁韦弦的《周易研究史》，湖南出版社1991年版。该书是大陆第一部易学通史，从先秦一直写到1989年。分为先秦易学、两汉易学、魏晋隋唐易学、宋元易学（上）、宋元易学（下）、明清易学、现代易学七章。其特点是以经传研究为本，以义理易学的发展为主线，坚持象数为义理服务；同时贯穿了通史原则，逼近了易学研究的最前沿；在对《周易》经传本身的认识上，坚持二重证据法，清理了易学研究上的疑古思潮。但囿于当时的条件，叙述线条粗，对象数易学的发展和台湾易学的情况介绍得不够。要想进一步了解20世纪，特别是其后10年《周易》研究的进展，可阅读杨庆中的《二十世纪中国易学史》，人民出版社2000年版。

四是朱伯崑的《易学哲学史》一至四册，华夏出版社1995年版。这是第一部研究易学哲学的通史。该书认为研究易学哲学发展的历史，要摆脱旧的经学史的框框，探讨其理论思维发展的一般规律；而易学哲学作为一种特殊的哲学形态，有其自身的发展规律，显著特点就是通过对《周易》占筮体例的解释，表达其哲学观点，如果看不到这一点，脱离筮法、孤立地总结其理论思维的内容，不去揭示易学哲学发展过程中的特殊矛盾，就容易流于一般化，将古代的理论现代化；易学哲学中的路线斗争和派别斗争，推动着其理论思维的发展，但如果看不到各流派之间的相互联系及其影响，将思维路线的斗争简单化、绝对化，同样不能揭示其历史发展的真实面貌；易学哲学作为一种意识形态，其形式和内容都受时代的社会历史条件制约，因此，研究易学史必须打破旧的经学史家从卫护周孔之道的立场评论各派易学的陈腐观念，要将各派的易学及其哲学放在其所处的历史条件下去考察，以历史唯物主义的态度评判各家的理论。该书将古代易学史分为《易传》即战国时期、两汉经学即汉易时期、晋唐易学时期、宋易时期、清代汉学时期，认为战国时期的《易传》为易学哲学奠定了理论基础；两汉易学同当时的天文历法相结合，并受到占星术和天人感应论的影响，形成了以卦气说为中心的哲学体系；晋唐易学同老庄相结合，将《周易》玄学化，《周易》成为"三玄"之一;宋易同道学即新儒家的哲学相结合,延续至清初;清代汉学兴起,对《周易》的研究又回到汉易传统;马克思主义传入中国,为《周易》哲学的研究开创了新局面。该书对易学哲学的研究,长于理论思辨和考证源流,但对《周易》本身的许多基本认识,则留下了疑古过勇的痕迹。

五是刘大钧的《周易概论》,齐鲁书社 1986 年版。该书通论易学象数学说,是当代象数学派的代表作。全书由《周易》泛说、关于《周易大传》、关于《易》象、关于卦变、关于占筮、《左传》《国语》筮例、变占探讨、历代《易》学研究概论(上)、历代《易》学研究概论(下)、疑难卦爻辞辨析(上经)、疑难卦爻辞辨析(下经)、帛易初探十二篇专论组成,涉及《周易》研究的方方面面,但主旨仍是象数学研究。喜欢象数学的同学,可以阅读此书。如想再多一点了解,也可进一步阅读林忠军的《象数易学发展史》第一、二卷,齐鲁书社 1994、1998 年版。

六是董光璧的《易学科学史纲》,武汉出版社 1993 年版。该书系统地阐述了历史上易学与科学的相互关系,由导言和上、下篇及结语组成。导言阐述古今易学科学观;上篇三章分别述及易卦符号学、易数之谜和律历易说;下篇三章论说易学与中国科学范式的形成、易学与中国科学的三次高峰、近代易科学的困境;结语讨论了易学的科学性、易学的现代性和"易科学"的可能性问题。对"科学易"感兴趣的同学,可以阅读此书。

如果要进一步研究,可以阅读黄寿祺、张善文编的《周易研究论文集》第一至四辑,北京师范大学出版社 1987、1988、1989、1990 年版,共收入易学论文 158 篇,多是 20 世纪有代表性的论作。

此外,山东大学周易研究中心出版有刘大钧主编的《周易研究》双月刊,该刊为世界上易学研究的主力刊物;北京东方国际易学研究院也出版有朱伯崑主编的《国际易学研究》,基本是一年一本,现在已出到第十二辑。关心《周易》研究进展的同学,应该经常阅读。

思考题:

1. 简述《周易》经、传、学的区别。

2. 你认为《周易》最主要的特征是什么,请简述之。

3. 列举一些你觉得好的易学著作,并简述其理由。

第二讲

八　卦

一　八卦的卦画、卦名和卦义

八卦是由阴爻--和阳爻—三叠而成的三画卦形，又称为"经卦"或"单卦"。八卦各有一定的卦形、卦名、取象、卦德。其对应关系如下：

卦　名	卦　形	取　象	卦　德
乾	☰	天	健
坤	☷	地	顺
坎	☵	水	陷
离	☲	火	丽
震	☳	雷	动
艮	☶	山	止
巽	☴	风	入
兑	☱	泽	现

其说主要见于《说卦传》①。

八卦的卦形是六十四卦的基本构件，学习《周易》，熟记八卦的卦形当是基本功。为了便于记忆八卦的卦形，古人编了一首歌谣，非常形象：

　　　　☰乾三连，☷坤六断；

　　　　☳震仰盂，☶艮覆碗；

　　　　☲离中虚，☵坎中满；

　　　　☱兑上缺，☴巽下断。②

---

① 《说卦传》："乾，健也；坤，顺也；震，动也；巽，入也；坎，陷也；离，丽也；艮，止也；兑，说也。乾为天……坤为地……震为雷……巽为木……坎为水……离为火……艮为山……兑为泽。"

② 朱熹《周易本义》所载《八卦取象卦歌》，廖名春点校本，第7页，广州：广州出版社，1994年。

这是说乾卦的卦形☰横相连，而坤卦的卦形☷则断为六截；震卦的卦形☳像向天的碗，而艮卦的卦形☶则像覆盖的碗；离卦的卦形☲中间是空虚的，而坎卦的卦形☵中间则是充实的；兑卦的卦形☱上面有缺口，而巽卦的卦形☴缺口则在下面。

下面，我们逐一讨论：

☰乾三爻都是阳爻，是纯阳之卦，是阳的代表。卦名乾，在马王堆帛书《周易》经、传中都写作"键"，《大象传》也说"天行健"，疑其本名为"健"[1]。乾当为借字。天是主要取象，此外还有龙、君子、父、大等。其卦德，即主要的德性象征是健，也就是刚健、主动。

☷坤三爻都是阴爻，是纯阴之卦，是阴的代表。卦名坤，在马王堆帛书《周易》经、传中都写作"川"，在先秦秦汉的大部分文献中，或写作"以"，或写作"巛"，疑其本名为"顺"，而"川"、"以"、"巛"皆为"顺"字早期的写法[2]。地是主要取象，此外还有母、小、小人等象。其卦德是顺，也就是柔顺、顺从、被动。

☵坎上下为阴爻，中间为阳爻，卦形象水。古文字水作"氵"，将"氵"横置就是"☵"。因此，"坎为水"，"☵"就是水字。《彖传》、《大象传》都以"水"为释，说与《说卦传》同。卦名坎，陆德明（约550—630）《经典释文》："本亦作埳，京、刘作欿。"《汉石经》作"欿"。说明坎义本为陷。帛书《易经》作"赣"，而赣可训陷，与坎音义都相当接近，所以能通用。其卦德为陷，引申为险。中国和西方，上古都有过洪水为患的历史，洪水之险，记忆很深，故以水作为险的代表。

☲离卦形象火，而火中最亮之处是白色的，离卦以"中虚"来表示，非常形象。《说卦传》："离也者，明也。"《广雅·释诂四》："离，明也。"《大象传》说："明两作，离。"离也是明的意思。其卦德为丽，也就是亮丽，意义显然由"明"而来。火燃烧起来就产生了明亮，故以火为象。

☳震，帛书《易经》别卦作"辰"。《说文》："辰，震也。"《白虎通·五行》

---

① 最早提出者当为刘操南（《周易大象例说》，1962年10月19日《光明日报》），后得到韩仲民的支持（《帛书〈周易〉释疑一例——"天行健"究应如何解释》，《文物天地》1984年第5期）。

② 详见廖名春《周易经传与易学史新论》第二章《坤卦卦名探原兼论八卦卦气说产生的时代》。

也说："辰者,震也。"其取象为雷,而卦德为动。在古人心目中,最使人感到恐惧震动的莫过于雷,故以雷为象。

☶艮,帛书《易经》别卦作"根"。艮、根都是同源字,故能通用。其取象为山,而卦德为止。疑艮即限,而限为界限。所以,有止,也就是限止之义。而山作为天险,是天然的界限,故以山为象。《说文·𨸏部》"限"字"从𨸏,艮声",而"𨸏,大陆,山无石者"。可见限从阜(即𨸏),本来就与山有关。由此可知,艮就是后来的限字。

☴巽,其同源词为"選",今作"选"。《广雅·释诂三》:"选、纳、妠,入也。"《说文》:"入,内也","内,入也"。《尚书·尧典》:"内于大麓",《五帝纪》说"尧使舜入山林川泽",《列女传》说"选于林木,入于大麓"。"是故选者,入也。"[1]《说卦传》和《序卦传》都说:"巽者,入也。"故其卦德为入。至于顺、伏、制,皆为引申义。大风起兮,简直是无孔不入,故以风为象征。

☱兑的取象为泽,泽虽然也是水,但与坎不同,坎是没有驯服的水,是水害,故称"险"。而泽是被驯服的水,是水利,带给人们的是喜悦,故称"悦"。其实,"兑"本义当为现,引申为"悦"。泽的本义是润泽、光泽,故以为显现,而作为喜悦的象征。

从上面的分析可知,卦德从卦名来,完全是一致的。如乾卦的卦德为健,其实乾本为健;坤卦的卦德为顺,其实坤本为顺;震卦的卦德为动,其实震、动义同;艮卦的卦德为止,其实艮本为限,限有止义;离卦的卦德为丽,其实离义为明,故为亮丽;坎卦的卦德为陷,其实坎、陷义同;兑卦的卦德为悦,其实悦从兑出;巽卦的卦德为入,其实巽也就是选,选有入义。因此,卦德实质就是卦名的基本义[2]。

而卦象是卦德的象征物,与卦名、卦德本来就不是一体的,是用来说明、表示卦德的。比如天并非健,但它是健的象征和代表。其他的物象也可以表示健,如《说卦传》说,可以"为马"、"为首","为圜、为君、为父、为玉、为金、为寒、为冰、为大赤、为良马、为老马、为瘠马、为驳马、为木果"。但这些象征健,都不如天典型,所以天是乾卦最主要的取象。地也并非顺,但它是

---

[1] 章太炎:《八卦释名》,原载《国粹学报》第5卷第2期,1909年。
[2] 俞琰《读易举要》卷二:"卦德,八卦之德也,乃健、顺、动、入、险、丽、止、说之八德","性即八卦之德乾健、坤顺之类是也"。由此可见,卦德也可称为卦性。

顺的象征和代表。其他的物象也可以表示顺,如《说卦传》说,可以"为牛"、"为腹","为母、为布、为釜、为吝啬、为均、为子母牛、为大舆、为文、为众、为柄"。但这些象征顺,都不如地典型,所以地是坤卦最主要的取象。雷也并非震动,但它是震动的象征和代表。其他的物象也可以表示震动,但都不如雷典型,所以雷是震卦最主要的取象。山也并非限止,但它是限止的象征和代表。其他的物象也可以表示限止,但都不如山典型,所以山是艮卦最主要的取象。火也并非明亮,但它是明亮的象征和代表。其他的物象也可以表示明亮,但都不如火典型,所以火是离卦最主要的取象。水也并非险,但它是险的象征和代表。其他的物象也可以表示险,但都不如水典型,所以水是坎卦最主要的取象。泽润也并非喜悦,但它是喜悦的象征和代表。其他的物象也可以表示喜悦,但都不如泽润典型,所以泽是兑卦最主要的取象。风也并非入,但它是入的象征和代表。其他的物象也可以表示入,但都不如风典型,所以风是巽卦最主要的取象。因此,天、地、雷、山、火、水、泽、风这些取象是其卦名意义的具体形象,是被借来表意的。

汉人治《易》,将八卦每一卦的性质(即卦德)和取象混为一谈,遇马则以为定有乾,没有,也想尽办法找。有的用"互卦"找,找不到便用"卦变"找。王弼对此提出了批评,主张"得意忘象,得象忘言"(《周易略例·明象》)。但后世从事汉易研究的,还是案文责卦,定马于乾,不通则滥用文字通假。金景芳肯定了王弼的批评,又进一步指出:《说卦传》说的"乾,健也;坤,顺也;震,动也;巽,入也……"与"乾为马,坤为牛,震为龙,巽为鸡……乾为首,坤为腹,震为足,巽为股……"不同,前者说的是八卦的性质,后者说的是八卦的取象。"乾,健也",是说乾的性质是健,具有普遍意义;"乾为马",是说乾可以取象于马,并不具有普遍意义。这种性质和取象的区别,表现在语言形式上,前者用"也"表示判断,意思同"是",表明是不变的;后者用"为"表示判断,意思同"化",表示是可变的。乾的性质只有一种,就是健;它的取象则可以有千千万万,既可为天,也可为龙,也可为马,也可为首。但无论乾象什么,都必须体现其健的性质。① 这一意见,是很有道理的。

---

① 金景芳、吕绍纲:《周易全解·序》,第7页。

二 八卦之间的关系

八卦之间的关系有多种说法。

按照《系辞传》"阳卦多阴，阴卦多阳"说，八卦可分为阳卦和阴卦两种。☳震、☵坎、☶艮三卦皆一个阳爻，两个阴爻，属于"多阴"，当为阳卦；☴巽、☲离、☱兑三卦皆一个阴爻，两个阳爻，属于"多阳"，当为阴卦。此外，☰乾自然属于阳卦，☷坤自然属于阴卦。这样，就是四阳四阴。

在此基础上，《说卦传》又有父母与六子女说：

> 乾，天也，故称乎父；坤，地也，故称乎母；震一索而得男，故谓之长男；巽一索而得女，故谓之长女；坎再索而得男，故谓之中男；离再索而得女，故谓之中女；艮三索而得男，故谓之少男；兑三索而得女，故谓之少女。

这就是说，乾、坤两经卦是其他六经卦的父母，其他六经卦都是乾、坤两卦的结合而产生出来的。乾、坤两卦父母阴阳互求，阳求合于阴得男，阴求合于阳得女。乾父求合坤母，即：乾卦初爻居于坤地初爻之位为震，此为一索得震长男；乾卦二爻居于坤卦二爻之位则为坎，此为二索得坎中男；乾卦三爻居于坤卦三爻之位为艮，此即三索得艮少男。坤母求合乾父，即：初爻居于乾初爻之位为巽，此即一索得巽长女；二爻居于乾二爻之位，为离，此即二索得离中女；三爻居于乾三爻之位为兑，此即三索得兑少女。用表格表示，即：

阳　卦		阴　卦	
☰乾	父	☷坤	母
☳震	长男	☴巽	长女
☵坎	中男	☲离	中女
☶艮	少男	☱兑	少女

这样，八卦之间的关系就不是并列平行的关系了，而分为了父母和子女两个等级。

以"对"的观念来分析八卦，可以将它们分成四对：一是☰乾与☷坤，二是☵坎与☲离，三是☳震与☶艮，四是☴巽与☱兑。

这四对卦卦形之间的关系有两种：

一是阴阳对立,如☰乾与☷坤,☵坎与☲离。两卦之间相同爻位上的爻是阴阳相反的。乾初爻为阳爻,坤初爻则为阴爻;乾中爻为阳爻,坤中爻则为阴爻;乾上爻为阳爻,坤上爻则为阴爻。彼此完全相反。

二是上下颠倒,如☳震与☶艮、☴巽与☱兑。☳震颠倒过来就是☶艮,☴巽颠倒过来就是☱兑。彼此相互颠倒。

用表格表示,即:

一		二		三		四	
☰乾	☷坤	☵坎	☲离	☳震	☶艮	☴巽	☱兑
父	母	中男	中女	长男	少男	长女	少女
对立		对立		颠倒		颠倒	

八卦卦形上这种二二为耦,非对即倒的关系是否体现到卦德,也就是卦义上了呢? 这是很值得讨论的。

我们认为八卦卦形二二为耦,非对即倒,八卦的卦德也是二二为耦,反对为义。借用王夫之的"象辞相应之理"说,这就是"象义相应之理",即卦形的反对与卦义的反对是一致的。

☰乾与☷坤卦形阴阳相对,其卦德也相对:乾为刚健,而坤为柔顺。

☳震与☶艮卦形上下颠倒,其卦德也相反:震为动,而艮为止。

这些是非常明显的。

☵坎与☲离卦形阴阳相对,其卦德坎为险陷,而离为明丽,似乎不相对。但从其取象来看,一为水,一为火,水火不相容,或者说势如水火,显然是相对的。由此看,坎为险陷,含有前景艰险的意思;离为明丽,含有前途光明的意思,也是截然对立的。

☴巽卦与☱兑形上下颠倒,其卦德巽为入,而兑为喜悦,似乎不相反。但《杂卦传》:"兑见而巽伏也。"兑卦是喜悦而显现,而巽卦是入而隐伏,也不无相反之义。

《说卦传》列举八卦以乾、坤、震、巽、坎、离、艮、兑为序,如:"乾,健也;坤,顺也;震,动也;巽,入也;坎,陷也;离,丽也;艮,止也;兑,说也。"这样,就是以乾与坤、震与巽、坎与离、艮与兑配对,如"天地定位,山泽通气,雷风相薄,水火不相射","水火相逮,雷风不相悖,山泽通气"。用表格表示,即:

一		二		三		四	
☰乾	☷坤	☳震	☴巽	☵坎	☲离	☶艮	☱兑
父	母	长男	长女	中男	中女	少男	少女
对立		对立		对立		对立	

这种配对,规律性更严格。每一对卦之间,卦形都是阴阳对立的,不但☰乾与☷坤、离与☵坎阴阳对立,☳震与☴巽、☶艮与☱兑也阴阳对立,没有了卦形上下颠倒的卦组。这是其一。二、三、四对卦画的排列体现了严格的次序性,而且呼应了其父母与六子女说:由长到中,再到少;长男与长女配,中男与中女配,少男与少女配。这是其二。

但是,这一八卦的配对次序破坏了"象义相应之理",也就是说卦形的对立关系在卦德上没有得到反映。比如☳震与☴巽卦形对立,其卦德一为动,一为入,没有对立关系;☶艮与☱兑卦形对立,其卦德一为止,一为悦,也没有对立关系。这显然不符合《周易》的原理。《周易》六十四卦是八卦相重而成的,是八卦的进一步放大。但《周易》六十四卦里,☰乾与☷坤对,☵坎与☲离对,☳震与☶艮对,☴巽与☱兑对。《杂卦传》也是如此。八卦自然也当相应配对。因此,应当是☰乾与☷坤对、☵坎与☲离对、☳震与☶艮对、☴巽与☱兑对。上引朱熹《周易本义》所载《八卦取象卦歌》说:"☰乾三连,☷坤六断;☳震仰盂,☶艮覆碗;☲离中虚,☵坎中满;☱兑上缺,☴巽下断。"其配对是正确的,冲破了《说卦传》的藩篱。但在八卦次序上仍有问题,坎、离一对应在震、艮前;离、坎当作坎、离,兑、巽当作巽、兑。这还是囿于《说卦传》之说。

由此可知,只要我们遵从"象义相应之理",以《周易》六十四卦而不是以《说卦传》为本,八卦的配对及次序就应是☰乾☷坤、☵坎☲离、☳震☶艮、☴巽☱兑,而不应是☰乾☷坤、☳震☴巽、☵坎☲离、☶艮☱兑或☰乾☷坤、☳震☶艮、☲离☵坎、☴巽☱兑。

三　八卦的卦位

八卦和时间、空间结合,就产生了八卦卦位。

《说卦传》说:

"帝出乎震,齐乎巽,相见乎离,致役乎坤,说言乎兑,战乎乾,劳乎坎,成言乎艮。""万物出乎震",震,东方也。"齐乎巽",巽,东南也。"齐"也者,言万物之洁齐也。离也者,明也,万物皆"相见",南方之卦也;圣人南面而听天下,向明而治,盖取诸此也。坤也者,地也,万物皆致养焉,故曰"致役乎坤"。兑,正秋也,万物之所说也,故曰"说言乎兑"。"战乎乾",乾,西北之卦也,言阴阳相薄也。坎者,水也,正北方之卦也;劳卦也,万物之所归也,故曰"劳乎坎"。艮,东北之卦也,万物之所成终而所成始也,故曰"成言乎艮"。

这是说上帝出生万物在震,生长整齐在巽,纷相显见在离,致力用事在坤,成熟欣悦在兑,交战在乾,劳倦在坎,前功已成,后功复萌则在艮。"万物出乎震",因为震卦是象征东方。"齐乎巽",因为巽卦是象征东南方;所谓"齐",是说万物的生长状态整齐一致。离卦是光明的象征,万物都旺盛而竞相显现,这是代表南方的卦;圣人坐北朝南而听政于天下,面向光明而治理事务,是吸取了离卦的象征。坤卦,是地的象征,万物都致力养育于大地,所以说"致役乎坤"。兑卦,象征正秋时节,万物成熟欣悦于此时,所以说"说言乎兑"。交战在乾,因为乾是象征西北的卦,说明阴阳在此季节相互搏斗。坎卦,是水的象征,是代表北方的卦,又是代表劳倦的卦,万物劳倦必当归藏休息,所以说"劳于坎"。艮是象征东北的卦,万物在此终结更在此发始,所以说"成言乎艮"。

这一段话将八卦与八方、八季相配,赋予八卦以空间方位和时间序列的意义,提出一种八卦方位说。古代历法,大致而言,一年共三百六十日。用八除之,得四十五日。此将一年分为八个季节。每个卦配一个季节,占四十五日。这样,震为正春四十五日之季节,此季节万物出生;又与八方相配,震为东方。巽为春末夏初四十五日之季节,此季节万物生长整齐;又与八方相配,巽为东南方。离为正夏四十五日之季节,此季节万物生长旺盛;又与八方相配,离为南方。坤为夏末秋初四十五日之季节,此季节万物继续努力成长;又与八方相配,坤为西南方。兑为正秋四十五日之季节,此季节万物成熟;又与八方相配,兑为西方。乾为秋末冬初四十五日之季节,此季节阴气与阳气相互搏斗;又与八方相配,乾为西北方。坎为正冬四十五日之季节,此季节万物闭藏;又与八方相配,坎为北方。艮为冬末四十五日之季节,此季节万物前功已成,后功复萌;又与八方相配,兑为东北方。这样,八卦和东、东南、南、西南、西、西北、北、东北八方相配,又和春、夏、秋、冬等八季相配,统一了空间和时间,成了万物生成的模式。这种理论,以图来表示,就是:

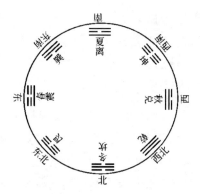

这种卦位说,对后来的易学家影响极大。京房(前77—前37)的八卦卦气说、邵雍的后天八卦图,都是据此而立说的。但是它产生的时代,却是有争议的。

邵雍认为这是"明文王八卦"①,"此卦位乃文王所定"②。其理由朱熹当时就以为很有一些讲不清楚③。而干宝④、罗泌⑤以为是《连山》之易"。康有为(1858—1927)则以为"盖宣帝时说《易》者附之入经"⑥。然而,《周易》坤卦卦辞"君子有攸往,先迷,后得主,利。东北丧朋,西南得朋。安贞吉"却与它有着内在的逻辑联系。笔者曾经分析过,"先迷"者,"东北丧朋"也;"后得主"者,"西南得朋"也。它们都是"君子有攸往"的具体展开。这一卦辞是建立在《说卦传》上述八卦卦位说的基础上的,离开了《说卦传》"帝出乎震"段记载的八卦与八方、四季相配的理论,《坤》卦卦辞将难以理

---

① 邵雍:《皇极经世书·观物外篇·后天象数第五》,第343页,郑州:中州古籍出版社,1993年。

② 朱熹引,见廖名春点校本《周易本义》,第199页。

③ 朱熹:"此章所推卦位之说,多未详者。"见廖名春点校本《周易本义》,第199页。

④ 朱彝尊:《经义考》卷二,文渊阁《四库全书》史部目录类经籍之属。

⑤ 罗泌:《路史》卷三十二,文渊阁《四库全书》史部别史类。

⑥ 康有为:《新学伪经考》卷二《史记经说足证伪经考》。

解。因此，可以说《周易》卦爻辞在制作时，曾经采纳了这一八卦卦气说。①坤卦初六爻辞"履霜，坚冰至"也值得注意。坤在申位，当秋，秋有霜，所以坤卦爻辞一开头就说"履霜"。阳盛于离而阴盛于坎，"坚冰至"显然指坎当冬。也可视为这一八卦卦气说的反映。说"帝出乎震"的八卦卦气说产生得如此之早，可能令人难以置信。但周人以稼穑出名，节气对农业生产的重要性是众所周知的。因此，八卦卦气说较之其他易说更为流行，更为早熟，完全有可能。

《说卦传》又有"天地定位，山泽通气，雷风相薄，水火不相射"说，邵雍以为"明伏羲八卦也"，"乾、坤定上下之位，离、坎列左右之门"②，以乾居南方，坤居北方，离居东方，坎居西方，震为东北，兑为东南，巽为西南，艮为西北。画成图，就是③：

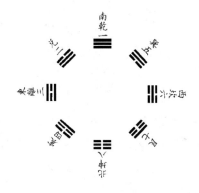

依朱熹的解释，此图从震到乾是阳气上升的过程，震为一阳生，离、兑为二阳生，至乾为三阳生。这就是所谓"自震至乾为顺"。由巽到坤是阴气上升的过程，巽为一阴生，坎、艮为二阴生，至坤为三阴生。这就是所谓"自巽至坤为逆"④。离为日，起于东方；坎为月，生于西方。天地运行，日月出没，形成春夏秋冬，昼夜交替。认为这一卦位早于上述"帝出乎震"的卦位，是为伏羲所画，因而有"先天卦位"之称。

《说卦传》"天地定位，山泽通气，雷风相薄，水火不相射"是不是表示方

①　廖名春：《〈周易〉乾坤两卦卦爻辞五考》，《周易研究》1999 年第 1 期。
②　邵雍：《皇极经世书》，第 320、323 页。
③　朱熹：《周易本义》，廖名春点校本，第 13 页。
④　同上。

位和节气,历来就有争议。朱熹等人固然崇信,而黄宗羲(1610—1695)、毛奇龄(1623—1716)、胡渭(1633—1714)等却批评颇多。如胡渭《易图明辨》就说:"此章与八方之位无涉。'天地定位'言乾坤自为匹也,'山泽通气'言艮兑自为匹也,'雷风相薄'言震巽自为匹也,'水火不相射'言坎离自为匹也。"①当代学界主流,多认可胡说。

但《说卦传》这段话在马王堆出土的帛书易传《衷》篇中作"天地定立,山泽通气,火水相射,雷风相榑"②,学者们据此以为《说卦传》这四句的原文应为:"天地定位,山泽通气,水火相射,雷风相薄"。如画成卦位图,就是:

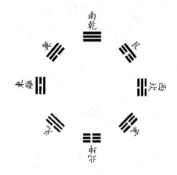

同墓出土的帛书《易经》卦序与今本《周易》很不相同。学者们发现其上卦排列的次序是乾、艮、坎、震、坤、兑、离、巽,而下卦排列的次序是乾、坤、艮、兑、坎、离、震、巽。李学勤先生指出,上图暗含了帛书《易经》卦序结构的秘密:从乾往右单数至巽,就是帛书《易经》上卦排列之序;而从乾往右以对数,乾坤、艮兑、坎离、震巽,就是帛书《易经》下卦排列之序。③ 这就是说,将"天地定位,山泽通气,水火相射,雷风相薄"理解成上述卦位图就可以解释帛书《易经》的卦画结构。因此,可以说是对帛书《易经》卦序结构规律的总结。由此看来,邵雍的卦位说也有一定道理,只不过不能称为"伏羲卦位"或"先天卦位",而是改编《周易》的结果。

---

① 胡渭:《易图明辨》卷六,文渊阁《四库全书》经部易类。
② 廖名春:《马王堆帛书周易经传释文》,《续修四库全书》经部易类第一册,第31页,上海:上海古籍出版社,1995年。补记:"山泽通气"四字原残,据复旦大学刘钊教授面告,此四字的残片陈剑教授已找出。
③ 李学勤:《马王堆帛书〈周易〉的卦序卦位》,《中国哲学》第14辑,北京:人民出版社,1984年。

从上面所列举的两种卦位图式可知,在《周易》产生之前和产生之后,八卦作为一种自洽的意义系统,其宇宙模式始终都存在。

四　八卦的生成

按照《系辞传》所说,《周易》六十四卦是由八卦"引而申之",重叠而成,所谓"八卦成列,象在其中矣;因而重之,爻在其中矣"就是。《彖传》和大、小《象传》以及《说卦传》的分析实质相同。

但如果不看《易传》,只看《周易》本经的话,则只有六十四卦,并没有八卦。

几千年以来,大家都笃信《易传》,认为是先有八卦,然后再将八卦两两相重,发展为六十四卦。

但1973年长沙马王堆帛书《周易》出土之后,韩仲民(1930—1989)通过对帛书《易经》卦序的分析,提出了八卦后于六十四卦说,认为不是八卦重为六十四卦,而是由六十四卦提炼出八卦。[①]

但证之于理据,难以成立。《周易》为什么是六十四卦,而不是六十三卦或六十五卦? 一卦为什么刚好是六爻,而不是五爻或七爻? 这些看似偶然,其实有必然的因素。离开了八卦生六十四卦说,这些问题都不能得到合理的解释。

从《周易》经文本身,我们也能看出八卦生六十四卦的痕迹。坎卦云:"习坎,有孚,维心亨,行有尚。"习坎是卦名,《彖传》、《大象传》皆释"习"为重、洊(洊亦训重)。以六画卦为重坎,实际上是说这一六画卦是以两个三画卦坎组成的。[②] 不是先有八卦而后有六十四卦,又怎能有"重坎"之说呢?

上述坤卦的卦辞也透露出同样的信息。坤卦的卦辞是建立在系统的八卦卦气说的基础上的,这实质就是说,在六十四卦形成前,已有了系统的八卦理论。这与习坎卦可互证。

《周礼·春官》记载:"大卜……掌三易之法:一曰连山,二曰归藏,三曰

---

① 韩仲民:《帛书系辞浅说——兼论易传的编纂》,《孔子研究》1988年第4期。

② 最早提出这一点当是黄沛荣的《周易"重卦说"证辨》(《毛子水先生九五寿辰论文集》,1987年)。

周易。其经卦皆八。其别皆六十有四。"将八卦称为"经卦"，将六十四卦称为"别"卦。所谓"经"，其义为始。① "经卦"即本始之卦，"别"卦即由"经卦"分别、衍生出来的卦。《周礼》此说，实质上也是说六十四卦是由八卦衍生出来的。与《系辞传》的说法也是一致的。

事物都有一个由简单到复杂、由低级到高级的过程。筮法也是逐步发展的。据此，我们猜想，易这种筮法当经历了由八卦到六十四卦两个阶段。

首先是简单的八卦阶段。《史记·日者列传》也说"伏羲作八卦"。《系辞传》说"伏羲氏""始作八卦"，而且"八卦定吉凶"，八卦可以用来占筮，确定事情是吉是凶。这是最初阶段的易筮是用八卦的明证。后来社会发展了，事物越来越繁杂，八卦不够用了，古人再把它两两相重，发展为六十四卦。这种解释，较之八卦后于六十四卦说显然要合理。

八卦是如何生成的呢？《系辞传》有这样的记载："易有太极，是生两仪，两仪生四象，四象生八卦，八卦定吉凶，吉凶生大业。"这应该是八卦的成卦法。

"易有太极"指八卦的最初根源是"太极"。此"太极"又称为"太一"或者"大一"，指混而未分的筮策。

"是生两仪"，即"分二"，指将筮策信手一分为二，分为左、右两部分。

"两仪生四象"，即从左、右两部分筮策中得出九、六、七、八这四个筮数。其中要经过"揲四"、"归奇"这些步骤。"四象"，也就是九、六、七、八这四个筮数。其中七为少阳、九为老阳、八为少阴、六为老阴。

"四象生八卦"，即根据所得出的筮数九、六、七、八画出八卦来。其中九、七都画为—，即阳爻，六、八都画为--，即阴爻。这个画卦的过程，也就是八卦生成的过程。具体来说，就是：

如果所得出的筮数连续三次都是九或七，就画为☰乾卦。

如果所得出的筮数连续三次都是六或八，就画为☷坤卦。

如果所得出的筮数首先是六或八，再是九或七，然后又是六或八，就画为☵坎卦。

如果所得出的筮数首先是九或七，再是六或八，然后又是九或七，就画

---

① 《鬼谷子·抵巇》："经起秋毫之末，挥之于太山之本。"陶弘景注："经，始也。"

为☰离卦。

如果所得出的筮数首先是九或七，再是六或八，然后又是六或八，就画为☳震卦。

如果所得出的筮数先是六或八，接着还是六或八，然后是九或七，就画为☶艮卦。

如果所得出的筮数先是六或八，再是九或七，然后又是九或七，就画为☴巽卦。

如果所得出的筮数先是六或八，接着还是六或八，然后是九或七，就画为☱兑卦。

☰乾、☷坤、☵坎、☲离、☳震、☶艮、☴巽、☱兑这八个卦都是由九、六、七、八这四个筮数画出来的，它们都是奇偶数的不同组合。所以，从本质上说，八卦是一种数占法。

至于八卦是如何"定吉凶"的，也就是说，八卦的占法如何，《周易》经、传都没有记载。

"礼失而求诸野"，我们从少数民族保留的占法中可以获得一些启示。

四川凉山彝族有一种名叫"雷夫孜"的占法：巫师取细竹或草秆一束握于左手，右手随便分去一部分。看左手所余之数是奇是偶。如此共进行三次，即可得三个数字。然后根据这三个数是奇是偶及其先后排列，判断"打冤家"、出行、婚丧等事。由于数分两种而卜必三次，故有八种可能的排列和组合。有人曾记录一套卜问"打冤家"的解释方法：

偶偶偶——不分胜负（中平）。

奇奇奇——非胜即败。胜则大胜，败则大败（中平）。

偶奇奇——战斗不大顺利（下）。

奇偶偶——战必败，损失大（下下）。

偶奇偶——战斗无大不利（中平）。

偶偶奇——战斗有胜的希望（上）。

奇奇偶——战斗与否，无甚影响（平）。

奇偶奇——战必胜，掳获必多（平）。

每当"打冤家"之前，常要以"雷夫孜"法决定行动。如遇上卦，当然要打。

如遇中卦或下卦，则要考虑打不打的问题了。①

如用—阳爻表示奇，用‐‐阴爻表示偶，"雷夫孜"的"奇奇奇"就是☰乾卦，"偶偶偶"就是☷坤卦，"偶奇奇"就是☴巽卦，"奇偶偶"就是☳震卦，"偶奇偶"就是☵坎卦，"偶偶奇"就是☶艮卦，"奇奇偶"就是☱兑卦，"奇偶奇"就是☲离卦。

对于《系辞传》"易有太极，是生两仪，两仪生四象，四象生八卦"说，邵雍认为是"一分为二，二分为四，四分为八"②，程颢（1032—1085）称之为"加一倍法"③。以图表示，即④：

也就是：

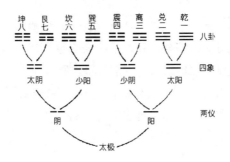

《易学启蒙·原卦画》解释说："太极之判，始生一奇一偶而为一画者二，是为两仪，其数则阳一而阴二……邵子所谓一分为二者"，"两仪之上，各生一奇一偶而为二画者四，是谓四象……所谓二分为四者"，"四象之上各生一奇一偶而为三画者八，于是三才略具而有八卦之名矣。其位则乾一、

① 汪宁生：《八卦起源》，《考古》1976 年第 4 期。
② 邵雍：《皇极经世书》，第 321 页。
③ 《二程外书》卷十二，文渊阁《四库全书》子部儒家类。
④ 朱熹：《周易本义》，廖名春点校本，第 13 页。

兑二、离三、震四、巽五、坎六、艮七、坤八"。① 这就是说,太极为一,分出╌
阴─阳两画。"两仪"就是╌阴、─阳。─阳上各加一奇一偶,则为⚌太阳
和⚍少阴之象;╌阴上各加一奇一偶,则为⚎少阳和⚏太阴之象。"四象"
就是⚌太阳、⚍少阴、⚎少阳、⚏太阴。⚌太阳上各加一奇一偶,则为☰乾、
☱兑两卦象;⚍少阴之上各加一奇一偶,则为☲离、☳震两卦象;⚎少阳之上
各加一奇一偶,则为☴巽、☵坎两卦象;⚏太阴之上各加一奇一偶,则为艮☶
坤☷两卦象。这就是"太极生两仪,两仪生四象,四象生八卦"。其顺序由
右往左数,则为乾一兑二离三震四到坤八。朱熹认为:"此数言者,实圣人
作易自然之次第,有不假丝毫智力而成者。画卦揲蓍,其序皆然。"②

八卦的生成,本来是指奇偶之卦画的变化由两到八,是一筮法问题。但
古人将以蓍求卦的过程理论化,认为从太极到八卦也是一个生化的过程或
分化的过程,从而提出一套关于宇宙形成的理论,这就从筮法中产生了
哲学。

思考题:

1. 八卦各自的卦画、卦名、卦德及主要取象是什么?

2. 简述《周易》八卦配对及其排序的理由。

3. 八卦是如何生成的?你认为上述两种解释哪一种更好些?

---

① 朱熹:《周易本义》,苏勇校注本,第215页,北京:北京大学出版社,1992年。
② 朱熹:《周易本义》,廖名春点校本,第180页。

第三讲

六十四卦的卦画

《周易》六十四卦分为上、下经。其中上经三十卦，下经三十四卦。学习《周易》，熟悉六十四卦的卦画、卦名及其次序，是一项重要的基本功。古人曾编了一首《上下经卦名次序歌》①，非常便于记忆。现在，我们将其配上相应的卦形，写出来就是：

䷀乾䷁坤䷂屯䷃蒙䷄需䷅讼䷆师，䷇比䷈小畜兮䷉履䷊泰䷋否；

䷌同人䷍大有䷎谦䷏豫䷐随，䷑蛊䷒临䷓观兮䷔噬嗑䷕贲；

䷖剥䷗复䷘无妄䷙大畜䷚颐，䷛大过䷜坎䷝离三十备。

䷞咸䷟恒䷠遯兮及䷡大壮，䷢晋与䷣明夷䷤家人䷥睽；

䷦蹇䷧解䷨损䷩益䷪夬䷫姤䷬萃，䷭升䷮困䷯井䷰革䷱鼎䷲震继；

䷳艮䷴渐䷵归妹䷶丰䷷旅䷸巽，䷹兑䷺涣䷻节兮䷼中孚至；

䷽小过䷾既济兼䷿未济，是为下经三十四。

其中"䷀乾䷁坤䷂屯䷃蒙䷄需䷅讼䷆师"之"屯"不读 tún，音 zhūn。"䷇比䷈小畜兮䷉履䷊泰䷋否"之"兮"为音节助词，"否"不读 fǒu，而要读为古音 pǐ。"䷑蛊䷒临䷓观兮䷔噬嗑䷕贲"之"兮"同，"蛊"读 gǔ，"噬嗑"音 shìhé，"贲"不读 bēn，而要读为 bì。"䷛大过䷜坎䷝离三十备"，"三十"指上经三十卦，"备"为凑成七字句而加。"䷞咸䷟恒䷠遯兮及䷡大壮"之"兮及"也是助词，为凑成七字句而加；"遯"，简化字作"遁"。"䷢晋与䷣明夷䷤家人䷥睽"之"与"也是助词，"睽"音 kuí。"䷦蹇䷧解䷨损䷩益䷪夬䷫姤䷬萃"句，"蹇"音 jiǎn，"解"不读 jiě，而读古音 xiè，"姤"音 gòu。下面的"继"、"兮"、"至"、"兼"也都是为凑成七字句而加。

《周易》六十四卦由符号（卦画）和文字（卦爻辞）组成。我们先来讨论其卦画符号。

---

① 朱熹：《周易本义》，廖名春点校本，第8—9页。

一 六十四卦的产生

《周易》六十四卦的卦都是六画卦，一卦由六爻组成。如䷀、䷁、䷂、䷃等。䷀由两个八卦的☰重叠而成，䷁由两个八卦的☷重叠而成，䷂由八卦的☵和☳重叠而成，䷃由八卦的☶和☵重叠而成。

按照《周礼·春官》的说法，六画卦叫做别卦。组成别卦的八卦叫经卦。其中，下面的八卦叫下卦，也叫下经卦、内卦、下体；上面的八卦叫上卦，也叫上经卦、外卦、上体。比如䷂，下经卦是☳，上经卦是☵。䷃，下卦是☵，上卦是☶。

别卦又叫做复卦、重卦，都是取其两八卦相重、相复之义。

六十四卦是如何生成的呢？从上述卦体分析的角度看，它们都是八卦两两相重而成。从历史的进化看，也是从八卦"因而申之"而来。但这是就其发生原始而言。实际上，在日用中，六十四卦的每一个卦，都是依据筮法，一爻一爻筮出来的，六爻筮出方成一卦。

生成六十四卦的筮法，也就是成卦法，在《系辞传》里有系统的记载：

> 天一，地二，天三，地四，天五，地六，天七，地八，天九，地十。天数五，地数五，五位相得而各有合。天数二十有五，地数三十，凡天地之数五十有五，此所以成变化而行鬼神也。

> 大衍之数五十有五，其用四十有九。分而为二以象两，挂一以象三，揲之以四以象四时，归奇于扐以象闰，五岁再闰，故再扐而后挂。

> 乾之策，二百一十有六；坤之策，百四十有四。凡三百有六十，当期之日。二篇之策，万有一千五百二十，当万物之数也。是故四营而成易，十有八变而成卦。

这一段话首先有个考证的问题。因为在今本《系辞传》里，"大衍之数"至"故再扐而后挂"居首，下接的是"天数五"至"此所以成变化而行鬼神也"，然后是"乾之策"至"天下之能事毕矣"。至于"天一，地二，天三，地四，天五，地六，天七，地八，天九，地十"一段，则在别处，上接的是"子曰'《易》有圣人之道四焉'者,此之谓也",下接的是"子曰:'夫《易》何为者也'"。① 马王堆出土的帛书《系辞传》除上接"子曰'《易》有圣人之道四焉'者,此之谓也",下接"子曰:'夫《易》何为者也'"的"天一,地二,天三,地四,天五,地六,天七,地八,天九,地十"外,"大衍之数"则不见。②

张载认为今本《系辞》"天一、地二、天三、地四、天五、地六、天七、地八、天九、地十""恐在"今本《系辞》上的"天数五,地数五之处"。③ 程颐认为今本《系辞》此两段话分载两处,属"简编失其次",当作更移。④ 朱熹《周易本义》据程说,将"天一……地十"句与"天数五,地数五,五位相得而各有合,天数二十有五,地数三十,凡天地之数五十有五,此所以成变化而行鬼神也"连在一起,皆移置"大衍之数五十"前。⑤ 张载、程颐、朱熹为什么都认为今本《系辞》的这些章次有问题呢? 他们运用的都是"理校法",都是从今本《系辞》这几段的文义联系出发的。

"大衍之数"段的"天数五,地数五,五位相得而各有合,天数二十有五,地数三十,凡天地之数五十有五"并非信口之言,而是据"天一……地十"之说概括而成。在"天一……地十"之句中,天数即奇数,为一、三、五、七、九,刚好是"五"位,其和为"二十五";地数即偶数,为二、四、六、八、十,也刚好是"五"位,其和为"三十"。"天数"和"地数"相加得出"天地之数",刚好是"五十有五"。所以,这两段话是密不可分的。如今本《系辞》,将"天一……地十"说置于"子曰'《易》有圣人之道四焉'者,此之谓也"和"子曰:'夫《易》何为者也? 夫《易》开物成务,冒天下之道,如斯而已者也'"之间,上不巴天,下不着地,人们根本不理解其含义。而不交代"天一……地十",劈头就说"天数五,地数五……凡天地之数五十有五",人们也搞不清"天数五、地数五"等从何而来。因此,只有将两说连为一体,其文义才能上下贯通。由此可见,张载、程颐、朱熹的"理校",都是很有道理的。无怪其后的

---

① 孔颖达:《周易正义》卷第七,《十三经注疏》标点本,第279—282、286 页,北京:北京大学出版社,1999 年。

② 廖名春:《马王堆帛书周易经传释文》,《续修四库全书》经部易类第一册,第21—28 页。

③ 张载:《横渠易说·系辞上》,《张载集》,第201 页,北京:中华书局,1978 年。

④ 《程氏经说》卷一,文渊阁《四库全书》经部五经总义类。

⑤ 朱熹:《周易本义》,廖名春点校本,第174—177 页。

治《易》者,往往乐从此说。

"大衍之数五十"一段,与"天一……地十"之说也是浑然一体的。所谓"大衍之数"实即"天地之数","五十"后脱"有五"二字。

金景芳先生说:"'衍'者,推演。'大衍'者,言其含盖一切,示与基数之十个数字有别,盖数之奇偶,分天分地,犹卦之两仪,有—有--。衍成基数,犹《乾》《坤》等之八卦,只属小成,而不足以应用者也。迨'参天两地'而成'五十有五',则可应用之以'求数','定爻','成卦'乃'成变化而行鬼神',因以大衍名之。不然,则此处'五十'为无据,而下文'五十有五'为剩语,'洁静精微'(《礼记·经解》)之教,断无此种文例也。"①

高亨先生以金说为是,并进一步论证道:"《正义》引姚信、董遇云:'天地之数五十有五,者其六以象六爻之数(者当作省),故减之而用四十九。'足证姚、董本作'大衍之数五十有五'。此言用《易经》演算,备蓍草五十五策,但只用四十九策。所以备五十五策者,下文曰:'凡天地之数五十有五'。此以天地之数定大衍之数也。所以余六策而不用者,以此六策标明六爻之数也。"②

笔者认为,"大衍"复词同义,大,太、泰也;衍,广也③。"大衍之数"是"天地之数"的总和,既超过了"天数",又超过了"地数",故称"大衍",即超大、广大。换言之,即总括。"大衍之数"即扩大之数、总括之数。所以,无论从文义出发,还是从文献记载出发,"大衍之数"即"天地之数"都可谓有理有据,应为定论。

文字的考证落实了,再来分析文义也就顺畅了。

上述《系辞传》文可分为三层:第一层是揭示演易,也就是筮法的数学基础是"天地之数"。第二层讲演易,也就是揲蓍求卦的具体方法。第三层是讲构成乾坤两卦以及全部六十四卦的蓍草数,进一步揭示其数学的本质。

---

① 金景芳:《易通》,商务印书馆,1945 年。案:金景芳《〈周易·系辞传〉新编详解》(沈阳:辽海出版社,1998 年)第 58—59 页说:"我的学生郭守信在 1986 年整理《八旗文经》一书时,就见到清人有识得'大衍之数五十有五者'。如纳兰成德在《易九六爻大衍数解》文中就曾说过……从我学习过的另一学生郭鸿林,则于清人书中得知宋人陆秉也有关于'大衍之数五十有五'的解说。"

② 高亨:《周易大传今注》,第 524—525 页,济南:齐鲁书社,1979 年。

③ 《小尔雅》:"衍,广也。"《汉书·扬雄传》:"辞之衍者,不可齐于庸人之听。"颜师古《注》:"衍,旁广也。"

我们先来看第一层。

这是说天地之数共有十位。天数有五位，即一、三、五、七、九。地数也有五位，即二、四、六、八、十。天、地五对数两两相得，天数一与地数二相得为三，天数三与地数四相得为七，天数五与地数六相得为十一，天数七与地数八相得为十五，天数九与地数十相得为十九。五天数相加得二十五，五地数相加得三十。总之，天数二十五和地数三十相加，得出天地之数五十五。《周易》的千变万化，神秘莫测，全由天地之数五十五而来。

这里所谓天地就是阴阳，天数就是阳数，地数就是阴数。天地、奇偶是一回事，凡是奇数都归之于天，偶数都归之于地。那么，阳数即奇数，阴数即为偶数。可见天地并不神秘，天数地数实际上就是阳数阴数、奇数偶数的另一种叫法。

"天一地二"，"天九地十"，就是奇一偶二，奇九偶十，或者叫做阳一阴二，阳九阴十。为什么列举奇偶数只从一到十呢？因为古人认为"十是数之小成"（《左传·僖公四年》孔疏），"天地之数五十有五"，甚至"万有一千五百二十"的"万物之数"，都可从从一到十之数推出，用不着穷举。因此，"十"虽少，但也是盈数或成数。《左传·庄公十六年》就把十视作"盈数"。杜预（222—285）注说："数满于十。"所以，限止于"十"就够用了。

再看第二层讲揲蓍求卦的具体方法。

揲蓍求卦，用竹棍，称为筮，所以筮字从竹。用蓍草称为蓍，所以蓍字从草；从耆，取用蓍草行筮决疑问耆老之意①。其实用什么无所谓，用蓍草可以，用竹棍可以，用其他任何方便计数的东西都可以，要紧的是数。筮的实质是以数学计算来占筮，它的全部过程都是在计算，计算的目的是求出一卦来。筮的计算有三个特点。第一，筮这种计算的目的是求卦，即求出六十四卦中的一卦。卦是由阴、阳两种符号组成的。卦虽有六十四个，而其构成的元素却只有两个。阴、阳两个不同的符号的不同排列组合构成各个不同的六画卦。求卦的实质就是按卦自初至上的六个位，依次填补上阴爻或阳爻。筮法的计算的每一个回合必须能够求出一个代表阴爻或阳爻的数字来。因此第二，筮计算的直接结果必须具有或然性，即求出的数字应有两种可能，

---

① 王充《论衡·卜筮篇》："夫蓍之为言，耆也；龟之为言，旧也。明狐疑之事，当问耆旧也。"

可能是指示阴爻的数，也可能是指示阳爻的数。假若每回合计算的结果只有一种数字，便无法达到求卦的目的。在此，或然性是关键。《系辞传》说"蓍之德圆而神"即指此而言。第三，筮的数学计算采取用筹码即实物的办法进行。这是必需的。因为用筹码计算能够保证体现计算结果的偶然性或然性。任何别的计算方式，比方心算、笔算、珠算，都不能排除筮者加入自己的思虑和意志的可能性。因为《易》是无思的，加入人的思虑，便失去了用筮求卦的本初意义。《易》也就不是《易》了。① 这是我们在讲筮法时必须要明白的。

既然"大衍之数五十有五"，为何"其用四十有九"？这个问题过去京房、马融（79—166）、郑玄（127—200）、荀爽（128—190）、姚信、董遇、王弼等人都没讲对。朱熹说："皆出于理势之自然，而非人之智力所能损益也。"②也不对。其实筮法用四十九根蓍草而不用五十五根，纯属人为，本没有什么奥妙。因为只有用四十九能得到七、八、九、六中的一个，才能够形成一卦。用五十五根蓍草得不出七、八、九、六，形不成一卦。③ 不过，宋人陆秉有一种说法也值得参考："其六以象六画之数，故减之。"这是说在揲蓍之前，先用五十五根蓍草中的六根，在地上排好初、二、三、四、五、上"六虚之位"，每一爻产生，由卦者自下至上依次在六个虚位旁相应位置上记爻。因为"先布六虚之位"以画地记爻，所以"除六虚之位"之数，五十五根蓍草揲蓍时就只能用四十九根了。④

"分而为二以象两"，这是行筮的第一步，即将四十九根蓍草信手分成两半，以象征天地两仪。

"挂一以象三"，这是第二步，从分为两半后的任何一半蓍草中抽出一根，放到另一处，以象征天地人三才。

"揲之以四以象四时"，这是第三步，揲是数的意思，即将分成两半的四十八根蓍草四个四个地数，数过的拿出去。数完一半再数另一半。"揲四"是实物计算的叫法，用现代数学用语就是"除以四"。这样，每一半都会有

---

① 吕绍纲：《周易阐微》，第42—43页，长春：吉林大学出版社，1990年。

② 朱熹：《周易本义》，廖名春点校本，第175页。

③ 吕绍纲：《周易阐微》，第43页。

④ 郭鸿林：《评宋人陆秉对"大衍之数"的解说》，《周易研究》1992年第1期。

一个余数。这个余数不是一就是二，不是二就是三。如果无余数，则可视为四。这一半若余四，另一半也必然余四；若余三，则另一半必然余一；若余二，另一半也余二；若余一，另一半则余三。这种"揲之以四"即除以四的方法，据说是为象征春、夏、秋、冬四季。

"归奇于扐以象闰，五岁再闰，故再扐而后挂"，这是第四步。奇是每次过揲后的余数，扐也是余数。"归奇于扐"，是把每次过揲剩下的余数作为"扐"，另外放到一处。"再扐而后挂"，再扐，两扐，即两个余数。由于两只手中的蓍草，各经过"揲四"以后，各有一个余数，所以要将它们一并放到一旁。

这样，经过分二、挂一、揲四、归奇这四个步骤之后，一易即告完成，这就叫"四营而成易"。

四十九策经"四营"这一变之后，剩下的蓍草数非四十四即四十（即四十九策减去"挂一"和"归奇"的四或八所剩之数），因为或者 1＋3＝4，2＋2＝4，或者 4＋4＝8。四与八之外，不可能得出任何别的数。

第二变，在四十或四十四的基础上，又经"分二"、"揲四"，"归奇"，非四即八，剩下的蓍草数即出现三个数，或四十，或三十六，或三十二（如一变后是四十四，二变减八则三十六，减四则四十；若一变之后是四十，二变减八则三十二，减四也是三十六。即 44－8＝36，44－4＝40，40－8＝32，40－4＝36）。

第三变，在四十或三十六、或三十二的基础上，又经"分二"、"揲四"，"归扐"非四即八，剩下的蓍草数则出现四个数，或三十六，或三十二，或二十八，或二十四（如果二变之后是四十，三变减八则三十二，减四即三十六；若二变之后是三十六，减八即二十八，减四则三十二；若二变之后是三十二，三变减八则为二十四，减四则二十八。即 40－8＝32、40－4＝36、36－8＝28、36－4＝32、32－8＝24、32－4＝28）。

三变剩下的上述四个数（或三十六，或三十二，或二十八，或二十四）均用四除，分别得出九、八、七、六。七、九为奇数，也叫阳数，为少阳和老阳。凡得七、九皆定为阳爻，画为—；八、六为偶数，也叫阴数，为少阴和老阴。凡得八、六，皆定阴爻，画为- -。依此，每三变画一爻，由下往上画，积十八变而画六爻以成一卦。

还可以用一种简便的办法计算。即本数四十八减去三次四营之余数的总和，除以四，所得之商，必是七、八、九、六中的一个。四十八这个数是一定

的。每次四营的余数不定,但是非四即八。因此,三次四营余数的总和不外乎四种可能,即:

$$8 + 8 + 8 = 24$$
$$8 + 8 + 4 = 20$$
$$8 + 4 + 4 = 16$$
$$4 + 4 + 4 = 12$$

四十八减去三次四营的总和再除以四,也不外乎四种结果,即:

$$(48 - 24) \div 4 = 6$$
$$(48 - 20) \div 4 = 7$$
$$(48 - 16) \div 4 = 8$$
$$(48 - 12) \div 4 = 9$$

六与八是阴数,得六或八就画个阴爻。七与九是阳数,得七或九就画个阳爻。如此进行六次,共十八次四营即十八变,也可画出六爻,完成一卦。①

第三个层次讲构成乾坤两卦以及全部六十四卦的蓍草数,进一步揭示筮法的数学本质。

乾这个六画卦共用策(即蓍草)二百一十六根,为什么?因为乾卦六爻都是老阳九,而老阳九都从经过"揲四"的三十六策而来($9 \times 4 \times 6 = 216$)。

坤这个六画卦共用策一百四十四根,因为坤卦六爻都是老阴六,而老阴六都从经过"揲四"的二十四策而来($6 \times 4 \times 6 = 144$)。

乾、坤两个六画卦合计用三百六十策($219 + 144 = 360$),恰相当于一周年三百六十日之数。

整个《周易》上、下二篇,六十四卦之策数为一万一千五百二十,因为阳爻共一百九十二,每一阳爻都从经过"揲四"的三十六策而来,如此,则是六千九百一十二。阴爻也一百九十二,每一阴爻都从经过"揲四"的二十四策而来,如此,则是四千六百零八。两项相加,则得一万一千五百二十($192 \times 36 + 192 \times 24 = 11520$),大体相当于万物之万这个大成之数。

所以,要经过"分二"、"挂一"、"揲四"、"归扐"之"四营"才能得出一变

---

① 吕绍纲:《周易阐微》,第45页。

（易即变），要经过一十八变才能生成一个六画卦。《周易》的六十四卦就是这样一个一个生成的。

这种将"大衍之数"经过"分二"、"挂一"、"揲四"、"归扐"，"四营"、"十八变"而成一别卦的方法，《系辞传》又称之为："参伍以变，错综其数。通其变，遂成天地之文；极其数，遂定天下之象。""参伍以变"，指变化之多。"错综其数"指奇偶之数交织在一起。经过种种变化，穷尽奇偶之数，就可以得出六十四之象。总之，易卦的生成，都在于数的变化。

二 六十四卦的配对

帛书易传《要》篇载孔子说"《周易》未失也"[①]，扬雄（前53—18）也说"《易》损其一，虽蠢可知矣"（《法言·问神》）。在上古文献中，《周易》可以说是结构形式最为严密、规律性最强的典籍。而卦画结构则是其最突出的代表。

《周易》六十四卦的卦画结构古往今来人们做了许多的研究。现在看来，其最根本的结构特点当是孔颖达揭示的"二二相耦，非覆即变"[②]。

所谓"二二相耦"，就是说今本《周易》六十四卦的结构是两个卦两个卦为一对偶，依此当分为☰乾☷坤、☵屯☶蒙、☵需☰讼、☷师☷比、☰小畜☰履、☷泰☷否、☰同人☰大有、☷谦☷豫、☷随☶蛊、☷临☷观、☶噬嗑☶贲、☷剥☷复、☰无妄☶大畜、☶颐☱大过、☵习坎☲离、☱咸☳恒、☶遯☳大壮、☶晋☷明夷、☲家人☱睽、☵蹇☵解、☶损☶益、☱夬☰姤、☷萃☷升、☱困☵井、☱革☲鼎、☳震☶艮、☶渐☱归妹、☳丰☲旅、☰巽☱兑、☵涣☱节、☰中孚☶小过、☵既济☲未济三十二对。所以，"二二相耦"就是"对"，"对"是《周易》最根本的精神。

所谓"覆"就是"表里视之，遂成两卦"，一个卦体上下颠覆而成两卦，如☵屯，倒过来就是☶蒙，说是两卦，其实只有一个卦体。

所谓"变"就是两卦卦画阴阳相反，如☰乾与☷坤，☵习坎与☲离。它们"反覆唯成一卦"，只好"变以对之"，以相应卦位上相反的阴、阳爻来

---

① 廖名春：《马王堆帛书周易经传释文》，《续修四库全书》经部易类第一册，第37页。
② 孔颖达：《周易正义·序卦》，《十三经注疏》标点本，第334页。

分别。

《周易》三十二对卦中，属于卦画上下颠倒而成的覆卦有二十八对。它们是䷂屯䷃蒙、䷄需䷅讼、䷆师䷇比、䷈小畜䷉履、䷊泰䷋否、䷌同人䷍大有、䷎谦䷏豫、䷐随䷑蛊、䷒临䷓观、䷔噬嗑䷕贲、䷖剥䷗复、䷘无妄䷙大畜、䷠咸䷡恒、䷠遁䷡大壮、䷢晋䷣明夷、䷤家人䷥睽、䷦蹇䷧解、䷨损䷩益、䷪夬䷫姤、䷬萃䷭升、䷮困䷯井、䷰革䷱鼎、䷲震䷳艮、䷴渐䷵归妹、䷶丰䷷旅、䷸巽䷹兑、䷺涣䷻节、䷾既济䷿未济。

属于卦画阴阳相反的变卦有四对。它们是䷀乾䷁坤、䷚颐䷛大过、䷜习坎䷝离、䷼中孚䷽小过。

《周易》三十二对卦，"非覆即变"，既不属于卦画阴阳相反的变卦，也不属于上下颠倒而成的覆卦者，是不存在的。当然，䷊泰䷋否、䷐随䷑蛊、䷴渐䷵归妹、䷾既济䷿未济这四对卦，既是"覆"，也是"变"，两者兼而有之，但我们还是将其归于覆卦中。因为如孔颖达所说，只有"反覆唯成一卦"，才"变以对之"。只要"反覆"遂"成两卦"，就不"变以对之"，视为变卦。

变卦韩康伯称之为"错"，覆卦韩康伯称之为"综"①。但不论变卦，还是覆卦，它们的卦体都是相反的。只不过一是两卦卦体阴阳相反，一是两卦卦体方向相反。

懂得"二二相耦"、"非覆即变"的结构规律，我们就可以解开《周易》上经三十卦、下经却有三十四卦之谜。

六十四卦本来可以一分为二，上、下经各为三十二卦。但《周易》却是上经三十、下经三十四。为此，孔颖达的解释是："《乾凿度》云：'孔子曰：阳三阴四，位之正也。'故易卦六十四，分为上下而象阴阳也。夫阳道纯而奇，故上篇三十，所以象阳也。阴道不纯而偶，故下篇三十四，所以法阴也。乾、坤者，阴阳之本始，万物之祖宗，故为上篇之始而尊之也。离为日，坎为月，日月之道，阴阳之经，所以始终万物，故以坎离为上篇之终。咸、恒者，男女之始，夫妇之道也。人道之兴，必由夫妇，所以奉承祖宗，为天地之主，故为下篇之始而贵之也。既济、未济为最终者，所以明戒慎而全王道也。以此言之，则上下二篇，文王所定，夫子作《纬》以释其义也。"②孔颖达将"上篇

---

① 孔颖达：《周易正义》，《十三经注疏》标点本，第339页。
② 同上书，第10页。

三十"跟"阳三"扯在一起，将"下篇三十四"跟"阴四"扯在一起，是不合逻辑的。

俞琰（1258—1314）《读易举要》对此也有分析："李秀岩（疑为李焘，1115—1184，焘号巽岩）曰：'上、下篇卦数虽不齐，反复观之，皆为十有八。晦庵以为简帙重大，信斯言也，则诸卦自可平分为二，曷为多寡之不齐乎？'晁以道曰：'古者竹简重大，分经为二篇。今又何必以二篇成帙哉？'晁氏此说盖不知六十四约为两十八也。上经三十卦约为十八者，乾、坤、坎、离不可倒转，余皆两卦倒转，并为一卦也。下经三十四卦亦约为十八者，中孚、小过不可倒转，余皆两卦倒转，并为一卦也。"①朱熹和晁说之（1059—1129）的说法不足取，因为如果是篇幅的问题，六十四卦本来就可以"平分为二"，用不着上经三十、下经三十四。因此，李秀岩提出了"上、下篇卦数虽不齐"，"皆为十有八"说。而俞琰作了进一步的阐发。这一解释是很有道理的，只是需要补正。"上经三十卦约为十八者，乾、坤、坎、离不可倒转，余皆两卦倒转，并为一卦也"当脱落"颐、大过"三字。因为上经三十卦中，除"乾、坤、坎、离不可倒转"外，还有颐、大过两卦。☷颐卦倒转过来还是☷颐，☶大过卦倒转过来还是☶大过，与☰乾☷坤、☵习坎☲离是一样的。同时，如果上经三十卦只有乾、坤、坎、离是变卦的话，其他二十六卦为覆，只有十三个卦体，加上乾、坤、坎、离四卦，则只有十七个卦体，就不是"上、下篇""皆为十有八"了。

这就是说，《周易》上经三十卦中，覆卦有二十四个十二对，这二十四个覆卦，其实只有十二个卦体，是两个覆卦合一个卦体。变卦有☰乾☷坤、☷颐☶大过、☵习坎☲离六个，这六个变卦则有六个不同的卦体。覆卦的十二个卦体加上变卦的六个卦体，上经三十卦共是十八个卦体。下经三十四卦中，覆卦有三十二个，这三十二个覆卦，其实只有十六个卦体。变卦有☴中孚☳小过两个，卦体也是两个。覆卦的十六个卦体加上变卦的两个卦体，下经三十四卦也是十八个卦体。以表格表示，即：

---

① 俞琰:《读易举要》卷四。

上经	1	2	3	4	5	6	7	8	9	10	11	12	13	14	15	16	17	18
	乾	坤	屯	需	师	小畜	泰	同人	谦	随	临	噬嗑	剥	无妄	颐	大过	习坎	离
			蒙	讼	比	履	否	大有	豫	蛊	观	贲	复	大畜				

下经	1	2	3	4	5	6	7	8	9	10	11	12	13	14	15	16	17	18
	咸	遯	晋	家人	蹇	损	夬	萃	困	革	震	渐	丰	巽	涣	中孚	小过	既济
	恒	大壮	明夷	睽	解	益	姤	升	井	鼎	艮	归妹	旅	兑	节			未济

所以，上、下经尽管卦数有多有少，但卦体却是一样多。也就是说，表面上卦数不平衡，但实质卦体却是平衡的。

不管覆也好，变也好，《周易》六十四卦的上述配对是不能打破的，因为这不但出于卦画非反即对之必然，也受到卦名正反为对的制约。比如上经的乾坤、泰否、剥复、坎离，下经的晋明夷、蹇解、损益、鼎革、涣节、既济未济，它们都是相互依存的，一旦拆开，跟别的卦组合配对，就会变得不伦不类。

三 六十四卦的卦序

分析《周易》六十四卦的配对和卦序，《杂卦传》很有参考价值。《杂卦传》所列举的六十四卦的配对和次序，可见下表：

1. 乾	2. 坤	3. 比	4. 师	5. 临	6. 观	7. 屯	8. 蒙
9. 震	10. 艮	11. 损	12. 益	13. 大畜	14. 无妄	15. 萃	16. 升
17. 谦	18. 豫	19. 噬嗑	20. 贲	21. 兑	22. 巽	23. 随	24. 蛊

（续 表）

25. 剥	26. 复	27. 晋	28. 明 夷	29. 井	30. 困	31. 咸	32. 恒
33. 涣	34. 节	35. 解	36. 蹇	37. 睽	38. 家 人	39. 否	40. 泰
41. 大 壮	42. 遯	43. 大 有	44. 同 人	45. 革	46. 鼎	47. 小 过	48. 中 孚
49. 丰	50. 旅	51. 离	52. 坎	53. 小 畜	54. 履	55. 需	56. 讼
57. 大 过	58. 颐	59. 既 济	60. 未 济	61. 归 妹	62. 渐	63. 姤	64. 夬

这里第五十七至六十四的八个卦，《杂卦传》原来的次序是大过、姤、渐、颐、既济、归妹，未济、夬、大过。宋人蔡渊（1148—1236）根据前五十六卦"二二相耦"、"非覆即变"的结构和句尾押韵之例，改作上表的次序。① 其说为是。

而《周易》的卦序，则见下表：

1. 乾	2. 坤	3. 屯	4. 蒙	5. 需	6. 讼	7. 师	8. 比
9. 小 畜	10. 履	11. 泰	12. 否	13. 同 人	14. 大 有	15. 谦	16. 豫
17. 随	18. 蛊	19. 临	20. 观	21. 噬 嗑	22. 贲	23. 剥	24. 复
25. 无 妄	26. 大 畜	27. 颐	28. 大 过	29. 坎	30. 离	31. 咸	32. 恒

---

① 俞琰《周易集说》卷四十："节斋蔡氏曰：自此以下有乱简。案《杂卦》例皆反对，叶韵为序，今以其例改正。"（文渊阁《四库全书》经部易类）

33. ䷺ 涣	34. ䷡ 大壮	35. ䷢ 晋	36. ䷣ 明夷	37. ䷤ 家人	38. ䷥ 睽	39. ䷦ 蹇	40. ䷧ 解
41. ䷨ 损	42. ䷩ 益	43. ䷪ 夬	44. ䷫ 姤	45. ䷬ 萃	46. ䷭ 升	47. ䷮ 困	48. ䷯ 井
49. ䷰ 革	50. ䷱ 鼎	51. ䷲ 震	52. ䷳ 艮	53. ䷴ 渐	54. ䷵ 归妹	55. ䷶ 丰	56. ䷷ 旅
57. ䷸ 巽	58. ䷹ 兑	59. ䷺ 涣	60. ䷻ 节	61. ䷽ 中孚	62. ䷽ 小过	63. ䷾ 既济	64. ䷿ 未济

比较起来,《杂卦传》的配对与《周易》有同有异。相同的是,配的三十二对全同,这些对子没有被拆开。但对子内部次序却有一些不同。如《周易》是师、比,而《杂卦传》则作比、师;《周易》是无妄、大畜,而《杂卦传》则作大畜、无妄;《周易》是巽、兑,而《杂卦传》则作兑、巽;《周易》是困、井,而《杂卦传》则作井、困;《周易》是蹇、解,而《杂卦传》则作解、蹇;《周易》是家人、睽,而《杂卦传》则作睽、家人;《周易》是泰、否,而《杂卦传》则作否、泰;《周易》是遁、大壮,而《杂卦传》则作大壮、遁;《周易》是同人、大有,而《杂卦传》则作大有、同人;《周易》是中孚、小过,而《杂卦传》则作小过、中孚;《周易》是坎、离,而《杂卦传》则作离、坎;《周易》是颐、大过,而《杂卦传》则作大过、颐;《周易》是渐、归妹,而《杂卦传》则作归妹、渐;《周易》是夬、姤,而《杂卦传》则作姤、夬。三十二对中共有十四对的次序是颠倒的。其中覆卦有十一对,变卦有三对。就卦画而言,只要配对正确,在对子内谁先谁后并无妨碍。反正倒过来倒过去,你对我或我对你:都是对。这说明,在《杂卦传》看来,对是原则,而先后并不重要。

《杂卦传》对子与对子之间的次序与《周易》则很有不同。除乾、坤,咸、恒,家人、睽三对外,其他二十九对全不相同。而乾、坤为上经之首,咸、恒为下经之首。如果《杂卦传》反映了一种卦序的话,那这种卦序也当从《周易》卦序中化出,所以它还是囿于《周易》上经、下经之序。如果考虑卦名意义的话,我们就会看得更清楚:因为《周易》既济、未济殿尾,象辞相应,理当如此;而《杂卦传》则居于五九、六十,既济、未济之称显然名不副实。

由此看来，《周易》六十四卦对子与对子之间应当存在着一定的先后次序。可以肯定，其以乾☰坤☷为首，以既济☲未济☳结束是有深意的。但也应该承认，如果不看卦名，只看卦画结构，对子与对子之间为什么会有如此次序？道理实在难以说明。所以，《周易》卦画的逻辑性主要体现在配对上，而对子与对子之间的先后次序是欠清楚的。

出于对《周易》卦画逻辑性欠强的不满，人们对它进行了改造，编造出种种新的卦序。下面，我们介绍几种。

首先是马王堆三号汉墓出土的帛书《易经》卦序。我们破除通假，将其卦名全部换成今本《周易》的卦名，画成表，其卦序就是：

1. 乾	2. 否	3. 遁	4. 履	5. 讼	6. 同人	7. 无妄	8. 姤
9. 艮	10. 大畜	11. 剥	12. 损	13. 蒙	14. 贲	15. 颐	16. 蛊
17. 坎	18. 需	19. 比	20. 蹇	21. 节	22. 既济	23. 屯	24. 井
25. 震	26. 大壮	27. 豫	28. 小过	29. 归妹	30. 解	31. 丰	32. 恒
33. 坤	34. 泰	35. 谦	36. 临	37. 师	38. 明夷	39. 复	40. 升
41. 兑	42. 夬	43. 萃	44. 咸	45. 困	46. 革	47. 随	48. 大过
49. 离	50. 大有	51. 晋	52. 旅	53. 睽	54. 未济	55. 噬嗑	56. 鼎
57. 巽	58. 小畜	59. 观	60. 渐	61. 中孚	62. 涣	63. 家人	64. 益

从表中可以看出,帛书《易经》六十四卦的排列有着严格的规律性。它不分上、下经,起于乾、否而终于家人、益。其特点是采用重卦的方法,将一个六画卦分为上、下两个三画卦,以三画的八卦为单位,将六十四卦分成八组。其上卦排列的次序是:乾、艮、坎、震、坤、兑、离、巽。下卦的排列次序是:乾、坤、艮、兑、坎、离、震、巽。上卦的乾,依次同下卦的八个卦组合,成为乾、否、遯、履、讼、同人、无妄、姤。然后,上卦的艮再同下卦的八个卦组合。组合时,把下卦的艮提到前面,先同艮组合,再依次同其余七个卦组合,这样就组成为艮、大畜、剥、损、蒙、贲、颐、蛊。然后,上卦的坎再同下卦组合……依此类推,形成了"八八成组"的帛书《易经》卦序。①

帛书卦序与今本卦序孰先孰后,学者们讨论了很久,有着截然相反的意见。一派认为帛书《易经》卦序在前,今本卦序在后;一派认为帛书卦序不会早于今本卦序,帛书卦序是学者出于对规律性的爱好改编经文的结果②。我们同意后说,其理由有二:

第一,从卦名和卦爻辞看,今本《周易》的配对是不可拆分的,比如乾坤、泰否、剥复、坎离、晋明夷、蹇解、损益、鼎革、涣节、既济未济。《周易》六十四卦,只有乾、坤两卦有用辞,其余六十四卦皆无。在今本卦序中,乾卦后紧接以坤卦,"用九"与"用六"相对,这种排列形式颇具深意。《系辞传》《序卦传》和许多《易》注早就揭示了这一点。而帛书《易经》中,乾居第一,坤居第三十三,用辞的出现非常突然。今本乾、坤两卦居首,其用辞的存在显然具有示范性。帛书隔开了乾坤两卦,用辞的示范性也不清楚了。这只能是改编者只顾及卦画形式的有序,却忽视了用辞间联系的结果。③

第二,早期文献引《易》,都是从今本之序。如《左传·昭公二十九年》载蔡墨答魏献子问,其引《易》是先乾之初九、九二、九五、上九,用九爻辞、用辞,再坤六五爻辞。显然,蔡墨是春秋时人,用的是今本之序。帛书《易传》各篇,与帛书《易经》同时抄写于一人一手,但它们称引《周易》反映出的卦序,无不同于今本,没有与帛书《易经》相同的。④ 这些事实说明,今

---

① 于豪亮:《帛书〈周易〉》,《文物》1984 年第 3 期。

② 张政烺:《帛书〈六十四卦〉跋》,《文物》1984 年第 3 期。

③ 详见廖名春《中国古代文明的瑰宝——评〈马王堆汉墓文物〉》,《哲学研究》1993 年第 3 期。

④ 详见廖名春《帛书〈易传〉引〈易〉考》,《汉学研究》第 12 卷第 2 期,1994 年。

本卦序是渊源久远的经文原貌，而帛书《易经》的卦序写成并不太久，以致帛书《易传》都没有称引。因此，说帛书《易经》卦序早于今本，是没有坚实根据的。

再来看京房的八宫卦序：

八宫	一世	二世	三世	四世	五世	游魂	归魂
䷀乾	䷫姤	䷠遯	䷋否	䷓观	䷖剥	䷢晋	䷍大有
䷲震	䷏豫	䷧解	䷡恒	䷭升	䷯井	䷛大过	䷐随
䷜坎	䷻节	䷂屯	䷾既济	䷰革	䷶丰	䷣明夷	䷆师
䷳艮	䷕贲	䷙大畜	䷨损	䷥睽	䷞履	䷚中孚	䷴渐
䷁坤	䷗复	䷒临	䷊泰	䷠大壮	䷪夬	䷄需	䷇比
䷸巽	䷈小畜	䷤家人	䷩益	䷘无妄	䷔噬嗑	䷚颐	䷑蛊
䷝离	䷷旅	䷱鼎	䷿未济	䷃蒙	䷺涣	䷅讼	䷌同人
䷹兑	䷮困	䷬萃	䷞咸	䷦蹇	䷎谦	䷽小过	䷵归妹

京房将八经卦的重卦称为"八宫"，又称为"八纯"，其排列的顺序是：乾、震、坎、艮、坤、巽、离、兑。每一宫卦又统率七个卦，如乾宫所属之卦，其顺序为：姤、遯、否、观、剥、晋、大有。坤宫所属之卦，其顺序为：复、临、泰、大壮、夬、需、比。这样，便构成六十四卦排列顺序，始于乾卦，终于归妹卦。各宫卦中所属之卦，各有自己所处的地位。前五个卦分别称为一世、二世、三世、四世、五世。第六卦称为游魂，第七个卦称为归魂。

八宫所属各卦的上爻即上世，一律不变。如乾宫所属姤、遯、否、观、剥、晋、大有七卦，上爻都与乾卦同，皆为阳爻。坤宫所属复、临、泰、大壮、夬、需、比七卦，上爻都与坤卦同，皆为阴爻。其他六宫同。

一世卦为本宫初爻变化而来，也就是阳爻变为阴爻，或阴爻变为阳爻。如乾宫中的姤卦，初爻为阴爻，乃乾卦初九爻所变；坤宫中的复卦，初爻为阳爻，乃坤卦初六爻所变。

二世卦为本宫二爻变化而来。如乾宫中的遯卦，初爻和二爻都是阴爻，乃初九爻，九二爻所变；坤宫中的临卦，初爻和二爻都是阳爻，乃坤卦初六爻，六二爻所变。

三世卦为本宫三爻变化而来。如乾宫中的否卦，下卦三画都是阴爻，乃乾卦下卦三阳爻所变；如坤宫中的泰卦，下卦三画都是阳爻，乃坤卦下卦三阴爻所变。

四世卦为本宫四爻变化而来。如乾宫中的观卦，初爻至四爻皆为阴爻，乃由乾卦初九爻、九二爻、九三爻、九四爻所变；坤宫中的大壮卦，初爻至四爻皆为阳爻，乃由坤卦初六爻、六二爻、六三爻、六四爻所变。

五世卦为本宫五爻变化而来。如乾宫中的剥卦，五爻皆为阴爻，乃乾卦五阳爻所变；坤宫中的夬卦，五爻皆为阳爻，乃坤卦五阴爻所变。

游魂卦是五世卦中的第四爻，恢复本宫卦中的第四爻爻象，或者五世卦中的第四爻，其阳爻则变为阴爻，阴爻则变为阳爻。如乾宫中的五世卦剥六四爻变为九四爻，则为游魂卦晋卦；坤宫中的五世卦夬卦九四爻恢复坤卦六四爻象，即是游魂卦需卦。

归魂卦是说游魂卦下卦恢复本宫卦的下卦象，或者说游魂卦的下卦变为相反的卦。如乾宫中游魂卦晋，其下卦为坤，变为乾，即为归魂卦大有；坤宫中游魂卦需，其下卦为乾，变为坤，即为归魂卦比。

京房如此排列六十四卦顺序，是表示卦爻象的变化乃阴阳消长的过程。八宫中的前四卦为阳卦，以乾为首，乾卦六爻皆阳，表示阳气极盛。其次为姤卦，表示一阴生而浸阳。次为遁卦，表示二阴生而浸阳。次为否卦，表示三阴生而浸阳。次为观卦，表示四阴生而浸阳。次为剥卦，表示五阴生而浸阳。次为晋卦表示阳不可尽剥，又复于阳，但未回到内卦之位，而是居于外卦四位，如灵魂一样游荡，故称游魂。次为大有，表示复归本位，即下卦变为乾，故称归魂。[1]

与京房八宫卦序相似的还有元包卦序：

	本宫	一世	二世	三世	四世	五世	游魂	归魂
太阴第一	䷁坤	䷗复	䷒临	䷊泰	䷡大壮	䷪夬	䷝需	䷇比
太阳第二	䷀乾	䷫姤	䷠遁	䷋否	䷓观	䷖剥	䷢晋	䷍大有
少阴第三	䷹兑	䷮困	䷬萃	䷞咸	䷦蹇	䷎谦	䷽小过	䷵归妹
少阳第四	䷳艮	䷕贲	䷙大畜	䷨损	䷥睽	䷉履	䷼中孚	䷴渐
仲阴第五	䷝离	䷷旅	䷱鼎	䷿未济	䷃蒙	䷺涣	䷅讼	䷌同人
仲阳第六	䷜坎	䷻节	䷂屯	䷾既济	䷰革	䷶丰	䷣明夷	䷆师
	本宫	一世	二世	三世	四世	五世	游魂	归魂
孟阴第七	䷸巽	䷈小畜	䷤家人	䷩益	䷘无妄	䷔噬嗑	䷚颐	䷑蛊
孟阳第八	䷲震	䷏豫	䷧解	䷟恒	䷭升	䷯井	䷛大过	䷐随

---

① 朱伯崑：《易学哲学史》第一卷，第127—129页。

这种卦序只是将京房乾、震、坎、艮、坤、巽、离、兑八宫之序改作了坤、乾、兑、艮、离、坎、巽、震八宫之序，乾坤父母各领长、中、少三子女变成了坤母乾父共领少、中、长六子女。因此，变成了坤首随尾的六十四卦结构。①

唐人贾公彦说："伏牺本画八卦，直有三爻，法天地人。后以重之。重之法先以乾之三爻为下体，上加乾之三爻为纯乾卦。又以乾为下体，以坤之三爻加之，为泰卦。又以乾为本，上加震之三爻于上，为大壮卦。又以乾为本，上加巽于上，为小畜卦。又以乾为本，上加坎于上，为需卦。又以乾为本，上加离于上，为大有卦。又以乾为本，上加艮于上，为大畜卦。又以乾为本，上加兑于上，为夬卦。此是乾之一重，得七为八。又以坤之三爻为本，上加坤，为纯坤卦。又以坤为本，上加乾，为否卦。又以坤为本，上加震，为豫卦。又以坤为本，上加巽，为观卦。又以坤为本，上加坎，为比卦。又以坤为本，上加离，为晋卦。又以坤为本，上加艮，为剥卦。又以坤为本，上加兑，为萃卦。是亦通本为八卦也。自震、巽、坎、离、艮、兑，其法皆如此，则为八八六十四。"②这一重卦法，可用下表表示：

1. 乾	2. 泰	3. 大壮	4. 小畜	5. 需	6. 大有	7. 大畜	8. 夬
9. 坤	10. 否	11. 豫	12. 观	13. 比	14. 晋	15. 剥	16. 萃
17. 震	18. 无妄	19. 复	20. 益	21. 屯	22. 噬嗑	23. 颐	24. 随
25. 巽	26. 姤	27. 升	28. 恒	29. 井	30. 鼎	31. 蛊	32. 大过
33. 坎	34. 讼	35. 师	36. 解	37. 涣	38. 未济	39. 蒙	40. 困

① 详见卫元嵩述、苏源明传《元包经传》卷一至卷四，文渊阁《四库全书》子部术数类数学之属。

② 《周礼注疏》卷二十四，文渊阁《四库全书》经部礼类周礼之属。

41. ䷝ 离	42. ䷌ 同人	43. ䷣ 明夷	44. ䷹ 丰	45. ䷤ 家人	46. ䷾ 既济	47. ䷕ 贲	48. ䷰ 革
49. ䷳ 艮	50. ䷠ 遁	51. ䷎ 谦	52. ䷽ 小过	53. ䷴ 渐	54. ䷦ 蹇	55. ䷷ 旅	56. ䷞ 咸
57. ䷹ 兑	58. ䷙ 履	59. ䷒ 临	60. ䷵ 归妹	61. ䷼ 中孚	62. ䷽ 节	63. ䷥ 睽	64. ䷨ 损

这是依《说卦传》的乾坤父母长中少六子女之八卦次序，每一经卦自重为纯卦后，再依次与其他七卦相配，组成八个别卦，是为"得七为八"。如☰乾自重为䷀乾；再以☰乾为下卦，以☷坤为上卦，得出䷊泰卦；再以☰乾为下卦，以☳震为上卦，得出䷡大壮卦；再以☰乾为下卦，以☴巽为上卦，得出䷈小畜卦；再以☰乾为下卦，以☵坎为上卦，得出䷄需卦；再以☰乾为下卦，以☲离为上卦，得出䷍大有卦；再以☰乾为下卦，以☶艮为上卦，得出䷙大畜卦；再以☰乾为下卦，以☱兑为上卦，得出䷪夬卦。然后☷坤自重为纯卦䷁坤；再以☷坤为下卦，以☰乾为上卦，得出䷋否卦；再以☷坤为下卦，以☳震为上卦，得出䷏豫卦；再以☷坤为下卦，以☴巽为上卦，得出䷓观卦；再以☷坤为下卦，以☵坎为上卦，得出䷇比卦；再以☷坤为下卦，以☲离为上卦，得出䷢晋卦；再以☷坤为下卦，以☶艮为上卦，得出䷖剥卦；再以☷坤为下卦，以☱兑为上卦，得出䷬萃卦。其他震、巽、坎、离、艮、兑各组，都依此类推，而得出以䷀乾为首，以䷨损为尾的六十四卦来。

上述帛书《易经》、京房、元包、贾公彦的卦序，人们称之为连体卦序①。这种卦序强调统一，每组都有一个共同的经卦。而经卦与经卦之间又有一定的次序：或者是乾坤父母各领其子其女，如帛书《易经》、京房；或者是以乾坤父母六子女为序，如贾公彦；或者在此基础上又阴阳颠倒，如《元包》。这样，从整体上而言，六十四卦结构严密，富于规律性，便于记忆。但

---

① 王兴业：《〈杂卦〉不杂说——兼论〈易〉卦序与学派问题》，《周易研究》1988年第1期，第29页。

却破坏了易卦的配对，破坏了易卦的对偶性，自然与卦名也不相协调。可以说，是求之于外而失之于内。因此，只能说是后人对《周易》形式主义的改造。

《周易》对偶卦与对偶卦之间的系统联系是什么？《序卦传》有一套理论。但付诸实证，可信度不高。后人的种种说法，也只是探索，远未达到解决问题的程度①。因此，只好存疑。

思考题：

1. 六十四卦是如何筮出来的？请简述之。

2. 《周易》为什么上经只有三十卦，而下经却有三十四卦？

3. 比较《周易》六十四卦与帛书《易经》卦序的特点。

---

① 现代逻辑学家沈有鼎有《周易序卦骨构大意》和《周易卦序分析》(《中国哲学》第十七辑，第186—188页，长沙：岳麓书社，1996年)二文，可以参考。

第四讲

《周易》的卦爻辞(上经上)

《周易》六十四卦卦画结构的最大特点是对偶,表现在思想上就是阴阳哲学。分析《周易》六十四卦的卦爻辞,必须要以对偶性为前提。

我们先来讨论《周易》上经前十六卦的卦爻辞。

一　乾、坤与屯、蒙

乾卦和坤卦是《周易》六十四卦的第一对卦。

☰乾由两个经卦☰乾组成,六爻都是阳爻。卦名乾,在马王堆帛书《周易》经、传中都写作"键",《大象传》也说"天行健"。疑其本名为"健",而乾当为借字,是很有道理的。因此,整个乾卦,讲的就是强健的道理。

卦辞"乾,元,亨;利贞",是说刚健,做到善,就能亨通;利于贞定而不争。①

---

① "元",旧训为"始"或"极",疑误。"元"是"亨"的条件,当训为"善"。《左传·襄公九年》:"(穆)姜曰:'亡! 是于《周易》曰:"随:元亨利贞,无咎。"元,体之长也……而有不仁,不可谓元。'"《文言传》:"元者,善之长也……君子体仁足以长人。"《逸周书·谥法》:"能思辨众曰元,行义说民曰元……主义行德曰元。"《国语·晋语七》:"抑人之有元君,将禀命焉。"韦昭注:"元,善也。"《左传·文公十八年》:"高辛氏有才子八人……天下之民,谓之八元。"杜预注:"元,善也。"《易·睽》:"睽孤,遇元夫,交孚,厉,无咎。"程颐《传》:"夫,阳之称;元,善也。初九当《睽》之初,遂能与同德,而无睽之悔,处睽之至善者也,故目之为元夫,犹云善士也。"亨,亨通,相当于"吉"。贞,定。甲骨文、金文中,"贞"、"鼎"本同字。"贞"字所从之"贝"实即鼎。鼎,定也。因而贞也有定义。《释名·释言语》:"贞,定也,精定不动惑也。"《系辞传》:"天下之动,贞夫一者也。""贞夫一",对"天下之动"而言,"贞"就是"定"。《逸周书·祭公》:"维天贞文王之董用威。"俞樾按:"贞,当训定。"《文言传》:"贞固足以干事。"(《左传·襄公九年》同)王引之:"则固守之谓贞。"俞樾:"是贞有固义。""贞"有"固"义,与"定"义同。讼卦九四爻辞:"安贞,吉。"《小象》曰:"安贞不失也。"王引之:"谓安静不犯,不失其正。"是释"贞"为"静"。定、固、静,意义相近,都是不动的意思。利贞,利于贞定。此指不争着为"首",与下文用辞"见群龙无首,吉"义近。"利贞"即利于贞定而不争,《乾》卦的主旨就是提倡"乾"而"贞",刚健而又不争。参见廖名春《〈周易·乾〉卦新释》,《社会科学战线》2008 年第 3 期。

初九爻辞"潜龙勿用"，是说力量不够强大时，不能轻举妄动，当积蓄力量，等待时机。

九二爻辞"见龙在田，利见大人"，是说龙出现在田野上，利于拜见大人。

九三爻辞"君子终日乾乾，夕惕若，厉无咎"，是说君子不能一味逞强，应当按时作息，有张有弛。白天努力工作，晚上注意休息，这样虽有危险，但也无咎责。惕，帛书《周易》经、传都作"沂"，读为析，析有解除之义，引申为安闲休息。帛书易传《二三子》篇引孔子说："此言君子务时，时至而动……君子之务时，猷驰驱也。故曰：'君子终日键键'。时尽而止之以置身，置身而静。故曰：'夕沂若，厉无咎。'"① 帛书易传《衷》篇也引"子曰"说："'君子冬日键键'，用也；'夕沂若，厉无咎'，息也。"②《淮南子·人间》也说："'终日乾乾'，以阳动也；'夕惕若厉'，以阴息也。因日而动，因夜以息，唯有道者

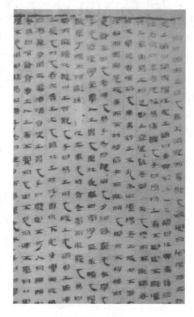

帛书易传《衷》篇

能行之。""'终日乾乾'，以阳动也"，与帛书易传《衷》篇"'君子冬日键键'，用也"说同。"'夕惕若厉'，以阴息也"，与帛书易传《衷》篇"'夕沂若，厉无咎'，息也"说同。"因日而动，因夜以息，唯有道者能行之"，说明这条爻辞就是讲的因时而动、因时而止的道理。③

九四爻辞"或跃在渊，无咎"，是说或飞腾而起，或退处于渊，一切都依时而定，必无咎害。"或跃在渊"即"或跃，或在渊"。

九五爻辞"飞龙在天，利见大人"，是说龙高飞在天上，利于拜见大人。比喻事业的最高峰、人生成功的极致。故帝王被比拟为"九五之尊"。大

① 廖名春：《马王堆帛书周易经传释文·二三子》，《续修四库全书》经部易类第一册，第17页。
② 廖名春：《马王堆帛书周易经传释文·衷》，《续修四库全书》经部易类第一册，第31页。
③ 详见廖名春《周易乾坤两卦卦爻辞五考》，《周易研究》1999年第1期。

人,此指贤者、有德之人。

上九爻辞"亢龙,有悔",是说龙高飞穷极,有所悔恨。为什么呢?因为"物极必反",日盈则昃,月盈则亏。

"用九,见群龙无首,吉",是说六爻都是九,出现一群龙,都不以首领自居,吉利。"龙"是刚健的代表,"无首"是阴柔的象征。既是"群龙",又都能做到"无首",不争着做首领,是一种理想的刚而能柔、强而不争的状态,所以称"吉"。这就是《周易》的价值理想。高亨说:"用当读为遹。遹,通也。……用九犹通九,谓六爻皆九也。"①其说是。"用",读为"通",皆、全的意思。帛书《易经》中,"用九"写作"遹九";帛书《系辞》中,"通"都写作"遹"。可见"用九"即"通九","通九"即全九、皆九。乾卦六爻都是九,所以称为"用(通)九"。②

☷坤由两个经卦☷坤组成,六爻都是阴爻。卦名坤,在马王堆帛书《周易》经、传中都写作"川",在先秦秦汉的大部分文献中,或写作"巛",或写作"巛",疑其本名为"顺",而"川"、"巛"、"巛"皆为"顺"字早期的写法。③ 因此,整个坤卦,讲的就是柔顺的道理。

卦辞"坤,元,亨,利牝马之贞;君子有攸往,先迷,后得主,利。西南得朋,东北丧朋。安贞,吉",是说柔顺,做到善,就会亨通,像母马一样贞静不争则吉利;君子有所前往,开头迷失而后来才找到正主,有利。往东北方向走,就会丧失朋类;往西南方向走,就会得到朋类。安静不争,就会吉利。所谓"利牝马之贞",就是讲要紧跟,而不要争先出头。所谓"西南得朋,东北丧朋",帛书《衷》篇两引,都作"东北丧朋,西南得朋",并说"岁之义,始于东北,成于西南"。④ 可见,这是一种八卦卦气说。具体解释可参见本书第二讲第三节的有关部分。

初六爻辞"履霜,坚冰至",是说踩到微霜,就知道严寒的冬天将要来临。这是从微知著,由后天而先天。

---

① 高亨:《周易大传今注》卷一,第59—60页。
② 详见廖名春《周易乾坤两卦卦爻辞五考》。
③ 详见廖名春《坤卦卦名探原——兼论八卦卦气说产生的时代》,《东南学术》2000年第1期。
④ 廖名春:《马王堆帛书周易经传释文》,杨世文等编《易学集成》第三卷,第3040页,成都:四川大学出版社,1998年。

六二爻辞"直方，大，不习，无不利"，是说做到正直而方正，就能宏大，就能不折败，就没有不利。所谓"大"也好，"不习（折）"也好，"无不利"也好，都是强调德行"直方"的重要性。旧注一般以"直方大"断句，不但文义不通，而且破坏押韵，实不可从。"习"当读为"折（摺）"，即折败。帛书《二三子》篇以"挠"、帛书《衷》篇以"折"来解释"习"就是明证。所以"不习"就是"不摺"，"不摺"就是"不折败"，意义与"大"、"无不利"近似。①

六三爻辞"含章，可贞，或从王事，无成有终"，是说内含文采，可以守持正固；或辅助君王的事业，没有大的成功也会有好的结局。"或"，有。

六四爻辞"括囊，无咎，无誉"，是说像扎紧口袋那样闭上嘴，没有凶咎，也没有称誉。"括囊"在这里指慎言。言多必失，有悖于坤道。

六五爻辞"黄裳，元，吉"，是说人臣像黄色裙裳一样，能守谦道，就会吉利。六五以阴居中，是阴之最尊，皇后之象。而黄为王者之色，裳为下衣。象征谦下之义非常清楚。②

茹家庄一号墓出土的青铜人

① 详见廖名春《周易乾坤两卦卦爻辞五考》。
② 元，善，此指守谦道。帛书《二三子》："……兼（谦），'黄常（裳）'近之矣。"帛书《衷》："'黄常（裳），元，吉'，有而弗发也。……子曰：'尉（蔚）文而不发之胃（谓）也。文人内其光，外其龙，不以其白阳人之黑，故其文兹（滋）章（彰）。'"

上六爻辞"龙战于野,其血玄黄",是说群龙在原野上争战,他们的首领只能是两败俱伤。《诗经·卷耳》:"我马虺隤……我马玄黄。"王引之(1766—1834):"《尔雅》曰:'虺隤、玄黄,病也。'凡物皆得称之。孙炎属之马,郭璞属之人,皆非也。"[①]"血"疑读为"率",就是元帅,首领。坤主柔顺,反对争战,所以"龙战"而称"玄黄",认为争强斗胜,祸害无穷。[②]

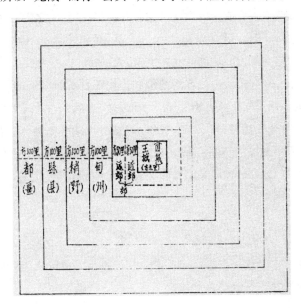

"用六,利永贞",是说六爻都是六,能永远贞静不争就会吉利。"用六"即"通六",坤卦六爻都是六,所以说"通六"。《周易》六十四卦只有乾卦和坤卦六爻或都是六,或都是九,所以有"用(通)九"、"用(通)六"之称;而其他六十二卦都是阴阳杂糅,没有全是阳爻或全是阴爻的现象,所以没有"用(通)九"、"用(通)六"之称。有人说,《周易》其他六十二卦没有用辞,是遗失所致,绝不可信。"利永贞",是坤卦的主要特征,就是强调柔顺而不出头争胜。

乾坤是阴阳的极致,也是阴阳的代表。《周易》六十四卦以乾坤为首,突出了《周易》的阴阳哲学,也就是《系辞传》所说的"一阴一阳之谓道"。

---

① 王引之:《经义述闻》,第 118 页,南京:江苏古籍出版社,1985 年。
② 详见廖名春《周易乾坤两卦卦爻辞五考》。

帛书《易经》、京房八宫卦等虽然以乾为首,但却拆散了坤卦,打破了乾坤的配对,实质是破坏了《周易》的阴阳哲学。用《系辞传》的话来说,是"仁者见之谓之仁",蔽于阳而不知阴。

乾坤居六十四卦之首,《序卦传》的解释是"有天地,然后万物生焉","有天地,然后有万物",认为乾坤是生成其他六十二卦之本,也就是世界万物化生之源,赋予了生成论的意义。这种解释,也是能成立的。因为乾坤说到底,就是一阴一阳而已。而其他六十二卦,都是一阴一阳的不同组合而已。而《易》者,象也",说它有世界生成论的意义,也不为过。

尽管如此,但古人认为乾坤的地位和作用还是有所区别的。《象传》认为"乾元"的作用是"万物资始",而"坤元"是"万物资生";《系辞传》认为"天尊地卑"。今人沈有鼎(1908—1989)认为《周易》义例""以阳驭阴,以刚制柔","其序卦也,用建构原则(Principle of Architectonic)而不用平等原则(Principle of Continuity),是以意味深长"。[①] 应该符合《周易》制作时代的思想。

屯卦和蒙卦是第二对。

☳ 屯卦下震上坎。《说文·中部》:"屯,难也。象艸木之初生,屯然而难。从中贯一,一,地也。"金文作:

(頌鼎)   (克鐘)   (秦公鐘)

由此看,草木初生是屯之本义。屯卦是讲面临草创艰难的问题,强调不要轻举妄动,要团结和利用盟友做事。

卦辞"屯,元,亨;利贞。毋用有攸往,利建侯",是说面临艰难,做到善,就能亨通;贞定守静则利。不要主动去征讨,利于封建诸侯,扶助友朋。"贞"与"往"对,意义显然相反。由此看,"贞"义当训为定,也就是不动。"利贞",即利于不动。为什么?因为卦义是"初生",正是力量弱小之时。

初九爻辞"盘桓,利居贞,利建侯",是说面临艰难,利于守静而不进攻,利于封建诸侯,扶助友朋。"贞"义为定,与"居"义近,都是不动的意思。

---

① 沈有鼎:《周易卦序分析》,《中国哲学》第十七辑,第 188 页,长沙:岳麓书社,1996 年。

六二爻辞说"屯如邅如,乘马班如,匪寇婚媾;女子贞不字,十年乃字",是说面临艰难而前进不了,有众多的人纷纷乘坐马车而来,他们不是强寇,而是来求婚的。女子没有动静,婚后长时间不生小孩,过了十年,才生下小孩。所谓"屯如邅如",即"屯而邅如",是行止艰难之意;而"女子贞不字,十年乃字",更是难进的显例。

六三爻辞"即鹿无虞,惟入于林中。君子几,不如舍,往,吝",是说入山打猎而无虞人相助,只能是一头栽进深山老林中而出不来。君子以为危险①,不如舍弃,硬要前往,就会有吝惜。主张舍弃前往,也是难进。"鹿",当读为"麓",山足,也就是山脚。

六四爻辞"乘马班如,求婚媾;往,吉,无不利",是说有众多的人纷纷乘坐马车而来,要求婚配;答应他们,吉祥而没有什么不利的。"往",主动前行,在这里指积极答应"求婚媾"。在艰难中得到别人结盟的要求,积极应允,自然"吉,无不利"。

九五爻辞"屯其膏,小,贞,吉;大,贞,凶",是说草创艰难之时,要积蓄力量,力量弱小时,保守不动,吉利;当力量强大时,仍然保守,就会有凶险。"屯",积聚。膏,资财,引申为力量。是否贞定不动,要看力量大小,这是动与静的辩证。

上六爻辞"乘马班如,泣血涟如",是说一班人乘马而来求婚,不答应则会招致泣血涟涟的后果。因为这是"屯难"之时,统一战线至关重要。

☷蒙卦之义《序卦传》以蒙昧、"物之稚"为解,一般注疏据卦爻辞解为"童蒙"。其实,蒙之本义当为蒙蔽,引申为蒙昧。所以,整个蒙卦,讨论的就是如何对待蒙昧的问题。

卦辞说"蒙,亨;匪我求童蒙,童蒙求我;初筮告,再三渎,渎则不告;利贞",是说蒙昧,也会亨通。不是我请求蒙昧之人来脱蒙,而是蒙昧之人请求我给他脱蒙。相信第一次占筮的结果则吉利,不相信转而再三占筮则是亵渎,亵渎则不吉利。利于心诚。这是讲治蒙的方法和原则,主张主动向学,尊师重道。"童",一般都解为儿童,其实应作动词,解为脱。《释名·释

---

① "几",苏轼训为"殆",我的学生吴国源训为"危"。《尔雅·释诂下》:"几,危也。"郭璞注:"几,犹殆也。"

长幼》："山无草木亦曰童。""童"有秃、光之义。引申之，就有去尽、脱光之义。早期文献里"童山"之说屡见。如《管子·揆度》："二五者，童山竭泽，人君以数制之人。"又《国准》："有虞之王，枯泽童山。……童山竭泽者，君智不足也。……童山竭泽，益利博流。"又《轻重戊》："管子对曰：……黄帝之王，童山竭泽。"以上"童山"与"竭泽"、"枯泽"相对，"童山"即砍伐林木，使山光秃。显然，"山"是"童"的宾语，"童"是使动词。后人也有一些沿用。如宋苏轼《东坡志林·梁工说》："童东山之木，汲西江之水。"宋郭象《睽车志》卷五："不数年，财产荡尽，无以为计，乃伐墓木以易斗升。既童其山，则又托言风水不利，发取其棺及甓甓之属，尽卖之。""童其山"、"童……木"之"童"是动词，显而易见。[①]"童蒙"，脱蒙；也可活用为名词，指想脱蒙之人。因为想脱蒙之人尽管大多为儿童，但也不尽然，年龄大一点的也有。孔子弟子三千，贤人七十，也不都是儿童。而且牵涉到六五爻辞"童蒙，吉"，不能说是儿童就吉利。"告"，"吉"字之形讹。帛书《易经》两"告"字都写作"吉"，帛书易传《缪和》篇三引两"告"字也都写作"吉"，熹平石经"告"字也作"吉"。

初六爻辞"发蒙，利用刑人；用说桎梏，以往，吝"，是说教育启发蒙昧之人，利于用法式来规范他们。想要去掉规范，发展下去，将会有吝惜。"刑"，同型，本指模具，引申为法式。此用为动词，指规范。"刑人"，以法式来规范人。"说"读为"脱"。"桎梏"，本指刑具，这里引申为规矩、纪律。"利用刑人"，正面强调规矩、纪律的作用；"用说桎梏"云云，从反面强调破坏规矩、纪律的危害。这样的教育"发蒙"，可以说是双管齐下。

九二爻辞"包蒙，吉；纳妇，吉。子克家"，是说使蒙昧之人文明，吉利。这样，他就可娶进贤妻而获得吉利，他就能治理好自己的家族和封地。"包"，郑玄说"当作彪，彪，文也"[②]；京房、陆绩、一行本也作"彪"[③]。可从。因此"包蒙"当作"彪蒙"，也就是"文蒙"。能使小孩有文化，又纳有贤妇，自然可称之为"克家"，治家有方。

六三爻辞"勿用取女，见金夫，不有躬。无攸利"，是说不要娶这个女

---

① 详见廖名春《释〈周易〉之"童"》，《周易研究》2007 年第 1 期。

② 《经典释文》卷第一，《周易正义》，《十三经注疏》标点本，第 345 页。

③ 董真卿《周易会通》卷二引晁氏曰，见文渊阁《四库全书》经部易类。

子,因为她一看见有钱的男人,就背信弃义,所以娶她是不利的。"躬",一般都训作身。其实当读为"信"。"躬"楚简《周易》写作"躳"。战国古玺习见"中躳"印文,即读为"忠信";赵国兵器铭刻中,相邦建信君即写作"建躳君"。所以,"不有躬"即"不有信"。①

六四爻辞"困蒙,吝",是说困于蒙昧,必有吝惜。

六五爻辞"童蒙,吉",是说脱离蒙昧,才能吉利。"童"当作动词,义为脱尽,说见上。

上九爻辞"击蒙,不利为寇,利御寇",是说治理蒙昧②,不利为暴,利于止暴。

总之,说的都是对待蒙昧的态度和治理蒙昧的方法。

二 需、讼与师、比

需卦和讼卦是第三对。

☵☰需卦讲守正敬慎以待时的道理。

卦辞"需,有孚,光亨;贞,吉,利涉大川",是说等待,有诚信,就会大为亨通;坚守不动,就会吉利,利于涉越大河。需,即须,就是等待。《杂卦传》:"需,不进也。"《象传》:"需,须也。""须"是等待,也就是"不进"。《说文·雨部》:"需,䇓也,遇雨不进止也。"段玉裁注:"䇓者,待也。"楚简本作🗛③,当隶定为"乳"③,读为"孺",也就是"需"。"孚",信。"光",大。"利涉大川",利于涉越大江大河,比喻能做有难度的大事。

初九爻辞"需于郊,利用恒,无咎",是说在郊外等待,利于有恒,没有咎责。"郊",指城邑之外的周围地区。《尔雅·释地》:"邑外谓之郊。""利用恒",利于有恒,此指对待国外的野人,要有恒心。

---

① 曹锦炎:《马王堆帛书〈易经〉札记》,《马王堆汉墓研究文集——1992年马王堆汉墓国际学术讨论会论文选》,第36页,长沙:湖南出版社,1994年。

② 《经典释文》第一引王肃云:"击,治也。"见《周易正义》,《十三经注疏》标点本,第345页。

③ 陈爻:《竹简〈周易〉需卦卦名之字试解》,简帛研究网,2004年4月29日。案:李零《读上博楚简〈周易〉》(《中国历史文物》2006年第4期)一文据其所说是在竹书《周易》发布之前所写,也有此观点。如此,最早释"乳"字的则是李零。

九二爻辞"需于沙,小,有言,终吉",是说在沙滩等待,如果能及时撤身,虽然有小的过失,但最终会吉利。"小",吴国源认为当为动词,应该单独为句,其说是。此指及时撤退。"言",读为"愆",过失。"有言",有愆,有过失。闻一多《古典新义·周易义证类纂》:"言、辛古当同字。《说文》曰:'辛,辠也,读若愆。'……《易》凡言'有言',读为有愆。"①

九三爻辞"需于泥,致寇至",是说自陷于泥沼中,会招致敌寇的到来。"泥",泥沼、污泥,比喻险境。自陷于危险,就会引起敌人的觊觎之心。"致",招致。"寇",敌寇。"致寇至"又见于解卦六三爻辞,《系辞传》引"子曰":"盗之招也。"

六四爻辞"需于血,出自穴",是说在沟洫中等待,要从陷阱中脱身。"血",读为"洫",沟洫,田间的水沟。"出自穴"即"自穴出"。

九五爻辞"需于酒食,贞,吉",是说在有酒食的地方等待,坚守不动,吉利。"酒食",好吃的食物,比喻优裕的环境。"贞",坚定而不变,此指经得起诱惑。

上六爻辞"入于穴,有不速之客三人来,敬之,终吉",是说落入陷阱,有三位不召之客来临,恭敬相待,终于获得吉利。强调"敬"能化险为夷,遇难呈祥。"速",招请。《尔雅·释言》:"速,征也。"《玉篇·辵部》:"速,召也。"

☰ 讼卦讲的是争讼问题。但主旨则在教人如何止讼免争,正所谓"《易》为君子谋,不为小人谋"之义。

卦辞"讼,有孚窒惕,中吉,终凶;利见大人,不利涉大川",是说争讼,诚信被止息抛弃,眼前虽有利,但最终却凶险;利于拜见大人,不利于涉越大河。"窒",遏制,阻止。《周易·损·大象》:"君子以惩忿窒欲。"虞翻:"初上据坤,艮为止,故'窒欲'也。""惕",当训为止息。② 帛书《易经》本作"宁",音义相近。《国语·晋语八》:"闻子与鰌未宁。"韦昭注:"宁,息也。""中",中间,指争讼之时。

① 闻一多:《古典新义·周易义证类纂》,见《闻一多全集》第10册,第249—250页,武汉:湖北人民出版社,1993年。
② 详见廖名春《〈周易〉"惕"义考》,《国际易学研究》第八辑,北京:华夏出版社,2005年。

初六爻辞"不永所事,小,有言,终吉",是说不坚持争讼,及时抽身而退,虽然会有损失,但最终会吉利。"所",依楚简本可读为"迕"。"迕事",逆事,也就是"讼"。"小"、"言",见上说。

九二爻辞"不克讼,归而逋;其邑人三百户,无眚",是说争讼不胜,逃回封邑却被封邑之人所抓捕;其全邑三百户人家,因而免除了连坐的灾难。项安世说:"一家好讼,则百家受害。"①很有道理。"逋",疑读为"捕"。《说文·辵部》:"逋,亡也。从辵,甫声。逋,籀文逋从捕。""归而逋",即归而捕。《尉缭子·兵令下》:"卒逃归至家一日,父母妻子弗捕执及不言,亦同罪。"此是说其"不克讼"逃回封邑而被邑人所抓捕。故下文说"其邑人三百户,无眚"。"邑人",己邑之人,其封邑之人。"眚",音 shěng,灾祸。

六三爻辞"食旧德,贞,厉;终吉,或从王事,无成",是说亏耗旧日的恩德与人争讼,坚持不变,就会有危险;顺从天子做事,虽不会有多大的成就,但最终却会吉利。"食旧德",亏耗旧日的恩德,此暗指与人争讼。"终吉,或从王事,无成"与坤卦六三爻辞"或从王事,无成,有终"义同,"终吉"即"有终"。一正一反,反对争讼的态度非常清楚。

九四爻辞"不克讼,复即命,渝,安贞,吉",是说争讼不胜,回来能听从劝告,改过自新,安静不争,则会吉利。"复",与九二爻辞"归"义同。"即",就,听从。"渝",变,此指改过自新。"安贞",复辞同义,安静不动。

九五爻辞"讼,元,吉",是说争讼,能做到善,就会吉利。"讼"不能说"元吉"。如果如王弼注、孔颖达疏所说,九五阳爻居中得正,是中正之"讼",故称"元吉",则是增字为训。而"元"有"善"义,"讼"而能"善",则自然能得"吉"。《小象传》说:"'讼,元,吉',以中正也。"正是以"中正"释"元"之义。

上九爻辞"或锡之鞶带,终朝三褫之",是说争讼获胜,获得了高官厚禄,但朝不保夕,一天之内却被多次剥夺。

师卦和比卦是第四对。

☰ 师卦讲的是军旅、战争之事。

---

① 项安世:《周易玩辞》卷二,第 34 页,上海:上海古籍出版社,1990 年。

卦辞"师,贞丈人,吉,无咎",是说打仗,要由有德的长者指挥,就会吉利,就没有咎害。"贞",定。"丈人",有德的长者。"贞丈人",定于有德的长者,即由有德的长者指挥。

初六爻辞"师出以律,否臧凶",是说出师要以军纪来约束,军纪不好就会有凶险。"否",不。帛书《易经》正作"不"。"臧",善。

九二爻辞"在师,中,吉,无咎,王三锡命",是说在军队中,能持中而不偏不倚,就会吉利,就不会有咎责,就会因胜利而不断被君王赏赐。"锡",读为"赐"。

六三爻辞"师或,舆尸,凶",是说军队疑惑不定,就会载尸大败而归,凶险。"或"读为"惑"。

六四爻辞"师左次,无咎",是说军队佐佑保护君主,为君主出力,没有咎责。帛书《昭力》篇说:"易曰:'师左次,无咎。''师'也者,人之聚也。'次'也者,君之立(位)也。见事而能'左(佐)'其主,何咎之又(有)?"[①]这是读"左"为"佐"。

六五爻辞"田有禽,利执言,无咎,长子帅师;弟子舆尸,贞,凶",是说田猎有所擒获,利于捕猎,没有咎责,因为这是有德的长者统帅军队;无德的小子统帅军队就会打败仗,固守不变,凶险。

上六爻辞"大君有命,开国承家,小人勿用",是说天子颁发命令,功臣有的为诸侯,有的为大夫,小人则不予重用。强调治军要论功行赏,要赏罚分明。

䷇ 比卦讲亲比、团结的道理。

卦辞"比,吉;原筮,元,永贞,无咎。不宁方来,后夫凶",是说亲比,就会吉利。体谅他人的折败,与人为善,永久不变,必无咎害。不获安宁者正前来亲比,迟来者则有凶险。"筮",疑读为"折",指折败。今本《老子》二十五章的"大曰逝","逝"字帛书甲、乙本都写作"筮",上海博物馆藏楚简本作"噬",其实本字都当作"折",义为折败。[②]

初六爻辞"有孚,比之,无咎;有孚盈缶,终来有他,吉",是说有诚信,去亲比人,没有咎害;充满诚信,其他人终究会前来归附,吉利。"缶",疑读为

---

① 廖名春:《马王堆帛书周易经传释文》,杨世文等编《易学集成》第三卷,第3054页。
② 廖名春:《郭店楚简老子校释》,第220—222页,北京:清华大学出版社,2003年。

"饱"。"盈缶",盈饱,满盈。《左传·僖公二十八年》:"我曲楚直,其众素饱,不可谓老。"杜预注:"直气盈饱。"缶、饱两字古音都属于幽部帮母,当可通假。《说文·言部》:"訽,或作訽"文献中从缶之字与从保之字通用,而从保之字又与从包之字通用。如《大戴礼记·保傅》:"成王处襁抱之中。"《贾子新书·胎教》抱作褓。《吕氏春秋·直谏》"葆申",《淮南子·说山》作"鲍申"。《庄子·齐物论》:"此之谓葆光。"《淮南子·本经》葆作珤。①都是证明。"终来有他"即"有他终来"。

六二爻辞"比之自内,贞,吉",是说亲比、团结出之于内心,就会吉利。楚简本无"贞"字,可从。

六三爻辞"比之匪人",是说对不善之人也要善于团结。也就是要团结一切可以团结的人的意思。

六四爻辞"外比之,贞,吉","贞吉"楚简本作"亡不利"即"无不利",更胜。是说要亲比团结外面的人,没有不利。

九五爻辞"显比,王用三驱,失前禽,邑人不诫,吉"②,是说显示亲比,天子田猎时三面驱围,前方的禽兽走失,围猎的邑人不加守戒,吉利。这是天子显示好生之德以亲比人。③"诫",读为"戒"。

上六爻辞"比之无首,凶"④,是说亲比而无首领,有凶险。这是强调亲比团结要有核心,要有首领。"比之无首",楚简本、帛书《易经》、熹平石经本皆作"比无首",阜阳汉简《周易》作"比毋首"⑤。"毋"即"无"。可见"之"字当为衍文,估计为后人据《小象传》"比之无首"说而误增。

总之,整个比卦都是讲亲比、团结的道理。帛书易传《衷》篇说:"比者,

---

① 例见高亨、董治安:《古字通假会典》,第784、764页,济南:齐鲁书社,1989年。

② 楚简本和帛书《昭力》三引皆无"用"字。

③ 帛书易传《缪和》:"汤出巡守,东北有火。曰:'彼何火也?'有司对曰:'渔者也。'汤遂至[之。曰]:'子之祝何?'曰:'古代[蛛]蠜作网,今之人缘序,左者右者,尚者下者,率突乎土者,皆来吾网。'汤曰:'不可,我教子歔之,曰:古者蛛蠜作网,今之缘序,左者使左,右者使右,尚者使尚,下者使下,[不用命者,乃入吾网]。'诸侯闻之曰:'汤之德及禽兽鱼鳖矣。'故贡皮币以进者冊有余国。易卦其义曰:'显比,王用参殿,失前禽,邑不戒,吉。'此之胃也。"《吕氏春秋·孟冬纪·异实》、《新序·杂事》、贾谊《新书·谕诚》、《史记·殷本纪》也有类似的记载。

④ 楚简本、帛书本、阜阳汉简本皆无"之"字。

⑤ 中国文物研究所古文献研究室、安徽省阜阳市博物馆:《阜阳汉简〈周易〉释文》,《道家文化研究》第18辑,第20页,北京:三联书店,2000年。

得〔之〕鲜也。"①"鲜"即善，强调亲比、团结要以善为基础，更是突出了比卦的内在精神。②

三 小畜、履与泰、否

小畜卦和履卦是第五对。

☰ 小畜卦讲小有蓄止之理。

卦辞"小畜，亨；密云不雨，自我西郊"，是说暂时蓄止，将会亨通。尽管我们城邑西郊浓云密布，却迟迟不下甘雨。"自"，于，在。《诗·伐木》："出自幽谷，迁于乔木。"《孟子·滕文公上》："吾闻出于幽谷，迁于乔木者，未闻下乔木而入于幽谷者。"所谓"密云不雨"，正是止步不前，正是蓄止等待。

初九爻辞"复自道，何其咎？吉"，是说从正道复返，有什么咎害？吉祥。"复"也是止步不前。

九二爻辞"牵复，吉"③，是说坚决地复返，吉利。"牵"，当依马王堆帛书本读作"坚"，坚决。

九三爻辞"舆说辐，夫妻反目"，是说车轮辐条散脱，夫妻反目离异。"辐"，《经典释文》又作"輹"，帛书《易经》作"緮"。从爻辞的用韵看，当作"輹"或"緮"④，训为车轴缚，而大畜卦九二爻辞正作"舆说輹"。

六四爻辞"有孚血去惕出，无咎"，是说对诚信的止息被抛弃了，被否定了，没有咎害。"血"当读为"窒"；"惕"，止。"去"为离开；"出"为出去。

九五爻辞"有孚挛如，富以其邻"，是说有诚信就能维系人心，富裕因为与邻国友好。"挛如"，牵系的样子。

上九爻辞"既雨既处，尚德载。妇贞，厉；月几望，君子征，凶"，是说天已经下雨，又已经停止，还得继续蓄藏积载。妇人如果固守不动，则有危险；

---

① 廖名春：《马王堆帛书周易经传释文》，杨世文等编《易学集成》第三卷，第3037页。

② 廖名春：《帛书〈衷〉校释（二）》，《国际易学研究》第七辑，第270页，北京：华夏出版社，2002年。

③ "牵"，帛书《易经》正作"坚"。

④ 小畜乃九二、九三同叶一韵者。九二："牵复，吉。""复"字与九三之"辐"同属古幽部，而"辐"属之部，"輹"属幽部，则爻辞应作"輹"字，似可断言（黄沛荣：《文献整理与经典诠释——以〈易经〉研究为例》）。

过了十五，月亮由盈转缺，君子往前进发，则有凶险。"德"，帛书《易经》、阜阳汉简《易经》都作"得"。"载"，积，藏。"尚德载"，指密云还得继续蓄积。月盈则缺，所以说"君子征，凶"，应该及时停止。

☲☰履卦讲小心行走之事。履，本为名词鞋履，作动词义为践踏，引申为行。

卦辞"履虎尾，不咥人，亨"，是说在老虎后面行走①，而不被老虎咬伤，亨通。

初九"素履，往，无咎"，"素"字帛书《易经》作"错"，而离卦初九有"履错然，敬之，无咎"说，疑"素"为借字，本字当作"蹜"。《说文·足部》："蹜，踧蹜。"《广韵·昔韵》："蹜，踧蹜，敬皃。"又《屋韵》："蹜，踧蹜，行而谨敬。"《论语·乡党》："君在，踧蹜如也。"何晏集解："踧蹜，恭敬之貌。"《诗·小雅·楚茨》："执爨踖踖，为俎孔硕。"孔颖达疏："踖踖然，敬慎于事而有容仪矣。"故王弼将"错然"训为"敬慎之貌"。因此"素履"就是"蹜履"，是小心敬慎地行走，而不是什么白色的鞋子。这是说小心敬慎地行走，前往不会有咎责。

九二爻辞"履道坦坦，幽人贞，吉"，是说行走在平坦的大道上，幽人只要守正也能获得吉祥。

六三爻辞"眇能视，跛能履，履虎尾，咥人，凶；武人为于大君"，是说眼瞎了一只而强看，脚跛了一只而强行，在老虎后面走，被老虎咬，凶险；勇武之士为君王所用。"为"，帛书《易经》作"遹"，读为"用"。"武人为于大君"即"武人用于大君"，用"武人"容易导致军阀横行，王权旁落，实在是极其凶险，实在是情不得已，所以用"眇能视，跛能履，履虎尾，咥人"为比喻。

九四爻辞"履虎尾，愬愬，终吉"，是说在老虎后面行走，尽管非常危险，但只要恐惧谨慎，终将获得吉祥。

九五爻辞"夬履，贞，厉"，是说肆意行走，固守而不变则危厉。"夬"疑读为"快"。《荀子·大略》："贱师而轻傅，则人有快；人有快则法度坏。"杨倞注："人有肆意。"《战国策·赵策二》："恭于教而不快，和于下而不危。"

---

① 《广雅·释诂四》："尾，后也。"《战国策·秦策五》："王若能为此尾，则三王不足四，五伯不足六。"高诱注："尾，后也。"

高诱注："快谓纵逸。"

上九爻辞"视履考祥，其旋元，吉"，是说看看过去的行为，考察吉凶的征兆，复返于善，就会吉祥。"旋"，转。

卦辞和六爻爻辞"履"皆为行义，可见卦义为行。不过，从初九"素（踏）履，往，无咎"、九四爻辞"履虎尾，愬愬，终吉"和九五爻辞"夬履，贞，厉"的对比来看，履卦主张的是小心行走，敬慎而行。帛书《衷》篇"履者，谦之心行也"，是说履卦之所以为履，是嘱之以诚心而行。① 所揭示的履卦之义，是非常准确的。

泰卦与否卦是第六对。

䷊泰卦讲运动交通则泰的道理。

泰卦卦辞"泰，小往大来，吉，亨"，小，指单卦坤；大，指单卦乾。往，去；来，到。认为只有运动交通才能阴消阳长，才能吉祥、通泰。

初九爻辞说"拔茅茹，以其汇；征，吉"，是说拔茅根，会连类而及；携手往前进发，吉利。事物是相互交通联系的，牵一发则可动全身。因此，当紧密联系而不能彼此隔绝。

九二爻辞"包荒，用冯河，不遐遗；朋亡，得尚于中行"，是说包容大，就是做徒手涉越黄河那样危险的事，也不会有大的祸害；即使开始时被朋友背弃，但半路上就得到了人们的帮助。"遐"，读为"假"，训为大。《尔雅·释诂上》："假，大也。""遗"，遗漏、失误。"朋亡"，朋友丧失。"尚"，助，帮助。"中行"，中道。

九三爻辞"无平不陂，无往不复。艰贞，无咎；勿恤其孚，于食有福"，是说没有只有平地而没有陡坡的，没有只有去而没有回的。坚守不变，就没有咎害；不抛弃诚信，在吃的方面就会有福庆。"艰"，读为"限"，止。"恤"，疑读为"窒"，止息、终止。

六四爻辞"翩翩，不富以其邻。不戒，以孚"，是说来来往往，相互交通，因为支援了邻国，自己就不富裕了。坚持不改，因为要守诚信。"戒"，革、改、除。《周易·小过》九四爻辞："往，厉，必戒。"马王堆帛书本"戒"作

---

① 廖名春：《马王堆帛书周易经传释文》，《国际易学研究》第七辑，第 272 页。

"革"。清华大学最近收藏的战国易筮简中，《革》卦的卦名被写作"惑"，上为"戒"，下从"心"。《淮南子·精神》："且人有戒形而无损于心，有缀宅而无耗精。"高诱注："戒，或作革。革，改也。言人形骸有改更而作化也。"①戒与革古音都属职部见母，而戒有除、改义，与革义有相通处。音相同而义相近，自然可通用。

六五爻辞"帝乙归妹以祉，元，吉"，是说帝乙下嫁公主以福佑之，善为处理，就能吉祥。"祉"，福。"元"，善。

上六爻辞"城复于隍。勿用师，自邑告命。贞，吝"，是说城墙倾覆到干涸的护城河里。不要用兵作战，从国都传来命令。坚持不听，会有吝惜。

总之，整个卦爻辞都在讲运动交通才会得安泰的道理。所以，泰卦之泰，并非一般的泰，并非静止之泰，而是通泰、交泰，是在相互联系中、在发展运动中呈现出来的泰。

☷☰否卦之否虽然是否闭，但否卦之义却是讲治否之理。

卦辞说"否之匪人，不利君子贞，大往小来"，是说否塞封闭违反人道，不利于君子为正，去了大的，来了小的。"否"，音 pǐ，否塞封闭。"匪"，读为"非"。"匪人"，非人，不合人道。

初六爻辞"拔茅茹，以其汇，贞，吉，亨"，又以拔茅根连类而及为喻，说明事物是相互联系的，也隐含了对否闭的否定。

六二爻辞"包承，小人吉，大人否亨"，是说包容承受否闭，不利于有德之君子，只利于无德之小人。"包"，疑与"否"义近，也是否闭之意。"否"，不。

六三爻辞"包羞"，是说否闭，只会使人蒙受羞耻。

九四爻辞"有命，无咎，畴离祉"，是说有了休否的上命，无所咎害；众人相互依靠就会获得福祉。"命"，上命，指休否之命。"畴"，读为"俦"，众类。"离"，依附。

九五爻辞"休否，大人吉。其亡其亡，系于苞桑"，是说休止否闭，君子可获吉祥。虽然面临灭亡的危险，但只要及时休止否闭，就像系物于丛生的

① 张双棣：《淮南子校释》，第 760 页，北京：北京大学出版社，1997 年。

桑树一样，仍会安然无恙。

上九爻辞"倾否，先否后喜"，改变否闭的局面，就会先悲后喜，否极泰来。

总之，都是从各个不同的角度讲不能否闭，必须要终止否闭的道理。

覆卦相反为义的特点在泰、否两卦表现得淋漓尽致。它们的卦形是乾坤倒置，反映到卦名上是一泰一否；卦辞上一是"小往大来"，一是"大往小来"。非常鲜明。☰☷泰卦倒过来就是☷☰否卦，反映到爻辞上，泰卦上六就称"复"、称"吝"，表示物极必反，泰极否来之意。而☷☰否卦倒过来就是☰☷泰卦，故否卦上九爻辞称"倾否，先否后喜"。这些绝非偶然，当是极具匠心之作。

四　同人、大有与谦、豫

同人卦与大有卦是第七对。

☰☲同人卦讲和同于人的道理。

所谓"同人"，就是聚众，"同"意为"会合"。"野"、"郊"、"宗"、"门"，表面上是指"同人"的地点，实质是讲"同人"的范围。《尔雅·释地》说："邑外谓之郊，郊外谓之牧，牧外谓之野。"《诗·鲁颂·駉》毛传也说："邑外曰郊，郊外曰野。"宗，当指宗族、宗党。门，当指家门。九五爻辞说"同人，先号咷而后笑：大师克相遇"，则是说要团结友军。这样，所谓"同人"，就有同其家人、同其族人、同其友军、同其郊人、同其野人之别。

《小象传》说："出门同人，又谁咎也！"当是对"同人于门"说不满。帛书《二三子》记载："卦曰：'同人于野，亨，利涉大川。'孔子曰：'此言大德之好远也。所行□□□□远，和同者众，以济大事，故曰［利涉大川］。'卦曰：'同人于门，无咎。'［孔子曰：'此言亓所同，唯［亓家人］而已矣，小德也□□。'［卦曰：'同人于］宗，贞，蔺。'孔子曰：'此言亓所同，唯亓室人而已［矣］，□□□□□□，故曰贞蔺。'"①显然是认同于"同人于野"，而批评只"同"其"家人"、只"同"其"室人"的"同人于门"、"同人于宗"。

---

① 廖名春：《马王堆帛书周易经传释文》，杨世文等编《易学集成》第三卷，第 3028 页。

卦辞"同人于野,亨,利涉大川,利君子贞",是说连野人都能和同,亨通,不论是动(涉大川),还是不动(贞),都有利。"贞",定。

初九爻辞"同人于门,无咎",是说能和同于同门,没有咎害。

六二爻辞"同人于宗,吝",是说只能和同于同宗,有所吝惜。

九三爻辞"伏戎于莽,升其高陵,三岁不兴",是说将兵戎潜伏在草莽中,有人擅自登上高陵,暴露目标,导致大败,多年不能再发动战争。这是从战事方面揭示未能和同之害。

九四爻辞"乘其墉,弗克;攻,吉",是说登上了对方的城池,但还是没有攻克;继续进攻,吉利。"乘",登上。"墉",音 yōng,城池。"克",取城曰克。

九五爻辞"同人,先号咷而后笑:大师克相遇",与友军相聚相会,先号啕大哭,后欣喜欢笑:大军打胜了,在会师。

上九爻辞"同人于郊,无悔",是说和同于郊人,没有悔恨。

☲ 大有卦则讲祐庇广大的问题。

卦辞"大有,元,亨",是说普遍地祐庇,善为处理,就会亨通。

初九爻辞"无交害,匪咎;艰则无咎",是说不相互伤害,则无咎责;停止互相攻击,则无咎害。"匪",读为"非",义同于"无"。"艰",限止,在这里指停止"交害"。

九二爻辞"大车以载,有攸往,无咎",是说财物丰富之时,积极建功立业,没有咎害。

九三爻辞"公用亨于天子,小人弗克",是说赏罚分明,功臣得到天子宴飨,小人则不能。

九四爻辞"匪其彭,无咎",是说不要大声宣扬,谦虚谨慎就会没有咎害。"匪",读为"非",义同于无、不要。"彭",鼓声,此指大声宣扬。

六五爻辞"厥孚交如威如,吉",是说诚信昭然,会有威望,就会吉利。①"厥"为"有"字之讹。"厥孚"即"有孚","有孚"本经 26 见,而"厥孚"仅此 1 见。特别是《家人》卦上九爻辞作"有孚,威如,终吉",就是明证。"交",当读为"皎",昭然。"交如威如",即"皎而威如"。前一"如"字为顺

---

① 帛书《二三子》:"卦曰:'绞如,委如,吉。'孔子曰:'绞,日也;委,老也。老、日之行□□□,故曰吉。'"

承连词，相当于"而"。

上九爻辞"自天祐之，吉无不利"，是说做到了诚信，自然上天保佑，只有吉而没有不利的。

谦卦和豫卦是第八对。

☷☶谦卦讲谦虚就能受益的道理。

谦卦卦辞"谦，亨，君子有终"，是说谦虚就能亨通，君子会有好的结局。

初六爻辞"谦谦君子，用涉大川，吉"，是说君子能谦之又谦，就能做成难做的大事，吉利。

六二爻辞"鸣谦，贞，吉"，是说谈吐谦虚，持之以恒，就会吉利。"鸣"，说话、言说。

九三爻辞"劳谦，君子有终，吉"，是说勤劳而谦虚，君子就会有好的结局，就会吉利。

六四爻辞"无不利，撝谦"是说无所不利，到处用谦。"撝"，即挥，散。"撝谦"，溥散其谦，无所而不用谦。

六五爻辞"不富以其邻，利用侵伐，无不利"，是说自己不富裕，是因为支援友邻而消耗了财物。但这样就能得人和，利于出征讨伐不肯归附的顽敌，无所不利。

上六爻辞"鸣谦，利用行师、征邑国"，是说言辞谦虚，可以用兵，攻打不肯归附的城邑。这是强调对敌斗争中谦德的重要。①

可以说，从卦辞到爻辞，都是讨论谦虚的问题。

☷☳豫卦则是讲不能傲慢自大的道理。

豫卦卦辞"豫，利建侯行师"，是说即使在力量强大之时，借助盟友出师作战也是有利的。换言之，就是做事要善于团结人，不能一意孤行，自高自大。"豫"，自大。《说文·象部》："豫，象之大者。"段玉裁《注》："引伸之，凡大皆称豫。"谦、豫两卦卦体方向相反，卦义也当相反。谦为谦虚，豫为谦之反，当为自大。

---

① "利用"，当依楚简本、《小象传》作"可用"。"征邑国"，当依楚简本作"征邦"。

初六爻辞"鸣豫,凶",是说以骄傲自大而著称,就会有凶险。

六二爻辞"介于石,不终日;贞,吉",是说像石山一样孤傲,坚持不了多久。能改正而戒骄戒躁,才会吉利。"介",孤傲、独特、不合群。"不终日",一整天都不能,即不能持久。《系辞传》:"君子见几而作,不俟终日。《易》曰:'介于石,不终日,贞,吉。'介如石焉,宁用终日,断可识矣!""贞",正,改正,此指戒骄戒躁。

六三爻辞"盱豫,悔;迟,有悔"①,是说享乐而自大,会有后悔;悔悟迟了,又会有新的后悔。"盱",音 xū,享乐。"有",读为"又"。

九四"由豫,大有得;勿疑朋盍簪",是说责罪批评骄傲自大,会大有所得;不要怀疑是朋友在说你的坏话。"由",读为"尤"。责罪、批评。"盍簪",音 hé zān,读为嗑潛(kè zèn),指"多言而潛己",即说坏话,进谗言。

六五爻辞"贞疾,恒不死",是说纠正骄傲自大的毛病,就会永不败亡。"贞"当训正,"疾"指骄傲自大之疾。"贞疾"就是正病,指纠正骄傲自大的毛病。

上六爻辞"冥豫,成;有渝,无咎",是说消除骄傲自大,就会有成;有改正,则可无咎。"冥",暗,引申为消除。"成",即有成。《周易》经文"成"字3见,坤卦六三爻辞、讼卦六三爻辞"无成"2见,此"成"当为"无成"之反。"渝",改正。

总而言之,整个豫卦,讨论的都是如何治"豫"的问题。

思考题:

1. 找找有关的参考资料,释读乾卦的卦爻辞。

2. 比较泰卦和否卦的卦画形式和卦爻辞的内容。

3. 谈谈你对谦卦、豫卦思想的看法。

---

① "盱",楚简本作"可",阜阳汉简本作"歌"。帛书《二三子》解释:"此言鼓乐而不戒患也。"因此"訶(歌)"当为本字。"有",当从楚简本作"又"。

第五讲

《周易》的卦爻辞（上经下）

五 随、蛊与临、观

随卦和蛊卦是第九对。

☰☱随卦讲随从的道理。

卦辞"随，元，亨；利贞，无咎"，是说随从，善，就会亨通；守静，则有利，没有咎责。"元"，善。"贞"，静。

初九"官有渝，贞，吉，出门交有功"，是说主管有变，贞正就会吉利，出门做事连连有功。

六二爻辞"系小子，失丈夫"，是说追随小人，就会失去君子。"系"，系属，换言之，即随从。

六三爻辞"系丈夫，失小子；随有求得，利居贞"，是说追随君子，就会失去小人；随从于人而所求有得，利于安居守正。"随有求得"当依楚简本作"随，求有得"。

九四爻辞"随有获，贞，凶；有孚，在道以明，何咎"，是说随从于人有所收获，固守不动就会有凶险；一路诚信著明，又有什么咎害？"凶"，楚简本作"工"。"工"读为"功"不如读为"凶"。

九五爻辞"孚于嘉，吉"，是说诚信得到嘉美，吉利。"嘉"，善。"孚于嘉"，诚信被嘉美。

上六爻辞"拘系之，乃从维之，王用亨于西山"，据楚简本，当作"系而拘之，纵乃懁之，王用享于西山"。是说文王被商纣王捆绑拘禁，释放后产生了背离之心，因而在西山兴师反商。"从"读为"纵"，释放。"维"，依楚简本当作"懁"，有二心。"王用亨于西山"，指文王在西山设祭出师。

总而言之，全卦之义主张随从要有原则，要有诚信，要从君子而不从小人。

☶蛊卦讲拯弊治乱的问题。

卦辞"蛊，元，亨。利涉大川，先甲三日，后甲三日"，是说蛊乱，处理好了，也会亨通。事前事后反复练习多日，就是做涉越大江大河这样危险的事也会有利。"元"，善。"甲"，疑读为"狎"，训为熟习、反复练习。《尔雅·释诂下》："狎，习也。""三日"，多日，数日。

初六爻辞"干父之蛊，有子考，无咎，厉终吉"，是说匡正父辈的弊乱，有能干的儿子①，必无咎害，即使有危险但最终必获吉祥。"干"，匡正。"考"，读为"巧"，能干。

九二爻辞"干母之蛊，不可贞"，是说母辈的弊乱也当匡正，不能固守不变。

九三爻辞"干父之蛊，小，有悔，无大咎"，是说匡正父辈的弊乱，别人会小看自己，有所悔恨，但也不会有大的咎害。"小"，以……为小。

六四爻辞"裕父之蛊，往，见吝"，是说扩大父辈的弊乱，发展下去必会出现憾惜。

六五爻辞"干父之蛊，用誉"，是说匡正父辈的弊乱，会备受称誉。"用"，以，因而。

上九爻辞"不事王侯，高尚其事"，是说不侍奉王侯，以自己治蛊的事业为高尚。这是指治弊不成，则坚持理想，独善其身。

临卦和观卦是第十对。

☷临卦之临为监临，义为居上治民。金文临字之意即像人居高俯首，瞪大眼睛下察黎民众庶，如：

（盂鼎）　（毛公厝鼎）　（吊临父簠）②

---

① "考"，当读为"巧"。《尚书·金縢》："予仁若考，能多才多艺。"《史记·鲁周公世家》"考"作"巧"。《国语·越语下》："上帝不考，时反是守。"王引之《经义述闻》："'考'当读为'巧'，'反'犹'变'也。《汉书·司马迁传》：'圣人不巧，时变是守。'师古注曰'无机巧之心，但顺时也'是也。古字'考'与'巧'通。"

② 容庚等：《金文编》卷八，第583页，北京：中华书局，1985年。

统治者居高临下，君临天下，发号施令，是为施与。帛书易传《衷》篇说："林之卦自谁不无瞿（惧）？"[1]"林之卦"即临卦。正因为临卦是君临天下，发号施令，所以天下臣民无不有惧，不敢不听命。

卦辞"临，元，亨；利贞，至于八月有凶"，是说监临，善为处理，就会亨通；利于守静，但到了八月则会有凶险。"八月"为仲秋之月，《礼记·月令》说："是月也，杀气浸盛，阳气日衰。"这是说君临天下，当以守静为利，但也当因时而异。

初九爻辞说"咸临，贞，吉"，九二爻辞说"咸临，吉，无不利"，都对"咸临"持高度肯定。"咸临"之"咸"，有解释为"感"的[2]，有解释为"速"的[3]，有读为"諴"训和的[4]，都是错误的。帛书《易经》本两"咸"字都写作"禁"[5]。张立文认为："《吕氏春秋·离谓》：'此为国之禁也。'高诱注：'禁，法。'《吕氏春秋·必己》：'此神农黄帝之所法。'高注：'法，则也。'《尔雅·释诂》：'法，常也。''咸'《春秋保乾图》'天皇于是斟元陈枢以立易咸'注：'咸，则也。'《尔雅·释诂》：'则，常也。''禁'、'咸'均有则或常之义，义同古相通。此爻释为经常。"[6]以"禁"、"咸"音义相通，当属卓见。但"释为经常"却隔了一层。《春秋保乾图》宋均注云："咸，则也。言斟酌元气，陈列枢机之行，以改立先法也。"[7]是训"咸"为"法"，为"则"。此"法"、"则"非一般之"常"，而是指法令、法则。"咸"为什么能训为法令、法则呢？这与其本义有关。"咸"字甲骨文从口从斧钺：

乙一九八八　　　　京津六八三

金文也如此：

① 廖名春：《马王堆帛书周易经传释文》，杨世文等编《易学集成》第三卷，第3037页。
② 王弼、韩康伯注，孔颖达疏：《周易正义》，《十三经注疏》，第36页。
③ 俞樾：《群经平议》，《清经解续编》卷一三六二，第五册，第1027页，上海：上海书店，1988年。
④ 高亨：《周易古经今注》（重订本），第216页，北京：中华书局，1984年。
⑤ 廖名春：《马王堆帛书周易经传释文》，杨世文等编《易学集成》第三卷，第3020页。
⑥ 张立文：《帛书周易注译》，第331—332页，郑州：中州古籍出版社，1992年。
⑦ 文渊阁《四库全书》经部五经总义类《古微书》卷十二。

（咸父乙簋）　（帚女簋）　（般廎）　（德方鼎）
（何尊）　（史懋壶）　（班簋）　（盂鼎二）①

从字形看，"咸"之本义当为刑杀。《尚书·君奭》："咸刘厥敌。"《逸周书·克殷解》："则咸刘商王纣。"《尔雅·释诂》："刘，杀也。"此"咸刘"连言，其义也同。由刑杀引申而有刑法、法则义，刑法、法则是通用于众人的，故引申又有许慎《说文》所谓"皆"、"悉"义。回到爻辞来，"咸临"就是以法临民，以法治国。帛书《易经》所谓"禁林（临）"，其意相同，即以法禁临民。能以法临民，又能持之以恒，当然"吉，无不利"了。

六三爻辞"甘临，无攸利；既忧之，无咎"，是说靠花言巧语来临民治众是不行的，如果心有忧惧而改过，则可无咎。

六四爻辞"至临，无咎"，是说以善临民②，必无咎害。

六五爻辞"知临，大君之宜，吉"，是说以智临民，明君应当如此，吉利。

上六爻辞"敦临，吉，无咎"，是说以仁厚临民，吉利而无咎害。

整个卦，都是讲临民治国的方略。

☶ 观卦讨论的是观仰之事。

卦辞"观，盥而不荐，有孚颙若"，是说观仰盥礼而不观仰荐礼，因为心中已经充满了诚信。"盥"，灌，用香酒浇灌地面以降神。"荐"，献，向神献飨。《论语·八佾》："子曰：'禘，自既灌而往者，吾不欲观之矣。'"为什么？马融说："国之大事，唯祀与戎。王道可观，在于祭祀。祭祀之盛，莫过初盥降神。"③"颙若"，崇敬的样子。

初六爻辞"童观，小人无咎，君子吝"，是说尽去观仰④，小人无所咎害，君子却必有憾惜。

六二爻辞"窥观，利女贞"，是说暗暗观仰，女子贞静则有利。

---

① 容庚等：《金文编》卷八，第65—66页。
② "至"犹"善"，见《诗·小雅·节南山》毛传郑笺。
③ 李鼎祚：《周易集解》卷五，北京：中国书店，1984年。
④ "童"当作动词，释为去尽。详见下文。

六三爻辞"观我生,进退",是说自己的生活受人观仰,可进可退。

六四爻辞"观国之光,利用宾于王",是说观仰了解国都的光辉宏大,成为天子的贵宾有利。

九五爻辞"观我生,君子无咎",是说自己的生活受人观仰,君子没有咎害。

上九爻辞"观其生,君子无咎",是说人们都观仰他的生活,君子没有咎害。

帛书易传《衷》篇说"观之卦盈而能乎",是说观卦之义充满了敬仰之情而善于观仰。

六 噬嗑、贲和剥、复

噬嗑卦和贲卦是第十一对。

䷔噬嗑卦卦画象形,如《象传》所言,是"颐中有物",嚼食食物,象征施用刑法。

卦辞"噬嗑,亨,利用狱",是说啃啮,亨通,利于施用刑法。

初九爻辞"屦校灭趾,无咎",是说初触刑法就得到小惩,没有咎害。"屦",足。"校",木制刑具。"灭",伤。

六二爻辞"噬肤,灭鼻,无咎",是说吃肉,伤了鼻子,没有咎害。

六三爻辞"噬腊肉,遇毒,小。吝,无咎",是说啃腊肉而啃到腐坏了的肉,去掉不吃。这样,虽然吝惜,但也无大碍。疑"小"当读为"消","消"有消除、去掉的意思。

九四爻辞"噬干胏,得金矢,利艰贞,吉",是说啃带骨头的干肉,啃出了铜制的箭头,利于限止不动,吉利。马融:"有骨之谓胏。""艰",读为"限"。

六五爻辞"噬干肉,得黄金,贞。厉,无咎"[1],是说啃干肉,却啃出了黄金,停下来不啃。这样,虽然碰上危险,但也没有咎害。

上九爻辞"何校灭耳,凶",是说肩上戴着枷锁,割去了耳朵,凶险。这是主张对积罪深重的罪犯要予以重惩。"何",荷。

---

① 帛书《易经》作"筮乾月,愚毒,贞。厉,无咎",即"噬干肉,遇毒,贞。厉,无咎"。

全卦总的精神是"明罚敕法"，主张严明刑法，肃正法纪。

▤贲卦主要是讲文饰修美的问题。

卦辞"贲，亨。小，利有攸往"，是说文饰修美，可以亨通。以之为小，就会利于主动前往。

初九爻辞"贲其趾，舍车而徒"，是说出行文明礼让，舍弃乘车而徒步行走。"趾"，脚趾。此为贲卦初爻，故以趾为比喻。此指走路，行走。"贲其趾"，在行走上显示文明礼貌。"舍车而徒"，古时有文官下轿、武官下马以示尊敬之礼，与此类似。

九二爻辞"贲其须"，修饰他的胡须。

九三爻辞"贲如，濡如，永贞，吉"，是说文明礼让而能润泽影响他人，永远保持不变，就会吉利。"贲如"之"如"，相当于"而"。"贲如濡如"即"贲而濡如"。"濡如"，形容泽及他人的样子。

六四爻辞"贲如皤如，白马翰如。匪寇，婚媾"，是说修饰得一身素白，骑着高昂着头的白马来了。不是强寇，而是求婚配的。"贲如皤如"即"贲而皤如"。"皤"，音 pó，白。"皤如"，指穿得一身素白。"翰"，高。"翰如"，形容马高昂着头的样子。

六五爻辞"贲于丘园，束帛戋戋，吝，终吉"，"贲"为文饰，但与"丘园"、"束帛"连言，当指耕作，所谓给"丘园"披上绿装，也就是文饰。此字帛书《易经》作"蘩"①，可读为繁。而繁有殖义。"繁于丘园"，即"殖于丘园"。此是说在丘园里耕种，所得微薄。眼前虽有吝惜，但最后还是会吉利。"丘园"，山丘田园。"贲于丘园"，给山丘田园披上绿装，在山丘田园里耕种。"束帛"，一束丝帛。"戋戋"，形容物少。

上九爻辞"白贲，无咎"，是说以素为饰，也无咎害。有《论语》"绘事后素"之意。

剥卦和复卦是第十二对。

▤剥卦讲阳刚剥落。

---

① 廖名春：《马王堆帛书周易经传释文》，杨世文等编《易学集成》第三卷，第 3016 页。

剥卦从卦象看,阳被阴剥至仅剩一爻,故卦辞说"不利有攸往",因为再剥下去的话,一阳也保不住了。体现了其扶阳抑阴的精神。

初六、六二、六四爻辞之"床"字,疑都读为"壮"。壮即阳。文献里,"床"、"壮"通用,非常普通。特别是《周易》大壮卦的"壮"字,帛书易传《衷》篇两次都写作"床",如"大床小肿而大从","大床以卑阴也"。① "大床"即"大壮"。因此,无论是从音理,还是从书写习惯来看,将"床"读为"壮"都是可行的。

初六爻辞"剥床以足",是说剥蚀阳刚从初爻开始。足为最下者,这里指初爻。"蔑贞,凶","蔑"通"灭";"贞",正,这里代表阳刚。是说灭蚀阳刚,凶险。

六二爻辞"剥床以辨,蔑贞,凶","辨"字历来注家都没讲清楚。其实"辨"通"半"②,"半"义为中。《庄子·大宗师》:"夜半有力者负之而走。""夜半"即"夜中"。此"半"指下卦的中位。"剥床以辨"即"剥壮以半",阴剥阳到了下卦的中位,也就是下卦的中爻。所以说"蔑贞,凶",灭蚀阳刚,凶险。

六三爻辞"剥,无咎",陆德明《经典释文》指出:"一本作'剥之,无咎',非。"尚秉和说:"'之'字乃从《象》辞而衍,无者是也。"③这是正确的。马王堆帛书本《易经》就无"之"字④。

六四爻辞"剥床以肤,凶","肤"为皮肤,当为外表的东西。这里当指上卦,上卦又称外卦,下卦又称里卦,因而可以用"肤"来代表。该爻六四正在外卦。阴剥阳到了外卦了,所以是凶险。

六五爻辞"贯鱼,以宫人宠,无不利":"贯鱼",指初六到六五之五阴,它们像贯穿的一排鱼一样,这是形容其卦画的形状;"以宫人宠","宫人"为女性,这是指阴爻占据了中位。

上九爻辞"硕果不食。君子得舆,小人剥庐","硕果",指阳爻上九。"不食",指这一阳爻尚未被阴爻剥蚀。所谓"硕果仅存",就源于此。为什

---

① 廖名春:《马王堆帛书周易经传释文》,杨世文等编《易学集成》第三卷,第3037页。

② 《仪礼·少牢馈食礼》:"司马升羊右胖。"郑玄注:"古文胖皆作辩。"《周礼·秋官·朝士》:"有判书以治则听。"郑玄注:"故书判为辨。"

③ 尚秉和:《周易尚氏学》,第121页,北京:中华书局,1988年。

④ 廖名春:《马王堆帛书周易经传释文》,杨世文等编《易学集成》第三卷,第3015页。

么阳爻"硕果仅存"还会"君子得舆",得到象征前途光明、兴旺发达的马车呢?阴爻将阳爻剥蚀将尽还会"小人剥庐",房子被剥落呢?就是因为剥卦到上九就发展到了极端,而物极必反,☶剥卦翻转过来就是☳复卦。而复卦一阳复生,阳气开始尽复失地。这种辩证法,应该是很清楚的。

☳复卦讲的是阳刚回复的问题。

卦辞"复,亨。出入,无疾;朋来,无咎。反复其道,七日来复。利有攸往",是说复返,亨通。出而又入,没有疾患;朋友来了,没有咎责。复返有一定的规律,过不了七天必将回复,利于前往做事。为什么是"七日来复"呢?古人有种种解释,都难以令人信服。屈万里认为:复卦为剥卦之反,复卦之一阳,历六爻而至剥卦,再返回于复卦,这样,一共经历了七爻。卦辞此处是以一爻当一日。① 以图表示,即:

复卦　　　　　　　　剥卦

复卦: 五 四 三 二 一 七
剥卦: 六

复卦初九爻辞"不远,复,无祗悔。元,吉",是说走得不远,就及时回复,没有灾患和悔恨。能善为处理,吉利。"祗"当为"祗"字之误。而"祗"有病义。

六二爻辞"休复,吉",是说做好事而得好报,吉利。"休",休美,此指有德于人。②

六三爻辞"频复,厉,无咎",是说被摈弃后又能卷土重来,虽经危厉,却无咎害。"频",当读为"摈",被抛弃。

---

① 屈万里:《周易卦爻辞成于周武王时考》,《书傭论学集》,第13页,台湾:开明书店,1980年。

② 帛书易传《缪和》篇有说,见廖名春《马王堆帛书周易经传释文》,杨世文等编《易学集成》第三卷,第3051页。

六四爻辞"中行，独复"，是说能行中道，哪怕是独身一人，也能卷土重来。"中行"，即行中道，也指六四居五阴之中。"独"，独身，独自。

六五爻辞"敦复，无悔"，是说待人厚道，会有好报，不会有悔恨。"敦"，敦厚笃实。

上六爻辞"迷复，凶，有灾眚。用行师，终有大败；以其国，君凶，至于十年不克征"，是说迷失正道而复返，会有凶险，会有灾祸。作战，终将惨遭败绩。治国理政，则国君凶险，国力长期不能恢复。

七　无妄、大畜和颐、大过

无妄卦和大畜卦是第十三对。

☰无妄卦卦辞"无妄，元，亨；利贞。其匪正，有眚，不利有攸往"，是说在"无妄"、毫无希望的情况下，能善，就能亨通；忠贞不二则有利。如不贞正，就必有灾祸，更不利于有所前往。"元"，善。"其"，假设连词。"匪"，非。

初九爻辞"无妄，往，吉"，是说在毫无希望之时，勇于前往，还是会吉利的。

六二爻辞"不耕获，不菑畲，则利有攸往"，是说不耕种而获得收获，不积蓄而有富余，值得去干。

六三爻辞"无妄之灾：或系之牛，行人之得，邑人之灾"，即"无妄之灾：或系其牛，行人是得，邑人之灾"①。这是讲不可预料的灾祸：人家拴着的牛，被路人顺手偷走了，邑人却横遭飞祸。

九四爻辞"可贞，无咎"，是说只要能够守正，还是会无咎害。

九五爻辞"无妄之疾，勿药有喜"，是说得了绝症，有无药可治之痛、无药可治之恨。"喜"，楚简本作"菜"。疑"喜"当读为"譆"，"菜"当读为"悇"。"譆"、"悇"都有痛、恨义，故可互用。"勿药有喜"即"勿药有譆"或"勿药有悇"也就是有勿药之痛、有勿药之恨。

上九爻辞"无妄，行有眚，无攸利"，是说不存奢望，做事出了错，就不会

---

① 黄沛荣:《文献整理与经典诠释——以〈易经〉为例》。

有好处。

无妄卦揭示对待灾祸的道理：一般而言，对灾祸不能心存奢望，但人的主观努力也能创造奇迹；对待预料不到的灾祸，只要本身过硬，也不要过于害怕。

䷙大畜卦讲的是得时遇吉的问题。

卦辞"大畜，利贞，不家食，吉，利涉大川"，是说在大为上天所厚之时，不动也有利，不耕种也有吃的，吉利，做涉越大河的事也有利。"不家食"即"不稼而食"①。

初九爻辞"有厉，利已"，是说得时遇吉之时也有危险，不轻举妄动才有利。这是辩证的两点论。

到底有什么"厉"？为什么要"已"？九二爻辞作了补充，"舆说輹"，连接车轴和车厢的零件"輹"断了。

九三爻辞的"良马逐，利艰贞；曰闲舆卫，利有攸往"，是说以良马追逐厮杀，还是停下来为好；把兵车闲置起来放到一边，才能利于前往。帛书易传《昭力》篇的解释是："问'阑舆'之义。子曰：上政卫国以德，次政卫国以力，下政卫[国]以兵。卫国以德者，必和其君臣之节，不耳之所闻败目之所见，故权臣不作，同父子之欲，以固其观赏。百姓之劝，以禁违教，察人所疾，不作奇心。是故大国属力焉，而小国归德焉。城郭弗修，五兵弗实，而天下皆服焉。易曰：'阑舆之卫，利有攸往。'若'舆'且可以'阑'然'卫'之，况以德乎？可不恭之有？"②今本的"曰闲舆卫"，帛书《昭力》此处与上文皆引作"阑舆之卫"。如此看，"曰"当为语气词。而"阑舆"之义，昭力的先生认为是"城郭弗修，五兵弗实，而天下皆服焉"。换言之，"城郭"、"五兵"即"舆"，"弗修"、"弗实"即"阑"。因此，"阑舆"之义即"偃武修文"，反对以力服人，主张以德服人。③

六四爻辞的"童牛之牿，元，吉"，是说去掉牛的笼口，善，吉利。"童牛之牿"与下句"豶豕之牙"句式相同，"豶豕之牙"是动宾结构，"童牛之牿"

---

① 吴新楚：《楚简〈周易〉"不家而食"新解》，《周易研究》2004 年第 6 期，第 14—16 页。
② 廖名春：《马王堆帛书周易经传释文》，杨世文等编《易学集成》第三卷，3054 页。
③ 廖名春：《上海博物馆藏楚简〈周易〉管窥》，《周易研究》2000 年第 3 期。

亦当如此。因此，"童"与"犙"一样，应作动词解。《释名·释长幼》："山无草木亦曰童。"《管子·侈靡》："山不童而用赡。"《荀子·王制》："山林不童而百姓有余材也。"杨倞注："山无草木曰童。"《汉书·公孙弘传》："山不童。"颜师古《注》："童，无草木也。""山无草木曰童"，"童"有秃、光之义。引申之，则有去尽、脱光之义。而"童牛之牿"就当是去尽、脱尽牛的笼口。牛加笼口，勿使犯稼，对牛是一种束缚，去掉笼口，对牛是一种解放，故称"元"，是为善而得"吉"。①

六五爻辞"犙豕之牙，吉"，是说文饰猪的尖牙，吉利。帛书《易经》"犙"作"哭"。高亨认为"哭当作娰，娰是古夽字"②。帛书易传《昭力》篇记载："《易》曰：'犙豕之牙，吉。'夫'豕之牙'成而不用者也，又笑而后见，言国修兵不战而威之谓也。"③案：帛书的"哭"、"笑"都当为"文"字之讹，都当训为文饰。

上九爻辞"何天之衢，亨"，是说承受上天的福佑，亨通。"何"，读为"荷"，承受。"衢"，依楚简《周易》当读作"休"，训为"庆"，即吉庆、福禄或福佑。

颐卦和大过卦是第十四对。

☰颐卦讲颐养问题。

卦辞"颐，贞，吉；观颐，自求口实"，是说颐养，为正则吉利；关注颐养问题，就应该自己去谋求口腹所需的食物。

初九爻辞"舍尔灵龟，观我朵颐，凶"，是说舍弃你的理智，眼里只看到别人进食，凶险。"朵颐"，这里指进食。

六二爻辞"颠颐；拂经，于丘颐，征，凶"，是说要重视颐养；不事经营，违背颐养，发展下去，会有凶险。"颠"可读为"慎"，"慎颐"，就是重视颐养。"拂"当读"弗"。"于"是语助词，无实义。"丘"，楚简、帛书本都作"北"，当为形讹。"北"当读为"背"。"背颐"，违背颐养。

---

① 廖名春：《上海博物馆藏楚简〈周易〉管窥》，《周易研究》2000 年第 3 期。

② 高亨、董治安：《古字通假会典》，第 148 页。

③ 廖名春：《马王堆帛书周易经传释文》，杨世文等编《易学集成》第三卷，第 3055 页。释文有改正。

六三爻辞"拂颐,贞,凶,十年勿用,无攸利",是说不事颐养,坚持不变,会有凶险,十年也不做成事,没有什么好处。"拂"当读"弗"。

六四爻辞"颠颐,吉。虎视眈眈,其欲逐逐,无咎",是说重视颐养,吉利。人们像老虎一样紧紧盯住"颐养"不放,追逐的欲望接连不绝,未可厚非。

六五爻辞"拂经,居贞,吉,不可涉大川",是说不从事生产经营,安于现状,坐享其成,不能做成涉越大江大河的事情。尽管今本与楚简本、帛书本都有"吉"字,但从逻辑上而言,仍疑其为衍文。

上九爻辞"由颐,厉,吉,利涉大川",是说听任人们追求生活,对大人君子的管理会有一定影响,但总的来说是好的,利于做大事。

䷛大过卦讲如何对待死亡的问题。《系辞传》:"后世圣人易之棺椁,盖取诸大过。"大过为埋葬之象,上兑为泽,象征墓穴;下巽为木,象征棺椁。①

卦辞"大过,栋桡。利有攸往,亨",是说君子之死会引发严重的后果,就像屋子的栋梁弯曲了一样。但前往还是有利,亨通。

初六爻辞"藉用白茅,无咎",《系辞传》引孔子的解释是:"苟错诸地而可矣,藉之用茅,何咎之有?慎之至也。夫茅之为物薄而用可重也,慎斯术也以往,其无所失矣!"《礼记·礼器》记载:"孔子曰:'礼,不可不省也。'……礼之以多为贵者,以其外心者也……礼之以少为贵者,以其内心者也。"以内心的情感为标准,而不是以外在的物质为标准,礼可省,所以"茅之为物薄而用可重也"。这是说祭祀死者重在心诚,普通的白茅也派上大用,毫无问题。

九二爻辞"枯杨生稊,老夫得其女妻,无不利",说枯槁的杨树生出嫩枝,龙钟的老汉娶个少妻,没有什么不利。说明临近死亡也不是没有新生的希望。

九三爻辞"栋桡,凶",还是强调君子死亡的严重影响,就像屋梁弯曲了一样,非常凶险。

九四爻辞"栋隆,吉;有它,吝",是说君子死亡虽然形势严峻,但希望还

---

① 详见石声淮《说〈杂卦传〉》。

在,新人出来,屋梁又会隆起。但如果有人作祟,则必生憾惜。"它",是"蛇"的本字,蛇为灾祸的代表,引申为邪,不正。《玉篇·它部》:"它,非也。"《法言·问道》:"适尧、舜、文王之道者为正道,非尧、舜、文王者为它道。君子正而不它。"

九五爻辞"枯杨生华,老妇得其士夫,无咎无誉",是说枯槁的杨树开了花,龙钟的老太配了个少夫,既无咎害,也不值得称誉。

上六爻辞"过涉灭顶,凶;无咎",是说涉水过江,水淹没头顶,凶险;但也没有咎责。涉水遇上灭顶之灾,有死亡之险。为什么说"无咎"?猜想是故去新来。老的君子故去,新的君子自然产生。地球离开了谁都得照样转。这就是《周易》对待死亡的态度。

八　坎卦与离卦

习坎卦和离卦是第十五对。

䷜习坎卦讲对待坎陷的问题。

《象传》、《大象传》、《说卦传》皆以坎为水,但卦爻辞中,"坎"是"坎窞",看不出有水义。这是因为水只是坎的主要取象,而取象与卦名、卦义是有一定距离的。表达险陷这一卦义,并不一定要用水这一取象,用别的取象也是可以的。

卦名"习坎",《象传》、《大象传》都认为是两个八卦坎组成,"习,重也,谓上、下俱坎",故名。王弼则认为"'习'谓便习之"。孔颖达调停两说,认为"习"一名两义,既有"重"义,也有"便习"义。① 郭京则据此以为卦辞和《象传》"习坎"前都脱卦名"坎"字。② 帛书《易经》作"习赣","习"前并无"习"字。③ 可见郭说不可信。当然,王弼的"便习"说也有问题,还是《象传》、《大象传》说得对,"习坎"就是"重坎"。

卦辞"习坎,有孚,维心,亨,行有尚",是说在重重坎陷之时,只要有诚

---

① 孔颖达:《周易正义》,《十三经注疏》标点本,第 129 页。"便"原作"使",据北京图书馆藏宋刻递修本、北京图书馆藏宋两浙东路茶盐司刻宋元刻递修本改。见《续修四库全书》经部易类第一册,第 372、215 页。

② 郭京:《周易举正》卷上,文渊阁《四库全书》经部易类。

③ 廖名春:《马王堆帛书周易经传释文》,杨世文等编《易学集成》第三卷,第 3016 页。

信,就能维系人心①,就会亨通,就会建功。

初六爻辞"习坎,入于坎窞,凶",是说面临重重坎陷,而且掉进了陷阱里,非常凶险。

九二爻辞说"坎有险,求小得",是说在坎陷有险之时,不能抱太大的奢望,只能求得一点小济。

六三爻辞说"来之坎坎,险且枕,入于坎窞,勿用",是说前后都是坎陷,险而又险,而且又掉进了陷阱里,不可施展才用。枕,前人多以本字作解,甚至引申出止、安等义,皆不可信。九二爻辞"坎有险",帛书《易经》"险"作"訦",此"枕"字则作"訦"。② 说明"枕"当是"险"之同义词。

六四爻辞"樽酒,簋贰,用缶,纳约自牖,终无咎",各家解释出入很大,分歧主要在"纳约自牖"上。"牖"本为窗户。《后汉书》卷九六注:"牖里,殷狱名。或作羑,亦名羑城。"《水经注》卷九:"《广雅》:'牖,狱犴也。'"③文献中,"牖里"常写作"羑里",可见此"牖"可读为"羑"。"纳"有收纳、接受义。"约"依王弼注,为简约。而"自"也可用如"于"④。疑此是说文王拘于羑里之事⑤。"樽酒,簋贰,用缶",是简陋的饮食待遇。文王在牖享受简陋的饮食待遇,是文王拘于羑里的委婉说法。但是,"终无咎",文王终于走出坎险,从羑里脱险而出。其事情之始末《史记·殷本纪》有记载:"九侯有好女,入之纣。九侯女不喜淫,纣怒,杀之,而醢九侯。鄂侯争之强,辨之疾,并脯鄂侯。西伯昌闻之,窃叹。崇侯虎知之,以告纣,纣囚西伯羑里。西伯之臣闳夭之徒,求美女奇物善马以献纣,纣乃赦西伯。西伯出而献洛西之地,以请除炮烙之刑。纣乃许之,赐弓矢斧钺,使得征伐,为西伯。……西伯归,乃阴修德行善,诸侯多叛纣而往归西伯。"

九五爻辞"坎不盈,祗既平,无咎",是说坎陷尚不盈满,障碍已经铲平⑥,必无咎害。应该是对六四爻辞意义的进一步发展。

---

① 张立文:《帛书周易注译》,第156—157页。

② 廖名春:《马王堆帛书周易经传释文》,杨世文等编《易学集成》第三卷,第3016页。

③ 陈桥驿:《水经注校释》,第168页,杭州:杭州大学出版社,1999年。

④ 如《诗经·伐木》:"出自幽谷,迁于乔木",《孟子·滕文公上》说:"吾闻出于幽谷,迁于乔木者。"

⑤ 闻一多:《周易义证类纂》,《闻一多全集》卷二。其实"纳约"皆从糸,尤其"约"义为束缚。

⑥ "祗",帛书《易经》作"堲(堤)",说明所从之"氏"当作"氏"。

上六爻辞"系用徽纆,寘于丛棘,三岁不得,凶",是说被绳索捆缚,囚置在监牢,三年不能解脱,凶险。"丛棘",郑众、郑玄都认为是《周礼·秋官·朝士》之左、右"九棘"①,《经典释文》载刘表说近同②。《礼记·王制》则称为"棘木",也就是王之外朝,司寇审理狱讼之处。《史记·鲁仲连列传》和《战国策·赵策三》说"文王"被"拘之于牖里之库","库"也是监狱③,也属外朝,同是"九棘"。《左传·襄公三十一年》载北宫文子说:"纣囚文王七年。"今本《竹书纪年》谓竹纣之"二十三年囚西伯于羑里,二十九年释西伯"。贾谊《新书》说:"文王桎梏于羑里,七年而后得免。"④可见被拘时间当在"三年"以上,所以说"三岁不得"。

尽管卦爻辞中没有出现文王的字眼,但讲坎险以历险于羑里为例,也可能是文王"演《易》"的"夫子自道"。这对认识《周易》的成书是有帮助的。

《说卦传》:"离也者,明也。"《彖传》说:"离,丽也。"《大象传》说是"继明照于四方"。可见离卦之义是明亮,☲离卦是讲人生亮丽,也就是辉煌问题的。

卦辞"离,利贞,亨;畜牝牛,吉",是说在辉煌之时,谦虚守静,就能有利,就能亨通;像母牛一样驯服顺从,就能吉祥。"畜",顺从,驯服。"牝牛",母牛。

初九"履错然,敬之,无咎",是说在辉煌之时,行事小心,以敬待人,必无咎害。此"错"字,帛书《易经》作"昔",阜阳汉简本作"菩",其实当读为"踖",小心谨慎的样子。"履错然",践行事务小心谨慎。⑤

六二爻辞"黄离,元,吉",是说人生辉煌,能善,就会吉利。其意近同于坤卦六五爻辞的"黄裳,元,吉"。

九三爻辞"日昃之离,不鼓缶而歌,则大耋之嗟,凶",是说夕阳落山也要及时辉煌,不趁机敲击瓦器歌唱,就会有衰老而力不从心的嗟叹,凶险。

---

① 孙诒让:《周礼正义》,第2819页,北京:中华书局,1987年。《经典释文》载刘表说,也是以"丛棘"为"九棘"。

② 孔颖达:《周易正义》,《十三经注疏》标点本,第356页。

③ 《韩诗外传·季孙治鲁》:"三年而库无拘人。"

④ 杨伯峻:《春秋左传注》,第1194页,北京:中华书局,1981年。

⑤ 详见第四讲第三节履卦段。

"日昃之离"，就是"日昃"时的明离。"鼓缶而歌"，苦中作乐，比喻积极的人生态度。"八十曰耋"，"大耋"，极言年老。

九四爻辞"突如其来如，焚如，死如，弃如"，是说灾祸突然发生，患难来临：大火在燃烧，人们在死亡，东西都被抛弃了。言外之意是人处辉煌得意之时，当居安思危。

六五爻辞"出涕沱若，戚嗟若，吉"，是说流出的泪水滂沱不绝，忧戚嗟叹，吉利。此是接九四爻辞而言，指要正确对待辉煌的消逝。能正确对待，就会有新生，所以说"吉"。

上九爻辞"王用出征，有嘉：折首，获匪其丑。无咎"，是说天子用兵出征，有喜庆：既有斩首，又有俘虏。没有咎害。

由此可见，离卦讲辉煌，既有道德原则，又有辩证发展的观念，确实值得好好品味。

以上十五对三十卦，是为《周易》上经。

思考题：

1. 谈谈你对临卦初九爻辞的理解。

2. 将剥卦的"床"读为"壮"，你有什么意见？

3. 比较各家对坎卦六四爻辞"纳约自牖"的解说。

第六讲

《周易》的卦爻辞(下经上)

下面,我们再来看下经十七对三十四卦的卦爻辞。

九 咸、恒和遯、大壮

咸卦和恒卦是《周易》的第十六对,也是下经之首。

☶咸卦讲男女感应问题。

卦辞"咸,亨,利贞;取女,吉",是说男女交感,亨通,固定有恒则有利;娶妻,吉利。

初六爻辞"咸其拇",是说触动她的脚拇指。初六为一卦之最下,而脚拇指是人的最下,爻辞和爻画是相应的。异性相接触,先给一个信号,可进也可退,故无吉凶而言。

六二爻辞"咸其腓,凶;居,吉",是说触动她的小腿肚,有危险;如果对方假装不知道,不动,不躲闪,就是吉利,说明其冒险取得了成功。[①]

九三爻辞"咸其股,执其随,往,吝",是说抚摸她的小腿肚,再进而抚摸她的腿,就会有憾惜。依楚简和帛书本,"股"当作"腓";依俞樾说,"随"当读为"骽",也就是"腿"[②]。"往"字楚简和帛书本无,当为衍文。"咸其腓"是承上,"执其随"就进一步了。一下子抓住了人家的腿,难免引起反感,故说"吝"。

九四爻辞"贞,吉,悔亡。憧憧往来,朋从尔思",是说坚贞不变,就会吉利,悔恨就会消失。不断地来往,追求不懈,你的朋友就会顺从你的心思。男女相悦时,发乎情,止乎礼,才会长久,才能成功。

九五爻辞"咸其脢,无悔",是说抚摸她的脊背,不会引起悔恨。"脢",

---

① 刘天中:《〈周易·咸卦〉解》,《周易研究》1990 年第 1 期,第 22 页。

② 俞樾:《群经平议》,《清经解续编》卷一三六二,第五册,第 1029 页。

帛书《易经》作"股",实为"胚",指项、胫。王弼注:"脄者心之上,口之下。"说同。

上六爻辞"咸其辅、颊、舌",是说亲她的脸,吻她的嘴和舌。这是男女相感到高潮的表现。《说文》:"辅,颊车也","颊,面旁也"。辅本指上牙床,这里代表嘴;颊,则代表脸。上六为一卦之最上,而"咸"由"拇"而"腓",而"随",而"脄",到"辅、颊、舌",也是到达人体的上部,爻画的位置和爻辞的意义也是相应的。

䷟ 恒卦讲恒久之道,《彖传》、《大象传》、《序卦传》、《杂卦传》的说法都同。帛书易传《衷》篇称:"恒言不已。"①"已",停止。不停,就是有恒心。意思与《易传》诸篇是一致的。

卦辞"恒,亨,无咎,利贞。利有攸往",楚简本无"利有攸往"四字,可从。是说恒久,就会亨通,就会无咎害,利于贞定。帛书易传《二三子》篇载孔子说:"〔恒亨者〕,恒亓德,亓德〔恒〕长,故曰利贞。"②更赋予了"恒"以"德"的内涵。

初六爻辞"浚恒,贞,凶,无攸利",是说远离恒德,坚持不改,就会有凶险,也不会有利益。"浚",楚简作"㪷",即"濬",义为疏通。"浚恒",使恒松动而发生改变。帛书《易经》作"夐恒"③,"夐"有远义。"夐恒"就是远恒。帛书易传《缪和》篇说:"恒之初六曰:夐恒,贞,凶,〔无攸利〕。子〕曰:治□□□□□□□□□□'〔夐恒〕',国人之所非也,凶必产。〔故曰夐恒,贞,凶,无攸〕利。"④察其语意,是说"夐恒",就会被"国人之所非",因而会产生凶险。"恒"为美德,是不会被"国人之所非"。能被"国人之所非",一定是非"恒",是对"恒"德的否定。因此,将"㪷恒"或"浚恒"、"夐恒",理解成改变恒德或远离恒德,与帛书易传《缪和》篇的解释是一致的。

九二爻辞"悔亡",是说恒久,就会无悔。

九三"不恒其德,或承之羞,贞,吝",是说不能恒久保持美德,就会蒙受

---

① 廖名春:《马王堆帛书周易经传释文》,杨世文等编《易学集成》第三卷,3037 页。
② 同上书,第 3029 页。
③ 同上书,第 3019 页。
④ 同上书,第 3051 页。

羞辱①；老是如此，必有吝惜。帛书易传《二三子》篇记载有"孔子曰"："此言小人知善而弗为，攻进而无止，损几则[无]择矣，能[无蔺乎]？"②"知善而弗为"，就是"不恒其德"；"攻进而无止"，就是"贞"。这样，损失几乎就会不可避免，自然就是"吝"。帛书易传《缪和》篇又载"子曰"："'不恒亓德'，言其德行之无恒也。德行无道，则亲疏无；亲疏无，[则]必将[羞辱时至，故曰]'蔺'。"③进一步阐明了爻辞的内在逻辑：无德则无亲，无亲则有辱，有吝。《论语·子路》载："'不恒其德，或承之羞。'子曰：'不占而已矣。'"这种从德不从占的精神，应该是孔子对《周易》内在哲理的继承和发扬。

九四爻辞"田无禽"，是说人而无恒，打猎也猎不到禽兽。田，又作畋，也就是猎。《论语·子路》载"南人有言曰"："人而无恒，不可以作巫医"，意思与此同。

六五爻辞"恒其德，贞：妇人吉，夫子凶"，是说有恒心，安于现状：妇人可获得吉祥，男子必有凶险。为什么同是"恒其德"，"妇人"、"夫子"各有吉凶呢？帛书易传《缪和》篇载"子曰"说提供了解释："妇德一人之为，[不]可以又它。又它矣，凶[必]产焉，故曰'恒亓德，贞，妇人吉'。"妇人的道德要求是从一而终，不能再有别人，再有别人，凶险必然产生。"其男德不[然]，恒安者之又弱德，必立而好比于人。贤、不宵人得其宜，则吉；自恒也，则凶。"④而对男人的道德要求却不同，男人长期安于现状，就会有"弱德"，缺乏进取心，因此一定要能自立而喜欢跟人竞争。不论是贤者还是不贤者，只要得竞争之宜，就会吉利；长期自安于现状，缺乏进取心，就会有凶险。看来，吉凶就在于"贞"了。贞是安，妇人"恒安"有"弱德"，是吉利。男子"恒安"有"弱德"，则凶险。"贞"是"妇人"之德而非"夫子"之德。《小象传》说："妇人贞吉，从一而终也；夫子制义，从妇凶也。""妇人"之所以吉利，是因为"贞"，是因为"从一而终"；"夫子"之所以"凶"，是因为像"妇人"一样，只知"从"而不知"制义"，混淆了两种不同的道德要求。这一解释，与

---

① "羞"，帛书易传《二三子》引作"忧"。两字义近。

② 廖名春：《马王堆帛书周易经传释文》，杨世文等编《易学集成》第三卷，第3029页。"无"字据上下文意新补。

③ 同上书，第3051页。"羞辱时至故曰"六字据上下文意新补。

④ 同上。方括号里的字据上下文意新补。断句也有调整。

帛书易传说是接近的。

上六爻辞"振恒，凶"，是说动摇恒固，就会凶险。所以，整个恒卦，不是说恒，就是说不恒，都是从正反两面讲恒久之理。

第十七对是遯卦和大壮卦。

《序卦传》、《杂卦传》都以"退"释"遯"，因此，遯卦之义当为退遯，☶遯卦就是讲隐退避时问题的。

卦辞"遯，亨；小，利贞"，是说隐退，可能会亨通；有限的隐退，守静，就会吉利。"小"，表示程度，稍微，此处指不要过分隐退。与《贲》卦辞中的"小"用法相同，都是对卦名的限定。

初六"遯尾，厉，勿用有攸往"，是说遯隐得太晚，有危险，更不要主动向前冲。"尾"，后。初六在一卦之最下，所以称"尾"。打仗断后最危险，最容易被敌人消灭。

六二爻辞"执之用黄牛之革，莫之胜，说"，是说用黄牛皮的革带捆住，没有谁受得了，还是赶快跑吧。"说"，读为"脱"，逃脱，也就是"遯"。楚简写作"豙"，读为"遂"，训为"亡"，义同。帛书易传《衷》篇说："［遯之］黄牛，文而知朕矣。"[1]"朕"读为"胜"。"文"，当指"执之用黄牛之革"，因为黄是中之色，革有柔性。"知"，可训为"为"或"致"。[2]"用黄牛之革""执"，谁也受不了，是用文、用柔道来制胜。

九三爻辞"系遯，有疾，厉；畜臣妾，吉"，是说捆绑逃遯之人，将有疾患和危险；把他们当成臣仆侍妾来畜养，则吉利。"系遯，有疾，厉"是接九二爻辞而说的，尽管用捆绑的办法可以使想遯逃的逃不掉，但是下策；上策是以德服人，使其臣服，为我所用。

九四爻辞"好遯，君子吉，小人否"，是说喜欢及时退避，君子吉利，但小人却视之为坏事。为什么呢？君子与小人的人生价值观不同。

九五爻辞"嘉遯，贞，吉"，是说嘉美及时退避，能够贞正，则吉利。古人以尧、舜禅位让贤为例，还是有道理的。因为九五是君主之位，"九五嘉

① 廖名春：《马王堆帛书周易经传释文》，杨世文等编《易学集成》第三卷，第3039页。

② 《吕氏春秋·长见》"三年而知郑国之政也"高诱注："知，犹见也。"《读书杂志·史记第二·乐书》"知礼乐之道"王念孙按："'知'，当依《乐记》、《祭义》作'致'。"

遁”，当然就应该是禅让。

上九"肥遁，无不利"，是说高飞远遁，无所不利。宋姚宽说："'肥'字古作'芑'，与古'蜚'字相似，即今之'飞'字，后世遂改为'肥'字。《九师道训》云：'遁而能飞，吉孰大焉？'张平子《思玄赋》云：'欲飞遁以保名。'注引《易》'上九，飞遁无不利'，谓去而迁也。曹子建《七启》云：'飞遁离俗。'"①其说可信。

所以遁卦的主旨是主张及时退隐，反对用武力约束人，让人欲退而不得。

䷡大壮卦讲力量强大时守静不争的道理。

卦辞"大壮，利贞"，是说力量壮盛之时，守静不争，就会有利。这是一卦的主旨。

初九爻辞"壮于趾，征，凶，有孚"，是说依仗脚力过人，东征西讨，凶险；要停止。"孚"，帛书《易经》和阜阳竹简本《易经》皆作"復"②。疑"復"为本字，义为遏止。《淮南子·时则》："规之位度也，转而不復，员而不垸。"高诱注："復，遏也。"

九二爻辞"贞，吉"，是说守静不争，就会吉利。

九三爻辞"小人用壮；君子用罔，贞，厉。羝羊触藩，羸其角"，是说小人逞强；君子趁机逃亡，静而不动，则有危险。如果像公羊一样强触藩篱，羊角必被拘束缠绕。"罔"字有读"网"的，有释为"不"的。帛书《易经》作"亡"③，我们据此解为逃亡。帛书《衷》篇以为此爻"触藩"是"刚之失也，动而不能静者也"④，可知其意是说逞强则失，反对过于刚强，反对硬挺。

九四爻辞"贞，吉，悔亡。藩决不羸，壮于大舆之輹"，是说静而不动就会吉利，悔恨就会消失。公羊冲决了藩篱，羊角不被拘束缠绕，却以为胜过

---

① 姚宽：《西溪丛语》卷上，文渊阁《四库全书》子部杂家类杂考之属。

② 廖名春：《马王堆帛书周易经传释文》，杨世文等编《易学集成》第三卷，第3018页；中国文物研究所古文献研究室、安徽省阜阳市博物馆：《阜阳汉简〈周易〉释文》，《道家文化研究》第十八辑，第34页。

③ 廖名春：《马王堆帛书周易经传释文》，杨世文等编《易学集成》第三卷，第3018页。

④ 同上书，第3038页。

大车被鞔束牢。"藩决不羸",公羊冲决了藩篱,羊角不被拘束缠绕。"鞔"为捆绑车伏兔与车轴的绳索,是控制车行驶的关键零件。

六五爻辞"丧羊于易,无悔",是说在有易丧失了羊群,无所悔恨。顾颉刚认为此与《旅》卦上九爻辞"丧牛于易"是说商人先祖王亥在有易这个地方放牧牛羊,被有易部落首领杀害的故事。[①] 但"丧羊于易",是一大惨事,怎能说是"无悔"?《旅》卦上九爻辞"丧牛于易",说的是"凶"。《小象传》的解释"位不当也",也不像说"无悔"。疑原文作"有悔"。"有悔"与《旅》卦上九爻辞之"凶"义近。正因是"丧羊于易,有悔",所以《小象传》才解释说"位不当也"。

上六爻辞"羝羊触藩,不能退,不能遂,无攸利;艰则吉",是说公羊强触藩篱,进退两难,无所利益;如能限制盲动,则会吉利。"艰",帛书《易经》作"根"[②],疑读为"限",指限制盲动。

十　晋、明夷和家人、睽

晋卦和明夷卦是第十八对。

䷢晋卦讲晋升时当注意的问题。晋卦卦画下为坤,即地;上为离,即火,也就是日,日为太阳,是最大的火。晋卦卦形会太阳从地平线上升起之义,所以晋义为升(昇)。

卦辞"晋,康侯用锡马蕃庶,昼日三接",是说事业获得大发展,充满光明,仁君息兵休战,使百姓得以繁衍生息;又勤于政事,经常接见臣民。"康侯"前人以为虚指,顾颉刚则确定为卫康叔[③]。帛书《二三子》引孔子曰:"此言圣王之安世者也。"可知当指仁君圣王。"锡",与本经诸"惕"字相同,皆当训为"止""息"。[④] "昼日",一个白天。"三接",多次接见。

---

①　顾颉刚:《周易卦爻辞中的故事》,《古史辨》第三册,第7页,上海:上海古籍出版社,第1982。

②　廖名春:《马王堆帛书周易经传释文》,杨世文等编《易学集成》第三卷,第3018页。

③　顾颉刚:《周易卦爻辞中的故事》,《古史辨》第三册,第17页。

④　说详廖名春《周易"惕"义考——传世文献与出土文献的互证》,《国际易学研究》第八辑。

初六爻辞"晋如摧如，贞，吉；罔孚，裕，无咎"，是说晋升时要注意谦让，保持不变，就会吉利。如果得不到别人的信任，也要宽以待人，就不会有咎害。《广雅·释诂一》"摧，折也。"帛书《易经》"摧"作"浚"。案："浚"通"踆"。《字汇补·水部》："浚，与踆同，伏也。"朱珔《说文假借义证》："盖以浚为踆之假借。"《古文苑·刘歆〈遂初赋〉》："鸟胁翼之浚浚。"章樵注："浚与踆同，伏也。"而伏有屈义。所以，"摧如"，即摧折的样子，也就是保持低姿态。帛书《衷》篇说："［晋如摧如］，所以教谋也。"[1]认为爻辞"晋如摧如"是教人在晋升之时要有谋略。"晋如摧如"即"晋而摧如"。

六二爻辞"晋如愁如，贞，吉；受兹介福，于其王母"，是说事业获得大发展之时，要更加恭谨，坚持不变，就会吉利。受此大福，就在于君王有谋。帛书《衷》篇说："楛如秋如，所以辟怒［也］。"[2]"辟怒"，避免得罪人。"愁"，当读为"愀"。"愁如"，即愀如，恭谨的样子。"晋如愁如"即"晋而愀如"。"母"疑读为"谋"或"诲"。

六三爻辞"众允，悔亡"，是说晋升之时能获得众人的信任，悔恨就会消亡。

九四爻辞"晋如鼫鼠，贞，厉"，是说事业获得大发展之时，千万不能得意忘形，而要表现得像鼫鼠一样无能，但一直如此，则会有危险。

六五爻辞"悔亡，失得。勿恤；往，吉，无不利"，是说悔恨消失，失而复得。不要停止；勇往直前，就会吉利，就会无所不利。"失得"，失而又得。"恤"，停止。[3]

上九爻辞"晋其角，维用伐邑，厉，吉，无咎；贞，吝"，是说用你的角往上顶，要敢于主动出击，虽有危险，但可获吉祥，没有咎害；如果静守不动，放弃机会，则会有吝惜。

☷☲明夷卦则讲处于黑暗境遇时当注意的问题。

卦辞"明夷，利艰贞"是说在光明夷灭，也就是黑暗之时，利于限止守

---

① 廖名春：《马王堆帛书周易经传释文》，杨世文等编《易学集成》第三卷，第3038页。
② 同上。
③ 说详见廖名春：《〈周易·夬〉卦九二爻辞新释》，《中华国学研究》创刊号，2008年10月。

静。"艰",帛书《易经》作"根"①,当读为"限",训为限止。

初九爻辞"明夷于飞,垂其翼;君子于行,三日不食。有攸往,主人有言",是说在黑暗时,不能展翅高飞;君子出门,多日也没有饭吃。此时有所前往,主人将会有过失。"言",通"愆"。闻一多《古典新义·周易义证类纂》:"言、辛古当同字。《说文》曰:'辛,辛也,读若愆。'……《易》凡言'有言',读为有愆。"②

六二爻辞"明夷,夷于左股;用拯马壮,吉",是说黑暗时出行,伤损了左边的大腿,用来拯救的马健壮,可获吉祥。

九三爻辞"明夷于南狩,得其大首;不可疾,贞",是说黑暗时到南方巡狩,诛灭元凶首恶;不可操之过急,应当力求稳定。

六四爻辞"入于左腹,获明夷之心,于出门庭",是说进入敌人的腹地,了解黑暗的内幕,于是毅然举兵讨伐。③ 帛书《缪和》:"荆庄王欲伐陈,使沈尹树往观之。沈尹树反,致令曰:'亓城郭修,亓仓实,亓士好学,亓妇人组疾。'君[曰]:'如是,则陈不可伐也。城郭修,则亓守固也;仓廪实,则人食足也;亓士好学,必死上也;亓妇组[疾],人财足也。如是,陈不可伐也。'沈尹树曰:'彼若若君之言,则可也。彼与君上言之异。城郭修,[则]人力竭矣;仓廪实,则□之人也;亓士好学,则又外志也;亓妇组疾,则士禄不足食也。故曰陈可伐也。'遂举兵伐陈,有之。易卦亓义曰:'入于左腹,获明夷之心,于出门廷。'"

六五爻辞"箕子之明夷,利贞",是说犹如箕子处于黑暗时,利于居静守正。《论语·微子》:"微子去之,箕子为之奴,比干谏而死。孔子曰:'殷有三仁焉。'"《史记·殷本纪》:"箕子惧,乃详狂为奴,纣又囚之。"《礼记·乐记》:"武王克殷反商,释箕子之囚。"可见箕子处遇商纣之暴,"详狂为奴",才得以保全。所以说"利贞"。

上六爻辞"不明,晦;初登于天,后入于地",是说由不明而转入黑暗,起初登临天上,最终坠落地下。《小象》说:"'初登于天',照四国也;'后入于地',失则也。"这应当是写商纣王的历史。

---

① 廖名春:《马王堆帛书周易经传释文》,杨世文等编《易学集成》第三卷,3020页。
② 闻一多:《古典新义·周易义证类纂》,见《闻一多全集》第10册,第249—250页。
③ 廖名春:《马王堆帛书周易经传释文》,杨世文等编《易学集成》第三卷,第3053页。

《彖传》说："明夷，内文明而外柔顺，以蒙大难，文王以之。"整个明夷卦，写的就是周文王遭受商纣王之暴虐而起兵反抗并最终灭商的史事。初六、六二爻辞是写文王蒙难，九三、六四爻辞写文王谋商，上六爻辞写谋商的结果。六五爻辞写"箕子"，也不离商纣王之暴。所以"明夷"，指的就是商纣王的暴虐黑暗。

家人卦和睽卦是第十九对。

☲家人卦讲的是治家之道。

卦辞"家人，利女贞"，是说在家庭中，女主人守静不争则吉利。

初九爻辞"闲有家，悔亡"，是说防止外邪侵入家庭，悔恨就会消亡。《经典释文》引马融曰："闲，阑也，防也。""有"读为"于"，两字声同韵近，可以通用。

六二爻辞"无攸遂，在中馈，贞，吉"，是说无所成就，主管家中饮食，守静不争，就会吉利。

九三爻辞"家人嗃嗃，悔，厉，吉。妇子嘻嘻，终吝"，是说夫妻和乐喜悦，虽有悔恨、危险，但最终会吉利；妻妾和子辈们不守礼制，最终则会有憾惜。"嗃嗃"，马融以为乃"悦乐自得貌"。帛书《易经》作"熯熯"[1]。"熯"即乐，可知马融的解释是正确的。古时一夫多妻，妻妾和子辈们乱伦史不绝书。"妇子嘻嘻"之所以"终吝"，是担心乱伦。"家人"与"妇子"相对，当指夫妻。夫妻有闺房之乐，即使有"悔，厉"，但毕竟在礼制之内，所以"吉"。

六四爻辞"富家，大吉"，是说使家庭富裕，大为吉利。

九五爻辞"王假有家，勿恤，吉"，是说天子驾临家邑，恩宠不止，吉利。"王"，天子。"假"，至。"有"，读为"于"。"恤"，停止。

上九"有孚，威如，终吉"，是说治家有诚信，很有威望，最终将会吉利。

由此可知，家人卦讲的治家之道主要就是严守礼义之防。

☱睽卦则讲与自己相反，意见乖异之事。

卦辞"睽，小事，吉"，是说乖背睽违，做小事可获吉祥。换言之，做大事

---

① 廖名春：《马王堆帛书周易经传释文》，杨世文等编《易学集成》第三卷，第 3024 页。

则不行。为什么？做大事需团结，彼此意见乖异是干不成大事的。

初九爻辞"悔亡，丧马，勿逐，自复；见恶人，无咎"，是说悔恨消失，走失马匹不要去寻找，会自己回来；与自己意见相左的人打交道，也不致咎害。

九二爻辞"遇主于巷，无咎"，是说与主人狭路相逢，没有咎害。

六三爻辞"见舆曳，其牛掣，其人天且劓。无初有终"，是说看见一辆牛车停在那里，拉车的牛得了抽风病，赶车的人受了黥刑和劓刑①，没有好的开始，却有好的结局。

九四爻辞"睽孤；遇元夫，交孚，厉，无咎"，是说睽违背离之时，遇到善良之人，相互讲诚信，虽有危险也无咎害。

六五爻辞"悔亡，厥宗噬肤，往，何咎"，是说悔恨消失，上祖庙吃肉，前往又有什么咎害？"厥"，帛书本《易经》作"登"，楚简本作"陞"。本字当作"升"。"升"与"厥"的古文"𦥔"形近而讹。②

上九爻辞"睽孤，见豕负涂，载鬼一车；先张之弧，后说之弧，匪寇，婚媾；往遇雨，则吉"，是说睽违不合，就会孤独。看见一只猪，背上都是污泥；又有一辆大车，载满了鬼方的人。先是张弓欲射，后又解脱其壶，劳以酒浆；原来不是强寇，而是来婚配的。前往遇到雨则吉利。屈万里认为"'载鬼一车'者，谓载鬼方之人一车也"；又认为"《释文》云'弧，京、马、郑、陆、王肃、翟元作壶。'按《集解》虞翻亦作壶，谓置其壶而飨以酒浆也。"③说是。"说之弧"，帛书《易经》本就作"挩之壶"，指解下其酒壶。"见豕负涂，载鬼一车"，就"张之弧"，是睽违之象；"后挩之弧，匪寇、婚媾"则是化"睽"为"合"之象。其实，整个睽卦，讲的就是化"睽"为"合"，化敌为友。

十一　蹇、解和损、益

蹇卦和解卦是第二十对。

☶☵蹇卦讨论的是如何对待艰难的问题。

蹇卦卦辞说："蹇，利西南，不利东北。利见大人，贞，吉。"根据所谓后

---

①　断句从胡文辉说，见其《周易睽六三爻辞的断句》一文，《文献》1993 年第 2 期。
②　高亨以"登宗噬肤"为"登其祖庙吃肉"，见氏著《周易大传今注》，第 339 页。
③　屈万里：《说易散稿》，《书佣论学集》，第 47 页。

天八卦卦气说,往西南阳气衰退而阴气渐长,往东北则阴气衰退而阳气渐长。《周易》扶阳抑阴,所以以此为蹇难。艰难是考验人的时候,能争取到大人的帮助则有利,能够守静不争就会吉利。

初六爻辞"往蹇,来誉",是说往前走虽然艰难,但归来必能乘舆。"誉",帛书《易经》本作"舆"。"来舆",返回时乘舆,比喻时转运来,由否转泰。

六二爻辞"王臣蹇蹇,匪躬之故",是说朝廷的臣仆们努力奔走济难,不是为了一己之私。①"匪",读为"非"。"躬",自己。

九三爻辞"往蹇,来反",是说前路虽然艰险,回来时却变化了。"反",变,改变、变化,也是由否转泰。

六四爻辞"往蹇,来连",是说前行艰难,返回也能乘辇。"连",辇,乘辇而行。虞翻:"连,辇。"

九五爻辞"大蹇,朋来",是说君王修身而勇于吃苦,远方的老百姓就会来归顺。帛书《二三子》引孔子[曰:"此言圣君]也。饬行以后民者,胃'大蹇';远人能至,胃'[偯来]'。"

上六爻辞"往蹇,来硕,吉,利见大人",是说前行虽然艰险,回返却有大功,吉利;亲近有德之贤者有利。

总之,是说要用变化的观点看待艰难,只要做到贞正,只要能一心为公,就能得道多助,逢凶化吉,遇难呈祥。

䷧解卦则讲舒难解困。

卦辞:"解,利西南,无所往,其来复,吉;有攸往,夙,吉",是说纾难解困,西南方有利。不要前往,因为会回复,吉利;如要有所前往,还是停留下来,才能吉利。"夙",当依楚简本和帛书本作"宿",停留。

初六爻辞说纾难解困,"无咎",没有什么咎责。

九二爻辞"田获三狐,得黄矢,贞,吉",是说田猎捕获许多狐狸,得到了黄色的箭矢,持之以恒,就会吉利。

---

① 帛书《二三子》:"孔子曰:'王臣蹇蹇'者,言其难也,故重言之,以戒今(躬)也。君子智难而备[之],则不难矣;见几而务之,[则]有功矣。故备难[者]易,务几者成。存其人,不言吉凶焉。'非今(躬)之故'者,非言独今(躬)也,古(故)以状也。"(廖名春:《马王堆帛书周易经传释文》,杨世文等编《易学集成》第三卷,第3026页)

六三爻辞"负且乘,致寇至,贞,吝",是说挑担子的小人如果乘上贵重的大车,必然会招致盗寇前来,老是这样,必然会有吝惜。这是从反面说要善于解脱。"负",背负。此指负者,即背负重物的小人,如挑夫一类的人。"且",若、如。《吕氏春秋·知士》:"且静郭君听辨而为之也,必无今日之患也。"《战国策·齐策》"且"作"若"。"致寇至",招致盗寇前来。《系辞传》:子曰:"作《易》者其知盗乎?《易》曰:'负且乘,致寇至。'负也者,小人之事也。乘也者,君子之器也。小人而乘君子之器,盗思夺之矣;上慢下暴,盗思伐之矣。慢藏诲盗,冶容诲淫。《易》曰:'负且乘,致寇至。'盗之招也。"

九四爻辞"解而拇,朋至斯孚",是说解除老百姓所受的侵凌、欺侮,他们就会归顺,就会信服你。"而",当依楚简本、帛书《易经》本作"其"。"其"与"而"古音都属之部,疑可通假。"拇",疑当读为"侮"。马王堆帛书《称》:"行曾(憎)而索爱,父弗得子。行母(侮)而索敬,君弗得臣。"《尚书·周书·泰誓上》:"吾有民有命,罔惩其侮。"《左传·僖公二四年》:"兄弟阋于墙,外御其侮。"《国语·鲁语下》:"求说其侮,而亟于前之人,其雠不滋大乎?""其母"即"其侮"。"解其侮",解脱他们所受的侵凌、欺侮。这是纾难解困的具体化。"斯",帛书《易经》本作"此",属于同义换读。"至此",成词,文献常见。"朋至斯孚",即"至斯朋孚","至此朋孚"。

六五爻辞"君子维有解,吉,有孚于小人",是说君子只有勇于舒难解困,才会吉利,才会取信于百姓。

上六爻辞"公用射隼于高墉之上,获之,无不利",《系辞传》载"子曰":"'隼者,禽也;弓矢者,器也;射之者,人也。君子藏器于身,待时而动,何不利之有?动而不括,是以出而有获,语成器而动者也。'"如此,是说敢于除暴去恶,就会大有所得,无所不利。① "隼",音 sǔn,鹞鹰之类的凶禽。"高墉",高城,很高的城池。

损、益两卦为第二十一对。

䷨损卦主要讲减损之道。

------

① 帛书《二三子》载孔子曰:"此言人君高志求贤。贤者在上,则因□用之,故曰'[公用]射雉于[高墉之上]'。"(廖名春:《马王堆帛书周易经传释文》,杨世文等编《易学集成》第三卷,第 3029 页)这是引申之说。

卦辞"损，有孚，元，吉，无咎，可贞，利有攸往。曷之用？二簋可用享"，是说减损，只要心存诚信，就会至为吉祥，必无咎责，可以长久，利于有所前往。用什么来体现？比如祭祀，两簋就足以奉享。"曷"，音 hé，相当于何。"之"，助词，疑问代词作宾语前置的标志。"曷之用"，用曷，用何。指减损之道用什么来表现。"簋"，音 guǐ，盛黍稷的方形食器。"二簋"，比喻微薄之物，意义与坎卦六四爻辞之"簋贰"同。"享"，奉献，指进献东西给尊者或献祭于神灵。

初九爻辞"已事遄，往，无咎；酌，损之"，是说祭祀之事端正，前往就不会有什么咎责；但饮酒则要减损。"已"，当从虞翻读为"祀"。"已事"即"祀事"，指祭祀之事。《诗·楚茨》："祝祭于祊，祀事孔明。"又《信南山》："是烝是享，苾苾芬芬，祀事孔明。先祖是皇，报以介福，万寿无疆。"《礼记·坊记》："修宗庙，敬祀事，教民追孝也。"可见"祀事"是先秦文献的成词。"遄"，音 chuán，当读为"端"，帛书《易经》本即作"端"。"端"，正。"酌"，音 zhuó，斟酒、饮酒。

九二爻辞"利贞，征，凶。弗损益之"，说利于固守不动，动则有凶；不要轻易损益，随意改革。

六三爻辞"三人行则损一人，一人行则得其友"，是说三个人过日子则要减损一人，一个人过日子则需要一人相助。为什么呢？道理很简单：男大当婚，女大当嫁；一夫一妻有利于家庭的稳定，多妻制不利于家庭的稳定。"孤阳不生"、"孤阴不长"，所以"一人行则得其友"。"一阴一阳之谓道"，所以"三人行则损一人"。①

六四爻辞"损其疾，使遄有喜，无咎"，是说减损其疾病，祭祀之事端正则有喜，没有咎责。"使"，读为"事"，帛书《易经》本即作"事"。"遄"，读为"端"，帛书《易经》本即作"端"。"使遄有喜"，"事端有喜"，即事正有喜。

六五爻辞"或益之十朋之龟，弗克违，元，吉"，是说有人多给我价值十朋的大宝龟，无法辞谢，善为处理，就能吉利。

上九爻辞"弗损益之，无咎，贞，吉。有攸往，得臣无家"，是说不轻易增损，就不会有咎责；固守不变，就会吉利。如果有所行动，得到奴仆就会失去

---

① 《系辞传》引"子曰"："天地絪缊，万物化醇；男女构精，万物化生。《易》曰：'三人行，则损一人；一人行，则得其友。'言致一也。"帛书本同。

大夫。① "臣",奴仆。帛书《易经》本即作"仆"。"无家",失家。《左传·昭公七年》:"周文王之法曰:'有亡,荒阅',所以得天下也。……昔武王数纣之罪以告诸侯曰:'纣为天下逋逃主,萃渊薮。'"当时收留别人的奴仆是天下公认的大罪,周武王曾以此为推翻商纣王的借口。所以"得臣"会导致"无家"、失去大夫封地的后果。

䷩益卦主要讲增援、帮助之道。

卦辞"益,利有攸往,利涉大川",强调有增援、帮助,利于主动做事,利于做难度大的事。

初九爻辞"利用为大作,元,吉,无咎",是说有增援、帮助,利于大有作为;能够做到善,就能吉利,就没有咎责。

六二爻辞"或益之十朋之龟,弗克违,永贞,吉。王用享于帝,吉",是说有人多给我价值十朋的大宝龟,无法辞谢,永久保持,就会吉利;天子用它享祭上帝,吉利。益卦与损卦是反对卦,将损卦颠倒过来就是益卦。损卦六二爻倒过来就是益卦六五爻,所以其爻辞一是"或益之十朋之龟,弗克违,元,吉",一是"或益之十朋之龟,弗克违,永贞,吉。王用享于帝,吉"。两相对比,可知"元",相当于"永贞"。"用",以。下省"之"字,代"龟"。"享",享祭。"帝",上帝。

六三爻辞"益之用凶事,无咎。有孚,中行,告公用圭",是说人有灾险而予以增援,无所咎责;有诚信,实行中正之道,告诫王公要守礼讲信。"益",增援。"凶事",灾险之事。"中行",中道、半路。"圭",音 guī,玉器名,古代天子诸侯祭祀、朝聘时,执以示"信"。《礼记·郊特牲》:"大夫执圭而使,所以示信也。"

六四爻辞"中行,告公从,利用为依迁国",是说实行中正之道,告诫主公要顺从民意,为灾害而迁都有利。"告",此指劝谏。"从",听从,顺从。"依",读为"哀",指凶事。帛书《易经》作"家",当读为"假"。《诗·大雅·思齐》:"肆戎疾不殄,烈假不遐。"郑玄笺:"厉、假皆病也。"孔颖达疏:"郑读'烈假'为'厉瘕',故云皆病也。"如此,两者也是同义换读。"国",原当

———————

① 王弼本"利有攸往",帛书《易经》本作"有攸往",今从帛书《易经》本。古时王有天下,诸侯有国,大夫有家。所以说"无家"就是"失去大夫"。

作"邦",为汉人避汉高祖刘邦讳改。

九五爻辞"有孚,惠心,勿问。元,吉;有孚,惠我德",是说有诚信,从心里爱人,不追求出名。做到善,就会吉利;对人讲诚信,人就会以爱心来报答我的恩德。"惠",仁、爱。"惠心","惠于心"。"问"读为"闻"。

上九爻辞"莫益之,或击之,立心勿恒,凶",说没有人帮助他,却有人攻击他,地位与心志都不定,凶险。"莫",没有谁。"或",有人。"立心",即"位"与"心",指地位和心志。

十二 夬、姤和萃、升

夬、姤两卦为第二十二对。

☱夬卦卦形为五阳一阴,上面一阴象征残缺。"夬",音 guài,当读为"缺",残缺。其实"夬"就是"缺"的本字。此指伤残,残害。夬卦就是讲如何对待残损缺害的。

卦辞"夬,扬于王庭;孚号,有厉。告自邑,不利即戎,利有攸往",是说对于敌人的残害,要敢于在朝廷上公布;丧失了诚信,则有危险。政令从上传下:此时不利于节制战争,利于前往征讨。"扬",宣扬、宣布。"王庭",朝廷。"号",此字楚简本多作"虖",如本卦九二、上六,萃卦初六,涣卦九五都是。古文献中从"虎"之字与从"虍"之字常混。今本的"号"可视为"遞"的误字。"遞"有变更、变易的意思。《說文·辵部》:"遞,更易也。从辵,虒声。""孚号"即"孚遞",指诚信更易、变化了,也就是丧失了诚信。"有厉",有危险。"告",颁布政令。"即",读为"节",帛书《易经》就写作"节"。"即戎"即"节戎",节制战争,指偃旗息鼓,停止作战。"利有攸往",指主动出战,意思與"不利即戎"同。

初九爻辞"壮于前趾,往,不胜,为咎",是说依仗脚力好,东征西讨,不能取胜,必定会有咎害。"趾",脚趾,初九在一卦之最下,故以"趾"为比喻。"前趾",前行之趾。

九二爻辞"惕号,莫夜。有戎,勿恤",是说啼哭悲号,不值得称誉。有征战,不要放弃。"惕",读为"啼",上海楚简本即作"啼",啼哭。"夜",上海楚简本作"誉",当为本字。"莫夜","莫誉",不值得赞誉,意思与"无誉"相近。"戎",战、征伐。"恤",止、息。

九三爻辞"壮于頄，有凶。君子夬夬，独行，遇雨若濡，有愠，无咎"，是说颧骨上受伤，有凶险；君子带着伤，小心谨慎地前行，遇雨而停止，有危险，但终无咎害。"頄"，音 qíu，颧骨。"夬"，伤。《睡虎地秦墓竹简·秦律杂抄》："伤乘舆马，夬革一寸，赀一甲。""夬"与"伤"义同。"夬夬"，受伤的样子。"独"，疑当读为"躅"，小心谨慎走路的样子。"若"，而。王引之《经籍释词》："言遇雨而濡也。"《书·金縢》："予仁若考。"王引之《经籍释词》："予仁而巧也。"《左传·庄公二十二年》："羁旅之臣幸若获宥，及于宽政。"王引之《经籍释词》："言幸而获宥也。"《国语·吴语》："我有大事，子有眩瞀之疾，其归若已。"王引之《经籍释词》："言子其归而止息也。"①"濡"，音 rú，迟缓，滞留，此训为停留。"愠"，音 yùn，楚简本作"礥"，当读为"厉"。

九四爻辞"臀无肤，其行次且。牵羊，悔亡。闻言，不信"，是说臀部伤残而失去皮肤，行动艰难。羊被人牵走了，没有什么后悔：因为这是谣传，不能相信。"臀无肤"，臀部失去皮肤，也是"夬"、伤残的表现。"次且"，音 zījū，双声连绵词，也写作"趑趄"，行动艰难的样子。"牵羊"，羊被牵走，也就是丧失了羊、丢失了羊。楚简本作"丧"，当是同义换读。"闻"，读为"昏"。

九五爻辞"苋陆夬夬，中行，无咎"，是说即使像马齿苋一样容易损伤，但只要持中而行，就会没有咎害。

上六"无号，终有凶"，是说不改变，最终还是有凶险。

☰☴ 姤卦讲男女相遇之理。

卦辞"姤，女壮，勿用取女"，是说男女相遇，女子过分强盛，就不要娶她。也就是所谓"齐大非偶"的意思。

初六爻辞"系于金柅，贞，吉；有攸往，见凶，羸豕孚蹢躅"，是说紧紧把握刹车，坚守贞固，就会吉利；急于求成，就会出现凶险，要像用绳索捆住的猪一样确实止步不前。帛书《衷》篇引"子曰"："句之［适］属，……阴之失也，静而不能动者也。"②"静"就是"羸豕"，"不能动"就是"蹢躅"。由此看，"羸"，郑玄、虞翻作"累"，陆绩读为"缧"，马融以为"大索"，应该是正确的。

---

① 王引之：《经籍释词》，154 页，长沙：岳麓书社，1985 年。
② 廖名春：《马王堆帛书周易经传释文》，杨世文等编《易学集成》第三卷，第 3038 页。

"羸豕"即"缧豕"，也就是用"大索"捆住的猪。"蹢躅"就是止步不前，所以说"不能动"。而"孚"即"诚"，应该是副词。

九二爻辞"包有鱼，无咎，不利宾"，是说张网就能捕到鱼，无可咎责；摈弃则不利。"包"，当读为"匏"或"罦"，捕鱼的网，此指张网。"宾"，疑读为"摈"，摈弃。"不利宾"，摈弃不利。

九三爻辞"臀无肤，其行次且，厉，无大咎"，是说臀部伤残，失去皮肤，行动艰难；有危险，但没有重大咎害。姤卦与夬卦是反对卦，将夬卦颠倒过来就是姤卦。夬卦九四爻倒过来就是姤卦九三爻，所以其爻辞一是"臀无肤，其行次且；牵羊，悔亡；闻言，不信"，一是"臀无肤，其行次且，厉，无大咎"，基本相同。

九四爻辞"包无鱼，起，凶"，是说张网而捕不到鱼，主动出征，凶险。"起"，出征，与"征"义同。帛书《易经》本作"正"，即"征"。楚简本作"已"，当为"起"之借字。

九五爻辞"以杞包瓜，含章，有陨自天"，是说用杞柳编成的筐装载甜瓜，把精华遮盖掩藏起来，会有从天而降的忧患。"杞"，杞柳，指用杞柳编成的筐。"陨"，音 yǔn，当读为"愪"。《说文·心部》："愪，忧皃。从心，员声。"《玉篇·心部》："愪，忧也。"楚简本正作"忧"。"自"，从。

上九爻辞"姤其角，吝，无咎"，是说角遭遇罗网，心有憾惜，但无咎责。"姤"，当读为"遘"，相遇，遭遇。帛书《衷》篇说："是故键之炕龙，壮之触蕃，句之离角，鼎之折足，酆之虚盈，五繇者，刚之失也，动而不能静者也。""句之离角"，当指姤卦上九爻辞的"姤其角"。《方言》卷七："离谓之罗，罗谓之离。"商承祚《殷虚文字类编》："古罗与离为一字。"《玉篇·隹部》："离，遇也。"《字汇·隹部》："离，遭也。与罹同。"《易·小过》："弗遇，过之，飞鸟离之"孔颖达疏："过而弗遇，必遭罗网。"《说文新附》："罹，心忧也。从网，未详。"徐灏注笺："罹即罗之别体，古通作离。"可见"离角"即指"角"遭遇罗网。"角"为"刚"的象征，上九爻辞为"刚"，其"离角"，"角"遭遇罗网，陷入罗网之中，正是"刚之失也"。帛书《衷》篇"离角"是解"姤其角"的，以"离"代"姤"，当属同义换读。

萃、升两卦为第二十三对。

≣萃卦讲会聚之理。

卦辞"萃，亨。王假有庙，利见大人，亨，利贞。用大牲，吉，利有攸往"，是说会聚，天子亲自到宗庙去祭祀，利于拜见有德的贤人，利于贞诚。用大牲祭祀，吉利，利于有所前往。"萃"，音 cuì，会聚。"亨"，帛书《易经》本、楚简本皆无。《经典释文》："王肃本同马、郑、陆、虞等并无此字。"说明王弼本"亨"乃系衍文。"假"，至。楚简本作"𩒨"。"𩒨"当为"格"之异文。"格"，至。有庙，"有"字帛书《易经》本、楚简本都作"于"。涣卦卦辞"王假有庙"，"有"字楚简本作"友"而帛书《易经》本作"于"。"于"古音为鱼部匣母，"有"为之部匣母。之、鱼两部音近，战国以后逐渐合流。故"于"、"有"可通用。本字当作"于"。"王假有庙"，王至于庙，天子到宗庙祭祀。"利贞"，利于贞诚。"大牲"，指用来作牺牲的牛。

初六爻辞"有孚不终，乃乱乃萃；若号，一握为笑。勿恤；往，无咎"，是说有诚信而不能保持至终，就会搞乱所会聚的队伍；如果改而坚持诚信，整个地方的人就有欢笑。不要停止；前往，必无咎害。"乃"，当是"攸"字的形讹。"号"，其本字当为"遰"，改变。"握"当读为"屋"。"恤"，停止。

六二爻辞"引，吉，无咎；孚乃利用禴"，是说长有诚信，会聚就会吉利，就会没有咎害。心存诚信，即使用微薄的"禴祭"祭神也有利。"引"，长，长久。这里指"引孚"，长期"有孚"。"禴"，音 yuè，禴祭，古代四时之祭。殷称"春祭"为"禴"，属于较为微薄的祭祀。

六三爻辞"萃如嗟如，无攸利。往，无咎；小，吝"，是说会聚而嗟叹连连，做事顾虑重重，没有什么好处。放胆前行，没有咎害；步子过小，则会有憾惜。"萃如"之"如"，表示连接，用在两个动词之间，相当于"而"。"小"，吴国源认为当为动词，应该单独为句，其说是。

九四爻辞"大，吉，无咎"，是说广泛地会聚，吉利，必无咎害。"大"，广泛。

九五爻辞"萃有位，无咎，匪孚；元，永贞，悔亡"，是说只会聚有位之人，有咎害，因为不能取信于民；如果能做到善，一直坚守贞信，悔恨必将消失。"有位"，指有位之人，当官的。九五阳爻居奇位，为人君之位。"无咎"，疑当作"为咎"。"为咎"，有咎，见夬卦初九爻辞。"元"，善。

上六爻辞"赍咨涕洟，无咎"，是说穷途末路而能深刻反省，可免咎害。"赍"，音 jī。"赍咨"，连绵词，形容嗟叹、悲哀的样子。"洟"，音 yí。"涕洟"，形容痛哭流涕的样子。自目曰"涕"，自鼻称"洟"。

䷭升卦讲上升的道理。

卦辞"升,元,亨;用见大人。勿恤;南征,吉",是说上升,能做到善,就会亨通;拜见有德的贤人则有利。不要停止;向南方进发,吉利。"元",善。"用",当为"利"字之误。帛书《易经》作"利",《经典释文》所载或本也作"利"。"恤",停止。

初六爻辞"允,升,大吉",是说做到诚信,就能上升,就能大为吉利。"允",诚,信。《尔雅·释诂上》:"允,信也","允,诚也"。

九二爻辞"孚乃利用禴,无咎",是说心存诚信,即使用微薄的"禴祭"祭神也有利,必无咎害。此与萃卦六二爻辞相近。

九三爻辞"升,虚邑",是说虽然晋升了,但只得到了名义上的封邑。后代有"虚邑"之制,封君在这些封地上是没有征收赋税的经济权的。

六四爻辞"王用亨于岐山,吉,无咎",是说天子来到岐山祭祀,吉利,没有咎害。"王",天子。"亨",读为"享",献享,祭祀。"岐山",西周境内名山,在今陕西岐山县东北。周族古公亶(dǎn)父曾率众自豳迁于山下周原,筑城作邑。

六五爻辞"贞,吉,升阶",是说守静不争,就会吉利,就会沿着台阶步步上升。

上六爻辞"冥升,利于不息之贞",是说上升的势头结束了,利于永远守静不争。"冥",暗,引申为消除、结束。其用法与《豫》上六"冥豫"同。"不息",不止,不停息。"不息之贞"即"永贞"。此"利于不息之贞"与坤卦用六、艮卦初六"利永贞"义同。

思考题:

1. 简述恒卦的哲理。

2. 谈谈你对大壮卦卦义的看法。

3. 夬卦的卦形与卦义有没有联系? 谈谈你的看法。

第七讲

《周易》的卦爻辞(下经下)

十三　困、井和革、鼎

第二十四对是困卦和井卦。

☵ 困卦讲对待困穷的问题。

卦辞"困,亨。贞,大人吉,无咎。有言,不信",是说困穷,也能亨通。守持正固,有德的贤人就会吉利,不会有咎害。但对一般人而言,则是有过失,不被人相信,不被人重视。"言",读为"愆",过失。

初六爻辞"臀困于株木,入于幽谷,三岁不觌,凶",是说身困于木障,陷入幽闭的山谷,多年也走不出来,凶险。"臀",疑读为"身"。帛书《易经》本作"辰"。夬卦九四"臀"帛书《易经》本作"脤",楚简本作"訮"。《诗·大雅·大明》:"大任有身。"《众经音义一》引"身"作"娠"。《史记·高祖本纪》:"已而有身。"《汉书·高帝纪》"身"作"娠"。颜师古注:"孟康曰:'娠音身,《汉纪》身多作娠,古今字也。《汉书》皆以娠为任身字。"由此可见,"臀"可读为"身"。"株",露在地面上的树根、树干或树桩。《韩非子·五蠹》:"田中有株,兔走触株,折颈而死。""株木",本指无枝叶的树桩,疑此指木障。"幽谷",幽闭的山谷,深谷。《诗经·小雅·伐木》:"出自幽谷,迁于乔木。"《孟子·滕文公上》:"吾闻出于幽谷、迁于乔木者,未闻下乔木而入于幽谷者。""三岁",指多年。"觌",音dí,当读为"遂",通达。"三岁不觌"即"三岁不遂",也就是"三岁不达"。帛书《易经》本和郭京《周易举正》有"凶"字,王弼本无。《丰》卦上六爻辞"三岁不觌"后也有"凶"字,当以帛书《易经》本、《周易举正》本为是。

九二爻辞"困于酒食,朱绂方来,利用享祀。征,凶,无咎",是说荣禄刚来,就为酒食所困,此时利于祭祀。东征西讨,就有凶险,就有咎害。"绂",音fú,祭服的饰带。"朱绂",红色的官服,借指高官。"方",将。"享祀",祭祀。"征,凶,无咎",疑当作"征,凶,为咎"。"凶"与"无咎"意义相反,肯定"征,凶",就不能说"无咎"。如革卦六二爻辞就说:"征,吉,无咎。""无咎"与"吉"连言。而夬卦初九爻辞有:"壮于前趾,往,不胜,为咎。""为咎",有咎。

六三爻辞"困于石,据于蒺藜;入于其宫,不见其妻,凶",是说被岩石所困,身边都是伤人的蒺藜;退回家中,也见不到自己的妻子,凶险。[1] 这也是困的表现。"据",倚靠、攀附。"蒺藜",音jílí,一年生草本植物,果实有刺。"宫",家、室。宫指整个围墙围着的房子,室指其中的一个居住单位。"妻",女主人。

九四爻辞"来徐徐,困于金车,吝,有终",是说徐徐而来,是因为乘坐的金车出了问题,有所憾惜,但还是有一个好的结局。这是说困还有希望。"来徐徐",徐徐而来。"徐徐",形容缓行的样子。"金车",高贵的马车。

九五爻辞"劓刖,困于赤绂;乃徐有说,利用祭祀",是说心上心下,在尊位上受困;如果要慢慢摆脱困境,利于举行祭祀。这也是讲脱困之法。"劓",削鼻之刑。"刖",音yuè,截足之刑。"劓刖",帛书《易经》本作"贰椽(chuán)"。陆德明《经典释文》说:"荀、王肃本'劓刖'作'臲卼(niè wù)',云不安貌,陆同。"这是说荀爽、王肃、陆绩本作"臲卼",是不安的样子。"贰椽"当读为"贰端","贰端"即"首鼠两端"之"两端"。首鼠两端,义为进退失据,动摇不定的样子。"劓刖"与"贰椽"音近,"臲卼"与"劓刖"、"贰椽"则义通[2],都是进退失据、动摇不定之意。"赤绂",义同于"朱绂",高官祭服的饰带,借指高官。"乃",连词,表假设,若、如果。《书·盘庚中》:"汝万民乃不生生,暨予一人猷同心。"王引之《经传释词》卷六:"乃,犹若也……言汝万民若不生生也。""说",读为"脱"。

上六爻辞"困于葛藟,于臲卼。曰动,悔;有悔,征,吉",是说为葛藟所困,进退不安。如果有行动,将会后悔;有了悔悟,再有所行动,则会吉利。这是讲身陷困境,要有所悔悟。"藟",音lěi,藤类植物。"于臲卼","于",

---

[1] 《系辞传》:"《易》曰:'困于石,据于蒺藜;入于其宫,不见其妻,凶。'子曰:'非所困而困焉,名必辱;非所据而据焉,身必危。既辱且危,死期将至,妻其可得见耶?'"

[2] 臲,月部泥母;卼,物部泥母。劓,质部并母;刖,月部泥母。贰,脂部日母;椽,元部定母。

以、而。"曰",助词,用于句子开头。"有",读作"又"。楚简本即作"又"。

以上种种脱困方法中,比较突出的是"利用享祀",搞神道设教。

䷯井卦讲治理水井。

卦辞"井改,邑不改。井,无丧无得,往来井井。汔至,亦未繘井,羸其瓶,凶",是说井水不断更易,而城邑却不可更改。井水天天没有增多,也没有减少,来来往往,源源不断。汲水时,水瓶将要提升至井口而尚未出井,被绳索缠住,必定有凶险。这是说治理水井要注意水井的特点,不能功败垂成。"丧",失。"无丧无得",指井水汲之不竭,注之不盈。"往来",来往,来来往往。"井井",指井水源源不绝。"汔",音 qì,几,接近。"繘",音 jú,读为矞(yù),出。《说文·矞部》:"矞,以锥有所穿也。从矛,从冏(nè,呐、讷)。一曰:满有所出也。"《广雅·释诂一》:"矞,穿也","矞,出也"。"羸",音 léi,读为"累",帛书《易经》、蜀才本都作"累",拘系、缠绕,此指被缠住了。"瓶",取水的工具。"羸其瓶",取水的井瓶的绳子被缠住了。

初六爻辞"井泥,不食;旧井,无禽",是说水井荒废没有修治,不可饮用;废旧的水井,连禽鸟都不来光顾。这是写废井无用的状况。"泥",此用为动词,指埋塞。楚简本作"替",当属同义换读。"不食",不能饮用。"旧井",废旧的井,即被"泥"、被埋塞的井。"无禽",没有禽鸟,指没有禽鸟来饮水。

九二爻辞"井谷射,鲋甕敝漏",是说井洞里积满了水,覆盖井口的只有破烂的竹篷子。"射",充满、积满。《广雅·释诂四》:"盈、满、绎,充也"王念孙《疏证》:"《太元·少》上九云:'三日射谷。''射谷'谓满谷也,'射'与'绎'通"[1]《太玄·少》:"上九,密雨溟沐,润于枯渎,三日射谷。测曰:密雨射谷,谦之静也。"郑万耕《校释》:"射,《诗·大雅》:'无射亦保。'《周颂》:'无射于人斯。'注曰:'射,厌也。'即充足盛满之义。"[2] 刘韶军《校注》:"射谷,积满沟谷。焦袁熹《太玄解》:射,厌也,足也。密雨不止,终于射谷,这是在宁静中积蓄力量的结果,故云谦之静也。"[3]按:《尔雅·释诂》:"射,

① 王念孙:《广雅疏证》卷四下,第 131 页下,南京:江苏古籍出版社,1984 年。
② 郑万耕:《太玄校释》,第 23 页,北京:北京师范大学出版社,1989 年。
③ 刘韶军:《太玄校注》,第 15 页,武汉:华中师范大学出版社,1996 年。

厌也。"朱骏声《说文通训定声·豫部》："射，叚借为斁。"《诗·周颂·清庙》："不显不承，无射于人斯。"陆德明《释文》："射，音亦，厌也。"《礼记·大传》引即作"无斁于人斯"。《说文·支部》："斁，解也。从支睪声。《诗》云：'服之无斁。'斁，厌也。一曰终也。"可见"射"有厌、满义。《太玄·少》之"射谷"即满谷，"射"与"斁"、"绎"通，故可训为"厌"、"充"。楚简"射"作"柣"，当为异体字。①"井谷射"，意思与《太玄·少》的"射谷"同，指井穴里水积满了。"鲋"，帛书《易经》本作"付"，楚简本作"狌"。徐在国认为：疑是"冡"字异体，后多作"蒙"。②"蒙"有覆盖、遮蔽义。"鲋"、"付"本字当作"柎"，指遮蔽井口之物，即井盖。与楚简本的"蒙"音义皆近，故可互用。"甕"，帛书《易经》本作"唯"，楚简本作"佳"。何琳仪认为："'雍'本作'雠'形，与'唯'形近致讹。"③因此，本字当作"唯"，只有。"漏"，楚简作"缕"，阜阳简、陆希声作"屡"，帛书《易经》本作"句"。疑本字当作"篓"，指用来遮盖井口的竹篓。"鲋甕敝漏"，即"柎唯敝篓"，也就是说遮蔽井口只有破旧的竹篓。

九三爻辞"井渫，不食，为我心恻；可用汲，王明，并受其福"，是说井水污浊，不能饮用，我心为之伤痛；只有井水能被汲用，才能显示井水的大用，使大家共同享受福泽。"渫"，音 xiè，义为污浊。《汉书·王褒传》："去卑辱奥渫而升本朝，离疏释蹻而享膏粱。"颜师古注引张晏曰："渫，狎也，汙也。""为"，使。"恻"，悲伤，痛心。"王"，大。《广雅·释诂一》："王，大也。"《周礼·天官·人》："春献王鲔。"郑玄注："王鲔，鲔之大者。"《吕氏春秋·疑似》："与诸侯约，为高葆，祷于王路，置鼓其上。"俞樾平议："王路者，大路也。"钱大昕《十驾斋养新录·王女》："女罗之者谓之王女，犹王彗、王刍，鱼有王鲔，鸟有王雎也。""王明"，大明。《荀子·荣辱》："是故穷则不隐，通则大明，身死而名弥白。"《管子·势》："善周者，明不能见也；善明者，周不能蔽也。大明胜大周，则民无大周也；大周胜大明，则民无大明也。""并"，皆、都。"受"，享受。

六四爻辞"井甃，无咎"，是说水井做了修治，没有咎害。"甃"，音 zhòu，

① 李零：《读上博楚简〈周易〉》，《中国历史文物》2006 年第 4 期。
② 徐在国：《上博竹书(三)札记二则》，简帛研究网站，2004 年 4 月 26 日。
③ 何琳仪：《帛书〈周易〉校记》，《湖南省博物馆馆刊》第 3 期，第 3 页，2006 年。

以砖修井。

九五爻辞"井洌,寒泉食",是说井水清澈,挹取泉水以饮用。"洌",音liè,水清。"寒",读为"撡",训为取。《小尔雅·广诂》:"寒,取也。"宋翔凤《训纂》:"寒,通作撡。""寒泉食",即撡泉以食。

上六爻辞"井收,勿幕。有孚,元,吉",是说水井治理完工,不要盖住井口。只要有诚信,只要善良,就会吉利。"收",当读为"纠",纠正的意思,楚简本正作"杸"。"井收"即"井纠",是井治理好了的意思。原来淤积的废井,治理好了,被矫正过来了。

这四爻都是讲治理好水井的功效。

第二十五对是革卦和鼎卦。

☲革卦讲变革的道理。

卦辞"革,巳日乃孚,元,亨,利贞,悔亡",是说变革,改变历日而符合天象,能从善,就会亨通,利于守正,悔恨自会消失。"巳",当依楚简本作"改"。《象传》:"'巳日乃孚',革而信之。"以"革"释"巳","巳"也是"改"。"日",历日,也就是历书、日历。"巳日",即"改日",改革历法、修正历书。"孚",信。此指历法与天象、天时相合。"巳日乃孚",即《大象传》"治历明时"、改历日以合天时。"元",善。

初九爻辞"巩用黄牛之革",是说用黄牛的皮革捆得紧紧的。"巩",固,捆缚。这是比喻变革的时机尚未成熟,还是要加强与旧事物的联系。

六二爻辞"巳日乃革之,征,吉,无咎",从改变历法开始进而革除弊政,勇往直前,吉利而无咎害。这是说变革要抓紧时机。

九三爻辞"征,凶。贞,厉。革言三就,有孚",是说走得太快,则有凶险。变革多次成功,就在于有诚信,符合民心。这是说变革要照顾民意,争取群众的拥护。今本"贞,厉"二字楚简本无,当属衍文。"言",句中语气助词。"就",成功,完成。《尔雅》:"就,成也。"

九四爻辞"悔亡,有孚,改命,吉",是说悔恨消除,心存诚信,革除旧命,吉利。这是说诚信对于变革的重要。"命",令,即政令、王命、朝命,也应包括历法在内。但此含贬义,当指乱命弊政。

九五爻辞"大人虎变,未占,有孚",是说大人变革像老虎在百兽中一样有威信,用不着宣传,就能赢得人们的信任。"虎变",变革如虎,此指像老虎一样威风，像老虎一样在百兽中有威信。"占"，口授，口述文辞，此指宣传。

上六爻辞"君子豹变，小人革面。征，凶；居贞，吉"，是说君子变革就像豹子在百兽中一样有威信，小人也能洗心革面，也会跟从君子改革。但走得太快必有凶险，持重稳定才会吉利。讲的是变革的必要性及其策略。"豹变"，变革如豹。"革面"，改头换面。"征"，前行，此指改革走得太快。"居贞"，复辞同义，此处指持重稳定，意思与"征"相反。

☰鼎卦讲稳定之理。鼎卦卦画像鼎的形状：初六像鼎足，九二、九三、九四三爻像鼎腹，六五像鼎耳，上九像鼎盖。

卦辞"鼎，元，吉，亨"，是说稳定，做到善，就会吉利，亨通。"元"，善。

初六爻辞"鼎颠趾，利出否。得妾以其子，无咎"，是说鼎器脚跟颠倒，利于倒出废物。小妾因其儿子而得正妻之位，没有咎害。"出"，倒出。"否"，不好的事物，废物。"得妾以其子"，妾得因其子。"得"，指扶为正室，得正妻之位。"以"，表示原因的介词，因为。

九二爻辞"鼎有实，我仇有疾，不我能即：吉"，是说鼎里装满食物；我的对手又得了重病，没有能力来制约我：吉利。"实"，物资，此处指食物。"有实"，装满食物，与《归妹》上六"女承筐无实"之"无实"义相反。"仇"，对手，仇敌。"即"，当读为"节"，节制、制约。"不我能即"，宾语前置，即"不能节我"。

九三爻辞"鼎耳革，其行塞，雉膏不食。方雨亏悔，终吉"，是说鼎的耳部脱落，无法移动鼎器，因而鼎中装满的精美食物无法食用。不过雨过天晴，最终还是吉利。"革"，除去、脱落。"塞"，滞塞、止。"雉膏"，精美的食物。"方",时间副词,才,刚刚。"亏",减少,除去。"悔",当读为"晦",阴晦,阴霾。

九四爻辞"鼎折足,覆公悚,其形渥,凶",是说鼎足不堪重荷而折断,王公的美食被倾覆,饿得骨瘦如柴,有凶险。[①]"悚",鼎中粥类食物,泛指美食。与九二"鼎有实"、九三"雉膏"意思相同。"其形",指王公之身。"渥",当读为"齷齪"之"齷",指饿得骨瘦如柴的样子。

六五爻辞"鼎黄耳、金铉,利贞",是说鼎虽然有黄色的耳、金色的杠,但还是利于守静,以不移动为好。"铉",抬举鼎器用的鼎杠。"金铉",铜制的鼎杠。

上九"鼎玉铉,大吉,无不利",当依帛书《二三子》引作"鼎玉霝,大吉,无不利"[②],是说鼎上有玉盖,大为吉利,无所不利。用帛书《二三子》孔子的话来说,是"明君位正,贤辅弼之,将何为而'不利'? 故曰'大吉'"。这是以鼎身为"明君",以"玉盖"为"贤辅",尊贵的鼎身配上贵重的鼎盖,义同绿叶扶红花,说明稳定需要君臣和谐配合。

十四　震、艮和渐、归妹

震卦和艮卦是第二十六对。

䷲卦讲震惧的道理。

卦辞"震,亨。震来虩虩,笑言哑哑;震惊百里,不丧匕鬯",是说震惧,亨通。震雷初来令人恐惧,过后大家就欢声笑语;雷霆震惊百里,可使社稷长存。总说震惧的必要。"亨",亨通,此指有亨通的可能,并非说就一定能亨通。"虩",音 xì。"虩虩",恐惧的样子。"哑",音 è。哑哑:象声词,笑声。"百里",指远近的各诸侯国。"匕",音 bǐ,祭祀盛用鼎内食物的勺形器具。"鬯",音 chàng,香酒,祭祀时盛用香酒的器具也叫"鬯"。"不丧匕鬯","匕鬯"为祭祀器具,"不丧匕鬯"就是不会丢失祭祀器具,也就是不会

---

① 《系辞传》:"子曰:'德薄而位尊,知小而谋大,力小而任重,鲜不及矣。《易》曰:"鼎折足,覆公悚,其形渥,凶。"言不胜其任也。'"帛书《要》篇同。帛书《二三子》所载"孔子曰"对此也有讨论。

② 说详见廖名春《帛书易传引易考》,《汉学研究》第 12 卷第 2 期,1994 年 12 月。

断绝祭祀,引申为不会丢失主持祭祀的权力。

初九爻辞"震来虩虩,后笑言哑哑,吉",意思与卦辞同,说明震惧是福而非祸。

六二爻辞"震来,厉,亿丧贝;跻于九陵,勿逐,七日得",是说惊雷乍响,会有危险,估计会损失资财。登高望远,不要去管它,不久之后损失了的就会回来。"亿",当读为"意",训为"度",是估计、猜度的意思。"跻",音 jī,登。"九陵",高陵。

六三"震苏苏,震行,无眚",是说惊雷令人恐惧,以震慑手段行事,不会有灾祸。"苏苏",震惊惶恐的样子。"震行",像震雷一样的行动,以迅雷不及掩耳之势行事。"眚",音 shěng,过失,灾祸。

九四"震遂,泥",是说震慑达到了目的,就要停止。"遂",完成,成功。"泥"有停滞、停止的意思。

六五"震往来,厉;亿无丧,有事",是说震慑搞个不停,有危险。要想避免损失,就要做一些必要的事情。"往来",往而又来,去而复返,此指震而不止。"亿",当读为"意",想要。"有事",做事,指做一些安抚人心、维系人心的事。

上六爻辞"震索索,视矍矍,征,凶。震不于其躬;于其邻,无咎,婚媾有言",是说震慑令人畏缩不前,眼睛惊惶四顾,向前进攻,必有凶险。震慑不能用于自身;用于邻国,则没有咎害,因为我们的联盟已经出了问题。"索索",畏缩不前的样子。"矍矍",音 juéjué,惊惶四顾的样子。"震不于其躬",即"不震于其身"。"婚媾",此指与邻国的联盟。"言",读为"愆",过失。

☶ 艮卦讲限止的道理。

卦辞"艮其背,不获其身;行其庭,不见其人。无咎",是说限止于背部,而不想占有其全身;行走在其庭院里,而不想打主人的主意,必无咎责。①

初六爻辞"艮其趾,无咎,利永贞",是说限止于脚趾,必无咎责;利于有

---

① 帛书《二三子》引"孔子曰":"'根亓北'者,言[任]事也。'不穫亓身'者,精[白敬宫]也。敬宫任事,身[不得]者鲜矣。其占曰:'能精精白,必为上客;能白能精,必为[恩泽]。'以精白长[人],难得也,故曰'[行]亓庭,不见亓人,无咎。'"(廖名春:《马王堆帛书周易经传释文》,杨世文等编《易学集成》第三卷,第 3029 页)。其中方框内字多为此次新补。

恒德贞定而不越界。

六二爻辞"艮其腓，不拯其随，其心不快"，是说限止于小腿部，不要上升到大腿部，其心里有定准。"腓"，音féi，小腿肚。"拯"，当读作"升"，训为"上"或"进"。"随"，从俞樾说，读为"骽"，大腿。说同《咸》九三。"快"，放肆、纵情。楚简本作"悸"，当属义近换读。"悸"为惊悸，"不悸"就是平静。"快"是放肆，"不快"就是不放肆，有定准。

九三爻辞"艮其限；列其夤，厉，熏心"，是说限止于腰部；如继续往上撕扯其夹脊肉，就会有危险，其心就会迷乱。"限"，界也。此指人体上下交界处，即"腰"。"列"，同"裂"，撕裂。"夤"，音yín，夹脊肉。"熏"，疑读为"昏"，训为迷乱。

六四爻辞"艮其身，无咎"，是说停止在其手臂上，必无咎责。"身"，当读为"肱"，手臂。楚简本作"躳"，帛书《易经》本作"窮"，即"躬"。而"躬"通"肱"，也就是手臂。

六五爻辞"艮其辅，言有序，悔亡"，是说限止于脸部，言语有分寸、有条理，悔恨就会消亡。[①]"辅"，面颊，脸部。

上九爻辞"敦艮，吉"，是说注重限止，就会吉利。"敦"，崇尚，注重。

渐卦和归妹卦是第二十七对。

☴ 渐卦讲守礼渐进的道理。

卦辞"渐，女归，吉，利贞"，是说女子出嫁，循礼渐进，就吉利；利于贞静。"归"，女子出嫁。

初六爻辞"鸿渐于干，小子厉，有言，无咎"，是说鸿雁渐进于涧水边；如果像年轻人那样迅猛疾厉，就会有过失，不会有好的结果。"干"，读为"涧"，两山间的水沟。"厉"，此与"渐"相反，当指不循规蹈矩之行，应是迅猛疾厉的意思。"言"，读为"愆"，过失。"无咎"，传世各本与帛书《易经》本皆同，唯独楚简本作"不冬"。目前各家都无视这一异文，以为是楚简本

---

① 帛书《二三子》："[卦曰：'根亓辅]，言有序。'孔子曰：'[善]言也！吉凶之至也，必皆于言语。择善[而言恶]，择利而言害，塞人之美，阳人之恶，可谓无德，其凶亦宜矣。君子虑之内，发之口，[不德]不言，不[言利]，不言害，塞人之恶，阳[人之]美，可谓"有序"矣。'"（廖名春：《马王堆帛书周易经传释文》，杨世文等编：《易学集成》第三卷，第3029—3030页）其中"善"、"不德"三字为此次新补。

有误。其实楚简本是正确的。《周易》经文"有终"6见,都是指有善终,有好的结果。"不终"2见,其中萃卦初六爻辞有"有孚不终",豫卦六二爻辞有"介于石,不终日",都是指不能到最终。楚简本"不冬"即"不终",与"有终"相反,指没有好的结果,没有善终。

六二爻辞"鸿渐于磐,饮食衎衎,吉",是说鸿雁渐进于堤坝上,饮食和乐安适,吉祥。"磐",音 pán,当读为"阪",指堤防、堤坝。"衎衎",音 kàn kàn,和乐安适的样子。

九三爻辞"鸿渐于陆,夫征不复,妇孕不育,凶;利御寇",是说鸿雁渐进于水边的陆地上。丈夫远行而不复返,妻子怀孕而不能生子,非常凶险;利于防止作乱。"陆",水边的旱地。"夫征不复",犹夫动而不止,指其动而不知静,过于激进,非"渐"之道。"妇孕不育",久孕而不育,"静而不能动",过于保守,亦非"渐"之道。"御",止,制止、防止、禁止。

六四爻辞"鸿渐于木,或得其桷,无咎",是说鸿雁渐进于树木之上;有遇到为害作乱的,只要谨守规矩,就可免遭咎害。"桷",音 jué,当依帛书《易经》本读为"寇",指违规行为、非"渐"之道。帛书《易经》本第 86 行"寇"字后还有一"🈓"字,当隶作"毂",可读为"愨",训为谨敬,指谨守规矩,善为处理。

九五爻辞"鸿渐于陵,妇三岁不孕,终莫之胜,吉",是说鸿雁渐进于山丘上;妻子多年难以怀孕,但最终没有谁能阻止她怀孕,吉利。"终莫之胜",既是写妻子怀孕没有谁能阻挡,也是说鸿雁渐进虽然艰难,但终究会胜利地到达目的地。

上九爻辞"鸿渐于陆,其羽可用为仪,吉",是说鸿雁渐进于高山,其循序渐进的飞翔可成为效法的榜样,吉祥。"羽",羽毛,也可指翅膀,这里引申为飞翔。但这种飞翔,不是一般的飞翔,而是指由水涧而水岸,而陆地,而大树,而丘陵,而高山,循序渐进、依次而行的飞翔。《小象传》说:"'其羽可用为仪,吉',不可乱也。"正是这种循序渐进的飞翔"可用为仪",可成为榜样,所以才不能打乱。打乱,就不是"渐进"了。可以说,此爻点明了一卦的主题,当为一卦之主。

☲☳归妹卦讲少女出嫁的问题。帛书《衷》篇说:"归妹以正女也。"①所谓"正女",就是以礼规范少女的行为。这正概括出了归妹卦的主题。

卦辞"归妹,征,凶,无攸利",是说少女出嫁,如果过于主动,就会有凶险,不会有什么好处。"征",此指少女主动找男方,当时属于非礼行为。

初九爻辞"归妹以娣,跛能履,征,吉",是说嫁出少女为侧室,犹如足跛而行走,往前进发,吉利。"能",而。作为侧室,在家庭的地位可谓先天不足,就像足跛一样。但事在人为,只要发挥自己的主观能动性,还是能克服其先天不足,做到后来居上,所以说"吉"。

九二爻辞"眇能视,利幽人之贞",是说眼有毛病但还能看见,利于未被冷遇的女子守持正固。"幽人",受冷遇的女子。其婚姻出了问题,就像"眇",眼睛出了毛病一样。但如果能正确对待,做到"贞",还是能吉利的。这是说女子要能忍辱负重,在家庭逆境中坚持守礼。

六三爻辞"归妹以须,反归以娣",是说嫁出少女作正室,返归时却作了侧室。"须",当从帛书《易经》与荀爽、陆绩本作"嬬"。②《广雅·释亲》:"妻谓之嬬。"本来是正室,一下子变成了侧室,所以《小象传》说"未当也",违反了礼。

九四爻辞"归妹愆期,迟归有时",是说少女出嫁误了佳期,只能晚一点出嫁,静候时机。"时",通"伺",等候。

六五爻辞"帝乙归妹,其君之袂,不如其娣之袂良;月几望,吉",是说帝乙将公主下嫁,但后来其正室的衣饰不如侧室的衣饰优良;月亮开始由盈转缺,吉祥。"几",读为"既"。马王堆帛书本、《经典释文》引荀爽皆作"既"。"几望",即"既望",每月十六日至二十二、三日。

上六爻辞"女承筐无实,士刲羊无血,无攸利",是说女子捧筐却无物可盛,男子杀羊却不见血腥,没有得到什么利益。这是从反面设喻,说明女子出嫁违礼,就会事与愿违,得不到任何好处。"刲",音 kuī,割杀。

<hr>

① 廖名春:《马王堆帛书周易经传释文》,杨世文等编《易学集成》第三卷,第 3037 页。

② 屈万里:"须,晁氏云:'子夏传、孟、京作娉。'《释文》:'荀、陆作嬬。'按:作须是,即娑也。《离骚》:'女嬃之婵媛兮。'贾侍中说:'楚人谓姊为嬃。'"(《周易三种·〈周易集释初稿〉》,第 331—332 页,台北:联经出版事业公司,1983 年)

十五　丰、旅和巽、兑

丰卦和旅卦是第二十八对。

☲☳丰卦讲对待日食的事情。

卦辞"丰，亨。王假之，勿忧，宜日中"，是说（臣子）丰大，亨通。天子对此很大度，以为不要担心，臣子势力如正午的太阳有利。"丰"，盛大，此处指臣子势力盛大。"假"，大，宽大，宽假。"宜"，宜于，利于。"日中"，正午。帛书《二三子》记载"孔子曰"："［此言盛］也勿忧，用贤弗害也。日中而盛，用贤弗害，其亨亦宜矣。"①"日中而盛"，指的是"日中而臣盛"，即"日中而丰"；"王假之，勿忧"，是要求天子对臣盛的现象宽容、大度一些。②

初九爻辞"遇其配主，虽旬，无咎。往，有尚"，是说遇到明君，臣子即使与君主齐等，也没有咎害。前往做事，必有佐助。"配"，读作"媺"，通"美"。帛书《易经》作"肥"，郑玄、虞翻作"妃"。"妃"、"肥"、"媺"旁纽迭韵，可通。"配主"，美主、善主，也就是仁君。"旬"，读为"均"，此指臣子与天子势力均等。"尚"，助，佐助。

六二爻辞"丰其蔀，日中见斗。往，得；疑，疾。有孚发若，吉"，是说遮蔽阳光之物丰大，正午时出现了北斗七星。支持臣子发展，将会有得；怀疑猜忌，则将有祸。忠信昭明，吉利。"蔀"，音 bù，遮蔽阳光之物。"丰其蔀"，即"其蔀丰"。"见"，读为"现"。"往"，前往，此指支持臣子发展。"得"，有得，有收获。"疑"，怀疑，疑忌。"疾"，病，此指会招致严重的后果。"发"，显现，显明。"若"，词缀，相当于"如"。

九三爻辞"丰其沛，日中见沫。折其右肱，无咎"，是说幡幔丰大，正午时出现了北斗七星后面的小星。折断了手臂，也没有关系。"沛"，读为"旆"，幡幔。"沫"，《九家易》以为"斗杓后小星"③，其说是。"肱"，音 gōng，手臂。"右肱"，右臂。赵平安认为古文字中"右"与"肱"形近，"右肱"

---

①　廖名春：《马王堆帛书周易经传释文》，杨世文等编《易学集成》第三卷，3030 页。

②　廖名春：《周易丰卦卦爻辞新考》，《国际易学研究》第六辑，北京：华夏出版社，2000 年 12 月。

③　李鼎祚：《周易集解》卷十一，第 7 页。

的"右"字当为衍文。① 其说可参。"折肱"为成词。

九四爻辞"丰其蔀,日中见斗。遇其夷主,吉",是说遮蔽阳光之物丰大,正午时出现了北斗七星。遇到仁君,吉祥。"夷",原当作"仁"。楚简《周易》作"𠈇",上海博物馆原释文隶作"𡰥",其实当隶定为"仁"。《说文·人部》:"𡰥,古文仁,或从尸。"帛书易传《缪和》篇有解释:"遇者,见也。见夷主者,其始梦兆而亟见之者也,其秦缪公、荆庄、晋文、齐桓是也。"② 其以"夷主"为"秦缪公、荆庄、晋文、齐桓",可见"夷主"即"仁主"。

六五爻辞"来章,有庆誉,吉",是说光明归来,天下复明,有庆祝赞誉,吉利。所谓"来",指光明复来。"章",即"彰",指阴影尽退,太阳光芒毕现。

上六爻辞"丰其屋,蔀其家。窥其户,阒其无人,三岁不觌,凶",是说帐幄丰大,遮蔽了室家。从其门户窥视,里面空寂无人。这条路多年也走不通,凶险。"屋",当读为"幄",帐幄。"蔀",遮蔽阳光之物,此用为动词,义为遮蔽。"家",室家。此指朝廷、国家。"窥",从夹缝、小孔或隐蔽处偷看。"阒",音 qù,空寂无人。"觌",音 dí,当读为"遂",训为通达。

䷷ 旅卦讲商旅之事。

卦辞"旅,小,亨;旅,贞,吉",是说行旅在外,不可久留,才能亨通。行旅在外,坚持诚信,才能吉利。"旅",羁旅、行旅,也就是出门在外。"小",短暂,此指不久留。

初六爻辞"旅,琐琐,斯其所取灾",是说行旅在外而奸诈邪恶,这就是招致灾祸的原因。"琐",音 suǒ,奸诈。"斯",楚简、帛经皆作"此",故当读作"此"。"取灾",取祸。

六二爻辞"旅,即次。怀其资,得童仆贞",是说行旅在外,错过了留宿之处。送给资财,获得了随从的忠心。"即",楚简本、帛书《易经》本作"既"。陈剑认为"即"是误字,当以"既"为准。③ 其说是。疑"既"当训为"失",是错过的意思。"次",舍,留宿之所。"怀",通"馈",送给。"贞",

———————

① 此为赵平安教授在闫平凡博士学位论文答辩会上所指出。
② 廖名春:《马王堆帛书周易经传释文》,杨世文等编《易学集成》第三卷,3047 页。
③ 陈剑:《上博竹书〈周易〉异文选释(六则)》,《文史》2006 年第 4 辑(总第 77 辑),第 5—20 页,北京:中华书局,2006 年 11 月。

定,这里指忠心。"童仆贞",楚简本作"童仆之贞"。

九三爻辞"旅,焚其次,丧其童仆贞,厉",是说行旅在外,留宿之所被烧毁,失去了随从的忠贞,凶险。"童仆贞",楚简本作"童仆之贞"。

九四爻辞"旅,于处,得其资斧,我心不快",是说行旅在外,与人交往,互相投合的只是其资财,我的心情因此不能畅快。"处",相处,交往。"得",相得,投合,投契。"资斧",资财。"斧"当为斧形的货币,可能属于刀币之类。帛书《昭力》说:"旅之潸(资)斧,商夫之义也。"①说明此爻辞是讲商人做生意。旧说"资斧"为利斧,显然是错误的。

六五爻辞"射雉一矢,亡;终以誉命",是说射了雉鸡一箭,雉鸡失掉了;但最终却以美誉出名。"亡",丧失,失掉,指没射中野鸡,野鸡跑掉了。"命",通"名"。"终以誉命",终以誉名。

上九爻辞"鸟焚其巢;旅人先笑后号咷,丧牛于易:凶",是说鸟儿栖身的巢穴被烧毁了;行旅之人先是欢笑,继而号咷大哭,王亥在有易丧失了牛群:凶险。"旅人",行旅之人,客居在外的人。"号",哭,大声哭。"咷",音táo,也是大哭。"丧牛于易",顾颉刚认为此与《大壮》卦六五爻辞"丧羊于易"是说商人先祖王亥在有易这个地方放牧牛羊,被有易部落首领杀害的故事。②

巽卦和兑卦是第二十九对。

☴巽卦讲隐入之理。

卦辞"巽,小,亨;利有攸往,利见大人",是说隐伏,适可而止就能亨通;利于有所前往,利于出现大人。"巽",隐伏,顺服。《杂卦》:"兑见而巽伏也。"《经典释文》:"巽,入也。《广雅》云:顺也。""小",此处表限制。

初六爻辞"进退,利武人之贞",是说进退,利于像军人那样坚定勇断。"进退",指进或退。

九二爻辞"巽在床下,用史、巫纷若,吉,无咎",是说隐入于床下,多用祝史、巫觋出面,吉利,可无咎害。"在",于。"纷",多。有神道设教,利用迷信之意。

① 廖名春:《马王堆帛书周易经传释文》,杨世文等编《易学集成》第三卷,3056页。
② 顾颉刚:《周易卦爻辞中的故事》,《古史辨》第三册,第7页。

九三爻辞"频巽，吝"，是说摈弃隐伏，将有憾惜。"频"，当读为"摈"，摈弃。

六四爻辞"悔亡，田获三品"，是说悔恨消失，田猎获得许多猎物。

九五爻辞"贞，吉，悔亡，无不利。无初有终，先庚三日，后庚三日，吉"，是说坚守不动则吉利，悔恨消失，没有什么不利，开始不顺却有好的结果，事前事后多用心筹划，就会吉利。"庚"，疑读为"赓"，量度，筹划。《广韵·庚韵》："赓，经也。"《诗·大雅·灵台》："经始灵台，经之营之。""三日"，多日。

上九爻辞"巽在床下，丧其资斧；贞，凶"，是说隐伏于床下，丧失了钱财；坚持不动，有凶险。

☱ 兑卦是讲显现之事。《杂卦传》说："兑见而巽伏也。"即以兑卦之义为显现，与巽卦之义隐入相反。

卦辞"兑，亨，利贞"，是说显现，亨通，利于守持正固。

初九爻辞"和兑，吉"，是说和美地显现，吉利。"和"，帛书《易经》作"休"，义近通用。

九二爻辞"孚兑，吉，悔亡"，是说以诚信显现，吉利，悔恨将会消失。

六三爻辞"来兑，凶"，是说有人前来显现，有凶险。

九四爻辞"商兑未宁，介疾有喜"，是说一心想显现却不能安宁，去掉这一毛病则有喜庆。"商"，度。"介"，舍，止息。《诗·小雅·甫田》："黍稷薿薿，攸介攸止，烝我髦士。"郑玄笺："介，舍也。"

九五爻辞"孚于剥，有厉"，是说诚信被剥夺，有危险。

上六爻辞"引兑"，是说大肆显现。帛书《易经》"引"作"景"，景，大也。"引"字本义为拉弓，有延长、扩大之义。所以两字能通用。① 《小象传》说："上六'引兑'，未光也。"正因上六爻辞是讲大肆显现，所以说"未光"。为什么？因为只图显现难以赢得人心，难以光大事业。

---

① 王辉：《马王堆帛书〈六十四卦〉校读札记》，《古文字研究》第 14 辑，北京：中华书局，1986 年。

十六　涣、节和中孚、小过

涣卦和节卦是第三十对。

☷涣卦之"涣"，本字当作"奂"①，指文采焕美。扬雄《太玄》为仿《易》之作，其八十一首中的《文》，相当于《周易》六十四卦的《涣》。其说"阳散其文"，"万物粲然"，显然是以涣卦之"涣"为文采焕美。

卦辞"涣，亨。王假有庙，利涉大川，利贞"，是说文采焕然，亨通。天子亲临宗庙主持祭祀大典，利于进行充满艰难险阻的大事，利于诚信。

初六爻辞"用拯马壮，吉"，是说拯难救困，马匹健壮，吉利，悔恨消失。又见明夷卦六二爻辞。楚简本、帛书本无"用"字，多"悔亡"二字。

九二爻辞"涣，奔其机，悔亡"，是说美盛焕然，尽快抓住其机会，悔恨就会消亡。帛书《缪和》："子曰：涣者，散也。贲阶，几也，时也。古之君子时福至则进取，时亡则以让。夫时至而能爱焉，散走其时，惟恐失之。……故《易》曰'涣贲其阶，每亡'，则［其］言于能贲其时，悔之亡也。"②"时福至"就是"涣"，"进取"就是"奔其机"。显然，"机"不能释为几案，"奔"也不能如俞樾所说义犹"覆败"。③

六三爻辞"涣其躬，无悔"，是说使其身文采焕美，没有悔恨。

六四爻辞"涣其群，元，吉；涣有丘，匪夷所思"，是说使其群朋文采焕美，做到善，就会吉利；使其乡里之人都文采焕美，则不是常人所能想象的。《吕氏春秋·恃君览·召类篇》记载："赵简子将袭卫，使史默往睹之，期以一月，六月而后反。赵简子曰：'何其久也？'史默曰：'谋利而得害，犹弗察也。今遽伯玉为相，史鰌佐焉，孔子为客，子贡使令于君前，甚听。《易》曰："涣其群，元，吉。"涣者，贤也；群者，众也；元者，吉之始也。涣其群元吉者，其佐多贤也。'""其佐多贤"是"其群朋文采焕美"的具体表现。"有丘"，邑里。《广雅·释诂二》："丘，居也。"《左传·僖公十五年》："不利行师，败于

---

① 帛书《二三子》引"涣"都作"奂"，"涣"、"焕"都是"奂"的后起分别字。
② 廖名春：《马王堆帛书周易经传释文》，杨世文等编《易学集成》第三卷，第3045页。"爱"，原作"既"。方括号内的"其"字系新补。
③ 俞樾：《群经平议》，《清经解续编》第5册，第1030页。

宗丘。"杜预注:"丘,犹邑也。"这里当指邑人。

九五爻辞"涣汗,其大号;涣王居,无咎",当据帛书《易经》和帛书《二三子》引作"涣其肝,大号;涣王居,无咎",是说使其内心焕美,就会有盛大的好名声;使天子的居所焕美,没有咎害。帛书《二三子》说:"[卦]曰:'涣其肝,大号。'[孔子曰]:'涣,大美也;肝,言其内。其内大美,其外必有大声问。'"①"肝,言其内","肝"显然是指人的内心。王粲《七哀诗二首》之一:"悟彼下泉人,喟然伤心肝。"杜甫《义鹘行》:"聊为义鹘行,永激壮士肝。"用法同。"大号",盛大的美称。《周礼·春官·大祝》:"辨六号。"郑玄注:"号谓尊其名,更为美称焉。""其内大美,其外必有大声问(闻)",是说其内心焕美,表现于外就必定有盛大的好名声。这就是《大学》"诚于中,形于外"的意思。"王居",王宫,这里当指朝廷。

上九爻辞"涣,其血去逖出,无咎",是说文彩焕发,其窒塞去掉,其节制脱出,没有咎害。"血"读为"窒"。"逖"读为"惕"。②

䷺ 节卦讲节制的问题。

卦辞"节,亨;苦节,不可贞",是说节制,亨通;但过分节制会使人感到困苦,不能固守不变。"苦节",以"节"为"苦"。

初九爻辞"不出户庭,无咎",当从帛书《易经》和帛书《系辞》作"不出户牖,无咎",是说不随便乱说,没有咎责。《系辞传》有解释:"子曰:'乱之所生也,则言语以为阶。君不密则失臣,臣不密则失身,几事不密则害成。是以君子慎密而不出也。'"帛书《系辞》同。是说要慎言语,守机密。"户牖",门窗,这里指嘴。

九二爻辞"不出门庭,凶",是说不走出家门,凶险。"门庭",门内庭院。"不出门庭",封闭家门,死守于家。

六三爻辞"不节若,则嗟若,无咎",是说不节制,就会有嗟叹;知道嗟叹反省,就可以无咎害。疑"嗟若"当为重文。

六四爻辞"安节,亨",是说心安于节制,亨通。

九五爻辞"甘节,吉,往有尚",是说乐于节制,吉利,前往必受尊尚。

---

① 廖名春:《马王堆帛书周易经传释文》,杨世文等编《易学集成》第三卷,第3030页。
② 详见廖名春:《〈周易〉"惕"义考》,《国际易学研究》第八辑。

上六爻辞"苦节，贞，凶，悔亡"，是说不喜欢节制，一直不变，有凶险。高亨疑"悔亡"为衍文。按《小象传》作："'苦节贞凶'，其道穷也。"所引无"悔亡"二字。

中孚卦与小过卦是第三十一对。

☲中孚卦讲诚信的问题。

卦辞"中孚，豚，鱼，吉；利涉大川，利贞"，是说心怀诚信，不论是撤退，还是抵御，都会吉利；涉越大河进攻有利，固守不动也有利。"豚，鱼"，王引之以为是"礼之薄者"。① 疑"豚"当读为"遯"，《释文》即云"黄作'遯'"。"鱼"当通"吾"。马王堆汉墓帛书《战国纵横家书·苏秦使盛庆献书于燕王章》："今〔齐〕王使宋㜣诏臣曰：'鱼（吾）□与子□有谋也。'"王国维《观堂集林·鬼方昆夷玁狁考》："古'鱼'、'吾'同音。敦煌本隶古定《商书》：'鱼家庞孙于荒。'日本古写本《周书》：'鱼有民有命。'皆假'鱼'为'吾'。"而"吾"与"圄"通，义为抵御。《墨子·公孟》："厚攻则厚吾，薄攻则薄吾。"孙诒让《间诂》："吾，当为圄之省。《说文·囗部》云：'圄，守也。'"

初九爻辞"虞，吉；有它，不燕"，是说安守诚信则吉利，别有它求则不得安宁。荀爽："虞，安也。""燕"，帛书《易经》作"宁"，同义通用。

九二爻辞"鸣鹤在阴，其子和之；我有好爵，吾与尔靡之"，是说白鹤鸣叫在树荫下，小鹤相互来应和；我有美好的酒浆，与你们一起来共饮。"阴"，同"荫"。"爵"，本指酒杯，这里指酒。帛书《二三子》篇载"孔子曰"："好爵者，言耆酒也。"②"耆酒"，美酒。"靡"读为"分"。"分"为文部字，"非"为微部字，"靡"从"非"得声，故可与"分"通用。此当训为分享。

六三爻辞"得敌，或鼓或罢，或泣或歌"，是说遇到劲敌，有的擂鼓进攻，有的停止攻打；有的抽泣，有的歌唱。在敌人面前，表现不一，这样只能打败仗。说明缺乏诚信的恶果。

六四爻辞"月几望，马匹亡，无咎"，"月几望"，疑当从帛书《易经》和荀爽本作"月既望"，是说十五以后，马匹会丢失，但无大的咎害。"月既望"亦见于《静方鼎》，即既望。既望之后，月盈而亏，所以有"马匹亡"之象。由于

---

① 王引之：《经义述闻》，第31—32页，南京：江苏古籍出版社，1985年。
② 廖名春：《马王堆帛书周易经传释文》，杨世文等编《易学集成》第三卷，第3029页。

月亮盈亏有信,所以说"无咎"。

九五爻辞"有孚挛如,无咎",是说有诚信,就能维系人心,必无咎害。"挛",帛书《易经》本作"论",即纶,说明旧注释为"牵系"是正确的。

上九爻辞"翰音登于天;贞,凶",是说声闻很高,直登于天;固守不变,则有凶险。名实不符的浮夸可以见效于一时,但时间一久,必出问题,所以称"凶"。"翰音",飞向高空的声音。比喻徒有虚声。王弼注:"翰,高飞也。飞音者,音飞而实不从之谓也。"《汉书·叙传下》:"博之翰音,鼓妖先作。"颜师古注:"喻居非其位,声过其实也。"

☳☶ 小过卦讲小有过失的问题。

卦辞"小过,亨;利贞。可小事,不可大事。飞鸟遗之音,不宜上,宜下,大吉",是说在诚信上稍有过越,也有亨通的可能;能坚持诚信则有利。可以对付小事,不可对付大事。飞鸟驻足在树荫下,不宜向上强飞,宜于向下安栖,这样,就会大为吉利。"飞鸟遗之音",阜阳简作"飞鸟遗音"。"遗",留。《国语·鲁语上》:"臣闻圣王公之先封者,遗后之人法,使无陷于恶。"《史记·孝文本纪》:"太仆见马遗财足,余皆以给传置。"司马贞索隐:"遗犹留也。"此指停留、留止。在此意义上,"遗"最好读为"讀"。《说文·言部》:"讀,中止也。从言贵声。《司马法》曰:'师多则民讀。'讀,止也。""之",介词,相当于"于"。《礼记·大学》:"其所亲爱而辟焉,之其所贱恶而辟焉。"朱熹集注:"之,犹于也。"刘向《说苑·权谋》:"防事之未萌,避难于无形。""之"、"于"义同。"音",通"荫",荫庇之处。《左传·文公十七年》:"鹿死不择音。"杜预注:"音,所茠荫之处,古字声同,皆相假借。""遗之音",即"讀于荫",停留于树荫里。

初六爻辞"飞鸟,以凶",是说鸟儿逞能,向上强飞,有凶险。"以",读为"有",古书多相通。《战国策·楚策四》:"今楚国虽小,绝长续短,犹以数千里,岂特百里哉?"赵晔《吴越春秋·王僚使公子光传》:"季札使还,至吴,阖闾以位让,季札曰:'苟前君无废,社稷以奉,君也。吾谁怨乎?'""社稷以奉",《史记·吴太伯世家》作"社稷有奉"。"飞鸟,以凶"即"鸟飞,有凶"。

六二爻辞"过其祖,遇其妣;不及其君,遇其臣:无咎",是说没遇到其祖父,却遇到了其祖母;没遇到其君主,却遇到了其臣仆:没有咎害。① 这些不遇,都是"小过"。

九三爻辞"弗过,防之;从,或戕之,凶",是说不要过越,一定要防范过越的行为。如果放纵,就有可能受到戕害,有凶险。"过",过越,过度。"防",防备,防止。"防之",防止过越行为的发生。"从",读为"纵",放纵。"或",有。"戕",伤害,杀害。

九四爻辞"无咎,弗过,遇之;往,厉,必戒;勿用,永贞",是说没有什么咎责,因为没有过越,所以能够相遇;如果放纵前往,就有危险,一定要改正;不宜用事,应该永远守静不动。"戒",当读为"革",改。

六五爻辞"密云不雨,自我西郊;公弋,取彼在穴",是说我们城邑的西郊浓云密布,却久久不下甘雨;王公却早已行动,在山林中捕获猎物。帛书《二三子》篇载"孔子曰":"此言声(圣)君之下举乎山林状(畎)亩之中也。"②如此说来,"密云不雨"是比喻积蓄人才;"公弋取彼在穴"是比喻明君求贤于野。"弋",缴射,用绑有细绳的箭射。"穴",洞穴,虫蚁鸟兽栖宿处,这里比喻民间山野。

上六爻辞"弗遇,过之;飞鸟,离之凶:是谓灾眚",是说没有相遇,走过了头;鸟儿向上强飞,却遭遇了凶险:这就是灾祸。"飞鸟",即鸟飞。指鸟儿强飞,参见初六爻辞"飞鸟,以凶"注释。"离",读为"罹",遭遇,遭受。

十七　既济和未济

既济卦和未济卦是第三十二对。

☵既济卦讲成功时的问题。郑玄说:"既,已也,尽也;济,度也。"③孔颖达《正义》说:"'济'者,济渡之名。'既'者,皆尽之称。万事皆济,故以'既济'为名。"因此,既济是已经成功,是圆满的结局。

卦辞"既济,亨。小,利贞。初吉,终乱",是说事情已经成功,亨通。但这只是短暂的,利于守持正固。因为开始时吉利,而最终则有危乱。此有居

---

① 说见王引之《经义述闻》,第21页。
② 廖名春:《马王堆帛书周易经传释文》,杨世文等编《易学集成》第三卷,第3029页。
③ 陆德明《周易音义》引。见《经典释文》,第30页。

安思危、物极必反的思想。"小"有限制的意思。

初九爻辞"曳其轮,濡其尾,无咎",是说小狐渡河尾巴掉进水里,但身子落水时却被拽住了,没有咎害。"轮",读为"沦",落。"濡",淹没,掉进水里。

六二爻辞"妇丧其茀,勿逐,七日得",是说妇人丢失了首饰,不用追寻,七天就会复得。王引之《经义述闻》:"盖日之数十,五日而得其半。不及半则称三日,过半则称七日。欲明失而复得,多不至十日,则云'七日得'。"①其解释可以参考。

九三爻辞"高宗伐鬼方,三年克之,小人勿用",是说殷高宗讨伐鬼方,三年才攻克下来,小人不可任用。为什么讨伐鬼方如此艰难,原因就是任用了小人。"小人勿用"是既济之后总结出来的教训。

六四爻辞"繻有衣,袽;终日,戒",是说衣服非常华美,但也会变成破衣烂絮;时间一久,就会有所改变。"繻",缯采华丽的衣服。《说文解字》:"繻,缯采色,从纟,需声。读若《易》'繻有衣。'""繻有衣",即衣有繻。"袽",破衣烂絮。此用为动词,指变为破衣烂絮。"终日",本指一整天。如《易·乾》:"君子终日乾乾。"又引申为良久。如《易·豫》六二"不终日"。《史记·扁鹊仓公列传》:"终日扁鹊仰天叹。"王念孙《读书杂志·史记五》:"此终日,非谓终一日也。终日犹良久也。言中庶子与扁鹊语良久,扁鹊乃仰天而叹也。《吕氏春秋·贵卒》篇曰:'所为贵镞矢者,为其应声而至;终日而至,则与无至同。'言良久乃至,则与不至同也……良久谓之终日,犹常久谓之终古矣。""戒",旧训为戒慎。《小象传》:"'终日戒',有所疑也。"但疑此当通"革",训为改。

九五爻辞"东邻杀牛,不如西邻之禴祭,实受其福",是说东邻杀牛盛祭,不如西邻普通的禴祭,更能切实承受神灵的福佑。

上六爻辞"濡其首,厉",是说水淹到了头部,有危险。"既济"到了"濡其首",穷极则变,所以后接的是未济。

䷿ 未济卦讲事情未成的问题。

---

① 王引之:《经义述闻》,第20页。

卦辞"未济,亨。小狐汔济,濡其尾,无攸利"("小狐汔济"当依帛书《二三子》篇引作"[小狐]涉川,几济")①,是说尽管还有亨通的可能,但事情尚未成功。就像小狐渡河,几乎就要到达岸边,尾巴却掉进水里,没有什么好处。帛书《二三子》载"孔子曰":"此言始易而终难也,小人之贞也。"②未济之时,充满希望,但如果像小人一样有始无终,未济就仍将是未济。

初六爻辞"濡其尾,吝",是说尾巴掉进水里,有所吝惜。这是未济的另一种说法。"濡",浸渍,此指淹没。

九二爻辞"曳其轮,贞,吉",是说在其沦落水里时被拽住了,贞定有止,吉利。"轮",疑读为"沦"。

六三爻辞"未济,征,凶,利涉大川",是说事情未成,继续前进,就会吉利,利于涉越大河。"征,凶"和"利涉大川"相互矛盾,"或疑'利'上当有'不'字"③,但帛书《易经》本和楚简本也作"利涉大川"。因此,很难说有脱文。朱熹猜测:"盖行者可以水浮,而不可以陆走。"④如此,就是说往陆地走有凶险,而走水路则有利。这也很牵强,疑"凶"当作"吉",但楚简本、帛书本、《小象传》引皆作"凶"。暂且存疑。

九四爻辞"贞,吉,悔亡;震用伐鬼方,三年有赏于大国",是说守持正固,吉利,悔恨消亡;岐周讨伐鬼方,三年功成受到大国的赏赐。吕祖谦《周易音训》:"震,晁氏曰:《汉名臣奏》作'祇'。"而《周易·复》卦"无祇悔"《释文》云:"祇,九家本作䢠。"原因是"祇"与"祇"形近而混,"祇"与"䢠"音同。因此"震",本当作"岐"。"用",王玉哲认为乃"周"字之讹。《说文·口部》"周,密也,从用、口。"甲骨文、金文中的"周"大都无"口",即成了"用"字。⑤可见"震用"当作"岐周"。"岐周"之称,文献习见。周人从古公亶父起就居于岐山之下,其称为"岐周",非常自然。《吕氏春秋·慎大览·贵因》:"武王使人候殷,反报岐周曰:'殷其乱矣。'"此即是以"岐周"称周人。"大国",此指"大邑商",周此时尚臣属于"大邑商"。

六五爻辞"贞,吉,无悔;君子之光,有孚,吉",是说守持正固,吉利,没

---

① 详参廖名春《帛书〈易传〉引〈易〉考》,《汉学研究》第 12 卷第 2 期,1994 年 4 月。
② 廖名春:《马王堆帛书周易经传释文》,杨世文等编《易学集成》第三卷,第 3030 页。
③ 朱熹:《周易本义》,廖名春点校本,第 163 页。
④ 同上。
⑤ 王玉哲:《中华远古史》,第 461 页,上海:上海人民出版社,2000 年。

有悔恨;君子的光辉,在于有诚信,吉利。

上九爻辞"有孚于饮酒,无咎;濡其首,有孚,失是",是说饮酒有诚信,没有咎害;但酒醉过头,不知节制,即使是讲信用,也有失正道。《小象传》:"饮酒濡首,亦不知节也。"可知"濡其首"是酒醉不知节制的表现。"濡",淹没,此处指酒醉过头。"是",法则,准则。《尔雅·释言》:"是,则也。"化"未济"为可济,不可拘于小信而忘记大义。任何事物都是可以转化、可以变化的。

思考题:

1. 兑卦的本义是欣悦,还是夺取? 谈谈你的看法。

2. 比较小畜卦上九、中孚卦六四和帛书《昭力》篇的记载,谈谈归妹卦六五爻辞的断句。

3. 谈谈对未济卦六三爻辞的看法。

第八讲

《周易》的义例

通过前面对《周易》卦画和卦爻辞的分析,我们就可以尝试归纳《周易》本经的一些义例,讨论《周易》本经内在的一些客观规律。

一 二二相耦,相反为义

《周易》六十四卦卦画最根本的结构特点当是孔颖达揭示的"二二相耦,非覆即变"①。这种结构特点反映到卦义上,决定了《周易》六十四卦"二二相耦"的两卦都是"相反为义"的。②

我们先来看《周易》的上经。

☰乾为刚健,☷坤为柔顺。两卦卦体阴阳相反,卦义也相反。

☳屯☶蒙卦体方向相反。《序卦传》:"屯者物之始生也。物生必蒙,故受之以蒙;蒙者蒙也,物之稚也。"屯是"物之始生",蒙是"物之稚",看不出有相反之义。《杂卦传》:"屯见而不失其居,蒙杂而著。"各家注解都未说其反对之义,也难以信从。《说文·屮部》:"屯,难也。像艸木之初生,屯然而难。从屮贯一,一,地也。"由此看,初生是屯卦之卦义。《杂卦传》所谓"见"即出,义与初生同。所谓"屯见而不失其居",是说屯卦之义是出生而不离其出生地。蒙卦之义《序卦传》以蒙昧、"物之稚"为解,一般注疏据卦爻辞解为"童蒙"。其实,从卦体的相反之义看,蒙卦之义当为蒙蔽。《杂卦传》:"蒙杂而著。""杂"当读为"帀"。《广韵·合韵》:"帀,帀也。"《墨子·号

---

① 王弼、韩康伯注,孔颖达疏:《周易正义》,《十三经注疏》,第 95 页,北京:中华书局,1980 年。

② 屈万里认为:"反对、相对,其爻象皆相反,故卦名亦每取相反之义。"(《周易卦爻辞成于周武王时考》,《书佣论学集》,第 13 页,台湾:开明书店,1980 年)但并非说卦体相反,卦义亦皆相反。

令》："守宫三杂，外环，隅为之楼。"孙诒让《墨子间诂》："此杂犹三币也。"
《淮南子·诠言》："以数杂之寿，忧天下之乱。"高诱注："杂，币也。从子至
亥为一币。"《说文·币部》："币，周也。从反之而币也。"段玉裁注："反屮
（之），谓倒之也。凡物顺屮往复则周遍矣。"如此说，屯是初生，"杂（币）"
则是"反屮（之）"，"倒之"。其意义则近于盖、合，也就是蔽。"蒙杂而著"，
是说蒙卦之义是由蒙蔽到曝光。"见"是"出"，而"杂（币）"为"反屮
（之）"，"倒之"①。反对之义还是有的。

《序卦传》："物稚不可不养也，故受之以需；需者饮食之道也。饮食必
有讼，故受之以讼。"以☰☵需卦之义为需求，以☵☰讼卦之义为争讼。需求不
足而导致争讼，两卦没有相反之义。但《杂卦传》说："需，不进也；讼，不亲
也。"《彖传》："需，须也。""须"是等待，也就是"不进"。石声淮（1913—
1997）读"需"为"缩"或"懦"，而训为退缩，"不进"之义则更明显。②案：
《太玄·㣚》相当于需卦。其首辞称"见难而缩。"其赞辞、测辞也多称
"退"、"缩"、"诎"。《太玄冲》云："㣚，有畏。"《太玄错》云："㣚也退。"郑万
耕校释："有畏而退，自缩以待，故相当于需卦。"③可见在扬雄心中，需卦之
义为退缩。退缩也就是"不进"。"讼"义为"争"，"争"故云"不亲"。相反
之义无可置疑。

《彖传》："师，众也。""比，辅也。"《序卦传》："讼必有众起，故受之以
师；师者众也。众必有所比，故受之以比。比者比也。"看不出有相反之义。
但《杂卦传》说："比乐师忧。"韩康伯注："亲比则乐，动众则忧。"④相反之义
则很清楚。现在看来，☷☵师卦之师，本指师众、军旅⑤，引申指战争。兵者，
凶事也，故云"忧"。☷☵师卦卦体倒置则为☵☷比，比为亲比，团结，故云"乐"。

《序卦传》："比必有所畜，故受之以小畜。物畜然后有礼，故受之以

———————————

① 郭京："经注'稚'字并误作'杂'字。蒙之为义，当蒙昧幼稚之时，心无所定。非丛杂
之义矣。"（《周易举正》，卷下，文渊阁《四库全书》，经部易类）王夫之："郭云'杂'当作'稚'，于
义可通。但古无稚字，正作穉，则不与杂字相近，不至传讹。"（《周易考异》，《船山全书》第一
册，第 811 页，长沙：岳麓书社，1988 年）

② 石声淮：《说〈杂卦传〉》，《黄石师院学报》1981 年第 2 期。

③ 郑万耕：《太玄校释》，第 56 页，北京：北京师范大学出版社，1989 年。

④ 王弼、韩康伯注，孔颖达疏：《周易正义》，《十三经注疏》，第 96 页。

⑤ 高亨《周易大传今注》，第 654 页；石声淮：《说〈杂卦传〉》；屈万里：《读易三种》，第
460 页，台北：联经出版事业公司，1983 年。

履。《杂卦传》:"小畜,寡也;履,不处也。"历来注疏皆无相反之义。案:履,行也,行故"不处"。卦辞与六爻爻辞"履"皆为行义,可见卦义为行。"寡"疑读为"顾"。《礼记·缁衣》:"故君子寡言而行。"郑玄注:"寡当为顾,声之误也。"《墨子·明鬼下》:"恶来崇侯虎指顾杀人。"高亨新笺:"寡借为顾。指顾杀人,谓手指目顾以杀人也。顾、寡古通用。"新出楚简顾、寡多互用。《说文·页部》:"顾,还视也。"引申而有回、反、复义,再引申则有等待义。《穀梁传·庄公二十八年》:"大无麦禾,大者有顾之辞也。"杨士勋疏:"顾犹待也。"☲履卦是行而"不处",而☴小畜则是等待。恰为反对。小畜之畜,《经典释文》训为"积也,聚也";郑玄训为"养也";而程颐《易传》训为"止也"。① 从相反为义看,履义为行,小畜之畜当为止。而止与《杂卦传》"顾(寡)"义近,"顾"义为等待,等待也就是止。卦辞所谓"密云不雨",正是止步不前,正是等待。

☷泰为通泰。☶否为否闭。一是"小往大来",一是"大往小来"。两卦卦体方向相反,卦义也相反。正因为☷泰卦颠倒过来就是☶否卦,所以"泰极否来",上六爻辞是"城复于隍"。正因为☶否卦颠倒过来就是☷泰卦,所以"否极泰来",上九爻辞是"倾否;先否后喜"。

☲同人☱大有卦义表面上看不出有相反之义。《杂卦传》:"大有,众也;同人,亲也。"各家注疏没有可信的说法。其实,大有是不分彼此,四海俱有,故云众多;而同人则是"以类族辨物",以特殊关系求同于人,亲则亲矣,所得自然为少。卦义还是相反。

☶谦☳豫两卦卦体方向相反,卦义也当相反。从郑玄以来,注家皆训豫为乐。其实,豫当训为大。《说文》以"豫"为"象之大者"。《杂卦传》:"谦轻而豫怠也。""轻"就是自贱,就是小。《孟子·尽心下》:"民为贵,社稷次之,君为轻。"《史记·平准书》:"钱益多而轻,物益少而贵。"裴骃《集解》:"瓒曰:'轻亦贱也。'"《说文·心部》:"怠,慢也。""慢,不畏也。"《广韵·谏韵》:"慢,倨也。"《周易·系辞传上》:"上慢下暴。"孔颖达疏:"小人居上位必骄慢,而在下必暴虐。"由此可知"谦轻而豫怠"是说谦卦之义为自贱、谦

---

① 黄寿祺、张善文:《周易译注》,第 89 页,上海:上海古籍出版社,1989 年。

虚而豫卦之义为傲慢、自大。① 高亨读为"谦劲而豫怠"②，石声淮读作"谦敬而豫怠"③，皆不可信。

《杂卦传》："随，无故也；蛊，则饬也。""故"，俞琰、李光地《周易折中》等皆释为"旧"④。不可从。高亨："《广雅·释诂》：'故，事也。'《随象传》曰：'泽中有雷，随。君子以向晦入宴息。'是随之卦义为无事而休息。王弼曰：'饬，整治也。蛊所以整治其事也。'《序卦》曰：'蛊者，事也。'《蛊象传》曰：'山下有风，蛊。君子以振民育德。'是蛊之卦义为有事而治之。"⑤说是。随为无事而休息，蛊为有事而治之，两卦的卦义与卦体一样，都是相反的。

䷒临䷓观卦体方向相反。《杂卦传》："临观之义，或与或求。"韩康伯注："以我临物，故曰'与'；物来观我，故曰'求'。"⑥荀爽曰："临者，教思无穷，故为'与'。观者，观民设教，故为'求'也。"⑦高亨也说："临是临民。临民者施其政，故为与。观是观民。观民者求其情，故为求。"⑧案：应以荀、高说为胜。临为监临，义为居上治民。统治者居高临下，君临天下，发号施令，是为施与。帛书易传《衷》篇说："林之卦自谁不无瞿（惧）？"⑨"林之卦"即今本临卦。正因为临卦是君临天下，发号施令，所以天下臣民无不有惧，不敢不听命。观如《汉书·艺文志》所言是"王者所以观风俗，知得失，自考正也"，观察民情，采诗纳谏，自当为"求"。

䷔噬嗑䷕贲卦体方向相反，卦义也相反。噬嗑卦画象形，如《彖传》所言，是"颐中有物"，嚼食食物，象征施用刑法。贲为文饰。一文一武，卦义自然相反。《杂卦传》："噬嗑，食也；贲，无色也。""无色"实在不好理解⑩。疑"无"读作"橆"，训为"丰"，以"无色"为"橆色"，也就是丰色，多色，非常

---

① 廖名春：《秦简〈归藏〉管窥》，《周易研究》2001年第2期。

② 高亨：《周易大传今注》，第656页。

③ 石声淮：《说〈杂卦传〉》。

④ 李光地纂、刘大钧等整理：《周易折中》，第1049—1050页，成都：巴蜀书社，1998年。

⑤ 高亨：《周易大传今注》，第657页。案："王弼"当作"韩康伯"。

⑥ 王弼、韩康伯注，孔颖达疏：《周易正义》，《十三经注疏》，第96页。

⑦ 李鼎祚：《周易集解》卷十七，第15页，北京：中国书店，1984年。

⑧ 高亨：《周易大传今注》，第654页。

⑨ 廖名春：《马王堆帛书周易经传释文》，杨世文等编《易学集成》第三卷，第3037页。

⑩ 如石声淮《说〈杂卦传〉》也是无解。

符合"贲"的彩色之义。① 这样，两卦卦义就是软硬相对了。

☷☶剥为剥落。☷☳复为回复。《杂卦传》："剥，烂也；复，反也。""烂"即"落"。李鼎祚《周易集解》引郑玄曰："阴气侵阳，上至于五，万物零落。"②又引何妥曰："复者，归本之名。群阴剥阳，至于几尽，一阳来下，故称反复。"③卦义显然相反。

☳☰无妄☶☰大畜卦体方向相反，卦义也相反。《杂卦传》："大畜，时也；无妄，灾也。"无妄是无所希望，为之绝望，故以为"灾"。大畜是大为畜聚，五谷丰登，是得天时。"天反时为灾"，相反之义也很清楚。④ 高亨疑"灾"前有"不"字，又读"时"为"峙"，引《说文》训为积储。⑤ 不可信。

☶☳颐☱☴大过阴阳卦画相反，卦义也相反。《杂卦传》："大过，颠也；颐，养正也。"李鼎祚《周易集解》引虞翻曰："颠，殒也。"⑥也就是死，也就是长逝，永别人世。《系辞传》："后世圣人易之棺椁，盖取诸大过。"☱☴大过为埋葬之象，上兑为泽，象征墓穴；下巽为木，象征棺椁。⑦ 其义与《杂卦传》同。☶☳颐所谓"正"，合规范，合标准。"养正"，活得合规范，合标准，也就是颐养天年。一是颐养天年，一是永别人世，卦义与卦体一样，完全相反。

☵☵习坎☲☲离阴阳卦画相反，卦义水火正相反。《杂卦传》："离上而坎下也。"《尚书·洪范》："水曰润下，火曰炎上。"火向上升腾，水往低处流。所以上下相反。⑧

我们再来看《周易》下经。

☱☶咸☳☴恒卦体方向相反，卦义也相反。《杂卦传》："咸，速也；恒，久也。"王引之认为："卦名为咸，即有急速之义。咸者，感夬之谓也。《荀子·议兵篇》：'善用兵者感夬悠暗，莫知其所从出。'杨注曰：'感夬悠暗，皆谓倏

---

① 廖名春：《〈周易·杂卦传〉的再研究》，台湾辅仁大学"2004 年古籍学术研讨会"论文，收入辅仁大学图书馆：《2004 年古籍学术研讨会论文集》，辅仁大学出版，2004 年 7 月。

② 李鼎祚：《周易集解》卷五，第 13 页。

③ 李鼎祚：《周易集解》卷六，第 1 页。

④ 详见石声淮《说〈杂卦传〉》。

⑤ 高亨：《周易大传今注》，第 655—656 页。

⑥ 李鼎祚：《周易集解》卷十七，第 16 页。

⑦ 详见石声淮《说〈杂卦传〉》。

⑧ 石声淮《说〈杂卦传〉》已有说。

夬之顷也。'引鲁连子曰:'弃感夬之耻,立累世之功。'累世,言其久也;感夬,言其速也。《荀子》感夬,《新序·杂事篇》作奄夬,奄夬亦谓速也。《荀子·解蔽篇》又曰:'凡人之有鬼也,必以其感夬之间,疑玄之时正之。'亦谓倏夬之顷也。咸与感声义正同。虞、韩二家训咸为感应之速,而不知咸字本有速义。"①石声淮说结婚之前"男下女"(☲咸上兑下艮,兑为少女,艮为少男)是短暂的,而结婚成家之后女下男则是长久的(☳恒上震下巽,震为长男,巽为长女)②。也可以说,咸,即感,男女相感等于今天的谈恋爱,而恒指成立家庭。比较之下,谈恋爱时间短,而成家立业过日子时间长。

　　☲遁☳大壮卦体方向相反。《杂卦传》:"大壮则止,遁则退也。"《序卦传》说:"遁者退也。物不可以终遁,故受之以大壮。"王引之认为此是说"物无终退之理,故止之使不退也",语意与下文"涣者离也。物不可以终离,故受之以节"、"震者动也。物不可以终动,止之,故受之以艮;艮者止也。物不可以终止,故受之以渐;渐者进也。""大略相同",壮当训为止。③ 黄庆萱则认为:"大壮《彖》曰:'大壮,大者壮也。'《说文》:'壮,大也。'是大、壮二字,义同可以互训也。……遁者隐避退遁,大壮者浸强健盛。"④案:黄说是。"止"与"之"形近而音同,疑《杂卦传》"止"当作"之"。"之"义为往,为进,而"遁"义为"退",刚好相反。

　　☲晋☳明夷卦体方向相反。一为"明出地上",一为"明入地中",《大象传》、《彖传》说同。《序卦传》说:"晋者进也。进必有所伤,故受之以明夷;夷者伤也。"以晋为进,也与《彖传》同。《杂卦传》:"晋,昼也;明夷,诛也。"李鼎祚《周易集解》引虞翻义:"诛,伤也。离日在上,故'昼也'。'明入地中',故'诛也'也。"⑤韩康伯注也说:"诛,伤也。"⑥但石声淮认为"那些解释没有说服力"⑦。宋人孙奕则认为"诛"应作"昧",以与"昼"字义反对。

①　王引之:《经义述闻》,第64页。
②　石声淮:《说〈杂卦传〉》。
③　王引之:《经义述闻》,第63—64页。
④　黄庆萱:《魏晋南北朝易学书考佚》,第126页,台北:幼狮文化事业公司,1975年。
⑤　李鼎祚:《周易集解》卷十七,第15页。
⑥　王弼、韩康伯注,孔颖达疏:《周易正义》,《十三经注疏》,第96页。
⑦　石声淮:《说〈杂卦传〉》。

毛奇龄引为同调①。案：荀爽云："诛，灭也。"②"明入地中"，光明夷灭，为"夜"的委婉之说。不必改字为训。两卦一为晋升，一为陨落，相反之义非常清楚。

☲家人☲睽卦体方向相反。《序卦传》："睽者，乖也。"《杂卦传》："睽，外也；家人，内也。"韩康伯注："相疏外也。"③《周易折中》引徐氏几曰："睽者，疏而外也；家人者，亲而内也。"④高亨："睽卦之义是人离家在外也。"⑤案：睽为同中生异，由内而外，犹如姐妹，生为同根，而归属不同。家人为异中生同，由外而内，犹如夫妻，本为异姓，而成一家。

☶蹇☵解卦体方向相反。《杂卦传》："解，缓也；蹇，难也。"《序卦传》、《彖传》说同。行走艰难与舒难解困，卦义显然相反。

☶损☳益卦体方向相反，卦义一为减损，一为增益，正是相反。

☱夬☴姤卦体方向相反。《彖传》："夬，决也，刚决柔也……姤，遇也，柔遇刚也。"《序卦传》："夬者，决也。……姤者遇也。"《杂卦传》："姤，遇也，柔遇刚也；夬，决也，刚决柔也；君子道长，小人道忧也。"案，遇，得志。姤为阴长阳消，是阴柔得志，而阳刚失意。夬为决除，阳盛阴消，是阳刚决除阴柔。两卦之义截然相反。

☷萃☴升卦体方向相反。《彖传》："萃，聚也。"《序卦传》同。《杂卦传》："萃聚而升不来也。"韩康伯注："来，还也。方在上升，故不还也。"⑥一为荟萃内聚，一为上升不返，卦义相反。高亨以为"升不来"当作"升俫"，并引《广雅·释诂》"俫，伸也"为训。⑦但熹平石经《周易·杂卦传》尚存"升不来也"四字⑧。可证高说不可信。

① 毛奇龄《易小帖》卷一："《杂卦传》：'晋，昼也；明夷，诛也。''昼'与'诛'失反对之义，初亦疑之。后观宋人孙奕作《示儿篇》，以为明入地为阍，又《卦略》有明夷为阍之主语，因谓'诛'是'昧'字之误。'昧'与'昼'对，此极近理。若'昼'与'昧'押，则无入通韵三声，与'大有·象''以发志也'、'自天佑也'、《宾之初筵》'三爵不识，矧敢多又'正同。"（文渊阁《四库全书》经部易类）

② 陆德明《周易音义》引。见《经典释文》，第34页。

③ 王弼、韩康伯注，孔颖达疏：《周易正义》，《十三经注疏》，第96页。

④ 李光地纂、刘大钧等整理：《周易折中》，第1051页。

⑤ 高亨：《周易大传今注》，第659页。

⑥ 王弼、韩康伯注，孔颖达疏：《周易正义》，《十三经注疏》，第96页。

⑦ 高亨：《周易大传今注》，第656页。

⑧ 屈万里：《汉石经周易残字集证》卷二，第49页，台北：联经出版事业公司，1984年。

☷☵困☵☴井卦体方向相反。《杂卦传》："井通而困相遇也。"韩康伯注："井，物所通用而不吝也。困，安于所遇而不滥也。"①高亨认为"遇"犹遏止也②。徐志锐据项安世说训为"抵遇"③。石声淮认为"相遇"应是"不遇"之误。"通"是通达，是"遇"；而困是穷，是"不遇"，正好相对。④ 案：石说是。两卦一为源头活水，井养不绝；一为受困不遇，卦义也属相反。

☱☲革☲☴鼎卦体方向相反。《杂卦传》："革，去故也；鼎，取新也。"李鼎祚："革更故去；鼎亨饪，故'取新也'。"⑤其实革为革命，而鼎象征政权稳固⑥，鼎革之义自然相反。

☳☳震☶☶艮卦体方向相反。《序卦传》："震者，动也。……艮者，止也。"《杂卦传》："震，起也；艮，止也。"一为震动，一为限止，卦义完全相反。

☴☶渐☳☱归妹卦体方向相反。《序卦传》："渐者进也。进必有所归，故受之以归妹。"一是进，一是归，卦义相反。《杂卦传》："渐，女归待男行也；归妹，女之终也。"韩康伯注一为"女从男也"，一为"女终于出嫁也"⑦。看不出有相反之义。但从卦辞看，渐为"女归吉"，归妹为"征凶"。归妹的爻辞初九为"跛"，九二为"眇"，六三为"以须，反归以娣"，九四为"愆期"、"迟归"，六五为"其君之袂，不如其娣之袂良"，上六为"女承筐无实，士刲羊无血"，故《大象传》以为有"敝"。看来，同为"女归"，渐是循礼渐进而"吉"；归妹则有弊而"凶"。

☳☲丰☶☲旅卦体方向相反。《杂卦传》："丰，多故也；亲寡，旅也。"《周易折中》引潘梦旂曰："物盛则多故，旅寓则少亲。"⑧高亨："故，故旧也，谓故旧之人也。……此篇释六十四卦，其六十三卦皆先举卦名，后列解说，此句乃释旅卦，独先列解说，后举卦名，其误显然。何楷引或曰：'"亲寡旅"当作

---

① 王弼、韩康伯注，孔颖达疏：《周易正义》，《十三经注疏》，第96页。
② 高亨：《周易大传今注》，第658页。
③ 徐志锐：《周易大传新注》，第540页，济南：齐鲁书社，1986年。
④ 石声淮：《说〈杂卦传〉》。
⑤ 李鼎祚：《周易集解》卷十七，第15页。
⑥ 鼎、贞古同字。《说文·鼎部》："籀文以鼎为贞字。"甲骨卜辞多以鼎为贞。而《广雅·释诂》一："贞，正也。"《释名·释言语》："贞，定也。"
⑦ 王弼、韩康伯注，孔颖达疏：《周易正义》，《十三经注疏》，第96页。
⑧ 李光地纂、刘大钧等整理：《周易折中》，第1051页。

"旅寡亲",于韵亦协。'是也。亲与上文亲、新、信协韵。寡亲与多故相对成文。"①其实,"亲寡旅"也可作"旅亲寡","寡"与上句"故"、下句"下"皆属鱼部。是说"家大业大,官大势大,则故旧之人多来亲近攀附","在外作客,则少有亲人"。

䷸巽䷹兑卦体方向相反。《杂卦传》:"兑见而巽伏也。"韩康伯:"兑贵显说,巽贵卑退。"②赵蕤:"兑,阴爻在上,是形于外,巽,阴爻在下,是蕴于内。人悦必以形容,巽必以蕴蓄,阴阳者常理。"③高亨:见,现也。《说卦》曰:"兑,说(悦)也。"人能为他人所喜悦,则能出仕为官,显身扬名。故曰"兑见"。经文之巽原为伏义。巽九二、上九并曰:"巽在床下。"谓伏于床下也。故此文曰"巽伏",谓巽卦之义为隐居也。④ 案:巽之本义当为入。《序卦传》:"巽者,入也。"《说卦传》:"巽者,入也。"巽卦初六"进退"之"退",帛书《易经》作"内"。⑤ 而《玉篇》记载"退"之古文或作"衲",或作"辺"。《说文》:"入,内也","内,入也"。"内"即"入"。"选"为"巽"之同源辞。《广雅·释诂三》:"选、纳、妠,入也。"《列女传》:"选于林木,入于大麓。"兑为见(现),是自内往外;巽为入,是自外至内。正好相反。所谓伏,即隐伏,故又称隐,由入义引申而出。由伏又引申出屈伏、顺伏义,再引申为制伏。故《系辞下》说:"巽,德之制也……巽,称而隐……巽以行权。"所谓"制",即制伏;所谓"隐",即隐伏;所谓"行权",即屈伏、顺伏。所以,两卦一为隐入,一为显现,卦义正好相反。

䷺涣䷽节卦体方向相反。《杂卦传》:"涣,离也;节,止也。"《序卦传》:"说而后散之,故受之以涣。"马王堆帛书《缪和》引"子曰":"涣者,散也。"⑥《象传》:"节以制度。"孔颖达《正义》:"'节'者,制度之名,节止之义。"⑦两卦一为涣散,一为节制,意义相反。

① 高亨:《周易大传今注》,第660页。
② 王弼、韩康伯注,孔颖达疏:《周易正义》,《十三经注疏》,第96页。
③ 《关氏易传·杂义》,《续修四库全书》经部易类,第158页,上海:上海古籍出版社,1995年。
④ 高亨:《周易大传今注》,第657页。
⑤ 廖名春:《马王堆帛书周易经传释文》,《续修四库全书》经部易类,第13页。
⑥ 廖名春:《马王堆帛书周易经传释文·缪和》,《续修四库全书》经部易类,第40页。
⑦ 王弼、韩康伯注,孔颖达疏:《周易正义》,《十三经注疏》,第70页。

☲中孚☳小过卦画阴阳相反。《杂卦传》：“小过，过也；中孚，信也。”孔颖达《正义》：“信发于中，谓之中孚。”①高亨：“中读为忠。”②过，过越，引申为过失。《字汇·辵部》：“过，失误也。无心之失，谓之过。”《周礼·地官·调人》：“凡过而杀人者，以民成之。”郑玄注：“过，无本意也。”一为有心于信，一为无心有过，是谓相反。

☵既济☲未济卦体方向相反，阴阳卦画也相反。郑玄云：“既，已也，尽也；济，度也。”③孔颖达《正义》：“‘济’者，济渡之名。‘既’者，皆尽之称。万事皆济，故以‘既济’为名。”④《杂卦传》：“既济，定也；未济，男之穷也。”高亨：“未济谓事未成，即男子志未达，行未通，业未立，功未成，是穷矣。故曰‘男之穷’。”⑤一为已经成功，一为尚未成功，卦义明显相反。

由此可知：《周易》六十四卦不但是“二二相耦”、“非覆即变”，而且是“二二相耦”、相反为义的。也就是说，《周易》六十四卦“二二相耦”、“非覆即变”的结构形式决定了其全部三十二个卦组间两卦的意义是相反的。《周易》六十四卦不但卦形是以“对”的形式出现的，其卦义也是以“对”的形式呈现的。“对”是《周易》的基本特点。

“二二相耦”、相反为义这一意义结构规律的发现，有助于我们正确认识了解《周易》六十四卦的本义。比如需卦的本义过去一般以为是需求，现在由其卦体方向相反的讼卦之义，可以确认其本义是退缩。小畜之义过去一般以为是积蓄，现在由其卦体方向相反的履卦之义，可以进一步确认其积蓄之义由本义等待、止而来。豫卦之义过去一般以为是乐，现在由其卦体方向相反的谦卦之义，可以确认其本义是傲慢自大。无妄之义过去一般以为是不要妄为，现在由其卦体方向相反的大畜之义，可以确认其本义是无所希望，绝望。大过卦义过去一般以为是大为过甚，现在由其卦体方向相反的颐卦之义，可以确认其本义是长逝，永别人世。这些卦义的揭示，对于认识卦爻辞的含义，会带来颠覆性的后果。如懂得“豫”之义为傲慢自大而不是

---

① 王弼、韩康伯注，孔颖达疏：《周易正义》，《十三经注疏》，第71页。
② 高亨：《周易大传今注》，第660页。
③ 陆德明《周易音义》引。见《经典释文》，第30页。
④ 王弼、韩康伯注，孔颖达疏：《周易正义》，《十三经注疏》，第71页。
⑤ 高亨：《周易大传今注》，第660页。

乐,其爻辞的诸"豫"字,理解就顺畅多了。至少,为我们认识卦爻辞的含义,提供了一个具体的语言环境,不致让诠释漫无边际。

二　象辞相应

所谓的"象辞相应",指《周易》卦爻象与卦爻辞有内在的逻辑联系。上一节讲的"二二相耦,相反为义",实际也是讲象辞相应的问题,只不过是一对卦一对卦地讲。这里我们就以卦为单位,讨论一卦之内卦象、爻象与卦爻辞的关系。

八卦中的☵坎与☲离卦画和卦名就有相应之理。☵坎卦形象水。将古文水字"⺀"横置就是"☵"。因此,"☵"就是水字的象形。☲离卦卦形象火。因为火中最亮之处是白色的,所以离卦以"中虚"来表示。所以"离也者,明也"。而火则是明的象征。因此,可以说,☵坎、☲离的卦画和卦名是有逻辑关系的。

六画卦的例子就更多一些。

䷱鼎卦卦画像鼎的形状:初六像鼎足,九二、九三、九四三爻像鼎腹,六五像鼎耳,上九像鼎盖。所以将䷱称为鼎也是有充分理据的。

䷚颐卦卦画也是象形。所谓"颐",即颊,指脸的两侧从眼到下额的部分;也称"腮"或"下巴"。䷚颐卦的上九爻像上颚,初九爻像下颚,六二、六三像下牙床的牙齿,六四、六五像上牙床的牙齿。卦辞说"自求口实",初九爻辞说"朵颐",可见䷚颐卦卦画像腮、像下巴是可信的。

䷔噬嗑卦更证明了这一点。䷔噬嗑卦卦画如《象传》所言,是"颐中有物",嚼食食物。其上九爻像上颚,初九爻像下颚,六二、六三像下牙床的牙齿,六五像上牙床的牙齿,六四爻则像口中正在嚼食的食物。其名"噬嗑",象形兼会意,信而有征。

䷢晋卦卦画下为坤,即地;上为离,即火,也就是日,日为太阳,是最大的火。晋卦卦画会太阳从地平线上升起之义,所以卦名晋,而义为升(昇)。

䷣明夷卦下为离,是火,上为坤,也就是日在地下,会太阳落山,天昏地暗之意,意思刚好和晋卦相反。所以"明夷",光明陨落之义与卦画是非常吻合的。

☷☶剥卦,阳被阴剥至仅剩一爻。初六、六二、六四爻辞都说"剥壮"。壮即阳。上九爻辞则说"硕果不食","硕果",指阳爻上九阳爻尚未被阴爻剥蚀。

而☳☷复卦则一阳爻在下,五阴爻在上,象征一阳复生,阳气开始尽复失地。卦画与卦爻辞之间的这种意义联系,不能说是后来的杜撰。

☱☰夬卦卦形为五阳一阴,上面一阴象征残缺。其实夬就是缺,帛书《易经》"夬"多作"缺"就是证明。卦画和卦名的这种吻合显非偶然。

☰☴姤卦卦形为五阳一阴,卦辞说"姤,女壮,勿用取女",显然,五阳一阴,当男强女弱。如果"女壮",女强男弱,"齐大非偶",则"勿用取女"。这是家庭组合男女关系中男子中心主义的表现,卦画和卦辞的意义是相关的。

我们虽然还不能将《周易》全部六十四卦的卦画与其卦爻辞的关系一一剖析得清清楚楚,但至少从上面这些例子来看,否认《周易》的卦画与其卦爻辞有相应之理,是不能成立的。

我们再来看爻画与爻辞的关系。

《周易》六十四卦每一爻都有相应的爻题。如☰乾卦的第一爻是阳爻,称为"初九"。第二爻也是阳爻,称为"九二"。第三爻也是阳爻,称为"九三"。第四爻也是阳爻,称为"九四"。第五爻也是阳爻,称为"九五"。第六爻也是阳爻,居于一卦的最上,称为"上九"。☷坤卦的第一爻是阴爻,称为"初六"。第二爻也是阴爻,称为"六二"。第三爻也是阴爻,称为"六三"。第四爻也是阴爻,称为"六四"。第五爻也是阴爻,称为"六五"。第六爻也是阴爻,居于一卦的最上,称为"上六"。其余六十二卦,莫不如此。

由此可见,爻题是称"九"还是称"六",称"初"还是称"上",等等,都不是随随便便的,有严格的规律性,是由相应的爻画决定的。爻画是阳,则称"九";是阴,则称"六"。爻画在卦象第一的位置上,则称"初";位居第二,则称"二";位居第三,则称"三";位居第四,则称"四";位居第五,则称"五";位居最上,则称"上"。所以,从爻题来看,爻题显然是说明爻画的。

清人惠栋称:"古文《易》上下本无初九、初六及用九、用六之文。故《左传·昭公二十九年》蔡墨述《周易》,于乾初九则曰乾之姤,于用九则曰其坤。说者谓初九、初六皆为汉人所加。"①这就是说，《周易》原无爻题、用题。后说者更以为爻题、用题为汉人所加。其根据是《左传·昭公二十九年》蔡墨称引《周易》乾坤两卦爻辞皆称"乾之某"、"坤之某"，而不说"初九"、"九二"、"九五"、"上九"、"用九"、"上六"。这种不信《周易》本经而信《左传》称引的做法，在文献学上是不足为据的。上海博物馆藏楚简《周易》，其豫卦有"初六"、"六二"、"六三"、"九四"、"六五"、"上六"，大畜卦有"初九"、"九二"、"九三"、"六四"、"六五"、"上九"。与帛书《周易》、阜阳汉简本《周易》同。楚简《周易》的墓葬年代距《左传》的成书年代不会太远，作为出土的最早的《周易》版本，其可靠性应该更胜于蔡墨称引。所以，《周易》原无爻题、用题说，不符合楚简《周易》、帛书《周易》、阜阳汉简本《周易》的事实。② 因此，从爻题看，说爻画与爻辞无相应之理，是不可信的。

爻辞与爻画的相应关系，也是较为明显的。

初爻居于一卦的最下，爻辞往往就以在下的事物作比喻。如噬嗑卦初九之"灭趾"，贲卦初九之"贲其趾"，大壮初九之"壮于趾"，夬卦初九之"壮于前趾"，鼎卦初六之"鼎颠趾"，艮卦初六之"艮其趾"，咸卦初六之"咸其拇"，剥卦初六之"剥床以足"，都是以人的身体的最下部位"趾"、"足"、"拇"作比喻。坤卦初六之"履霜"，履卦初九之"素履"，离卦初九之"履错然"，归妹卦初九之"跛能履"，都是以"履"为比喻，履是鞋子，是踩在脚底之物。遯卦初六之"遯尾"，既济卦初九之"濡其尾"，未济卦初六之"濡其尾"，都是以"尾"为比喻，"尾"是狐狸身上最后面的部位。乾卦初九之"潜龙"，"潜"是在水底。泰卦初九之"拔茅茹"，否卦初六之"拔茅茹"，"茅茹"就是茅根，深入泥土里。大过卦初六之"藉用白茅"，是用白茅垫在下面。井卦初六之"井泥不食"，"井泥"是井底的污泥。坎卦初六之"入于坎窞"，"坎窞"在地里。这些都有下义。同人卦初九之"同人于门"，随卦初九之"出门"，都有开始之义，则与初爻为一卦之始有关。③

---

① 惠栋:《易例》二,《清经解续编》第 2 册,第 777 页,上海:上海书店,1988 年。
② 廖名春:《上海博物馆藏楚简〈周易〉管窥》,《周易研究》2000 年第 3 期。
③ 清成蓉镜《周易释爻例》(《清经解续编》卷一四〇五,第 1265—1266 页)有说,屈万里《先秦汉魏易例述评》(第 21—22 页,台北:学生书局,1985 年)所举例更多,可参。

上爻居于一卦的最上，爻辞往往就以在上的事物作比喻。如乾卦上九为"亢龙"，蛊卦上九为"高尚其事"，解卦上六为"公用射隼于高墉之上"，比卦上六为"比之无首"，大过卦上六为"过涉灭顶"，离卦上九为"有嘉折首"，晋卦上九为"晋其角"，姤卦上九为"姤其角"，井卦上六为"井收勿幕"，鼎卦上九为"鼎玉铉"，既济卦上六为"濡其首"，未济卦上九也为"濡其首"，大畜卦上九为"何天之衢"，大有卦上九为"自天佑之"，中孚卦上九为"翰音登于天"。"亢"、"高尚"、"高墉"、"首"、"顶"、"角"、"天"、"幕"、"铉"，都是在上之物，与上爻都是相配的。①

二爻为下卦之中，五爻为上卦之中。清人成蓉镜指出："凡二、五爻称'中'。"②如师卦九二"在师中吉"，泰卦九二"得尚于中行"，家人卦六二"在中馈"，丰卦六二"日中见斗"，夬卦九五"中行无咎"，都是以二、五为中。

此外，蒙卦九二有"包蒙"，泰卦九二有"包荒"，泰卦九五有"苞桑"，否卦六二有"包承"，姤卦九二有"包有鱼"，姤卦九五有"以杞包有瓜"。虞翻认为："在中称包。"③屈万里认为："包亦中也。"④

又坤卦六五有"黄裳"，离卦六二有"黄离"，遁卦六二有"黄牛"，鼎卦六五有"黄耳"，噬嗑六五有"黄金"，惠栋认为"阴爻居中称'黄'"⑤。《礼记·郊特牲》："黄者，中也。"《左传·昭公十二年》："惠伯曰：黄，中之色也。"《国语·周语下》："夫六，中之色也，故名之曰黄钟。"⑥

屈万里认为：爻位以五位最尊，故经于天、帝、君、王等辞，多于五爻发之。乾九五："飞龙在天。"姤九五："有陨自天。"此以天言者也。泰六五、归妹六五，并曰："帝乙归妹。"此以帝言者也。临六五："大君之宜，吉。"归妹六五："帝乙归妹，其君之袂，不如其娣之袂良。"此以君言者也。比九五："王用三驱。"家人九五："王假有家。"涣九五："涣王居。"此以王言者也。⑦此外，否卦九五："休否，大人吉。"革卦九五："大人虎变。"小过卦六五："公

<hr>

① 详成蓉镜《周易释爻例》、屈万里《先秦汉魏易例述评》。
② 成蓉镜：《周易释爻例》，《清经解续编》卷第一四〇五，第1263页。
③ 李鼎祚：《周易集解》卷九，第5页。
④ 屈万里：《先秦汉魏易例述评》，第16页。
⑤ 惠栋：《易例》上，《清经解续编》卷一三七，第769页。
⑥ 详见黄沛荣《易学乾坤》，第139页，台北：大安出版社，1998年。
⑦ 屈万里：《先秦汉魏易例述评》，第25—26页。

弋取彼在穴。"称"大人"及"公"，也是由此引申。① 这些分析也是有道理的。

三爻为下卦之终，四爻为上卦之始，多有疑惑、进退、往来、忧惧之义。屈万里指出：豫九四："由豫，大有得；勿疑朋盍簪。"由豫即犹豫，亦即疑也。② 晋九四："晋如鼫鼠。"解六三："负且乘。"或假善疑之物为喻，或以疑事之状为说，胥以明其无所定主而已。故引申其义为或，或亦疑也。乾九四："或跃在渊。"坤六三："或从王事。"讼六三："或从王事。"师六三："师或舆尸。"无妄六三："或系之牛。"恒九三："或承之羞。"渐六四："或得其桷。"中孚六三："或鼓或罢，或泣或歌。"小过六三："从或戕之。"皆是也。故其于行也，为往来。泰九三："无往不复。"六四："翩翩，不富以其邻。"坎六三："来之坎坎。"咸九四："憧憧往来。"是也。为进退。观六三："观我生，进退。"是也。为次且。夬九四："其行次且。"姤九三："其行次且。"是也。为迟滞。师六四："师左次。"豫六三："迟有悔。"困六四："来徐徐。"归妹九四："归妹愆期，迟归有时。"皆是也。其于情也，多忧惧咨嗟。乾九三："终日乾乾，夕惕若厉。"小畜六四："血去惕出。"履九四："愬愬终吉。"临六三："既忧之，无咎。"离九三："不鼓缶而歌，则大耋之嗟。"萃六三："萃如嗟如。"震六三："震苏苏。"节六三："不节若，则嗟若。"既济六四："终日戒。"皆是也。综观上引经文，其辞虽变而靡常，然究其义，胥疑若或之引申而已。③ 这些例证，虽然有的如豫九四"由豫"、师六四"师左次"、乾九三"终日乾乾，夕惕若厉"等尚可讨论，但大体上还是能说明问题的。

爻辞与爻画的上述相应关系，在乾卦、同人卦、剥卦、咸卦、渐卦、艮卦等中更得到了系统的反映。如乾卦：初九是"潜龙勿用"，九二是"见龙在田"，九四是"或跃在渊"，九五是"飞龙在天"，上九是"亢龙有悔"。爻位由初到上，"龙"则由"潜"到"见（现）"，到"跃"，到"飞"，到"亢"，层层推进，严密呼应。

再如渐卦：初六是"鸿渐于干"，六二是"鸿渐于磐"，九三是"鸿渐于陆"，六四是"鸿渐于木"，九五是"鸿渐于陵"，上九是"鸿渐于陆"，随着爻

---

① 黄沛荣：《易学乾坤》，第 140 页。
② 案："由豫"不一定是犹豫，说见上文第五讲第四节。
③ 屈万里：《先秦汉魏易例述评》，第 19—20 页。

位的变化,由水涧而水岸,而陆地,而大树,而丘陵,而高山,循序渐进、依次而行。

又如艮卦:初六"艮其趾",是在趾部;六二"艮其腓,不拯其随",由小腿到了其大腿;九三"艮其限",到了腰部;六四"艮其身",到了其手臂上;六五"艮其辅",到了口部。也亦步亦趋,渐渐上升。

又如咸卦:初六"咸其拇",触动她的脚拇指;六二"咸其腓",触动她的小腿肚;九三"咸其股,执其随",触动她的股部,抓住她的腿;九五"咸其脢",触动她的脊背;上六"咸其辅、颊、舌",亲她的脸,吻她的嘴和舌。爻位由"初"而"上",而"咸"由"拇"而"腓",而"随",而"股",到"辅、颊、舌",爻画的位置和爻辞的意义也是相应的。

由以上例子来看,《周易》的卦象和爻画,与其卦爻辞存在着密切的逻辑联系,用王夫之话来说,就是象辞有着相应之理。不承认这一点,是读不懂《周易》的,只能将《周易》视为一堆杂乱无章的灵签。

三　特殊的语汇

《周易》源于卜筮,其语言较之他书有其特殊性。不弄清《周易》的特殊语汇,要读懂《周易》是非常困难的。

对于《周易》这一套特殊语汇,前人有过很多的研究。比如《系辞传》就具体阐述了"吉"、"凶"、"悔"、"吝"、"无咎"这些专门术语的含义。《文言传》也表达了对"元"、"亨"、"利"、"贞"、"厉"等的认识。但是,由于易学观的不同,人们对《周易》这些特殊语汇的认识截然不同。我们可以看看孔颖达《周易正义》和高亨《周易古经今注》的不同解释。

下面,我们对《周易》这一套特殊语汇试作讨论。

先说"吉"、"凶"。

《周易》经文"吉"字75见,多单用。与形容词连用的有"大吉"(5见)、"终吉"(9见)、"中吉"(1见)、"初吉"(1见)。"大吉"形容吉的程度,"大"是修饰"吉"的。"初吉"、"终吉"、"中吉",分别形容吉的阶段。"丈人吉"、"小人吉"、"大人吉"、"妇人吉"、"君子吉"、"小事吉"、"豚鱼吉",则表示吉的对象和范围。与动词或动词性词组连用的有"元，吉"（15 见）、"往，吉"（3 见）、"征，吉"（4 见）、"贞，吉"（39 见）、"居，吉"（1 见）、"艰则吉"、"永贞吉"、"南征，吉"、"居贞，吉"。其中"往，吉"、"征，吉"义同，"贞，吉"、"居，吉"义近。"往，吉"、"征，吉"与"贞，吉"、"居，吉"一样，都是条件句，"往"、"征"与"贞"、"居"表示"吉"的条件，但意思显然相反。"往"、"征"，都是主动前往。"贞"，定；"居"，住，都是不动的意思。所以"贞"、"居"又连言，称"居贞，吉"。至于"艰则吉"，也近于"贞，吉"、"居，吉"。"元，吉"也是条件句，"元"是"吉"的条件。下面我们再详细讨论。

"凶"字《周易》经文 31 见。其中"征，凶"10 见，"贞，凶"11 见，"有凶"3 见，"终凶"1 见。很明显，"征，凶"与"贞，凶"是相对的。一是主动前往则凶，一是静止不动则凶。

《系辞传》说："'吉'、'凶'者，言乎其失得也。""吉"就是"得"，就是成功；"凶"就是"失"，就是失败。两者的意思是对立的。

再看"悔"、"吝"。

《周易》经文"悔"字 33 见，其中"有悔"4 见，"无悔"6 见，"悔亡"19 见；"吝"字 20 见，其中"小，吝"2 见，"贞，吝"4 见，"往，吝"2 见，"以往，吝"1 见，"往，见吝"1 见。实际上"往，吝"也是 4 见，与"贞，吝"的次数一样。可见"往，吝"与"贞，吝"是相对的。一是主动前往则有吝惜，一是静止不动则有吝惜。《系辞传》说："'悔'、'吝'者，言乎其小疵也。""小疵"，即小问题。朱熹说："吉凶悔吝之象，吉凶是两头，悔吝在中间。悔自凶而趋吉，吝自吉而趋凶。"[1]朱震说："悔者，追悔前失不惮改也"，"吝者，言当悔而止，护小疵而致大害者也。"[2]这是说"悔"、"吝"虽同是小问题，但发展前途不同。悔有悔改补过之意，其发展前途是吉。吝则不知悔改补过，其发展前途是凶。

"无咎"93 见。咎，害，轻于凶而重于悔吝。《系辞传》说："'无咎'者，善补过也"，"震无咎者存乎悔"。朱震说："无咎者，本实有咎，善补过而至

---

①　文渊阁《四库全书》子部儒家类《朱子语类》卷七十四。

②　文渊阁《四库全书》经部易类《汉上易传》卷七。

于无咎。"①这是说，"无咎"的意思是原先本有咎，由于悔改补过而才得无咎，"无咎"是从"有悔"发展来的。

《文言传》"子曰"以"危"释"厉"②，基本上为后人所接受。"厉"近于"凶"，但尚未成为现实的"凶"，只是临近"凶"的一种危险趋势，经过人为的努力，是可以化险为夷的。所以"厉"字15见，称"厉无咎"者4见，"厉无大咎"者1见，"厉有言无咎"者1见，"厉吉"者3见，高达一半多。

"亨"字47见，除"用亨"之"亨"与"享"通用外，其余的44例涵义有二：一是亨通，一是指有亨通的可能。其搭配常见的有："元，亨"10见，"光亨"1见，"用亨"3见。"元，亨"为条件句，"元"是"亨"的条件。"光亨"，即大亨，"大"是修饰"亨"的。"用亨"，读为用享。高亨将"亨"字一概读为"享祀"之"享"，决不可从。因为今本的"用亨"，帛书《易经》都作"用芳"。今本的"用亨"，帛书《易经》也都作"用芳"。除此之外的40多个"亨"，无一例外，都作"亨"，而不作"芳"。③这说明在帛书《易经》的传授系统中，除"用亨"3处外，其他的"亨"字和"享"都不是一回事。楚简《周易》中，"卿"字11见，都是"亨"的假借。只有随卦上六的"王用亨于西山"之"亨"作"亯"。而此字本作"享"。这与帛书一样，"亨"与"享"决不通用一作"卿"，一作"亯"，界限清楚。

"利"，《周易》本经118见，有"利贞"、"利见大人"、"利牝马之贞"、"先迷后得主，利"、"无不利"、"利永贞"、"利建侯"、"利居贞"、"利用刑人"、"无攸利"、"不利为寇"、"利御寇"、"利涉大川"、"利用恒"、"利执言"、"利君子贞"、"吉无不利"、"利用侵伐"、"利用行师"、"利建侯行师"、"利女贞"、"利用宾于王"、"利用狱"、"利艰贞"、"利有攸往"、"利已"、"小利贞"、"利西南"、"不利东北"、"利用为大作"、"利用为依迁国"、"不利即戎"、"不利宾"、"孚乃利用禴"、"利于不息之贞"、"利用享祀"、"利出否"、"利幽人之贞"、"利武人之贞"等说。其中单用的只有一例，就是坤卦卦辞

---

① 文渊阁《四库全书》经部易类《汉上易传》卷七。
② 《乾文言》"子曰"释乾卦九三爻辞"厉无咎"为"虽危无咎矣"。
③ 廖名春：《马王堆帛书周易经传释文》，杨世文等编《易学集成》第三卷，第3013—3025页。

的"先迷后得主，利"。①

其中"无不利"即无所不利，也就是一切都利，共13见；"无攸利"意义与其相反，即无所利，没有什么有利的，共10见。

"利见大人"即利于出现大人，见读为现，指王、公、圣人出现的大好时机，共7见。

"利建侯"即利于封建诸侯，指在自己力量不够时，不强出头，利用下属和朋友去做。也就是说，是利用下属和朋友的时机。共2见。"利建侯行师"1见，义与"利建侯"同。

"利涉大川"即利于涉越大江河，指有利于闯大艰险，冒大风险。也就是说，是闯大艰险，冒大风险的时机。共10见。

"利有攸往"即利于有所前往，利于有所行动。也就是说，是行动、前进的时机。共13见。

其余"利御寇"、"不利为寇"、"利执言"、"利西南"、"不利东北"、"不利即戎"、"不利宾"、"利已"、"利出否"的"利"，也都是指示正确的行动方向，以求趋吉避凶。

"利用刑人"、"利用侵伐"、"利用行师"、"利用宾于王"、"利用狱"、"利用为大作"、"利用为依迁国"、"孚乃利用禴"、"利用享祀"的"利用"，相当于"利"。"利用刑人"即"利刑人"，"利用侵伐"即"利侵伐"，"利用行师"即"利行师"……都是指"刑人"、"侵伐""行师"等的好时机。

"利贞"、"利牝马之贞"、"利永贞"、"利君子贞"、"利女贞"、"利艰贞"、"小利贞"、"利于不息之贞"、"利幽人之贞"、"利武人之贞"等，"利"都与"贞"组合，我们下面加以详细考察。

"贞"字109见，其中"贞，凶"10见，"贞，吝"4见，"贞，厉"8见，"贞，吉"29见，"安贞，吉"2见，"利贞"23见，"利艰贞"3见，"艰贞"1见，"利永

---

① 过去人们断句，或作"先迷后得，主利"（如孔颖达，见《周易正义》卷一，《十三经注疏》，第17页），或作"利西南得朋，东北丧朋"（朱骏声说："'利'属下二句。"见《六十四卦经解》卷一，第12页，北京：中华书局，1990年）。现在看来，都是错误的。因为帛书《衷》说："川六柔相从顺，文之至也。'君子先迷后得主'，学人之胃也。'东北丧崩，西南得崩'，求贤也。"又称："易曰：'东北丧崩，西南得崩，吉。'"（廖名春：《马王堆帛书周易经传释文》，杨世文等编《易学集成》第三卷，第3039、3040页）与《彖传》所引是一致的，"利"当独立于上下文。

贞"2 见，"元，永贞"2 见，"永贞吉"2 见，"永贞"1 见，"可贞"6 见。这些"贞"字，都应该训为定，或正。

甲骨文、金文中，"贞"、"鼎"本同字。"贞"字所从之"贝"实即鼎。鼎，定也。因而贞也通定。而定字从正得声。《老子》第四十五章："清静，为天下正。"郭店楚简《老子》乙本"正"作"定"。《老子》第十八章："国家昏乱有贞臣。"郭店楚简《老子》丙本"贞"作"正"。《礼记·缁衣》："《诗》云：'靖共尔位，好是正直。'"郭店楚简本"正"作"贞"。① 由此可见，"贞"、"正"、"定"作为同源字，音同义近，原本就是可以通用的。

《周易》中的"贞"字，基本意义是定，引申义是正。由定的坚定不移，固守不变而抽象引申为坚持原则、坚持正。②

正因为"贞"训为定，所以其义与"居"、"安"近。因此"贞吉"、"居吉"义同，"贞"、"居"又可以连言，称"居贞吉"，又可称"安贞吉"；从反面而言，则是"征凶"。如革卦上九："征凶，居贞吉。"是说有所前往则凶，安居不动则吉。损卦九二："利贞，征凶。"是说利于安居不动，有所前往则凶。

"利艰贞"、"艰贞"、"艰则吉"之"艰"，历来人们都释为"艰苦"，其实是错误的。"艰"应该读为限，是限止的意思。其义与"贞"、"居"、"安"近。所谓"利艰贞"就是利于限止不动，"艰"为限止，"贞"为定而不动，其义相近，所以并称。"艰则吉"，即限止不动则吉。帛书《易经》中，大畜卦九三和明夷卦卦辞的"利艰贞"，都作"利根贞"；大壮卦卦辞上六的"艰则吉"作"根则吉"；大有卦初九的"艰则无咎"作"根则无咎"；泰卦九三的"艰贞"作"根贞"；噬嗑卦九四的"艰贞吉"作"根贞吉"。"艰"无一例外都写作了"根"。③ 根有不动的意思，与限是相通的。这可以支持上述的见解。

李镜池说："'贞'之为卜问而非'正'。若说是正，则'贞凶'、'贞厉'、'贞吝'这些话怎样说呢？'正'之一字，是一个绝对的'好'名词，何以会'正'而致'凶'，'正'而致'厉'致'吝'呢？……所以，若依贞为正的训诂，

———————

① 荆门市博物馆：《郭店楚墓竹简》，第 118、121、129 页，北京：文物出版社，1998 年。

② 可参屈万里《说易散稿·贞》（《书傭论学集》，第 31—32 页，台湾开明书店，1969 年）、曹福敬《〈易经〉"贞"析义》（《齐鲁学刊》1987 年第 5 期）、饶宗颐《"贞"的哲学》（《华学》第 3 辑，北京：紫禁城出版社，1998 年）三文。

③ 廖名春：《马王堆帛书周易经传释文》，杨世文等编《易学集成》第三卷，第 3013—3025 页。

则《易》文中有'贞'的地方,便处处解不通。"①其实,我们只要懂得"贞"可训定,这些责难就可迎刃而解。所谓"贞,凶",就是说固守不变则凶;所谓"贞,厉",就是说固守不变则有危险;所谓"贞,吝",就是说固守不变则有吝惜。违反了与时俱进之理,怎能不"凶"、不"厉"、不"吝"呢?

思考题：

1. 卦象的反对与卦义有没有关系? 试举例说明。

2. 爻位和爻辞有相应的一面,也有不相应的一面,如何理解?

3. "贞"解释为"定"、"正"好,还是解释为"卜问"好? 请谈谈你的看法。

---

① 李镜池:《周易筮词考》,《周易探源》,第29页,北京:中华书局,1978年。

第九讲

《周易》的成书与性质

本讲拟讨论《周易》的成书时代、《周易》的作者、《周易》的性质等问题。

一 从语言的比较论《周易》的成书时代

关于《周易》本经的成书年代，从古至今有种种异说。《系辞传》认为它成书于殷末周初；陈梦家①、李镜池②、宋祚胤③认为它作于西周末年；廖平④、皮锡瑞⑤、陆侃如⑥、梅应运⑦认为它成于春秋；本田成之⑧、郭沫若⑨则认为它作于战国初年；近年来陈玉森、陈宪猷更发高论，认为先秦无《易经》，《易经》成于西汉昭、宣间。⑩ 本节拟以语言的历史比较的方法来考察《周易》本经的成书年代，试图得出一个尽可能客观的结论。

用语言比较的方法来考察《周易》本经的成书年代，前贤时人都曾尝试过。李镜池、周度据之得出西周末年说，梅应运据之得出春秋末期说。李镜池断代的标准主要是高本汉的语法研究成果，梅应运断代的标准是周法高

---

① 陈梦家：《郭沫若〈周易的构成时代〉书后》，见郭沫若《周易的构成时代》附录，长沙：商务印书馆，1940 年。

② 李镜池：《周易筮辞续考》，见《周易探源》。

③ 宋祚胤：《周易新论》，第 34—52 页，长沙：湖南教育出版社，1982 年。

④ 廖平：《六艺馆丛书·知圣篇》卷上。

⑤ 皮锡瑞：《经学通论·论卦辞文王作爻辞周公作皆无明据当为孔子作》，北京：中华书局，1954 年。

⑥ 陆侃如：《论卦爻辞的年代》，《清华周刊》第 39 卷第 9 期，1932 年。

⑦ 梅应运：《周易卦爻辞成书时代之考索》，《新亚书院学术年刊》第 13 期，1971 年。

⑧ 本田成之：《作易年代考》，见江侠庵编译《先秦经籍考》，上海：商务印书馆，1931 年。

⑨ 郭沫若：《周易的构成时代》，长沙：商务印书馆，1940 年。

⑩ 陈玉森、陈宪猷：《告秦无〈易经论〉》，《中山大学学报》（哲社版）1986 年第 1 期。

《中国语法学导论》的语法原则,周度断代的标准则综合了王力等各家之说①。显而易见,断代的不同在于语言标尺的不同。因此,断代的准确关键在于语言标尺的准确。近年来,上古汉语的研究已有了长足的进步,语言这一标尺的准确度已大为提高。运用上古汉语的新成果来考察《周易》本经的成书年代,应该会更逼近历史的真实。以下,拟从实词的附加成分、虚词的运用两个方面进行考察。

（一）实词附加成分的考察

（1）前缀"有"

"有"作为前缀词,出现得很早。西周金文有"有周"、"有翤"之称,管燮初认为这里的"有"是名词前缀②。《尚书·皋陶谟》有"亮采有邦",《甘誓》有"有扈氏",《汤誓》有"有夏",《盘庚》有"有居"、"有众"。《周书》中更屡见不鲜,如《召诰》有"有夏"、"有殷"、"有王"、"有僚",《多士》有"有周"、"有夏",《多方》有"有邦"、"有方"、"有夏"、"有殷"、"有周",《立政》有"有夏"、"有室"、"有司"。这些"有"字,都是作为名词的前缀出现的,有的附着在专有名词之前,有的附着在普通名词之前。《周易》本经也不乏此例,如:

> 王用出征,有嘉折首,获匪其丑。(《离卦·上九》)
> 闲有家,悔亡。(《家人卦·初九》)
> 王假有家,勿恤。(《家人卦·九五》)
> 王假有庙。(《萃卦·卦辞》、《涣卦·卦辞》)

这些"有"字,皆无实义,都是作为名词的前缀,如"有嘉",是附着在专有名词之前③;"有家"、"有庙"附着在普通名词之前。其用法、意义与殷代、西周初期的文献同。

《诗经》中"有"字作为前缀则更为常见,其中有与《周易》本经、《尚书》同者,如:

> 豺虎不食,投畀有北;有北不受,投畀有昊!(《小雅·巷伯》)

---

① 周度:《从语言的特征推断〈周易〉的编纂年代》,《贵州文史丛刊》1987 年第 1 期。
② 管燮初:《西周金文语法研究》,第 202 页,北京:商务印书馆,1981 年。
③ 另外还有"有孚"11 见,因"有"是否属前缀,有争议,暂不论。

天监在下,有命既集。(《大雅·大明》)

摽有梅,其实七兮。(《召南·摽有梅》)

天监有周,昭假于下。(《大雅·烝民》)

这里有附着在专有名词"周"前的,也有附着在普通名词"北"、"命"、"梅"前的,这是对传统用法的承袭。但《诗经》更有一些与传统用法不同的新现象,非常值得注意。如:

桃之夭夭,有蕡其实。(《周南·桃夭》毛传:"蕡,实貌。")

有匪君子,如切如磋,如琢如磨。(《卫风·淇奥》毛传:"匪,文章貌。")

有杕之杜,其叶湑湑。(《唐风·杕杜》毛传:"杕,特貌。")

不我以归,忧心有忡。(《邶风·击鼓》)

子兴视夜,明星有灿。(《郑风·女曰鸡鸣》)

东门之栗,有践家室。(《郑风·东门之墠》毛传:"践,浅也。")

有芃者狐,率彼幽草。(《小雅·何草不黄》毛传:"芃,小兽貌。")

有厌其杰。(《周颂·载芟》毛传:"言杰苗厌然特美也。")

有捄其角。(《周颂·良耜》)

有空大谷。(《大雅·桑柔》)

庸鼓有斁,万舞有奕。(《商颂·那》毛传:"斁,斁然,盛也;奕,奕然,闲也。")

这些"有"字都是作形容词的前缀。还有一些词,本非形容词,附着在"有"后,连词性都变了。如:

乐且有仪。(《小雅·菁菁者莪》)

"仪"本为名词,指仪表、仪容,加上前缀"有"后,则变成了形容词,形容乐之容。又如:

中心有违。(《邶风·谷风》)

《说文》:"违,离也。"本系动词。但"有违"则是表情态,"中心有违"是说"心中有所不忍,好像与自己本心相违的样子",变成了形容词。《诗经》的"有"还能作动词的前缀,如:

> 胡能有定,宁不我顾?(《邶风·日月》)
>
> 女子有行,远父母兄弟。(《鄘风·蝃蝀》)
>
> 春日载阳,有鸣仓庚。(《豳风·七月》)
>
> 有来雝雝,至止肃肃。(《周颂·雝》)

还能作象声词的前缀,如:

> 静言思之,寤辟有摽。(《邶风·柏舟》)
>
> 有瀰济盈,有鷕雉鸣。(《邶风·匏有苦叶》)
>
> 鞗革有鸧。(《周颂·载见》)

摽,拍胸的声音;瀰,溾溾的水声;鷕,母野鸡的鸣声;鸧,借为锵,玉相击声。"有"从作名词的前缀,发展到能作形容词、动词、象声词的前缀,这一演化轨迹,可以用来做区分文献成书时代的标准。《诗经·周颂》中的《雝》、《载芟》、《良耜》、《载见》都是公认的西周中期的作品,其"有"作形容词、动词、象声词的前缀的用法,是《周易》本经、《尚书》西周初期作品以及甲骨卜辞中所没有的。如此说来,《周易》本经的成书无疑应在《诗经·周颂》的上述作品之前。

（2）后缀"如"、"若"、"然"

《周易》本经的实词后缀有"如"、"若"、"然"。这三个实词后缀中,"若"在汉语史上出现得最早。《周易》本经中"若"作后缀有 11 例,如:

> 君子终日乾乾,夕惕若。(《乾卦·九三》)
>
> 盥而不荐,有孚颙若。(《观卦·卦辞》)
>
> 出涕沱若,戚嗟若。吉。(《离卦·六五》)
>
> 丰其蔀,日中见斗,往得疑疾,有孚发若。吉。(《丰卦·六二》)
>
> 不节若,则嗟若。无咎。(《巽卦·九二》)

《尚书·洪范》也有 8 例,如:

> 曰休征:曰肃,时雨若;曰乂,时旸若;曰晢,时燠若;曰谋,时寒若;曰圣,时风若。曰咎征:曰狂,恒雨若;曰僭,恒旸若;曰豫,恒燠若;曰急,恒寒若;曰蒙,恒风若。

《诗经》也有 2 例:

桑之未落,其叶沃若。(《卫风·氓》)

我马维骆,六辔沃若。(《小雅·皇皇者华》)

上述三书中的后缀"若",《尚书》仅出现在《洪范》中,《诗经》仅用在"沃"后,而《周易》本经则分布较广,六卦的卦爻辞中都有。再往后,《论语》、《孟子》中皆没有后缀"若"出现。这说明,"若"作为后缀是上古汉语的一种早期用法,愈到后来,这种用法愈少。《周易》本经成书早,故其中的后缀"若"出现得多而且用法灵活;至《卫风》和《小雅》时代,"若"的这种用法已基本趋于消失,偶尔出现可能仅仅是古语词的遗留。

"如"作后缀,《周易》本经共 20 见,《诗经》2 见,《论语》28 见,此外,《孟子》、《荀子》中也有。《论语》、《孟子》、《荀子》里的后缀"如"跟《周易》本经、《诗经》的用法是有区别的。《周易》本经、《诗经》只用在单音词后;而《论语》有的用在单音词后,有的用在双音词后;《孟子》、《荀子》则全部用在双音词后。而且《周易》本经、《诗经》的后缀"如"后不带语气词"也",《论语》、《孟子》、《荀子》则全部带"也"。从汉语词汇由单音而双音的历史及语气词的产生时代看,《周易》本经、《诗经》属一时间区间,而《论语》、《孟子》、《荀子》又属另一时间区间;前者时代早,后者出现晚。细加分析,《周易》本经和《诗经》的用法也不完全相同。《周易》本经"如"所附加之词,不是作谓语,就是作补语。如:

屯如邅如,乘马班如。(《屯卦·六二》)

晋如摧如。(《晋卦·初六》)

贲如皤如,白马翰如。(《贲卦·六四》)

而《诗经》却都是作状语,如:

褎如充耳。(《邶风·旄丘》)

婉如清扬。(《郑风·野有蔓草》)

《周易》本经的句子短促而缺乏修辞性,其词序跟一般句子很不同,有一股原始味。《诗经》的表现方法却显得成熟多了,词序也今同。从这些用法的区别,我们不难看出,《周易》本经的成书显然早于《诗经》。

"然"作后缀《周易》本经仅"履错然,敬之,无咎"(《离卦·初九》)1见,而《诗经》却至少有 7 例,《论语》有 10 例,《孟子》有 38 例,《庄子》也不少。这说明"然"作后缀萌芽于西周，至春秋、战国而逐步成为一种普遍现象。《诗经》中"然"为后缀出现在《国风》中的有《邶风·终风》、《魏风·葛屦》；《小雅》中有《南有嘉鱼》、《白驹》；《大雅》中有《生民》。《生民》是一首叙述周始祖后稷事迹的史诗，其产生当不会在西周以后。其"然"的用法在《诗经》中最早，而且仅"居然生子"一例，这与《周易》本经一样，都属萌芽阶段。

从上述《周易》本经的所有前缀和后缀来看，凡是在《周易》本经中出现的新用法，都能在今文《尚书》的《商书》、《周书》，或者《诗经》的《周颂》、《大雅》中找到；而《周易》本经中没有的用法，往往会在《诗经》那些产生较早的诗篇，甚至在《周颂》中发现，这一事实说明：《周易》本经确实是西周初的作品。

（二）虚词运用的考察

（1）语气词的比较

甲骨文里是否有语气词？过去有过歧说，目前学术界的看法渐趋一致。裘锡圭认为以前被人看做语气词的"乎"可能"指跟祭祀有关的某件事"，他也不同意把"才"读作"哉"，认为"才"字之后，可能有未刻的字，应读为"在"。① 郭锡良也认为"甲骨文时代语气词还没产生，句子的语气只能是由别的语言手段来担任。语气词是西周时期才产生的，最初是'哉'字，然后逐渐产生其他的语气词"②。不管上说是否百分之百的精确，但我们至少能肯定，甲骨文里的语气词是微乎其微的，语气词的大量使用，应是后来的语言现象。利用语气词产生的这一时代特征，我们完全可以判断出《周易》本经的成书年代。

"也"是先秦汉语中出现频率最高的两个语气词之首。但甲骨卜辞中它没有出现，《尚书》也无，《周易》本经没有踪影，而《诗经》却出现了61次，《左传》出现了 3578 次，《论语》326 次，《老子》13 次，《孟子》1214 次，《庄子》1661 次，《荀子》2670 次，《韩非子》2839 次，《战国策》2446 次。其中《诗经·大雅》出现了 3 次，皆见于西周末年周厉王、周幽王时代的诗篇中。也

---

① 裘锡圭：《关于殷墟卜辞的命辞是否问句的考察》，《中国语文》1988 年第 1 期。

② 郭锡良：《先秦语气词新探》(一)，《古汉语研究》1988 年第 1 期。

就是说,"也"大约在周厉王时代才开始产生。

"矣"字的出现频率仅次于"也",但它同样不见于甲骨文和《周易》本经。它在《尚书》中7见,都集中在《牧誓》和《立政》这两篇西周早期的作品中。《诗经》192见,其中《周颂》4见,《大雅》34见。《左传》出现831次,《论语》138次,《老子》10次,《孟子》195次,《墨子》252次,《庄子》454次,《荀子》542次,《韩非子》600次,《战国策》848次。其大约产生在西周初期,在西周末期得到发展,大盛于春秋、战国时代。

"已"字表限止语气,最早见于《尚书·洛诰》,但仅1例。《左传》8见,《论语》18见,《老子》6见,《孟子》6见。而《周易》本经无。

"焉"表提示语气,《尚书·牧誓》2见,《诗经》13见,《左传》766见,《论语》42见,《老子》4见,《孟子》102见。而《周易》本经无。

"乎"字表疑问语气,《尚书》仅《尧典》1见,《诗经》5见,《左传》625见,《论语》104见,《老子》9见,《孟子》150见。而《周易》本经无。

表感叹语气的"哉",过去人们认为就是卜辞中的"才",但最近裘锡圭已做出否定,其说可从。如此,则甲骨文中无语气词"哉"。但《尚书》中它出现的频率却很高,达117例,其中今文《尚书》有65例;《诗经》有28例;《左传》有93例;《论语》45例;《老子》7例;《孟子》98例。而《周易》本经无。

句尾语气词分为表陈述语气、疑问语气、感叹语气三大类,上举例都是这三类语气词中最具代表性的。它们都在《尚书》、《诗经》等先秦典籍中数量不等地出现过。而《周易》本经却一个也没有,其情形同于甲骨文。这就告诉我们,《周易》本经的成书决不会晚于上述典籍,否则,其时代表达语气的习惯就不能不影响到它。

（2）指示词的比较

"是"、"斯"、"此"、"彼"这几个字是先秦指示词的代表,通过分析它们的产生和发展,可以加深我们对《周易》本经成书年代的认识。

"此"字卜辞中虽有,但还未发现用作指示词例。《尚书》有3例见于《无逸》、《立政》篇;《诗经》共有86例,其中《大雅》28例,《周颂》3例;《左传》207例;《墨子》560例;《孟子》112例;《国语》76例。从《周书》和《周颂》分别出现的3例看,"此"作为指示词始于西周初,至西周末和东周则得到较大的发展,至战国则蔚为大观。《周易》本经无"此"字,其情形与卜辞同,这表明《周易》本经成书的年代比《周书》、《周颂》还略早。

"斯"字作指示词甲骨文无，《尚书》也无，《周易》本经有 1 例。至《诗经》则出现 8 例。顾炎武《日知录》"檀弓"条云："《论语》之言'斯'者七十……《檀弓》之言'斯'五十有三。"①按《论语》"斯"实出现 71 例，为指示词共 30 例②。《老子》2 例，《孟子》22 例。由此可知，指示词"斯"实萌芽于西周初，盛行于春秋战国邹、鲁之国。《周易》本经仅 1 例，于《周颂》、《大雅》同。

甲骨文无"是"字，今文《尚书》出现 29 次，但用作指示词明确可知的只有 4 例，《诗经》作指示词有 18 例，《论语》46 例，《左传》347 例，《孟子》191 例，《墨子》181 例，《荀子》高达 650 例。而《周易》本经无。

"彼"作指示词，最先出现在《诗经》中，共 303 例，如：

> 在彼无恶，在此无斁。（《周颂·振鹭》）
> 彼宜有罪，女覆说之。（《大雅·瞻卬》）

可知它在西周初年就已产生了。《论语》仅 1 例，《老子》3 例，《左传》52 例，《国语》17 例，《孟子》37 例，《庄子》130 例，《墨子》54 例，《荀子》60 例。而《周易》本经无。

上述 4 个字，是先秦汉语中最主要的指示词，它们都萌芽于西周初期而盛行于春秋、战国。但再往上追溯到商代甲骨文，它们都还没有产生。在《周易》本经里，这 4 个字如果仅哪一个没有，并不太令人惊奇，问题是它们有 3 个没有，这绝不是偶然的。如果说，《周易》本经成书于西周初期以后，那么其时上述指示词都已产生，它们势必大部分会反映到《周易》本经中来，就像《尚书》、《诗经》那样。而事实上《周易》本经除"斯"1 见外，其余都不见踪影。这只能有一个解释，即《周易》本经成书时上述指示词基本上还没有产生。如此看来，《周易》本经成书确实比《周书》、《周颂》还要早些，定它为殷末周初并不为过。③

---

① 《日知录集释》卷六，第 211 页，长沙：岳麓书社，1994 年。
② 杨伯峻《论语词典》分为指示代词 25 次，指示形容词 15 次。见《论语译注》，第 290—291 页，北京：中华书局，1958 年。
③ 上引先秦指示词的数据多数见于黄盛璋《先秦古汉语指示词研究》（《语言研究》1983 年第 2 期）所附《先秦主要书籍指示词一览表》。

（3）介词在、于的比较

"在"字在《周易》本经中共 8 见，均作"处在"、"居于"解，皆属动词。如：

> 见龙在田。（《乾卦·九二》）
>
> 或跃在渊。（《乾卦·九四》）
>
> 有孚在道。（《随卦·九四》）
>
> 鸣鹤在阴。（《中孚·九二》）

"于"则为介词，如：

> 惟入于林中。（《屯卦·六三》）
>
> 武人为于大君。（《履卦·九三》）
>
> 得尚于中行。（《泰卦·九二》）
>
> 于食有福。（《泰卦·九三》）

但是，先秦时"在"还能作介词，引出动作的时间、处所，起到相当于介词"于"的作用。介词"在"是何时从动词"在"中分化出来的呢？裴学海《古书虚字集释》所举最早的例子是《尚书·酒诰》"庶群自酒腥闻在上"。周度认为这一"在"字是动词，不是介词，"在上"是指"居于上位的（老天爷）"。他认为介词"在"、"于"合流，当在周宣王以后，西周末年或西周、东周之交，其所举例为《尚书·文侯之命》、《小雅》中的《鱼藻》、《鹤鸣》。案：周说裴学海举例有误，是。"庶群自酒腥闻在上"实为"庶群自酒腥闻于在上"，介词"于"省略，"在上"是动宾结构，"在"是"上"的谓语动词而不是介词。但周说"在"始为介词的时间判断是错误的。公认为西周初期的文献《尚书·周书·君奭》有：

> 在太甲时，则有若保衡。在太戊时，则有若伊陟、臣扈，格于上帝，巫咸乂王家。在祖乙时，则有若巫贤。在武丁时，则有若甘盘。

这里连用 4 个"在……时"，"在"字显系介词，表时间。另外，《多方》有"迪简在王庭"，《立政》有"是罔显在厥世"，《西伯勘黎》有"我生不有命在天"等等，"在"皆可作"于"，为介词。《诗经》中"在"作介词，表处所关系的，

《雅》有 9 例，《颂》有 12 例（此外，《商颂·那》还有"自古在昔"1 例）[①]。如：

> 在彼无恶，在此无斁。（《周颂·振鹭》）

这也是西周初期的作品。由此可见，介词"在"从西周初期起就从动词"在"中分化出来了，而决非"在宣王之后"。《周易》本经的"在"均为动词，无一例用法同于介词"于"，这说明《周易》本经成书时，"在"、"于"还没有合流。与《周书》、《周颂》比较，《周易》本经显然要早些。

（4）结构助词"攸"、"所"的比较

《周易》本经中"攸"共 32 见，其中言"有攸往"者共 20 例，言"无攸利"者 11 例，"无攸遂"者 1 例。这些"攸"字后面都有一动词，一起组成名词性词组，作"有"或"无"的宾语，无疑都是结构助词（也有称结构代词的）。而"所"字仅 4 见，如：

> 不永所事。（《讼卦·初六》）
> 利西南；无所往，其来复，吉；有攸往，夙吉。（《解卦·卦辞》）
> 旅琐琐，斯其所取灾。（《旅卦·初六》）
> 涣有丘，匪夷所思。（《涣卦·六四》）

都是结构助词。《尔雅·释言》云："攸，所也。"今文《尚书》中"所"字共 9 例，其中 1 例还是出于春秋时代的《秦誓》，而"攸"字 26 例；《诗经》"所"字 52 例，"攸"字 27 例；《论语》"所"字 50 例，"攸"字无；《孟子》"所"字 232 例，"攸"字 3 例，其中作结构助词仅 1 例。同样是《诗经》，"所"作结构助词《颂》3 例，《大雅》4 例，《小雅》则有 18 例，《风》11 例；"攸"作结构助词，不见于《风》，仅《雅》有 4 例。由此可知，尽管"攸"、"所"用法相同，但其时代有别。其发展的轨迹是："攸"先出，"所"后出；先是"攸"多"所"少，后是"所"多"攸"少；最后"攸"基本消失，"所"盛行。以此来判断著作的年代，就会发现：《周易》本经、今文《尚书》属于"攸"多"所"少，其时代当早；《诗经》"所"多"攸"少，其时代当在后；《论语》、《孟子》基本上是有"所"无"攸"，其时代又当居后。进一步分析，又可发现：《周易》本经里的"攸"字

[①] 向熹：《诗经词典》，第 619—620 页，成都：四川人民出版社，1986 年。

完全为结构助词；而今文《尚书》的 26 例中，虽然有 23 例为结构助词，但却有 3 例作副词（皆出在《禹贡》中）；《诗经》"攸"字 27 例中仅《雅》有结构助词 4 例，表处所 1 例，其余皆作"乃"、"于是"、"就"解，可称为副词。如：

> 乃立冢土，戎丑攸行。（《大雅·绵》）

"攸"的副词用法是从其结构助词用法发展出来的，其出现自然晚于结构助词用法。《周易》本经"攸"字无副词用法，说明《周易》本经成书当在《大雅·绵》和《尚书·禹贡》之前。

上述实词附加成分的考察、虚词运用情况的分析基本涵盖了《周易》本经语言的大部，其结果是很难用偶然性、任意性来解释的，只能归之于必然。语言的比较证明《系辞传》"《易》之兴也，其当殷之末世，周之盛德"说法的可信。这和我们对《周易》本经史迹和先秦两汉其他文献记载考察的结果是一致的。因此，将《周易》本经的成书定在殷末周初，应最为可信。

二 从文献的记载论《周易》的作者与时代

关于《周易》本经的作者与成书年代，传统文献中最早的记载当属今本《易传》，其《系辞传》云：

> 古者包牺氏之王天下也，仰则观象于天，俯则观法于地，观鸟兽之文，与地之宜，近取诸身，远取诸物，于是始作八卦，以通神明之德，以类万物之情。作结绳而为网罟，以佃以渔，盖取诸离。

这是说伏羲氏始作八卦。但从"作结绳……盖取诸离"来看，伏羲氏发明"网罟"之时，六十四卦当已产生。离与下文所谓益、噬嗑等，都应是复卦。所以《系辞》这里不但说伏羲氏作八卦，实际上也承认六十四卦系伏羲氏所作。①

《系辞传》又说：

> 《易》之兴也，其于中古乎？作《易》者，其有忧患乎？

---

① 王弼、孔颖达等皆持伏羲重卦说，见《周易正义》卷首。

"中古"系何时？"忧患"系何事？《系辞传》下一段话说得更清楚：

> 《易》之兴也，其当殷之末世。周之盛德邪，当文王与纣之事邪，是故其辞危。危者使平，易者使倾……

这是说《周易》经文产生于殷、周之际，反映的是周文王与商纣王之事。崔述说《系辞传》这两段话"曰'其当'，曰'其有'，曰'邪'，曰'乎'，皆为疑词而不敢决。则是作《传》者但就其文推度之，尚不敢决言其时世，况能决知其为何人之书乎"①。这一理解似有问题。

第一，"《易》之兴也，其当殷之末世，周之盛德邪，当文王与纣之事邪"，这一段话并非"为疑词而不敢决"。

第二，《系辞》的这些话并非"但就其文推度之"。

下面试为证明。

明夷卦《象传》云：

> 内文明而外柔顺，以蒙大难，文王以之。

这里说文王蒙大难，语气非常肯定，与"当殷之末世"、"当文王与纣之事"可以互证。

帛书易传中的第二篇是帛书《系辞》，它有"古者包牺氏之王天下也"一段，但无"《易》之兴也，其于中古乎"和"《易》之兴也，其当殷之末世"这两段。"《易》之兴，其于中古乎"一段见于帛书易传的第三篇《衷》，"《易》之兴也，其当殷之末世"一段不见于帛书《衷》，但帛书《衷》却有一段与其相似的记载，颇值得我们注意：

> 子曰：《易》之用也，段之无道、周之盛德也。恐以守功，敬以承事，知以避患，文王之危，知史记（？）之数书，孰能辨焉？

"《易》之用也"即"《易》之兴也"；"段"为"殷"字之误。李学勤先生说"书"字从"者"声，此处即读为"者"。"文王之危"句，推测原文为"非处文王之危，知史记之数者，孰能辨焉"。② 其说颇中肯綮。《系辞》的"其当殷之末

---

① 崔述：《丰镐考信录》卷五，第99页，《丛书集成》初编，商务印书馆，1937年。

② 李学勤：《帛书易传与〈易经〉的作者》，《国际易学研究》第一辑，北京：华夏出版社，1995年1月。

世、周之盛德邪"到此作"段（殷）之无道、周之盛德也"，"邪"变成了"也"，所谓疑问句变成了肯定句。两者孰是孰非？我以帛书《衷》为是。从帛书《衷》所载来看，作者对文王用《易》之事是非常清楚的，所谓"恐以守功，敬以承事，知以避患"云云，指的都是文王，因此，作者在此完全没有必要对《周易》产生的时代背景存疑。由此看，《系辞》的"《易》之兴也，其当殷之末世、周之盛德邪，当文王与纣之事邪"，应为"《易》之兴也，其当殷之末世、周之盛德也，当文王与纣之事也"。"邪"应为"也"。其实，今本《系辞》此两"邪"字并没有错，只是崔述的理解有误。"邪"除了表疑问语气之外，也能表陈述语气。王引之《经传释词》卷四云：

> 家大人曰：邪，犹"也"也。《庄子·德充符》篇曰："我适先生之所，则废然而反，不知先生之洗我以善邪。"邪，与"也"同义，犹言曰迁善而不自知也。……《在宥》篇曰："岂直过也，而去之邪？乃斋戒以言之邪，跪坐以进之邪，鼓歌以儛之邪"。上一"邪"字与"乎"同义，下三"邪"字与"也"同义。今本无下三"邪"字者，后人妄删之也。《释文》出"而去之邪"四字而释之曰："崔本惟此一字作'邪'，余皆作'咫'。"是陆所见本"去之""言之""进之""儛之"下，皆有"邪"字。崔本则上一邪字作"邪"，而下三邪字皆作"咫"也。《山木》篇曰："一呼而不闻，再呼而不闻，于是三呼邪，则必以恶声随之。"是也。《天地》篇曰："始也，我以女为圣人邪，今然君子也。"……《天运》篇曰："甚矣夫！人之难说也，道之难明邪。"邪，亦"也"耳。[1]

《系辞》这两个"邪"字，用法也同"也"，表达的是肯定语气，其意与帛书《衷》篇同。

今本《系辞》下第六章"子曰：乾、坤，其《易》之门邪"，人们都将此理解为疑问句，其实也是错误的。下文的"乾，阳物也；坤，阴物也"并非为答语，而是"乾、坤，其《易》之门邪"的分述。所以，不但"乾、坤，其《易》之门邪"为"子曰"的内容，下文也当是。帛书《衷》篇引此作：

> 子〔曰〕：《易》之要，可得而知矣。键川也者，《易》之门户也。键，

---

① 王引之：《经传释词》，黄侃、杨树达批本，第 86 页，长沙：岳麓书社，1985 年。

阳物也;川,阴物也。①

今本《系辞》的"邪"正作"也"。所以,"邪"表肯定语气,不仅有外证,在今本《系辞》中也有内证。

从句式特点和论证方法上,也可证明崔述说的不可信。"《易》之兴也,其当殷之末世,周之盛德邪,当文王与纣之事邪,是故其辞危",这是一个因果推论。"其辞危"这一结论,是从"其当殷之末世、周之盛德邪,当文王与纣之事邪"这一因推出的。如果此因尚"为疑词而不敢决",怎能断然说"是故其辞危"呢?如果《系辞》"《易》之兴也,其当殷之末世、周之盛德邪,当文王与纣之事邪"说没有其他根据,只是"就其文推度之",据《周易》卦爻辞揣测而言,那么,"是故其辞危"也就没有论述的必要。因为"其辞"指的是《周易》的卦爻辞。《系辞》从《周易》经文产生的时代背景、它所反映的人与事这些特定的史实来阐释《周易》卦爻辞的语言特色,目的是让人们更深入地体会其语言的内涵。如果依崔述说,它们"但就其文推度之",那这种论述岂非都成了"循环论证"?

从上引帛书《易之义》的内容来看,其称"文王之危","恐以守功,敬以承事,知以避患",这些记载,不可能皆出自《周易》本经,一定另有来源,这与《系辞》说所反映出的事实是一致的。

帛书易传的第四篇是《要》。《要》篇所载孔子语说得更清楚:

> 文王仁,不得其志,以成其虑。纣乃无道,文王作,讳而辟咎,然后《易》始兴也,予乐其知之……事纣乎?②

这是说,《周易》一书始出于周文王,它产生于"纣乃无道,文王作"的年代,是文王"讳而辟咎"之作,反映了文王的仁义思想("文王仁")和忧国忧民意识("不得其志,以成其虑")。孔子是"乐其知",赏识蕴藏在《周易》一书里的文王之智才"好《易》"的。这一记载与《系辞》精神一致,但说得更明确,更具体,更不可能是"但就其文推度之"。

以上先秦这些作品的记载,一致强调《易》之兴,在"殷之末世、周之盛德",作《易》"当文王与纣之事","文王仁","纣乃无道",文王处危避祸,而

---

① 廖名春:《马王堆帛书周易经传释文》,杨世文等编《易学集成》第三卷,第3040页。
② 同上书,第3044页。

"《易》始兴"。这就是说,《周易》的产生,周文王是最有关系的人。

先秦以后,关于《周易》作者的记载,较早的有以下数家:

一是《淮南子·要略》:"今《易》之《乾》、《坤》,足以穷道通意也,八卦可以识吉凶、知祸福矣,然而伏羲为之六十四变,周室增以六爻,所以原测淑清之道,而揔逐万物之祖也。"

二是《史记》。其《太史公自序》曰:"昔西伯拘羑里,演《周易》。"其《周本纪》曰:"西伯盖即位五十年,其囚羑里,盖益《易》之八卦为六十四卦。"其《日者列传》载汉初人司马季主语曰:"自伏羲作八卦,周文王演三百八十四爻,而天下治。"

三是《法言》。其《问神》篇曰:"《易》始八卦,而文王六十四,其益可知也。"其《问明》篇曰:"文王渊懿也……重《易》六爻,不亦渊乎?浸以光大,不亦懿乎?"

四是《汉书》。其《艺文志》曰:"至于殷周之际,纣在上位,逆天暴物。文王以诸侯顺命而行道,天人之占,可得而效,于是重《易》六爻,作上、下篇。"

五是《论衡》。其《谢短》篇曰:"伏羲作八卦,文王演为六十四。"其《正说》篇曰:"说《易》者皆谓伏羲作八卦,文王演为六十四。夫圣王起,河出图,洛出书。伏羲王,河图从河水中出,《易》卦是也。禹之时,得洛书,书从洛水中出,《洪范》九章是也。故伏羲以卦治天下,禹案《洪范》以治洪水。古者烈山氏之王得河图,夏后因之曰《连山》;归藏氏之王得河图,殷人因之曰《归藏》;伏羲氏之王得河图,周人因之曰《周易》。其经卦〔皆八,其别〕皆六十四,文王、周公因象十八章究六爻。世之传说《易》者,言伏羲作八卦,不实其本,则谓伏羲真作八卦也。伏羲得八卦,非作之;文王得成六十四,非演之也。演作之言,生于俗传。苟信其文,使夫真是几灭不存。"其《对作》篇曰:"《易》言伏羲作八卦,前是未有八卦,伏羲造之,故曰作也。文王图八,自演为六十四,故曰衍。"

这些说法归结起来有三:一是认为周文王演《易》、益《易》、重《易》,即将伏羲之八卦各自相重,增为六十四卦三百八十四爻而成今之上、下篇。二是认为"文王得成六十四,非演之也"。三是认为"周室增以六爻"或"文王、周公因象十八章究六爻"。

与先秦的记载比较,这些说法有同有异。相同的是,它们都肯定周文王与《周易》有关。比如《史记》将"西伯拘羑里"与"演《周易》"相联，《汉书》将"殷周之际，纣在上位，逆天暴物。文王以诸侯顺命而行道"与"重《易》六爻，作上、下篇"相联，这些与《系辞》、《象传》、帛书《衷》、《要》的记载精神是一致的。崔述否认《史记》的记载，说"《易传》但言其作于文王时，不言文王所自作也。但言其有忧患，不言忧患为何事也。《史记》因《传》之文，遂以文王羑里之事当之，非果有所据也"①。从帛书易传的记载来看，崔说是错误的。帛书《缪和》说"文王絢于倏里"②，"倏里"即羑里。上引帛书《衷》说《易》之用也，段〈殷〉之无道、周之盛德也"，说"知以避患"，说"文王之危"；《要》篇说"纣乃无道，文王作，讳而辟咎，然后《易》始兴也"。足证《史记》、《汉书》关于《周易》的创作背景、文王与《周易》有密切关系的记载信而有据，并非全本于今传《易传》之说。

先秦文献与汉代文献记载的相异处也颇值得注意。先秦文献说了《周易》产生的时代、创作的背景，说了"文王作，讳而辟咎，然后《易》始兴也"；并没有具体说文王作《易》的细节。而汉代文献则具体指明文王演《易》、益《易》、重《易》，以至成今之上、下篇。这些说法，应该是汉人对先秦文献的发挥，很有辨析的必要。

汉人的周文王将八卦益为六十四卦说不足信。如前所述，《系辞》不但说八卦始出于伏羲氏，而且也说六十四卦系伏羲氏所作。《周礼·春官·太卜》云："太卜……掌三易之法：一曰《连山》，二曰《归藏》，三曰《周易》。其经卦皆八，其别皆六十有四。"郑玄《易赞》及《易论》云："夏曰《连山》，殷曰《归藏》，周曰《周易》。"如果郑说可信，那么，《连山》、《归藏》早已有六十四别卦，不必等周文王出始有六十四卦。张亚初、刘雨《从商周八卦数字符号谈筮法的几个问题》一文列有《商周八卦符号登记表》③，搜集了商、周考古材料中的三十四个数字卦，其中有殷代的许多重卦。显然，汉人的"文王重卦"说是不能成立的。

《汉书》又有文王"作上、下篇"说。此说实质是说《周易》的卦、爻辞系周文王所作，《周易》六十四卦的卦序是否系周文王所作？《汉书》没有明

---

① 崔述：《丰镐考信录》卷二，第 27 页。

② 廖名春：《马王堆帛书周易经传释文》，杨世文等编《易学集成》第三卷，第 3046 页。

③ 张亚初、刘雨：《从商周八卦数字符号谈筮法的几个问题》，《考古》1982 年第 2 期。

言,但实际是承认的。《汉书》的这一观点,与《淮南子》、《史记》等的记载是相通的。所谓演《易》、益《易》,绝不仅仅指将八卦重为六十四卦,实质也包括确定六十四卦的卦序、撰作六十四卦的卦爻辞在内。《淮南子》说"伏羲为之六十四变,周室增以六爻",人多不得其解。"六十四变",当指六十四卦;"增以六爻",当指增加六爻的爻辞,卦辞也当在内。

《汉书》的文王"作上、下篇",有一个很严重的问题。对此,唐人孔颖达早已有所论述:

> 验爻辞多文王后事。案升卦六四"王用亨于岐山",武王克殷之后始追号文王为王,若爻辞是文王所制,不应云"王用亨于岐山"。又明夷六五"箕子之明夷",武王观兵之后,箕子始被囚奴,文王不宜豫言"箕子之明夷"。又既济九五"东邻杀牛不如西邻之禴祭",说者皆云西邻谓文王,东邻为纣。文王之时,纣尚南面,岂容自言已德受福胜殷?又欲抗君之国,遂言东邻西邻而已。

后人对此续有考证,认为晋卦卦辞"康侯用锡马蕃庶",说的是周初康侯之事。[①] 其说可从。如此说来,《周易》卦爻辞的下限就到了成王时。

如何解决《周易》卦爻辞有文王身后事与文王作《易》说的内在矛盾?孔颖达有说:

> 《左传》韩宣子适鲁,见《易象》云:"吾乃知周公之德。"周公被流言之谤,亦得为忧患也。验此诸说,以为卦辞文王,爻辞周公。马融、陆绩等并同此说,今依而用之。所以只言三圣,不数周公者,以父统子业故也。案《礼稽命征》曰:"文王见礼坏乐崩,道孤无主,故设经礼三百,威仪三千。"其"三百"、"三千"即周公所制《周官》、《仪礼》,明文王本有此意,周公述而成之,故系之文王。然则《易》之爻辞,盖亦是文王本意,故《易纬》但言文王也。[②]

卦辞文王、爻辞周公说能解决"爻辞多文王后事"的问题,但并不能解决卦辞也有文王后事的问题。所以,此说并不能令人信服。但"父统子业"说,

---

① 顾颉刚:《周易卦爻辞中的故事》,《古史辨》第三册,上海:上海古籍出版社,1982 年影印本。

② 上引孔颖达说,皆见《周易正义》卷首。

与《淮南子》的"周室增以六爻"说却可相通。所谓"周室"，不实指周文王，应该说包括周文王、周公父子在内。《论衡·正说》篇的"文王、周公因象十八章究六爻"不好理解，但大意是认定《周易》卦爻辞的制作者为周文王、周公。这一观点，与"父统子业"说是一致的。

《淮南子》说"周室增以六爻"，《论衡》以《周易》卦爻辞归之于周文王、周公父子，孔颖达以"父统子业"说解释《周易》"爻辞多文王后事"，这对于研究《周易》的作者都是有积极意义的。将《周易》卦爻辞的作者由周文王扩大到周公，或"周室"，可以解决《周易》卦爻辞有文王后事的矛盾；以文王作为"周室"的代表或文王、周公的代表，这也是合乎情理的。说周公参与了《周易》卦爻辞的制作，从史籍记载来看，很有可能。

《左传·文公十八年》记季文子使太史克对鲁宣公说："先君周公制周礼。"《国语·鲁语》说："若子季孙欲其法也，则有周公之籍矣。"《论语·为政》载孔子语："周因于殷礼，所损益可知也。"《八佾》也说："周监于二代，郁郁乎文哉。"孔子论及周礼，每每与周公相联系。正因如此，所以他说："甚矣，吾衰也久矣，吾不复梦见周公。"（《述而》）孔子所说的损益殷礼，"监于二代"的不是别人，正是周公。[1]《周易》一书载于《周礼·春官》，为太卜所掌。周公制礼作乐，对《周易》的卦爻辞作了改编加工，并非没有可能。近代以来，人多以为《周易》卦爻辞系出于"史巫"之手。[2] 其实，周公之为，多有近于史巫之处。如武王克殷二年，武王有疾，"周公于是乃自以为质，设三坛，周公北面立，戴璧秉圭，告于太王、王季、文王"。"成王少时，病。周公乃自揃其蚤沉之河，以祝于神。"（《史记·鲁周公世家》）《尚书·大诰》载，武王崩，成王幼，周公摄政称王，三监及淮夷叛。周公决计平乱，而邦君庶士不同意。周公则亲自占卜并将占卜结果告诉邦君庶士，其中说"用宁（文）王遗我大宝龟"，即表明其占卜特权是文王给予的。从西周金文中可知，周公子伯禽为鲁侯又兼任周王室太祝，邢伯为周公后裔，亦为太祝。这些事实表明，周公原为周王朝宗教职务之首脑。[3]《左传·昭公二年》载韩宣子在鲁太史处见到《易象》一书，因而盛赞周公之德。说明周公与《周

① 金景芳：《中国奴隶社会史》，第122、123页，上海：上海人民出版社，1983年。

② 顾颉刚：《周易卦爻辞中的故事》。

③ 郝铁川：《周公本为巫祝考》，《人文杂志》1987年第5期。

易》是有关的。《易象》之藏于鲁太史而不藏于别国,这与周公、特别是与其子伯禽的太祝职掌有密切联系。所以,汉人的周公参与作《易》说,从《周易》本经和史实上,是可以解释通的。

讨论《周易》的作者问题,第一是要从《周易》本经出发,第二是尊重而又合理地吸收先秦、两汉文献的记载。有鉴有此,笔者认为,先秦文献关于周文王与《周易》有密切关系的记载是信而有征的;汉代文献关于文王、周公作《易》的观点是可以成立的;孔颖达的文王作卦辞、周公作爻辞说虽为主观,但其"父统子业"说以文王为其父子的代表不失为一种合理的解释。从《周易》本经和先秦、两汉的文献记载看,周文王因于羑里时,可能对六十四卦的卦序作了一定的编排,以至形成了今天通行的卦序,这是所谓"演";文王又将六十四卦系以一定的卦辞和爻辞,这是所谓"增";文王所系之卦、爻辞,后来又经过周公的改编、加工,以至最后形成《周易》本经。《周易》形成后,掌于祝卜之手。周公作为祝卜系统的首脑,不但改编和加工过《周易》的卦爻辞,而且为解释《周易》的创作背景、思想内涵也做了一定的工作,于是就产生了《易象》一书。《易象》藏于鲁太史之处,既与周公父子的职掌有关,也表明了周公与《周易》本经的特殊关系。

三 《周易》的性质

《周易》一书的性质,自古以来就有不同的看法。《左传》、《国语》有关《周易》的记载共 22 条。其中《庄公二十二年》的"陈侯使筮之"、《闵公元年》的毕万"筮仕于晋"、《僖公二十五年》的卜偃"筮之"、《襄公九年》的穆姜"始往而筮之"、《襄公二十五年》的崔武子"筮之"、《国语·周语》的"晋之筮之"、《国语·晋语》的"公子亲筮之"、董因"筮之"等,都是以《周易》占筮,显然是以《周易》为卜筮之书。而《襄公九年》穆姜的"四德"说,《昭公十二年》子服惠伯的"中信之事则可,不然必败"说,《僖公十五年》韩简的"职竞由人"说,则不相信卜筮,开义理解《易》之先河。孔子晚年以前以《周易》为卜筮之书而不重视,而晚年认识到《周易》有"古之遗言",有文王之道,所以他不顾得意门生的激烈反对,冒着"后世之士疑丘者,或以《易》乎"的危险,潜心于其"德义"的研究,从而开辟了一条迥异于史巫之筮的治

《易》新路。① 后来的图书分类，如《四库全书》等，都以易类为经部第一，将卜筮类的《易》著列入子部术数类，实质是孔子晚年易学观的反映。说明两千多年来，以《周易》为义理之书，已成为人们的共识。

进入 20 世纪以来，关于《周易》一书的性质又起争议。以李镜池（1902—1975）、高亨（1900—1986）为代表的学界主流坚持经、传分离，视《周易》为"卜筮之书"，视其卦爻辞为灵签符咒，否认其蕴含有哲理思想。②影响之大，几成定论。而以金景芳（1902—2001）③、黄寿祺（1912—1989）④为代表的传统派则强调以传解经，坚持和发展了义理说。

我们认为易源于数占，本为卜筮之流。但发展到《周易》，经过文王、周公父子的创造、改编，《周易》就不仅仅是卜筮之书，而寓有一定的哲理和社会政治思想。

比如《周易》的卦画，六十四卦共三百八十四爻，其中阴爻一百九十二，阳爻也一百九十二，这种结构形式有没有思想性？我看是难以否定的，不能用偶然性来解释，当有其必然之理。《系辞传》说："《易》有太极，是生两仪，两仪生四象，四象生八卦，八卦定吉凶，吉凶生大业。"这是筮法，也是哲学，是用筮法形式表现出来的哲学。

再如《周易》的卦序，其两两相对，非覆即变，不仅蕴含有对待观，也蕴含有变易观。看不到这一点，否定其有思想性，是不客观的。

金景芳先生说："《周易》六十四卦以乾卦居首。这一点不简单，反映殷周之际人们观念上的一大变化。殷人重母统，所以殷易《归藏》首坤次乾，周人重父统，所以《周易》首乾次坤。周代的几乎所有的制度都反映着首乾次坤的观念。《周易》把乾坤两卦放在六十四卦之首，与周人的自然哲学紧密相关。《周易》的作者认为天地是万物的本原，天地之间惟有万物而已。而'易与天地准，故能弥纶天地之道'。又'与天地相似'，'范围天地之化而不过，曲成万物而不遗'，易之为书广大悉备，'有天道焉，有地道焉，有人道

① 廖名春：《试论孔子易学观的转变》，《孔子研究》1995 年第 4 期。

② 如李镜池《易传探源》、《周易筮辞考》（《古史辨》第三册，朴社，1931 年 11 月），高亨《周易古经通说》（文通书局，1943 年）、《周易古经今注》（开明书店，1946 年）。

③ 金景芳：《易通》，商务印书馆，1945 年；金景芳、吕绍纲：《周易全解》，长春：吉林大学出版社，1989 年。

④ 黄寿祺、张善文：《周易译注》，上海：上海古籍出版社，1989 年。

焉'。《易》是天地及天地生成万物的摹写,天地及天地生成万物是《易》的原本。天地之道全在《易》的范围之中。乾坤象天地。天地在万物之先,故乾坤居六十四卦之首。六十四卦象万物,故屯蒙诸卦列乾坤之后。《易纬·乾凿度》说乾坤是'阴阳之根本,万物之祖宗',是说得极正确的。与《系辞传》所说'乾坤其易之门','乾坤其易之蕴',意义完全一致。我们研究《周易》应特别审视乾卦及坤卦,既要知道它们是六十四卦之中的两卦,有它们自身的意义,又不可忘记它们是六十四祖宗,是六十四卦的根本。"①这一分析,应该还是有道理的。

《周易》六十四卦不是以既济结束,而是以未济结束。《序卦传》说"物不可穷也,故受之以未济终焉",说既济后有未济,表明变化永远不会终止,旧过程结束正是新过程的开始。这一分析也是能成立的。如果否定《序卦传》的分析,说这仅仅是筮法,并不蕴含哲学的深意,是难以服人的。

《周易》的卦爻辞包含着深邃的哲理。

如乾卦初九爻辞"潜龙勿用",是说力量不够强大时,不能轻举妄动;九二爻辞"见龙在田,利见大人",是说龙出现在田野,利于出现大人;九三爻辞"君子终日乾乾,夕惕若,厉无咎",是说不能一味逞强,应当按时作息,有张有弛;九四爻辞"或跃在渊,无咎",是说或飞腾而起,或退处于渊,一切都依时而定,必无咎害;九五爻辞"飞龙在天,利见大人",是说龙高飞在天上,利于出现大人;上九爻辞"亢龙,有悔",是说龙高飞穷极,有所悔恨;"用九,见群龙无首,吉",是说群龙都不以首领自居,吉利。这里,不但强调了适时性原则,表现了对刚柔相济的理想追求,也体现了物极必反之理。

再如泰卦九三爻辞说:"无往不陂,无往不复。"以地势的"平"与"陂"、外出和返回的"往"与"复"来象征事物对立面的相互依存和转化。否卦上九爻辞说:"倾否,先否后喜。"是说事情坏(否)到了极点,就会向好(喜)的方面转化。泰卦本为吉卦,卦辞云"小往大来";否卦本为凶卦,卦辞云"大往小来"。但泰卦发展到上六"城复于隍",就"泰极否来",由吉转凶,所以泰卦的卦画倒过来就是否卦,泰卦的上六就成了否卦的初六。否卦发展到上九,就是"先否后喜","否极泰来",由凶转吉,所以否卦的卦画倒过来就

① 金景芳、吕绍纲:《周易全解》,第 2 页。

是泰卦,否卦的上九就成了泰卦的初九。显然,事物的相互联系、对立面的相互依存转化的思想在这里是有系统的。

因此,《周易》是占筮之书,但又不是一般的占筮之书。它是哲理之书,但也不是一般的哲理之书。它是利用占筮的形式,来表现哲理的一部特殊的典籍。它占筮的形式下,寄寓着文王和周公一定的思想,这就是后来孔子选定它而不选别的占筮书作教材,为它作传而不为别的占筮书作传的原因,这也是只有从它,而没有从别的占筮书发展出哲学的人文主义和自然主义的原因。

思考题:

1. 读读马王堆帛书易传《要》篇。

2. 谈谈你对《周易》成书时代的看法。

3. 谈谈你对《周易》一书性质的看法。

第十讲

《易传》的形成和特质

今本《易传》是一部战国以来系统解释《周易》经文的专集,由《彖传》上、下篇,大、小《象传》,《文言传》,《系辞传》上、下篇,《说卦传》,《序卦传》,《杂卦传》八种十篇组成。① 这十篇著作自汉代起,又被称为"十翼"。"翼"是羽翼,为辅助之意,表示它们是解释《周易》经文的,其意义与相对经而言的"传"相同。先秦秦汉时期的《易传》有很多种,但他们的地位和影响,没有哪一种能跟今本《易传》相比。早在战国,或者至少在汉初,今本《易传》的大部分就已经取得"经"的地位,被人们尊称为"易"了。

《易传》之所以能够被人们尊之为经,既跟它们的形成年代有关,更跟它的作者、它深邃的思想有关。从司马迁的《史记·太史公自序》到唐孔颖达的《周易正义》,人们都认为《易传》十篇系孔子所作,是圣人之言。

从宋代的欧阳修起,到清代的崔述,特别是至近现代,人们对《易传》的作者和时代都提出了不同的看法。欧阳修作《易童子问》怀疑《系辞传》为孔子所作;崔述作《洙泗考信录》进而认为《易传》不出孔子而出于七十子以后之儒者。近人在他们的基础上,又提出《易传》或出于战国中期②,或出于战国末期③,或出于秦汉之际④,或出于西汉昭、宣以后⑤。总之,认为《易传》各篇非出于一人一时。这些说法,既有科学的创见,也不乏疑古过勇之处。下面,分别就《易传》的形成年代、作者及其性质作一阐述。

---

① 传统的说法是七种十篇。如熹平石经本和朱熹《周易本义》本皆如此。但大、小《象传》实际当为《大象传》和《小象传》两种,因此《易传》七种十篇当为八种十篇。

② 张岱年:《论易大传的著作年代与哲学思想》,《中国哲学》第 1 辑,北京:三联书店,1981 年。

③ 郭沫若:《周易的制作时代》,1935 年 3 月,原载《青铜时代》,后收入《郭沫若全集·历史编》第一册。

④ 冯友兰:《易传的哲学思想》,《哲学研究》1960 年第 7 期。

⑤ 李镜池:《易传探源》,《周易探源》,第 301 页,北京:中华书局,1978 年。

一 《易传》的形成年代

我们先来讨论《彖传》。

《荀子·大略》说：

> 《易》之咸，见夫妇。夫妇之道不可不正也，君臣，父子之本也。咸，感也。以高下下，以男下女，柔上而刚下。

张岱年先生认为这和咸卦《彖传》"咸，感也。柔上而刚下，二气感应以相与，止而说，男下女"很类似。是《大略》篇选录了《彖传》的文句呢，还是《彖传》抄录了《荀子》？这首先要看看《荀子·大略》篇的体裁。《大略》篇不是一篇系统的论文，而是一篇资料摘录。其开端三字是"《易》之咸"，这就足以表明，这条正是引述《周易》中《彖传》的文句而加以发挥。[①]

李学勤先生认为这几句话，实际援用了《易传》中的《彖传》、《说卦》、《序卦》三篇。䷞咸卦☶艮下☱兑上，《说卦传》云"艮三索而得男，故谓之少男。兑三索而得女，故谓之少女"。所以说"《易》之咸见夫妇"。《序卦传》讲咸卦说："有天地然后有万物，有万物然后有男女，有男女然后有夫妇，有夫妇然后有父子，有父子然后有君臣。"下面又说："夫妇之道不可不久也，故受之以恒。"所以说"夫妇之道不可不正也，君臣，父子之本也"。至于"咸，感也"，"男下女"，"柔上而刚下"云云，均为咸卦《彖传》的原文。传中此段，与恒卦《彖传》"恒，久也，刚上而柔下……"是相对的，因此，只能是荀子摘引《彖传》，而不能是相反。[②]

这些分析，都是可信的。《大略》对咸卦的解释，与《彖传》所说大同小异。《荀子·大略》说比《彖传》简省，看来乃是对《彖传》文的节录。《大略》系荀子讲学的记录，引《彖传》文意则从略。由此可知，《彖传》的写成，当在荀子以前。

从马王堆三号汉墓出土的帛书《二三子》、《衷》和《缪和》来看，《彖传》的形成至少当在战国末期以前。《二三子》、《缪和》分别引用了《谦·彖》

---

① 张岱年：《论易大传的著作年代与哲学思想》，《中国哲学》第 1 辑，北京：三联书店，1981 年。

② 李学勤：《周易经传溯源》，第 102 页，长春：长春出版社，1992 年。

之文。如帛书《二三子》释谦卦卦辞说："天乱骄而成嗛,地彻骄而实嗛,鬼神祸福嗛,人恶骄而好[嗛]。"①这与《彖传》的"天道亏盈而益谦,地道变盈而流谦,鬼神害盈而福谦,人道恶盈而好谦"说同。出于同一抄者的《缪和》篇中,也有相同的一段话:"子曰:天道毁盈而益嗛,地道销[盈而]流嗛,[鬼神害盈而福嗛,人道]恶盈而好潇。"②其说更近于《彖传》。"乱骄"同"亏盈"、"毁盈"义同;"成嗛"即"益嗛";"实嗛"即"流嗛";"祸福嗛"即"祸骄福嗛",义同"害盈";"销[盈]"即"变盈"。值得注意的是,《缪和》的记载,又见于《韩诗外传》卷三和《说苑·敬慎》篇。其中《说苑·敬慎》篇直接将"天道亏满而益谦,地道变满而流谦,鬼神害满而福谦,人道恶满而好谦"说称为《易》曰"。这说明它们当是称引、袭用《彖传》之文。

此外,帛书《衷》篇有"益(泰)者,上下交矣"和"酆(丰)之虚盈"说③,也是取自《泰·彖》的"天地交而万物通也,上下交而其志同也"说和《丰·彖》"日中则昃,月盈则食,天地盈虚,与时消息"说。

我曾经分析过,帛书《缪和》篇载有的6个历史故事虽大多见于《吕氏春秋》、贾谊《新书》、《说苑》、《新序》、《韩诗外传》、《大戴礼记》等书,但仍提供了许多新的信息。如第十九段记载汤网开三面,德及禽兽,感化的诸侯有"四十余国"。而《吕氏春秋·孟冬纪·异实》和《新序·杂事》都是说"四十国",贾谊《新书·谕诚》则只说"士民闻之"、"于是下亲其上"。比较而言,《缪和》记载最详。第二十段记魏文侯过段干木之间而式(轼)事,《新序·杂事》、《史记·魏世家》、《艺文类聚》所引《庄子》都有类似记载。但《缪和》点出了"其仆李义"之名,而其他文献都只云"其仆"。可见,《缪和》的作者更清楚、更接近此事。不然,它就不会保留下这些细节的真实。第二十一段记吴舟师大败楚人,"袭其郢,居其君室,徙其器",与《左传》、《史记》同,但"太子辰归(馈)冰八管",吴王夫差置之江中与士同饮,因而士气大振之事,却为史籍所无。不管其所载是否有误,但它确实为这一段历史提供了新的材料。第二十二段所记与《韩非子·说林下》、《说苑·权谋》所载有较大不同。第一,《韩非子》和《说苑》都说是越破吴后,"又索卒于荆而攻

---

① 廖名春:《马王堆帛书周易经传释文》,杨世文等编《易学集成》第三卷,第3028页。
② 同上书,第3050页。
③ 同上书,第3037、3038页。

晋"；而《缪和》却说是越"环周（舟）而欲均荆方城之外"。显而易见，"索卒"或"请师"攻晋只是借口，越借胜吴之余威胁迫楚国，要将其方城之外的势力范围据为己有才是目的。《缪和》所载更近于历史的真相。第二，《韩非子》只说"起师"，不言数目；《说苑》说"请为长毂千乘，卒三万"；而《缪和》则说"请为长毂五百乘以往分于吴地。君曰：若（诺）。遂为长毂五[百乘]……"，所载更为翔实。第三，从"而不服者，请为君服之。日旦越王曰：天下吴为强，吾既已戋（践）吴，其余不足以辱大国之人，请辞。又曰：人力所不至，周（舟）车所不达，请为君取之"等语来看，楚越两国又就分吴事进行了外交交锋，而《缪和》的这种记载也不见于其他史籍。第四，《说苑》说楚"遂取东国"；《韩非子》说越"乃割露山之阴五百里以赂之（楚）"；而《缪和》则记为"（越）遂为之封于南巢至北蕲南北七百里命之曰倚（相之）封"。《史记·楚世家》云："是时越已灭吴而不能正江淮北；楚东侵，广地至泗上。"《越世家》也说："勾践已去，度淮南，以淮上地与楚。"由此可见，楚分吴所得的东国，其具体范围就是"南巢至北蕲南北七百里"，这与《史记》所说得"江淮北"、"泗上"或者说"淮上地"是一致的。第二十三段记楚取陈，同于《吕氏春秋·似顺》、《说苑·权谋》、《楚史梼杌》，但更为翔实。第二十四段记赵简子将袭卫事，《吕氏春秋·召类》、《说苑·奉使》也有类似的记载。但《缪和》说"使史黑（墨）往[睹之，期以]卅日，六十日后反（返）。间（简）子大怒，以为又（有）外志也"，而他书皆说"期以一月，六月而后返"，又无赵简子大怒等情节。"六十日后反"，较之"六月而后反"应更合乎实际。帛书《缪和》篇所记载的史事最晚也为战国初期之事。而且，它往往比《吕氏春秋》、《韩非子》所载更为翔实。如果它不是在《吕氏春秋》、《韩非子》之前写成的话，是很难做到的。①

既然帛书《缪和》篇称引、袭用了《象传》之文，那《象传》的形成肯定在《吕氏春秋》、《韩非子》之前。而帛书《二三子》、《衷》篇成书的年代只会比《缪和》篇早，决不会比《缪和》篇晚。所以，说《象传》的形成早于《荀子》、《吕氏春秋》、《韩非子》，当在战国晚期以前，应该是没有问题的。

所谓《象传》实际包括《大象传》和《小象传》。

① 详见廖名春《帛书〈二三子问〉简说》、《帛书〈缪和〉、〈昭力〉简说》，《道家文化研究》第3辑，上海：上海古籍出版社，1993年。

《大象传》成书较早。《大象传》在解释五十六个上下经卦不同的别卦之体时，尽管运用了两种不同的表述方式，但除了泰卦之外，它实际上都采取了自上而下之序。如"云雷，屯"，"山下出泉，蒙"，"云上于天，需"，"天与水违行，讼"，"雷电，噬嗑"，等等。宋人程颐、晁公武论定《大象传》释别卦之体"无倒置者"，应该是正确的。①

而《彖传》以经卦分析法释上下经卦不同的别卦之体则有两种方式：一是释上下经卦之象，指出其事物象征；二是释上下经卦之性，指出其德性象征。这两种解释上下经卦的方式，其次序显然是不同的。一般来说，释上下经卦之性，指出其德性象征，其次序是自下而上。而释上下经卦之象，其次序则与释上下经卦之德相反，一般是自上而下。如蒙卦《彖传》："蒙，山下有险，险而止，蒙。"蒙卦下坎上艮。"山下有险"，是指上下经卦之象，上为艮山，下为坎险。"险而止"，是指出蒙卦上下经卦各自的德性，下坎有险性，上艮有止性。又如需卦《彖传》："险在前也，刚健而不陷。"需卦下乾上坎。"险在前也"即"险在天前也"，"天"字省。这是说需卦的上下经卦之象，上为坎险，下为乾天。"刚健而不陷"，是说需卦下乾有刚健之性，上坎有险性。

《彖传》采用不同的次序来分析上下经卦的卦象与卦德，看似偶然，实有其必然的原因。从下而上释上下经卦之德，这种形式是由卦德与卦爻辞的密切联系决定的。分析别卦上下经卦的德性象征，其目的在说解卦辞。我们知道，《周易》的卦辞和爻辞是有内在联系的。《系辞传》云："彖者言乎象者也，爻者言乎变者也"，"彖者材也，爻也者效天下之动者也"，"知者观其彖辞，则思过半矣"，"八卦以象告，爻象以情言"。王弼《周易略例·明彖》云："夫彖者何也？统论一卦之体，明其所由之主者也。"②卦辞和爻辞的密切关系，决定了说解卦辞不可能置爻辞而不顾。以上下经卦的德性象征来说解卦辞既然要照顾到爻辞，而爻辞的次序是一定的，皆由初爻而至上爻，因此，释上下经卦之德也不能不遵循这种次序，由下而上。

而释上下经卦之象则不然。《大象传》释上下经卦之象只释卦名，不释卦辞。《彖传》又如何呢？当《彖传》和《大象传》一样，只解卦名，不解卦辞

①　项安世《周易玩辞》第 77 页引，上海：上海古籍出版社，1990 年。
②　楼宇烈：《王弼集校释》下册，第 591 页，北京：中华书局，1980 年。

时,它释上下经卦之序和《大象传》是一样的,即皆由上而下。当《彖传》解卦辞时,卦象之序则可能和《大象传》相反,而和它释卦德时一样,由下而上。至于《泰·彖》、《否·彖》中的"天地"、"上下",严格说来,它们皆系成辞,并没有反映出释卦的一定之序。对此,我们只要将这两卦的《彖传》对比一下就会明白:它们皆称"天地"、"上下",但阳、健、君子、君子道与阴、顺、小人、小人道的次序却刚好相反。这就是说,《彖传》对泰、否两卦上下经卦之象的称举是无序的,但对卦德的分析却是有序的。

正因为《彖传》、《大象传》释上下经卦之象一般只解卦名,不解卦辞,所以它们释象自可不受卦爻辞的影响,不必采取自下而上这一特殊次序,而自上而下又是最为常见之序。因此,它们释象取自上而下之序,就是自然的了。

这一事实告诉我们:《彖传》释卦象的方式应袭自《大象传》。《大象传》是专释卦象的,而《彖传》主要是释卦德,释卦象不是它的主要任务。因此,它自上而下解释经卦之象,一定是有来源的。如果《彖传》在前,《大象传》在后,《大象传》据《彖传》释象之例而形成自己的系统,这种可能性是很小的。因为《彖传》突出的是释卦德之序,其释卦象之序不经过严格的归纳,是不明显的;而《大象传》释卦象之序则异常鲜明。所以,只能是《彖传》从《大象传》系统的释象体例中吸取了营养,摘取了事例。

从语言的比较中,我们可以发现《大象传》语言表达很严谨,规范性很强。例见前文。而《彖传》解释卦名语言却有拼凑之嫌,如:

> 蒙,山下有险,险而止,蒙。
>
> 讼,上刚下险,险而健,讼。
>
> 恒,久也,刚上而柔下,雷风相与,巽而动,刚柔皆应,恒。
>
> 解,险以动,动而免乎险,解。
>
> 革,水火相息;二女同居,其志不相得,曰革。

同一个卦名,上面每一例点出了两次。很明显,这些话是从两种不同来源的资料中摘录而成的。"蒙,山下有险"是一种,"险而止,蒙"应又是一种。因为是取两种资料而成,所以它们明显是两段话,并没有完全融合为一体。这里对卦象的分析,如与《大象传》比较,应该说是取自《大象传》一类的书。

《彖传》释象有与《大象传》全同的。如《大象传·晋》:"明出地上,晋。"《彖传》作:"晋,进也,明出地上。"《大象传》是通过分析上下卦卦象来解释卦名之义;而《彖传》则是解释了卦名的意思为"进"之后,再引卦象分析为证。很明显,《大象传》是本,《彖传》是流。此外,明夷卦的"明入地中,明夷"也全同,泰卦的"天地交"、否卦的"天地不交"、噬嗑卦的"雷电"、恒卦的"雷风"、解卦的"雷雨作"等两《传》也同。从两《传》的性质来看,与其说《大象传》取自《彖传》,不如说《彖传》取自《大象传》。

刘大钧先生有一些独到的论述,很值得我们注意。他说:

> 先看鼎卦《大象》:"木上有火,鼎,君子以正位凝命。"而《彖·鼎》:"鼎,象也;以木巽火,烹饪也。圣人亨以享上帝……"因鼎卦的《大象》说"木上有火",而其《彖》则曰"鼎,象也;以木巽火",《彖》见《大象》而发,明矣!

> 再看剥卦的《大象》:"山附于地,剥,上以厚下安宅。"其《彖》曰:"剥,剥也,柔变刚也。'不利有攸往',小人长也。顺而止之,观象也。君子尚消息盈虚,天行也。"文中'观象也',所观者何象?自然是《大象》中的"山附于地"。所谓"山附于地"者,坤为地为顺,而艮为山为止,故《彖》称:"顺而止之,观象也"。

> 特别是坤卦,其《大象》曰:"地势坤,君子以厚德载物。"其《彖》则望文生义,拆开"厚德载物"四字而发挥出"坤厚载物,德合无疆"的妙论,很清楚地露出了其抄《大象》的马脚。

> 还有巽卦《大象》:"随风巽,君子以申命行事。"其《彖》曰:"重巽以申命,刚乎中正而志行。"此则《彖》望《大象》而生论,亦甚明了!①

刘先生的论证,与上文的分析完全一致。

对卦体的分析,《大象传》专释上下经卦之象,而《彖传》虽释象,但其主要倾向在释上下经卦之德。它们的逻辑关系是值得我们深思的。卦德是从众多卦象中综合抽象出来的,是较卦象更高一级的理论思维。应是先有卦象,后有卦德;不可能先有卦德,后有卦象。《大象传》只释卦象不及卦德,只释卦名不释卦爻辞,应是较早时期的产物。《彖传》释卦德,兼及卦象;既释卦名,又释卦爻辞,应是晚一时期的作品。从卦象与卦德的逻辑关系来

---

① 刘大钧:《周易概论》,第20、21页,济南:齐鲁书社,1980年。

看，我们只能得出这一结论。

高亨先生认为《大象》之所以不解卦辞，是因为《彖传》已解，不需重述。① 此说影响甚大②，其实是非常错误的。《大象传》之所以不解卦辞，并不是其作者见到了《彖传》已解，而是由它的体例决定的。《大象传》以自上而下之序解释上下经卦之象，完全没有考虑卦辞。如果考虑到卦辞和爻辞的话，它就会按由初而上之序释上下经卦，以与爻辞的特殊次序相合。如《彖传》解噬嗑卦、屯卦上下经卦之象时，因为涉及卦辞，它就改由上而下之序为由下而上之序。《大象传》和《彖传》其他部分释象之所以取自上而下之序，就是因为它们不解卦辞。所以，从《大象传》和《彖传》释象的先后次序这一结构规律来看，高亨先生之说是完全不能成立的。

《大象传》中，有三个"后"值得注意。《泰·大象传》："天地交，泰；后以财成天地之道，辅相天地之宜，以左右民。"《复·大象传》："雷在地中，复；先王以至日闭关，商旅不行，后不省方。"《姤·大象传》："天下有风，姤；后以施命诰四方。"这里的"后"，皆君之意。称君为"后"，来源颇早。后系母系社会之酋长，乃一族之始祖母，以其有繁育子孙之功，故以毓尊称之，后世承此尊号亦称君长为毓，典籍皆作后。甲骨文中，殷之先公先王称为毓（后）③。所谓"后祖乙"、"后祖丁"皆为商王称谓。《尚书·汤誓》之"我后不恤我众"、《诗经·大雅·下武》之"三后"、《周颂·雝》之"文武维后"、《商颂·玄鸟》之"商之先后"、《鲁颂·閟宫》之"皇皇后帝，皇祖后稷"，"后"皆与君、王同义。《复·大象传》之"后"与"先王"并称，显属同义，与甲骨文称"先王"、"先公"为"后"同。这种用法，后世已渐被遗忘。《易传》十篇中，只有《大象传》将"后"与"先王"并举，足证《大象传》渊源之古。这一事实，与上文所说的《大象传》作为释卦象之作要早于释卦德的《彖传》的逻辑，是相吻合的。

《大象传》早于《彖传》，从文献的记载上也能得到有力的支持。《左传·昭公二年》云：

晋侯使韩宣子来聘……观书于太史氏，见《易象》与《鲁春秋》，曰：

① 高亨：《周易大传今注》卷首《周易大传通说》。
② 如朱伯崑《易学哲学史》上册第43页即采此说。
③ 徐中舒主编：《甲骨文字典》，第1582页，成都：四川辞书出版社，1990年。

"周礼尽在鲁矣,吾乃今知周公之德,与周之所以王矣。".

此《易象》决非《周易》,而是研究《易》之书。何以见得?因为从《左传》、《国语》的记载看,晋人以《周易》占筮论事,史不绝书,可见人们对《周易》是非常熟悉的。如果鲁太史出示给韩宣子的《易象》只是人们早就习以为常的《周易》,韩宣子决不会如此大发感慨。笔者认为,就像《鲁春秋》与已修《春秋》一样,《易象》与《大象传》是有渊源关系的。第一是名称一致。司马迁称"孔子晚而喜《易》,序彖系象说卦文言"①。此《象》亦可称为《易象》,它与《左传》所载之《易象》名同,绝非偶然。第二是内容有关。所谓"周公之德"、"周之所以王",就是敬德保民、谨慎戒惧的思想,认为"天命靡常","治民祇惧,不敢荒宁","无以水监,当于民监",这从《尚书》中的《酒诰》、《无逸》、《召诰》等篇可以看得很清楚。这些思想在《大象传》中盈篇累牍,如"君子以反身修德","君子以恐惧修省","君子以思患而豫防之","君子以慎言语,节饮食"等等。② 高亨先生认为,韩宣子所见之《易象》,决非《象传》。其理由是韩氏所见之《易象》乃维护周礼之书,否则韩宣子就不会发"周礼尽在鲁矣"的感慨;而《十翼》之《象传》无"周礼"字样,又兼有儒法两家的思想,鲁昭公二年时孔子仅十二岁,此时儒法两家尚未形成,不可能出现反映儒法思想之《象传》。③ 这种观点是值得商榷的。其一,即使《易象》并非《大象传》,但既然认为两者"皆讲《易经》卦爻之象,其内容又同"④,那么,绝对否认鲁史所藏之《易象》与传说中孔子所作之《大象传》的渊源关系,是轻率的。其二,孔子为代表的儒家思想源于周代的礼乐文化,是对周代礼乐文化的继承和发展⑤,孔子甚至做梦都常梦见周公⑥。因此,鲁史所藏之《易象》有《大象传》那样的儒家思想,并不值得奇怪。《大象传》有法家思想就是所谓"明罚敕法"说、"折狱致刑"说,这些思想决非法家

---

① 《史记·孔子世家》,《史记会注考证附校补》,第 1161 页,上海:上海古籍出版社,1986 年。

② 说参见廖名春等《周易研究史》,第 10、42 页。

③ 高亨:《周易大传今注》卷首《周易大传通说》。

④ 同上。

⑤ 如《论语·八佾》:"子曰:周监于二代,郁郁乎文哉! 吾从周。"见杨伯峻:《论语译注》第 30 页,北京:中华书局,1963 年。

⑥ 《论语·述而》:"子曰:甚矣吾衰也! 久矣吾不复梦见周公!"见杨伯峻:《论语译注》,第 72 页。

的专利品,我们只要读读《尚书·吕刑》篇就会明白。其三,《大象传》无"周礼"字样并不能说它与周礼没有关系,所谓"君子以思不出其位"、"君子以非礼弗履"、"君子以制数度,议德行"、"先王以作乐崇德,殷荐之上帝,以配祖考"云云,能说它们与周礼毫无联系? 所以,韩宣子所见之《易象》决非《象传》说,是难以成立的。

《大象传》源于鲁太史所藏之《易象》,这一分析与上文对《象传》、《大象传》释卦的体例、语言形式的分析所得出的结论是一致的。事实证明,时人《象传》早于《大象传》的说法是不可信的,《大象传》非惟不是《象传》的补编或续编,而且是《象传》写作的材料来源和参考。因此,说《大象传》早于《象传》,其理由是很充分的。这也是说,在《易传》七种十篇中,《大象传》的形成应该是最早的。①

《小象传》与《大象传》本非一时一人之作,我们不应将其与《大象传》混为一谈。其成书,无疑晚于《大象传》。但《礼记·深衣》说:

> 《易》曰:"六二之动,直以方也。"

这是明引坤卦六二爻《小象传》之文,并尊之为"易"。② 说明在战国儒家的眼里,《小象传》已不是当时的新生事物。由此可见,其成书的下限,至少当是战国后期。当然,这并不排除有汉人的改动。

司马迁不但称举过《文言》之名③,而且还引用过其文。如《史记·太史公自序》:"故《易》曰:'失之毫厘,差以千里。'故曰:'臣弑君,子弑父,非一旦一夕之故也,其渐久矣。'"颜师古注:"《易·坤卦·文言》之辞。"而《文言传》为:"臣弑其君,子弑其父,非一朝一夕之故,其所由来者渐矣。"说《史记》是暗引《文言传》,应该是可信的。

《荀子》一书也有一些引自《文言传》的痕迹。如《劝学》篇:"施薪若一,火就燥也,平地若一,水就湿也。草木畴生,禽兽群居,物各从其类也。"《大略》篇:"均薪施火,火就燥;平地注水,水流湿。夫类之相从也,如此之著也。"这两段文字显然袭自《乾·文言》:"同声相应,同气相求;水流湿,火

---

① 廖名春:《〈大象传〉早于〈象传〉论》,《清华汉学》第 2 辑,北京:清华大学出版社,1995 年。

② 高亨:《周易大传今注》,第 7 页,济南:齐鲁书社,1979 年。

③ 《史记·孔子世家》:"孔子晚而喜《易》,序彖系象说卦文言。"

就燥,云从龙,风从虎。圣人作而万物睹。本乎天者亲上,本乎地者亲下,则各从其类也。"《吕氏春秋·应同》篇也暗引了《文言传》此段文字,说:"类固相召,气同则合,声比则应。鼓宫而宫动,鼓角而角动。平地注水,水流湿。均薪施火,火就燥。山云草莽,水云鱼鳞,旱云烟火,雨云水波,无不皆类其所生以示人。"

《史记·孔子世家》说:"子思作《中庸》。"《隋书·音乐志》引沈约说:"《礼记·中庸》、《表记》、《坊记》、《缁衣》皆取《子思子》。"以《中庸》与《文言传》比较,它们从思想到语言的类似点颇多。《中庸》说:"君子依乎中庸,遁世不见,知而不悔,唯圣者能之。君子之道费而隐。"《文言传》说:"不成乎名,遁世无闷,不见是而无闷。""不悔"即"无闷"。《中庸》说:"博学之,审问之,慎思之,明辨之,笃行之。"《文言传》说:"君子学以聚之,问以辩之。""博学"是对"学以聚之"的提炼,"审问"、"明辨"是对"问以辩之"的深化。《文言传》说:"九二曰'见龙在田,利见大人'何谓也? 子曰:'龙德而正中者也。庸言之信,庸行之谨,闲邪存其诚,善世而不伐,德博而化。《易》曰见龙在田,利见大人,君德也。'"《中庸》说:"君子之道四,丘未能一焉。……庸德之行,庸言之谨。"①它们都说是孔子之言,这并非偶然。《韩非子·外储说右上》:"子夏曰:'《春秋》之记臣杀君、子杀父者,以十数矣,皆非一日之积也,有渐而以至矣。'"子夏此说的意思与用语都类似《文言传》的这一段话:"臣弑其君,子弑其父,非一朝一夕之故,其所由来者渐矣,由辩之不早辩也。"金景芳先生说:"《文言》全部……应为诸弟子在平日孔子讲述时,所作的记录。"②可见《韩非子》所载"子夏曰"出于"子曰",是子夏暗引孔子说。听孔子讲学的弟子并非一人,孔子也并非只在一时一地阐述过,传闻有一定差别是可以理解的。子思引之以编入《中庸》,也有的将之编为《文言》。由于都来源于孔子之说,所以都称之为"子曰"。所以,《文言传》的编者是孔子弟子后学,但其主要部分都是孔子之说。

从出土材料来看,帛书《二三子》篇论龙德,论乾卦上九爻辞,许多话也

①　以上详见金德建《先秦诸子杂考》,第171—172页(郑州:中州书画社,1982年),李学勤《周易经传溯源》第二章第一节(长春:长春出版社,1992年)。

②　金景芳:《关于周易的作者问题》,《学易四种》,第217页,长春:吉林文史出版社,1987年。

同于《文言》。帛书《缪和》篇的"元者,善之始也"说和"亨者,嘉好之会也"说,比起《左传·襄公九年》所载来,也更近于《文言》。① 可见《文言》也当是战国时期的作品,其下限当在《吕氏春秋》以前。

《系辞传》之文,陆贾《新语》一书有两次明引。其《辨惑》篇说:"《易》曰:'二人同心,其利断金。'"其《明诚》篇说:"《易》曰:'天垂象,见吉凶,圣人则之。'"其《道基》篇还有暗引的,如:"故知天者仰观天文,知地者俯察地理……先圣乃仰观天文,俯察地理,图画乾坤,以定人道,民始开悟,知有父子之亲,君臣之义,夫妇之别,长幼之序……天下人民,野居穴处,未有室屋,则与禽兽同域。于是黄帝乃伐木构材,筑作宫室,上栋下宇,以避风雨。"这是袭自《系辞传》"仰以观于天文,俯以察于地理","古者包牺氏之王天下也,仰则观象于天,俯则观法于地……于是始作八卦,以通神明之德,以类万物之情"等语并加以发挥。② 陆贾本楚人,后从汉高祖乃为之著《新语》,其时为公元前 196 年。他称引《系辞传》不举篇名而只称"《易》",说明在当时人的心目中,《系辞传》是早已产生而不是刚刚写出来的东西。

陆贾之学,本出自荀子。而《荀子》一书,袭自《系辞传》者,比比皆是。例如其《天论》篇,许多人都注意到了与《系辞传》思想上的联系,但到底是《天论》本于《系辞传》,还是《系辞传》本于《天论》? 我们可以比较。《系辞传》说:"见乃谓之象,形乃谓之器,制而用之谓之法。"这是指的从具体到抽象,"制"的内涵并不确定。而《荀子·天论》篇则说:"从天而颂之,孰与制天命而用之?"将一般的"制而用之"提高到"制天命而用之"的哲理高度,这显然是发挥了《系辞传》的思想。《系辞传》说:"德薄而位尊,知小而谋大,力小而任重,鲜不及矣。《易》曰:'鼎折足,覆公悚,其形渥,凶。'言不胜其任也。"《荀子·儒效》篇则说:"故能小而事大,辟之是犹力之少而任之重也,舍粹折无适也。"此"粹折"显系从"不胜其任"化出。

《吕氏春秋》成书于秦王政八年(公元前 239 年)。其《大乐》篇说:"音乐之所由来者远矣,生于度量,本于太一。太一出两仪,两仪出阴阳。阴阳变化,一上一下,合而成章。混混沌沌,离则复合,合则复离,是谓天常。天

---

① 廖名春:《帛书〈缪和〉、〈昭力〉简说》,《道家文化研究》第 3 辑。

② 参见张岱年《论易大传的著作年代与哲学思想》,《中国哲学》第一辑,北京:三联书店,1981 年。

地车轮,终则复始,极则复反,莫不咸当。日月星辰,或疾或徐,日月不同,以尽其行。四时代兴,或暑或寒,或短或长,或柔或刚。万物所出,造于太一,化于阴阳。"此等语意,当出于《系辞传》"是故《易》有太极,是生两仪,两仪生四象,四象生八卦,八卦定吉凶,吉凶生大业。是故法象莫大乎天地,变通莫大乎四时,县象著明莫大乎日月","日月运行,一寒一暑","故神无方而《易》无体,一阴一阳之谓道","日往则月来,月往则日来,日月相推而明生焉。寒往则暑来,暑往则寒来,寒暑相推而岁成焉"。暗引《系辞传》上述内容的还有《礼记·礼运》篇:"是故夫礼,必本于大一,分而为天地,转而为阴阳,变而为四时,列而为鬼神。"《系辞传》谈"太极"、"两仪",是从筮数演易成卦而发,非常自然;而《吕氏春秋·大乐》篇、《礼记·礼运》篇谈乐、谈礼,排上"太一"、"阴阳",显然是搬用《系辞传》的理论。

从思想发展的逻辑看,一般是先有正命题,而后有反命题。《系辞传》开篇就说:"天尊地卑,乾坤定矣。卑高以陈,贵贱位矣。"肯定了天地的尊卑高下关系。而《庄子》一书既有沿袭套用此说的,也有提出反命题的。如《天运》篇说:"夫尊卑先后,天地之行也,故圣人取象焉。"接着说:"天尊,地卑,神明之位也","夫天地至神,而有尊卑先后之序,而况人道乎?"这些话,特别是"圣人取象"一语,肯定是受了《系辞传》的影响。而《天下》篇所载惠施《历物》之意十事,第三条却说:"天与地卑,山与泽平。"认为天地的高下关系是相对的。从思想演变来看,惠施的"天与地卑"正是《系辞传》"天尊地卑"的反命题。所以,可以说《系辞传》的基本部分在惠施以前就有了。《系辞传》又说:"《易》有太极,是生两仪。"以"太极"为最高的实体。《庄子·大宗师》却说:"夫道,有情有信,无为无形;可传而不可受,可得而不可见;自本自根,未有天地,自古以固存;神鬼神帝,生天生地;在太极之上而不为高,在六极之下而不为深。"这显然不承认"太极"是最根本的,而把"道"凌驾于"太极"之上。这是对于"《易》有太极"的反命题。所以,《系辞传》的这部分文字应在《庄子·大宗师》之前。①

七十子弟子的公孙尼,其著作《公孙尼子》已佚,惟《乐记》尚有部分保存在《礼记·乐记》中。其所说的"天尊地卑,君臣定矣。卑高已陈,贵贱位

---

① 以上所论详见张岱年《论易大传的著作年代与哲学思想》。

矣。动静有常，小大殊矣。方以类聚，物以群分，则性命不同矣。在天成象，在地成形。如此，则礼者天地之别也。地气上齐，天气下降。阴阳相摩，天地相荡。鼓之以雷霆，奋之以风雨，动之以四时，暖之以日月，而百化兴焉。如此，则乐者天地之和也"，与《系辞传》开始的 22 句大致相同。《系辞传》说："天尊地卑，乾坤定矣。卑高以陈，贵贱位矣。动静有常，刚柔断矣。方以类聚，物以群分，吉凶生矣。在天成象，在地成形，变化见矣。是故刚柔相摩，八卦相荡。鼓之以雷霆，润之以风雨；日月运行，一寒一暑。"在这里，《系辞传》是讲天地和万物的秩序、变化，写得自然流畅。而《礼记·乐记》从天地讲到礼乐，显得牵强。显然是《礼记·乐记》袭用《系辞传》的文句辞意而稍加变化。《隋书·音乐志》引沈约曰："《礼记》……《乐记》取《公孙尼子》。"徐坚《初学记》、马总《意林》引《公孙尼子》之语均见于今本《礼记·乐记》。这说明《乐记》本为公孙尼子所作，只是被后人收录进了《礼记》。公孙尼著书援引《系辞传》，这意味着《系辞传》的成书接近七十子之世，距离孔子也不会太远。①

　　1974 年初，长沙马王堆三号汉墓出土了帛书《系辞传》。其内容基本同于今本，仅少了一些章节。这些不见于今本的文字，在其祖本中基本上是存在的。② 马王堆三号汉墓葬于汉文帝前元十二年（公元前 168 年），抄写时间应在汉初。就其祖本来说，早于高祖年间是毫无问题的。特别是抄写时间与帛书《系辞》相同的帛书《衷》篇，它不但大量引用了《系辞》之文，而且三次称之为"易曰"。③ 说明战国时人早已视《系辞传》为经，其地位之高表明其成书决不会太晚。这完全可以支持我们上面的论证。

　　今本《说卦传》一直有后出的嫌疑，原因是《隋书·经籍志》说："及秦焚书，《周易》独以卜筮得存，唯失《说卦》三篇，后河内女子得之。"但王充《论衡·正说》篇又说："孝宣皇帝之时，河内女子发老屋，得逸《易》、《礼》、《尚书》各一篇，奏之，宣帝下示博士，然后《易》、《礼》、《尚书》各益一篇。"从战国和汉初的文献看，今本《易传》的其他篇皆有所见，唯《杂卦传》不见踪影。

---

　　① 详见高亨《周易大传今注》第 8 页、张岱年《论易大传的著作年代与哲学思想》、李学勤《周易经传溯源》第二章第二节所论。

　　② 廖名春：《论帛书〈系辞〉与今本〈系辞〉的关系》，《道家文化研究》第 3 辑。

　　③ 廖名春：《论帛书〈系辞〉的学派性质》，《哲学研究》1993 年第 7 期。

所以，汉宣帝所增益的这一篇逸《易》，当为《杂卦传》无疑。这样，《隋书·经籍志》以《说卦》为佚失之作就不足为据了。司马迁说孔子"序彖系象说卦文言"。不管怎么断句，"说卦"肯定是指《说卦传》。当是汉武帝时《说卦传》尚存，故为太史公所亲见。马王堆三号汉墓所出帛书《衷》篇中，就摘引了《说卦传》的前三章；而且帛书六十四卦排列的顺序也是基于《说卦传》中的乾坤父母说。可见，在帛书《周易》和帛书《衷》篇写成时，《说卦传》早已产生了。所以，它也当是战国时期的作品。

《序卦》之文，《淮南子·缪称》称引过。《韩诗外传》卷八说：

> 孔子曰："《易》，先《同人》后《大有》，承之以《谦》，不亦可乎！"

此说系从《序卦》概括出，因为传说包括《序卦》在内的《易传》为孔子作，故将《序卦》文意称为"孔子曰"。从银雀山一号汉墓所出土的竹简宋玉《御赋》可知，《小言赋》确为战国晚年的作品。《小言赋》中楚襄王有这样一段话："一阴一阳，道之所贵；小往大来，《剥》《复》之类也。是故卑高相配而天地位，三光并照则大小备。"这几句话全本于《易传》。由此看来，宋玉和楚襄王都是熟读过《序卦》、《系辞》的。①

《序卦传》之文，《淮南子·谬称》称引过，说："《易》曰：'剥之不可遂尽也，故受之以复。'"这说明汉初《序卦传》尚存，不可能是宣帝时所出。特别是前引《荀子·大略》篇"《易》之咸，见夫妇。夫妇之道不可不正也，君臣，父子之本也"说，李学勤先生认为系从《序卦传》"有天地然后有万物，有万物然后有男女，有男女然后有夫妇，有夫妇然后有父子，有父子然后有君臣"、"夫妇之道不可不久也，故受之以恒"化出②，其说极是。如此，则《序卦传》当在战国时就有了，其时代也不会太晚。

对于《易传》诸篇来说，《序卦传》是目录。依据古书惯例，目录当居于最后。由此可知，最初《易传》是没有《杂卦传》的。依王充《论衡·正说》篇，《杂卦传》是汉宣帝初年才补入的。所以在今本《易传》中，它附于《序卦》之后，居于最末。《杂卦传》为汉武帝时河内女子发老屋所得，也应当是先秦的作品。

---

① 详见张岱年《论易大传的著作年代与哲学思想》、李学勤《周易经传溯源》第二章第三节所论。

② 李学勤：《周易经传溯源》，第102页。

总的说来，《易传》八种十篇的下限都不出战国。其中《大象传》等可能要早些，《序卦传》等可能稍晚些。《文言传》、《系辞传》成于七十子之世，也就是战国初期。《彖传》、《说卦传》不会晚于战国中期。《小象传》、《序卦传》可能是战国晚期的作品。《杂卦传》虽然和《易传》其他篇来源不同，但成书也不会晚于战国。

二 《易传》的作者

《易传》各篇非成于一时，它的作者自然也并不只一个人，说它们都是孔子亲手所著的传统观点，今天已经被大多数人所否定了。但是，《易传》是否与孔子有关，这又是一个值得探讨的问题。

汉人一般都认为孔子与《易传》有密切关系。如司马谈把"正《易传》，继《春秋》"看成是孔子事业的继续（《史记·太史公自序》）。司马迁《史记·孔子世家》说："孔子晚而喜《易》，序《彖》、《系》、《象》、《说卦》、《文言》。"陆贾《新语·道基》说"后圣乃定五经，明六艺"。李学勤先生认为，这里的"后圣"指孔子，"定五经"肯定包括定《易》在内。而孔子定《易》肯定不只是说孔子仅仅读过《周易》，否则，就不能用一"定"字。这就是说，陆贾的孔子定《易》说和司马谈"正《易传》"是一致的。[①] 到东汉班固《汉书·艺文志》进而认为"孔氏为之《彖》、《象》、《系辞》、《文言》、《序卦》之属十篇"。

孔子曾经读过《易》，这是历史事实。《论语·述而》篇记载："子曰：加我数年，五十以学《易》，可以无大过矣。"这是孔子学《易》的明证。

值得注意的是，帛书《要》篇记孔子力辩他"好《易》""与史巫同途而殊归"，惟恐人们对他有所误解，说"后世之士疑丘者，或以《易》乎"。其语气与《孟子·滕文公下》所记孔子"知我者，其惟《春秋》乎？罪我者，其惟《春秋》乎"极其相似。帛书《要》篇的作者，同样认为孔子晚而好《易》，这说明，孔子之于《周易》不只是读者，而是有所领悟或阐发。[②]

汉人和帛书《要》篇的说法是有根据的。《论语·子路》篇说：

---

① 李学勤：《周易经传溯源》，第107页。
② 详见李学勤《周易经传溯源》第四章第六节所论。

子曰:"南人有言曰:'人而无恒,不可以作巫医。'善夫!""不恒其德,或承之羞。"子曰:"不占而已矣。"

"不恒其德,或承之羞",乃《周易》恒卦九三爻辞。意思是说人无恒德,难免蒙受羞辱。孔子则以南人所说人无恒心,不可作巫医,解释此爻辞,强调卦爻辞的道德修养的意义。后一句是说,善学《易》的人,懂得此道理,不必去占筮。在孔子看来,《周易》的用处,是提高人的道德修养的境界,不是卜问吉凶祸福。此是孔子对《周易》的新诠释。此种解《易》学风,后来影响渐大。《易传》对卦爻辞的解释,大都取孔子的人道教训之义。《象传》与《文言传》尤为突出。因此,否认《易传》和孔子《易》说的关系,是不能成立的。

《系辞传》和《文言传》有许多"子曰",其"子曰"又称"颜氏之子"。在帛书《要》篇中,这些"子曰"又称"夫子曰",其"夫子"的"弟子"则是"子赣(贡)"。这说明,《系辞》和《文言》的"子曰"当为"孔子曰"。说它们是"讲师之言",否定它们为孔子之说,经不起出土文献的检验。据研究,《系辞》的"子曰"部分与非"子曰"部分有着密切的联系:非"子曰"部分是"子曰"部分的推阐和发挥,"子曰"部分则是非"子曰"部分立论之所从出。两者思想虽有源与流的区别,但实质是一致的。① 因此,《系辞传》、《文言传》的思想出于孔子,是难以否定的。以此推论《易传》的其他篇,说它们源于孔子或与孔子有关,应是有道理的。

总体说来,《易传》的思想源于孔子,孔子与《易传》有着密切的关系。但战国时期的孔子后学对《易传》各篇也做了许多创造、发挥工作。因此,《易传》的作者主要应是孔子及其后学。

三 《易传》的特质

《易传》和《易经》既有联系又有区别。传是解经的,但《易传》对《易经》的解释,也融入了许多作者自己的新思想。

《易传》继承了占筮的象数观念,对《易经》的占筮作了理论化的解说;

---

① 详见廖名春《论帛书〈系辞〉的学派性质》。

同时也把《易经》本身所蕴涵的义理提升到了一个新的高度。就其实质而言,《易传》已完全是一部哲学著作。

《易传》虽然是一部哲学著作,但它毕竟是解释《易经》和筮法的,又同占筮有着密切的联系。《易经》的卦序、爻位、卦象甚至筮法,在《易传》里都有系统的阐述,形成了一套规范。所以,就占筮这一形式而言,在《易传》中也理论化了,《易传》因而也是一部占筮的理论著作。当然,形式服务于内容,《易传》是通过解释占筮来表达其自然观和社会观的。可以说,《易传》有两套语言,一是关于占筮的语言,是解释卦象、爻象、爻位、筮法的;一是哲学语言,是讲宇宙和世界的变易法则,人类社会的起源和发展规律的。这两套语言,有时分开讲,更多的时候是合着讲:占筮中有哲理,哲理中有占筮;既是讲哲学,又是讲占筮。不懂《易传》的占筮语言,我们就无法深入地了解其哲理;不顾它的哲学语言,什么都以占筮作解,也只能陷入荒谬。我们学习《易传》既要了解其哲学属性,又要懂得其占筮语言的特点。

思考题:

1. 《彖传》与《大象传》谁成书更早? 谈谈你的看法。

2. 谈谈你对《易传》与孔子关系的看法。

3. 《易传》与《周易》本经的性质与表现形式有哪些不同?

第十一讲

《象传》

《象传》是今本《易传》八种中的第一种,分为上、下两篇。象,本指卦辞,《象传》则是解释卦辞的。因为《周易》的卦名往往寓于卦辞之中,或者和卦辞连在一起,所以《象传》也兼释卦名,并由卦名、卦辞进而阐释一卦之义。《象传》是解彖辞的,故也称《彖辞传》。古人也将其简称为《彖》。

《周易》六十四卦共有六十四条卦辞,《彖传》因而也有六十四条。在通行本《周易》中,它逐条附于每一卦的卦辞之下。只有乾卦特殊,其《彖》附于卦、爻辞之后,卦辞之下是爻辞、用辞,用辞之下才是《彖》。这种拆散《彖传》而附于经的做法,并非《彖传》的本来面貌。《彖传》本身是独自成篇的。汉石经本《彖传》分为上、下两篇,就是如此。

《彖传》的解经有其特殊的体例,其思想也非常深刻。了解其体例,把握其思想,对于读《易》是很有帮助的。

一 《彖传》的体例

《彖传》解经的体例,前人如王弼的《周易略例》、孔颖达的《周易正义》都进行过阐发,但都较为简略。今人后出转精,其中以黄沛荣《周易彖象义理探微》说最为详尽、允当。[①] 今以黄说为主,分述如下。

(一)分析别卦卦体

《彖传》对别卦卦体的分析,一是从经卦的卦德入手,二是从经卦的卦象入手。

所谓经卦的卦象,指八卦的取象,即八卦的事物象征。如乾的取象有大、君子、上(居上位者),坤的取象有地、小人、下(居下位者),震的取象有雷,巽的取象有风、命(教令)、木,坎的取象有水、雨,离的取象有火、明

---

① 黄沛荣:《周易象象传义理探微》,台北:汉京文化事业有限公司,1984 年。

（日）、电、女，艮的取象有山、男、贤人，兑的取象有泽（光泽）、女。

所谓经卦的卦德，即八卦的性质，亦即八卦的德性象征。如乾的卦德有健、刚、阳，坤的卦德有顺、柔、阴，震的卦德有动、刚，巽的卦德有入、柔、巽（逊），坎的卦德有险、刚，离的卦德有丽、柔、文、明、文明、聪明，艮的卦德有止、刚、笃实，兑的卦德有说、柔。

屯卦的卦体为䷂，下震上坎。《彖传》说：

> 动乎险中，大亨贞。雷雨之动满盈。

所谓"雷雨"，就是以经卦的卦象解释屯卦卦体的构成。雷，指下震，雨，指上坎。震为雷，坎为水，雨即水。所谓"动乎险中"，则是以经卦的卦德来解释屯卦卦体的组合之义。屯卦的下体为震，震的德性象征为动；屯卦的上体为坎，坎的德性象征为险，所以屯卦的卦体组合就体现出在危险中变动发展之义。

又如泰卦的卦体为䷊，下乾上坤。《彖传》说：

> "泰，小往大来，吉，亨。"则是天地交而万物通也，上下交而其志同也。内阳而外阴，内健而外顺，内君子而外小人：君子道长，小人道消也。

所谓"大地"、"上下"、"君子"、"小人"都是指泰卦上下体乾与坤两经卦的事物象征，乾为天、为上、为君子，坤为地、为下、为小人。泰卦的卦体组合表现了天与地、上与下、君子与小人一定的关系。所谓"内阳而外阴，内健而外顺"，内指别卦的下体，外指别卦的上体。阳、健，指经卦乾的德性象征；阴、顺指经卦坤的德性象征。《彖传》认为别卦卦体二经卦的不同组合，有着深刻的含义。所谓"交"、"消"、"长"就是通过分析泰卦二经卦的卦象和卦德而得出的别卦之德。

（二）阐释卦名卦义

《彖传》解经，往往由卦名而及卦义，从别卦卦名入手，推阐一卦之旨。

其释卦名，或用义训，或用声训，或两者并用。如《师·彖》说："师，众也。"师指军队，军队部属众多。所以用"众"这一特性揭示师卦卦名的涵义。《比·彖》说："比，辅也。"《说文》："比，密也，二人为从，反从为比。"所以说比卦卦名有辅弼之义。《需·彖》说："需，须也。""需"、"须"古音声韵皆同,以"须"释"需",属于声训。《咸·彖》说:"咸,感也。""咸"、"感"古音同,"感"从"咸"得声,以"感"释"咸",是通过声音的联系,揭示咸卦卦名的意义。《习坎·彖》说:"习坎,重险也。""坎"与"险",古音相近;"坎"又有"险"义。这种解释,既有声音的联系,又有意义的联系,属于兼用声训、义训。《剥·彖》说:"剥,剥也。"这是说剥卦的卦名有剥落义,属于同字相训。

《周易》六十四卦中,全卦六爻系有卦名的,共十四卦;五爻系有卦名的,共十三卦;四爻系有卦名的,有十四卦;六爻不见卦名的,仅七卦。全经三百八十四爻,系有卦名的共有二百三十九爻。所以卦名作为一卦的标题,往往就揭示了全卦的主旨。

《彖传》以卦名为线索,直探卦义。其方法大致有二:

一是就别卦卦名本字进行推阐。如《谦·彖》曰:

> 谦,亨,天道下济而光明,地道卑而上行。天道亏盈而益谦,地道变盈而流谦,鬼神害盈而福谦,人道恶盈而好谦。谦尊而光,卑而不可逾:君子之终也。

这是由卦名谦而阐发"谦"之美德,由天道而论及地道,由鬼神而论及人道,由尊者而论及卑者,强调"谦"德的普遍意义。《睽·彖》曰:

> 天地睽其事同,男女睽而其志通也,万物睽而其事类也:睽之时用大矣哉!

这是揭示睽卦化"睽"为"合"的卦旨。"睽"义为对立、乖睽,但异中有同,对立中有统一。天地一上一下是对立的,但它们化育万物的事理却相同;男女一为阳一为阴是不同的,但他们交感求合的心志却相通;天下万物尽管各有不同,但它们禀受天地阴阳气质的情状却相类似。总的说来,睽中有合,睽卦包含着深刻的哲理。这种对卦旨的阐释、发挥,都是扣住卦名"睽"字进行的。

二是就卦名之义进行论述。如《颐·彖》曰:

> "颐,贞,吉",养正则吉也。"观颐",观其所养也;"自求口实",观其自养也。天地养万物,圣人养贤以及万民:颐之时大矣哉!

这是先揭示卦名之义为养,再从养字入手,阐释"养天下"的道理。《恒·

象》也是如此：

> 恒，久也。……"恒，亨，无咎，利贞"，久于其道也。天地之道，恒久而不已也；"利有攸往"，终则有始也。日月得天而能久照，四时变化而能久成，圣人久于其道而天下化成：观其所恒，而天地万物之情可见矣！

恒义为久，而恒久既是自然之道，也是圣人之道。因此恒卦的久义，实际概括了天地万物的性情。这两种方法，虽有直接和间接之别，但都是就卦名而论卦义。

（三）解释卦辞

解释卦辞，是《彖传》的主要工作。《彖传》对卦辞的阐释，方法灵活，不拘一格。如《否·彖》：

> "否之匪人，不利君子贞；大往小来"，则是天地不交而万物不通也，上下不交而天下无邦也。内阴而外阳，内柔而外刚，内小人而外君子：小人道长，君子道消也。

这是先举出卦辞，再对卦辞作总体阐释。《泰·彖》、《观·彖》等都是如此。
又如《咸·彖》：

> 柔上而刚下，二气感应以相与。止而说，男下女，是以"亨，利贞，取女吉"也。

这是先解释卦辞之义，随后再举出卦辞以印证。《大有·彖》、《晋·彖》、《旅·彖》、《巽·彖》等也都是如此。这是第二种方式。
又如《蛊·彖》：

> "蛊，元，亨"，而天下治也；"利涉大川"，往有事也；"先甲三日，后甲三日"，终则有始，天行也。

这是先分别引出卦辞，再逐句进行阐释。这种方式最为常见，《蒙·彖》、《需·彖》、《讼·彖》等都是如此。

（四）解释别卦卦象

《周易》六十四的卦名卦义，也有少数与卦形之象有关。《彖传》的解释就揭示了这一点。如《噬嗑·彖》曰：

颐中有物曰噬嗑。

颐卦的卦形为☲，"颐"义为口腮，颐卦的卦形像口腮形状。噬嗑的卦形为☲，第三爻正像口腮中所含之物。所以《彖传》就以口腔中含有食物这一卦形之象来解释噬嗑卦卦名的意义。《鼎·彖》也是如此：

鼎，象也，以木巽火，烹饪也。

这是说鼎卦之名，来自"鼎"的形象。鼎卦的卦形为☲，初六爻像鼎之双足，六五爻像鼎之两耳，上九爻则像鼎盖，中间的九二、九三、九四三爻则像鼎腹之形。从整体上看鼎卦的卦形像一只鼎，而分别看，上下卦的卦象也含有用鼎烹饪之意。这些解释，应该说是非常生动的。

（五）剖析爻位爻义

卦辞是总说一卦大义的。而最能体现卦义的，则在一卦的主爻。故《彖传》解释卦辞等，也兼取爻位、爻义。

《彖传》以爻位说经，主要术语有"中"、"刚中"。所谓"中"是指别卦的二爻或五爻，因为它们分别居于上、下经卦之中位。如《讼·彖》曰：

"讼：有孚窒惕，中吉"，刚来而得中也。

所谓"刚来而得中"，是说☲讼卦与☲需卦反对，讼卦的九二爻自需卦的九五爻而来占据下卦的中位。

所谓"刚中"，是指阳爻居中位。如《比·彖》说：

"原筮，元永贞，无咎"，以刚中也。

比卦的卦形为☲，其九五爻居上卦之中位，九五爻是阳爻，阳爻居中，故称"刚中"。又如《困·彖》曰：

"贞，大人吉"，以刚中也。

困卦的卦形为☲，居上卦、下卦中位的，均为阳爻，故云"刚中"。

《彖传》又以爻位说和爻德说相结合以释经，提出了"正"、"正位"、"当位"、"得位"等概念。如《遁·彖》说：

"遁，亨"，遁而亨也；刚当位而应，与时行也。

遁卦的卦形为☲，下艮上乾。所谓"刚当位"是指第五爻阳爻居之，阳爻居

奇位,故称"当位"。《家人·彖》又说:

> 家人,女正位乎内,男正位乎外;男女正,天地之大义也。

家人卦的卦形为䷤,下离上巽。所谓"女正位乎内",指内卦(即下卦)中位是阴爻居之,阴爻居偶位,故称"正位"。"男正位乎外",是指外卦(即上卦)中位阳爻九五居之,阳爻居奇位,也称"正位"。内卦外卦中位都是阳爻居奇位,阴爻居偶位,故称"男女正"。如《涣·彖》说:

> "涣,亨",刚来而不穷,柔得位乎外而上同。

涣卦䷺与节卦䷻为反对卦。所谓"刚来而不穷"是指涣卦的九二自节卦的九五来,故亨通而不穷。所谓"柔得位乎外而上同",是说外卦的第四爻是阴爻居之,阴爻居偶位,故称"得位"。

相反,如果阳爻居偶位或阴爻居奇位,就称为"不当位"或"失位"。如《未济·彖》说:

> 虽不当位,刚柔应也。

䷿未济卦六爻中,三阳爻九二、九四、上九都居偶位,三阴爻初六、六三、六五都居奇位,故说"不当位"。《小过·彖》说:

> 刚失位而不中,是以不可大事也。

阳爻应居奇位,但䷽小过卦第四爻九四阳爻却居偶位,故说"刚失位"。

如果上、下卦的中爻是阳爻居奇位,阴爻居偶位的话,《彖传》就称为"中正"。如《讼·彖》曰:

> "利见大人",尚中正也。

䷅讼卦下坎上乾。上卦中位是九五,是阳爻居奇数位,而且又是中位,故称"中正",是既居中又得正。《彖传》认为正者多吉,而"中正"尤其吉利。

从组成别卦的内外经卦相对的爻位关系着眼,《彖传》又有所谓"应"、"敌"的说法。如《比·彖》曰:

> 上下应也。

䷇比卦下坤上坎。它的六二爻是下卦之中爻,与上卦之中爻九五阴阳相配,"异性相吸",故云"上下应也"。《恒·彖》曰:

刚柔皆应。

䷟恒卦下巽上震。它内卦的初六与外卦的九四、九二与六五、九三与上六，皆阴阳相配合，故曰"刚柔皆应"。

如果别卦内、外卦相对应的爻位是同性，则称为敌。敌是应的反面。如《艮·象》说：

上下敌应，不相与也。

䷳艮卦下艮上艮。初六与六四、六二与六五、九三与上九的关系皆为同性，"同性相斥"，所以称为"敌应"，相互敌对，不相交往亲与。

从相邻爻位的关系着眼，《象传》又有"乘"、"顺"、"志行"等说。

所谓"乘"，就是指阴爻居于邻近的阳爻之上。如《夬·象》曰：

柔乘五刚也。

䷪夬卦下乾上兑。其阴爻上六居于五阳爻之上，阴为柔，阳为刚，故曰"柔乘五刚"。

所谓"顺"是指柔爻居于相邻的刚爻之下，有阴顺阳之义。如《巽·象》说：

柔皆顺乎刚。

䷸巽卦下巽上巽。内卦初六爻居九二、九三爻之下，外卦六四爻居九五、上九爻之下，阴为柔，阳为刚，故曰"柔皆顺乎刚"。

所谓"志行"，是指阳爻居于阴爻之上。如《小畜·象》说：

健而巽，刚中而志行，乃亨。

䷈小畜卦下乾上巽。"刚中"指阳爻九五居外卦之中位；"志行"则指阳爻九五居阴爻六四之上。"志行"实质上不过是"顺"的另一种说法而已。

《象传》分析爻位关系的意义，是想在一卦六爻中确定最能反映卦旨的主爻。《象传》所论述的主爻，共有六十一个，出现在四十五卦中。据统计，九五为主爻的有24次，九二为主爻的有13次，六五有8次，六二有6次，初九3次，六四与上九各2次，九四、六三与上六各1次，初六与九三则无。其中二或五爻为主爻者，共51次；其他仅10次。以阴爻为主爻者，共18次；阳爻为主者，共42次。由此可见，《象传》贵"中"而且尤贵"刚中"。至于初、三、四、上爻也为卦主之例，王弼《周易略例·明彖》认为"一卦五阳而一阴，则一阴为之主矣；五阴而一阳，则一阳为之主"，以少者为贵之理释之。而李光地《周易折中·义例》则认为是"成卦之主"，以与主卦之主相区别。其说也颇符合《彖传》。

（六）阐发易理

《彖传》在易理的阐发上，有两个突出之点：一是以"时"的概念说卦；二是以"来"、"往"、"上"、"下"、"反"、"进"等词揭示易卦的反对相次之理。

所谓"时"，就是一卦当时的具体形势、环境与条件。王弼《周易略例·明卦适变通爻》说："夫卦者，时也；爻者，适时之变者也。"这就是说，每一个六画卦，都代表一"时"，都代表一个具体的事物，这个事物并不是孤立存在的，而是处在具体环境和条件下的事物。六爻，则是用来表现处于特定条件下此一事物发展变化的过程。所以，论卦首先要知"时"，不知"时"则无以论卦。"时"是制约爻的，卦"时"一变，六爻必随之而变，吉则反转而为凶，凶亦反转而为吉。如《泰·彖》说：

> "泰，小往大来，吉，亨"，则是天地交而万物通也，上下交而其志同也。

䷊泰卦下乾上坤。乾为天，天气在上而降于下。坤为地，地气在下而升于天。天地的这一升降交换位置，反映了阴阳相交和相通之义。对立双方可通达无阻。所以通达就是泰卦的卦"时"，泰卦这一卦就是用来表示处于通达无阻条件下的具体事物。而其六爻，则各以其所居之"位"的具体环境而适"时"变化。《否·彖》又说：

> "否之匪人，不利君子贞，大往小来"，则是天地不交而万物不通也，上下不交而天下无邦也。

䷋否卦下坤上乾。坤为地而居于下，乾为天而居于上，阴阳截然对立而不相交，失去了统一性。由此可知，否卦之时就是闭塞不通，否卦这一卦就是用来表示处于否塞不通条件下的具体事物。其六爻，都是以其所处的位置或具体环境来论述如何由否塞不通而向通达发展。

所以，卦时是六爻变化的前提，是决定、制约六爻的发展变化的。只有了解卦时，才能掌握一卦之旨，才能正确理解六爻的变化。

今本《周易》六十四卦的排列,按照一定的次序而组成三十二对。这三十二对卦在结构上有反对或相对两种关系。所谓反对,即孔颖达说的"覆"。如☷☰泰卦,下乾上坤,反转过来,就是☰☷否卦,下坤上乾;又如☶☱损卦下兑上艮,反转过来,就是☳☴益卦下震上巽。也就是说,有反对关系的两卦,它们的爻位实际有着这样的关系:此卦的初爻就是彼卦的上爻,此卦的二爻就是彼卦的五爻,此卦的三爻就是彼卦的四爻等等。所谓相对,即孔颖达说的"变"。也就是相对的同一爻位上阴阳截然对立的一对卦。《周易》六十四卦除乾与坤、颐与大过、坎与离、中孚与小过这四组是相对关系外,其余五十六卦二十八组都是反转成偶的。对这些具有反对关系的卦组,《彖传》用了一些特殊的术语如"往"、"来"、"上"、"下"等揭示其中的联系。

自上而下曰"来"。所谓"来"就指从其反对卦(即反转卦)的上卦爻位来到本卦的下卦爻位。如《讼·彖》说:

> 刚来而得中也。

☰☵讼卦九二爻为阳爻,它本自其反对卦☵☰需的九五爻下来,占据讼卦下卦的中位,所以说"刚来而得中"。

自下而上曰"往"。所谓"往"就是指从反对卦的下卦爻位,升到本卦的上卦爻位。如《蹇·彖》说:

> 往得中也。

☵☶蹇卦的九五爻为阳爻,它本自其反对卦☳☵解卦的九二爻而上升,占据蹇卦上卦的中位,所以说"往得中也"。

"往"有时又称为"上"或"进"。如《贲·彖》说:

> 分刚上而文柔。

☶☲贲卦的上九为阳爻,它本自其反对卦☲☳噬嗑卦的初九而上升,故说"刚上"。又如《渐·彖》说:

> 进得位,往有功也。

☴☶渐卦的九五为阳爻,它本自其反对卦☳☱归妹卦的九二而上进,占据渐卦上卦的中位。"往有功"是对"进得位"的解释。"往"即"进","有功"即"得位"。所以说"往"有时又称为"进"。

"来"有时又称为"下"或"反（返）"，如《益·象》说：

> 自上下下。

䷩益卦的初九为阳爻，它本自其反对卦䷨损卦的上九爻而下来，居于益卦下卦之最下，屈尊于本应为"下"的阴爻之下。又《复·象》说：

> 刚反。

䷗复卦初九为阳爻，它本自其反对卦䷖剥卦上九爻而下返。故"反（返）"、"下"即"来"。前人多以"爻变"或"爻之升降"来理解《象传》此说，往往可通于此，而不可通于彼。如以反对卦为说，《象传》之意就非常清楚了。

二 《象传》的思想

《象传》的思想丰富而深刻，今从自然观、政治观、人生观三个方面论述。

（一）自然观

《乾·象》说：

> 大哉乾元！万物资始，乃统天。云行雨施，品物流形。大明终始，六位时成。时乘六龙以御天。乾道变化，各正性命，保合大和，乃利贞。首出庶物，万国咸宁。

《坤·象》说：

> 至哉坤元，万物资生，乃顺承天。坤厚载物，德合无疆；含弘光大，品物咸亨。牝马地类，行地无疆，柔顺利贞。

这两段话，都是对乾、坤两卦卦辞"元亨利贞"的解释，既是解说乾、坤两卦的卦象，又是表达作者的世界观。

《乾·象》的意思是，乾有元亨利贞的德行，其元之德为"万物资始乃统天"。就是说，万物赖乾元而始有，并统率天象。就筮法而言，乾卦六爻皆阳，皆为刚爻。阳爻初画，既是乾卦之始，又是六十四卦之始，故称其为"乾元"。"万物"指六十四卦象。"天"指乾卦象。阳爻统率乾卦，所以说"乃统天"。"云行雨施，品物流形"，是解释乾亨之德。其如同云行雨降，滋育万物,流动而成形。就筮法说,指阳爻散布于乾卦或其他六十二卦之中,无有阻塞。"大明终始,六位时成,时乘六龙以御天",是进一步解说乾卦的元亨之德。就筮法说,"大明"指阳爻,因为日为阳;"六位"指一卦六爻所处之位;"终始"指爻象的变动,始于初爻而终于上爻;"六龙"指乾卦六爻皆龙象;"时乘六龙"是说阳爻居于六爻之位,因时而不同;阳爻周流于乾卦六位之中,所以说"以御天"。"乾道变化,各正性命"是说万物因天道之变化,各得其应有的本性和寿命。从筮法上说,指乾卦六爻各有其意义,这是解释乾卦的贞德。"保合大和,乃利贞"是解释乾卦的利德,从筮法上说,指乾卦六爻皆阳,无刚柔相杂、柔侵刚之象;其哲学意义是指天时节气的变化极其和谐,风调雨顺,万物皆受其利。"首出庶物,万国咸宁"是说乾卦居众卦之首,统率其他六十三卦,如同天居万物之上、王居万民之首,天下皆得安宁。

《坤·彖》的意思是说,坤卦也有元亨利贞之德。"万物资生乃顺承天"是说坤元之德。坤卦六爻皆阴,皆为柔爻,阴爻初画,为坤卦之始,辅助阳爻初画,形成六十四卦。故称其为"坤元"。"万物"指六十四卦。这是说万物赖坤元生长,坤元有顺天生物之德。"坤厚载物,德合无疆,含弘光大,品物咸亨"是解释坤之亨德。阴爻遍布于坤卦六位和众卦之中,所以说坤又有大地载物之德,广大无边,包含万品,万物皆得以通顺。"牝马地类,行地无疆,柔顺利贞"是解释坤卦又有利贞之德。坤卦阴爻有牝马之象,所以说它柔顺端正,周行上下,无不吉利。①

《彖传》提出"大哉乾元,万物资始","至哉坤元,万物资生"的命题,以"乾元"、"坤元"为万物所以生、所以成的首要根据。这种"乾元","坤元"的内涵是什么呢? 应该就是刚柔。刚柔是《彖传》的一个重要概念,它们既是卦象,也是爻象;既可决定卦位的性质,也可决定爻位的性质;既是乾坤二元内在于事物的表征,又是决定事物体性的内在根据。就此而言,乾坤二元对于万物来说具有本原的意义。

"乾元"、"坤元"是如何生成万物的呢?《彖传》又提出了交感说。比如《泰·彖》说:

"泰,小往大来,吉,亨",则是天地交而万物通也。

---

① 说详朱伯崑《易学哲学史》上册第二章第二节(北京:北京大学出版社,1986 年)。

认为万物的通顺是由于天气和地气的相交。《姤·彖》说：

> 天地相遇，品物咸章也。

认为万物的昌盛发展是由于天地阴阳的遇合。《咸·彖》说：

> 天地感而万物化生……观其所感，而天地万物之情可见矣。

认为天地二气的交感造成了万物的化生，交感是大地万物之情。

《彖传》还提出盈虚消息说。《易》是变易之书，《彖传》将变易之理，凝聚在盈虚消息说里。《丰·彖》说：

> 日中则昃，月盈则食，天地盈虚，与时消息，而况于人乎，况于鬼神乎！

这是说日中则西斜，月满则亏损，天地万物有盈有虚，时消时长，不但人类如此，连鬼神也是这样。这实际就是说，从自然到社会，一切都是运动变化的。所以《剥·彖》主张君子要以"消息盈虚"为贵，要懂得事物变易是"天行"，是自然之理。

对事物的消息盈虚，《彖传》认为是有规律的，而这种规律，人们又是可以认识和掌握的。为此，《彖传》提出了恒久说。《恒·彖》曰：

> "恒，亨，无咎，利贞"，久于其道也。天地之道恒久而不已也。"利有攸往"，终则有始也。日月得天而能久照，四时变化而能久成，圣人久于其道而天下化成。观其所恒，而天地万物之情可见矣。

这是通过阐释恒卦卦辞说明事物的变动有其法则，其法则永恒不改。掌握了事物变化的这种永恒法则，人就可以与天地参，就可以看到大地万物的真实情况。

在此基础上，《豫·彖》还提出了顺动说：

> 豫，刚应而志行，顺以动，豫。豫，顺以动，故天地如之，而况"建侯行师"乎？天地以顺动，故日月不过而四时不忒。圣人以顺动，则刑罚清而民服。豫之时义大矣哉！

豫卦的卦形为䷏，坤下震上。坤的德性象征为顺，震的德性象征为动。故说"顺以动"。从上下经卦这一德性象征的组合中，《彖传》引申出了顺规律而行动的认识，认为天地之功、圣人之业，都成于顺规律而动。这种对自然界和人类社会规律性的认识,应该说是很深刻的。

（二）政治观

《象传》政治观的核心特征一般都认为是"法天治人",其实,这是很不够的,《象传》政治观还有法天因人的一面。

《象传》认为,天道是最根本的规律,人道与天道有其同一性。因此,人道必须效法天道。于是就提出了"圣人以神道设教"的命题。《观·象》说:

> 观天之神道,而四时不忒;圣人以神道设教,而天下服矣。

神道,指天象变化的规律。称其为神,是赞叹其功能之神妙。圣人效法天象变化之道而设教于天下,天下万民就会纷纷顺服。

在《贲·象》中,又提出了"法天因人"说:

> 观乎天文,以察时变;观乎人文,以化成天下。

观察天文日月星辰交错的现象就能察知四时寒暑相代的规律,观察人类文明礼仪各有其分的现象,就可以教化天下,使人人能具备高尚的道德品质。可以说,"观乎天文"就是法天,"观乎人文"就是因人。①

从法天因人出发,《象传》的政治观表现出两重性。一方面它强调尊卑等级,《泰·象》说:

> 内阳而外阴,内健而外顺,内君子而外小人。

阳健、阴顺再配上君子、小人,诸如此类的层次对应关系,把君臣、父子间的主从、上下依附关系说成是自然的,从而把这种人间的关系绝对化、固定化,赋予其不可抗拒的性质。《家人·象》说:

> 女正位乎内,男正位乎外;男女正,天地之大义也。家有严君焉,父母之谓也。父父,子子、兄兄、弟弟、夫夫、妇妇,而家道正;正家而天下定矣。

这种"正家而天下定"的观点,实际是以尊卑有序说为前提的。反映在筮法上,即以尊者为阳,卑者为阴,阴顺阳则吉,阴乘阳则不吉。也就是说,卑者应顺从尊者,不能凌驾于尊者之上;尊者要靠卑者侍奉,卑者要听从尊者的

---

① 说详金景芳、吕绍纲《周易全解》,第 168 页,长春:吉林大学出版社,1989 年。

指挥。

另一方面，天道的盈虚变化也给《彖传》以深刻的启发，因而它又提出了变革说。《革·彖》曰：

> 革，水火相息……"己日乃孚"，革而信之；文明以说，大亨以正，革而当，其悔乃亡。天地革而四时成；汤武革命，顺乎天而应乎人：革之时义大矣哉！

推行变革能取信于众，变革得当，一切悔恨都将消亡。四时的交替是变革，政权的转移也是变革。《彖传》肯定汤武革命，说它们顺乎天时、合乎人心，这种变革说在政治思想史上的影响是巨大的。

但是，《彖传》肯定变革，并不是为了否定尊卑等级制度；相反，它是在维护尊卑等级制度的前提下提倡变革的。为了防止这种制度被革掉，《彖传》提出了一系列民本政治说。如《大畜·彖》说的"尚贤"和"养贤"；《颐·彖》说的"圣人养贤以及万民"；《节·彖》说的"不伤财，不害民"，《损·彖》和《益·彖》甚至提出了"损上益下"的命题，主张节制在上者对在下者的剥削压迫。这些"尚贤"、"养贤"、"不害民"和"损上益下"的命题，是《彖传》政治学说中最富有积极意义的观点。

（三）人生观

《彖传》的人生观，最突出的就是其尚中守正说和好谦说。

儒家以中庸之德为美，中是行事的原则，正确处世的标准。《彖传》以中、正之德为善，所以常以中、正来解释吉凶的原因。如《讼·彖》说："利见大人，尚中正也。"《离·彖》"柔丽乎中正，故亨。"《解·彖》："其来复吉，乃得中也。"从筮法来看，中是指别卦的二、五位，正是指阳居奇，阴居偶位。从义理上而言，中为行之中，正为位之正，都是对君子之德的要求。《观·彖》云："中正以观天下。"《姤·彖》云："刚过中正，天下大行也。"都是视"中正"为君之德，以"中正"为其理想人格的要求。

《谦·彖》又提出恶盈好谦说：

> 谦，亨。天道下济而光明，地道卑而上行。天道亏盈而益谦，地道变盈而流谦，鬼神害盈而福谦，人道恶盈而好谦。谦尊而光，卑而不可逾：君子之终也。

日月损其盈满,正是增益其减损,因为虽日中而西下,月满而亏,但日落又会复升,月亏又会复圆,此是天道之谦;大地改变其高丘的地势,却流布水土于沟洼之中,使其丰满,这是地道之谦;鬼神降灾于骄盈者,却赐福于谦退者,此是鬼神之谦;人类厌恶骄满之人,却爱好谦虚之人,此是人道之谦。总之,能谦之人,尊者愈光大,卑者则不可被人凌越,君子有谦的美德,总有好的结果。这种恶盈好谦的人生观,是从其盈虚消息的自然观中推阐出来的。既是人类长期生活经验的总结,又具有易学思维的特征。

思考题:

1. 什么叫"中正"?试举例说明。

2. 简述"乾元"、"坤元"说的意义。

3. 从《象传》分析"人文"的本义。

第十二讲

大、小《象传》和《文言传》

一 《大象传》

今本《易传》中的《象传》实际当分为《大象传》和《小象传》。《大象传》六十四条，分别解释《周易》六十四卦的卦名和卦义；《小象传》三百八十六条，分别解释《周易》三百八十四条爻辞和两条用辞。

在通行本《周易》中，《大象传》和《小象传》分别附于每一卦的卦辞之下（在《彖传》后）和爻辞之下，只有乾卦特殊。这种分传于经的方法，和《彖传》一样，并非其本来面目。在熹平石经中，先是《周易》上经第一，再是下经第二，接着是上《彖》第三，下《彖》第四，上《象》第五，下《象》第六……说明《大象传》和《小象传》原本是独立成篇的。①

由上讲已知《大象传》和《小象传》并非出于一时一人之手。因此，我们就分别来谈它们释经的体例和从中表现出来的思想。

《大象传》分析别卦的卦象，主取象说，并根据别卦的卦名、卦义发挥其政治观和人生观。

（一）《大象传》的体例

《大象传》语辞简练，其六十四条皆由两段话组成，如《遁·大象》："天下有山，遁；君子以远小人，不恶而严。"《晋·大象》："明出地上，晋；君子以自昭明德。"第一段话是分析别卦的卦象并由此点出卦名，第二段话是讲君子等观象而获得的政治和道德启示。

我们先来看它是怎样解释别卦的卦体和卦名的。

《遁·大象》所谓"天下有山"，是根据八经卦的取象来解释别卦上、下

---

① 可参看屈万里《汉石经周易残字集证》（台北：联经出版事业公司，1984 年）卷三。

二体的构成。遯卦的卦形为☶，上乾下艮。上卦乾的取象为天，下卦艮的取象为山，山在下卦，天在上卦，故云"天下有山"。

《晋·大象》所谓"明出地上"，也是根据八经卦的取象来解释晋卦上、下二体的构成。晋卦的卦形为☲，上离下坤。上卦离的取象为明，明即火，即日；下卦坤的取象为地。明在上卦，地在下卦，犹如太阳出现在地面上，故云"明出地上"。

《周易》六十四卦有八个别卦是由两个同样的经卦相重而成的，它们是乾、坤、震、巽、习坎、离、艮、兑。《大象传》对它们的解释，也是从经卦的取象上着眼的，如《习坎·大象传》："水洊至，习坎。"习坎的卦形为☵，上坎下坎。坎的取象为水，洊就是再，两。习坎是由两个经卦坎组成的，故云"水洊至"。《离·大象传》："明两作，离。"离卦的卦形为☲，上离下离。离的取象为火，而"明"即日，日是火的代表。别卦离是由两个经卦离组成的，故云"明两作"。其他如"洊雷，震"，"兼山，艮"，"随风，巽"，"丽泽，兑"，《大象传》的解释也都是如此。

比较特别的是《大象传》对乾、坤两卦的解释："天行，健"，"地势，坤"。"天行"和"地势"都是从乾、坤经卦的取象上来解释别卦二体的组成的。乾为天，"天行"是说别卦☰乾是由天象之阵行组成的。行有阵行，行伍之义。坤为地，"地势"是说别卦☷坤是由地象之势构成的。一说谓，"天行健"，谓天体运行刚健；"地势坤"，谓地势处于柔顺。

《大象传》基本上没有八经卦的德性象征之说，只有《乾·大象》的"天行健"例外。如上所述，我们认为"天行"乃是指别卦乾的上下二体，因此，"健"也应是卦名而非指卦德。在马王堆三号汉墓出土的帛书《周易》经传中，"乾"字都写作"键"，"君子终日乾乾"之"乾乾"也写作"键键"。"键"即"健"之通假。所以《大象传》与帛书是一致的，"健"应为卦名。

《大象传》八经卦的事物象征（即取象）基本上都同于《彖传》，不同的只有《蒙·大象》"山下出泉，蒙"和《屯·大象》"云雷，屯"中坎的取象。蒙卦的卦形为☶，上艮下坎。艮为山，坎为水。《大象传》以坎为泉，泉、水名异实同。屯卦的卦形为☵，上坎下震，震为雷，坎为水。《大象传》以坎为云，云乃水气所聚，云、水名异义通。所以，《大象》的取象与《彖传》实质上还是一致的。

《彖传》分析别卦的卦象组合一般都是由下而上，这当出于《大象》的影响。如《蒙·彖》曰："山下有险,险而止,蒙。"《蒙·大象》作："山下出泉,蒙。""山下有险"与"山下出泉"都是分析别卦之象,皆由上卦而及下卦;而"险而止",却是分析别卦卦德,故从下卦而及上卦。《大象传》分析别卦只言卦象,不涉及爻辞,所以它以常规由上而下释卦体。而《彖传》解释卦德时,卦德与卦辞有关,而卦辞又与爻辞相关,所以《彖传》就不能不遵爻辞之次序,由初而上。到单纯地讲卦象时,《彖传》就同于《大象传》了。又如《需·大象》说:"云上于天,需。"《彖传》曰:"险在前也,刚健而不陷。"所谓"险在前"是就卦体之象而言的,故同于《大象传》坎为云,为险;"刚健而不陷"就卦德而言的,故从内至外。由此可见,是《彖传》的取象说有取于《大象传》,而非《大象传》有取于《彖传》。

《大象传》先言别卦卦体的组成,再点出卦名,实际是想通过分析卦体之象来解释卦名之义。如《讼·大象》说:"天与水违行,讼。"这是说天向西转,水往东流,二者相违而行,象人彼此两相乖戾,互相矛盾,所以导致争讼。这是从卦象的组合来分析讼这一卦名的得名原因。又如《晋·大象》曰:"明出地上,晋。"晋者,进也。所谓"明出地上",是从组成晋卦的两个经卦(上离下坤)的取象而言的。明,指日。卦象的组合有太阳从地面上升起之意,以此来解释晋卦卦名的意义。凡此种种,都是说六十四卦卦名之义,都由卦象而生。

《大象传》的第二段话大部分以"君子以"开头,少数则称"先王以"或"后以",是作者对卦义的阐析。这段话与第一段话有着密切的联系。也就是说《大象传》对卦义的阐析,或是来源于卦象之义,或是来源于卦名之义。《观·大象》曰:"风行地上,观;先王以省方观民设教。""省方观民设教"这一卦义本于卦名"观","省"、"观"都有察之义。又如《大畜·大象》曰:"天在山中,大畜;君子以多识前言往行,以畜其德。""多识前言往行"之"多",取义于卦名大畜之"大",由"大"引申而来;"以畜其德",取义于卦名大畜之"畜"字。《艮·大象》曰:"兼山,艮;君子以思不出其位。"艮为止,而"思不出其位",则是知思有所止。其他如师卦、震卦、恒卦、颐卦、小过等卦义的解释,也多如此。

除了根据卦名阐析卦义之外,《大象传》还从别卦卦体之象取义为说。如《震·大象》曰:"洊雷,震;君子以恐惧修省。""洊雷"为别卦震之象,震上下经卦皆为震,震为雷。古人以雷为天威之降,有警恶惩奸之义,所以说君子观震卦之象有"恐惧修省"之心。又如《泰·大象》曰："天地交,泰;后以财成天地之道,辅相天地之宜,以左右民。"泰卦上地下天,所谓"天地之道"、"天地之宜"之说皆从泰卦上下体之象而来。其他如噬嗑、丰、贲、离、晋、明夷、革、旅、同人、未济、姤、巽、鼎、渐等卦的卦义,也皆如此。

《大象传》从别卦卦体、卦名中摄取卦义,有一明显特点,就是只从正面立言,不谈其负面意义。卦辞、爻辞本来有吉有凶,或者说是吉凶相半,而《大象传》所言之卦义却没有不吉。比如剥卦、明夷卦,都是凶卦。但《大象传》却说:"上以厚下安宅","君子以莅众,用晦而明"。人称是凶中取吉。卦虽然凶,但人谋是起决定作用的,只要人为恰当,凶也能化吉。古人说:"《易》为君子谋,不为小人谋。"《大象传》对卦义的阐释,尤为明显。这也可以说是一种正面引导吧。

(二)《大象传》的思想

《大象传》的思想是纯粹的儒家思想,基本上可分为政治观和人生观两部分。

《大象传》的政治观基本上是儒家的民本论。《师·大象》曰:"君子以容民畜众。""容民畜众"就是养民以得众。师卦是讲王者用兵之道的,所谓"容民畜众"也就是民为兵本之意。《谦·大象》说:"君子以哀多益寡,称物平施。""哀多益寡"与"损上益下"意同,"称物平施"就是权衡各种事物,公平地施予,这对民应该是有利的。《剥·大象》说:"上以厚下安宅。"这是说君主只有厚下,恩加百姓,才能"安宅",巩固统治。

除了"容民畜众"、"哀多益寡"、"厚下安宅"这些德治主义的主张外,《大象》又有法治的观点。如《噬嗑·大象》提出了"明罚敕法"说,《丰·大象》有"折狱致刑"说,但从"明慎用刑"(《旅·大象》)、"赦过宥罪"(《解·大象》)、"议狱缓死"(《中孚·大象》)诸说来看,《大象》的法治主张还是本于儒家的民本思想。

《大象》对卦义的阐述,多取道德教训义,特别强调道德修养。为此,它提出了"育德"(《蒙·大象》)、"崇德"(《豫·大象》)、"厚德"(《坤·大象》)诸说。

如何"崇德"呢?《大象》提出了"修省"的主张。《震·大象》说:"洊雷,震;君子以恐惧修省。""修省"就是检查,反省自己的行为。《蹇·大象》

说："山上有水，蹇；君子以反身修德。""反身"就是检查自己，看自己的行为有没有过错。"修德"，就是有过则改，无则加勉。《益·大象》说得更明白："风雷，益；君子以见善则迁，有过则改。""见善则迁"就是"见贤思齐"，勇于积极地向贤者学习。这样，就能做到"顺德，积小以成高大"（《升·大象》）。

此外《大象传》还提出"自强不息"（《乾·大象》）说，"厚德载物"（《坤·大象》）说，"独立不惧、遁世不闷"（《大过·大象》）说，"远小人"（《遁·大象》）说等。这些主张，阐发的都是儒家的修养工夫论，对后人都有很大的影响。

总之，《大象》解经的特点是，前半句讲天道，后半句讲人事。认为天道与人事有同一性，故因天道而明人事。

二 《小象传》

《小象传》是解释爻辞的，其解说分为取义说和爻位说两种，其思想主要是关于修养论、伦理论和政治论方面的。

（一）《小象传》的体例

《小象传》释爻辞以爻位说为主，同时也采取义说，这两种方法交集在一起。具体可分为阐明易理、训释字义、阐释爻德、注释爻位、阐释爻义五种，现分述如下。

1. 阐明易理

《小象传》以反对、时为重要的易理，在解释爻辞中，很注意突出这些观念。如《睽·六五·小象》说：

"厥宗噬肤"，往有庆也。

"往有庆"是说☲☱睽卦六五爻是从其反对卦☴☲家人六二爻上升而来，而与外卦九二遇合，睽卦六五"得中而应乎刚"，既占据上卦的中位，又与下卦九二阴阳相应，所以说"有庆"。又如《益·六二·小象》曰：

"或益之"，自外来也。

☴☳益卦的反对卦为☶☱损卦，益卦的六二爻就是损卦的六五爻，所以两爻的爻辞都有"或益之十朋之龟，弗克违"之语。损卦六五爻居外卦之中，变为益卦的六二爻则为内卦之中。所以说益卦六二爻是"自外来",是自损卦六五爻而来。《小象传》的这些解释,正揭示了《周易》反对卦的关系。其"来"、"往"之义与《彖传》同。

《小象传》也屡以"时"的观念来解释爻辞。如《坤·六三·小象》:"含章可贞,以时发也。"《井·初六·小象》:"旧井无禽,时舍也。""时发"就是说可发则发,惟其时之宜。只要时机一到,"含章"就可以发挥作用。"时舍"就是说为时所暂弃。但"旧井"只要加以修治,时机一到,又可以有用。

2. 训释字义

《小象传》对字义的解释,方法很灵活。如《乾·九四》:"或跃在渊,无咎。"《小象》曰:"或跃在渊,进无咎也。"以"进"释"跃"。又如《屯·六二》:"女子贞不字,十年乃字。"《小象》说:"十年乃字,反常也。"以"常"释"贞",贞为正,正即常。又如《离·六五》:"出涕沱若,戚嗟若,吉。"《小象》说:"六五之吉,离王公也。"这是说六五爻辞之所以吉,是因为它附丽、凭借于王公的尊位。这是由离卦的卦名引申为释。离,即附丽。

3. 阐释爻德

爻德,指爻的德性象征。《小象传》以阴阳、刚柔、顺、从等概念来解释爻性。如《乾·初九·小象》说:"潜龙勿用,阳在下也。""阳"指初九。《坤·初六·小象》说:"履霜坚冰,阴始凝也。""阴"指六,"始"指初。阴阳又称为刚柔。《大过·初六·小象》说:"藉用白茅,柔在下也。"以"柔"释爻德,用法和"阳在下也"同。《屯·六二·小象》又说:"六二之难,乘刚也。""乘刚"指阴爻六二凌驾于阳爻初九之上,"刚"指阳爻。从柔又引申出"顺"、"从"等说。如《鼎·初六·小象》说:"利出否,以从贵也。"《涣·初六·小象》说:"初六之吉,顺也。"称"顺"、"从"的,都是阴爻,可知其是从阴、柔等德性象征引申出来的。

4. 诠释爻位

《小象传》对六爻之位,有许多不同的说法。对初爻,称为"始"、"下"、"卑"、"穷"。如《乾·初九·小象》说:"潜龙勿用,阳在下也。""下"指初爻,因为它居卦之最下。又如《坤·初六·小象》说:"履霜坚冰,阴始凝也。""始"也指初爻,因为初爻为卦之始。《谦·初六·小象》说:"谦谦君子,卑以自牧也。""卑"既是释"谦谦"之义,也是解释爻位。因为初爻在一卦之最下,下即卑。《豫·初六·小象》说:"鸣豫,志穷凶也。""穷",即极。

初六在一卦之极,居最下,故亦称"穷"。

《小象传》又以"疑"、"反复"等称三、四爻。如《乾·九三·小象》说:"终日乾乾,反复道也。""反复"有犹豫不决之意,故又称为"疑"。如《贲·六四·小象》:"当位疑也。"《损·六三·小象》:"一人行,三则疑也。"这里"反复"、"疑"等词,都是结合其爻位而言的。

对上爻,《小象传》又称之为"上"、"亢"、"穷"、"终"、"盈"。如《井·上六·小象》:"元吉在上,大成也。"《恒·上六·小象》:"振恒在上,大无功也。""上"皆指上爻。《小过·上六·小象》:"弗遇过之,已亢也。"《坤·上六·小象》:"龙战于野,其道穷也。""穷"、"亢"同义,都有极高之意,皆指上爻。《否·上九·小象》讲"否终则倾",《乾·上九·小象》讲"盈不可久"。"盈"即满,与"终"和"穷"同义,皆指上爻而言。

5. 阐释爻义

对于六爻之义,《小象传》一是从爻位进行解释,二是从爻际关系进行解释。

从爻位解释爻义,《小象传》有得中、当位等说。如《巽·九二·小象》说:"纷若之吉,得中也。"九二是阳爻居内卦中位,故曰"得中"。这是以"得中"解释爻辞之"吉"。

"得中"又可称为"得中道"。如《解·九二·小象》:"九二贞吉,得中道也。"这是以"得中道"即居中位解释爻辞称"贞吉"的原因。又可简称为"中"。如《复·六五·小象》:"敦复无悔,中以自考也。"所谓"中",即指六五爻居复卦上卦之中位。总之,二、五爻为内、外卦之中,《小象传》认为中爻为吉。

当位是指阴爻居偶位,阳爻居奇位。《小象传》常以是否当位来说明爻辞的吉、凶、悔、吝、无咎。如《涣·九五·小象》:"王居无咎,正位也。"爻辞之所以说"无咎",就是因为九五位正,阳爻居于奇位。《临·六四·小象》:"至临无咎,位当也。"爻辞之所以"无咎",是因为六四以阴爻居于偶位。相反阴爻居奇位,阳爻居偶就称为"失位"、"位不当"。"失位"、"位不当"就有悔、有凶。

《小象传》以得中、当位为吉辞之条件,那么,既得中,又当位之爻,自然就是吉利了。《讼·九五·小象》:"讼元吉,以中正也。""中正",就是既居中又当位,九五是阳爻居奇位,又为外卦之中,所以爻辞称"元吉",即至为吉祥。

从爻际关系来解释爻辞之义,《小象辞》有应、敌、乘、承、志行等说,与《象传》解释卦辞是一致的,此不赘述。

《小象传》的用辞习惯也颇值得我们注意。《小象传》引用爻辞,为了简练或押韵,往往省略原文,有时甚至不成辞句。如《否·初六》:"拔茅茹以其汇。贞吉,亨。"《小象传》却作:"拔茅贞吉,吉在君也。""拔茅贞吉"是引爻辞,却省去七个字。又如《无妄·九五》:"无妄之疾,勿药有喜。"《小象传》作:"无妄之药,不可试也。"这种引用,有断章取义之嫌,实不可取。

为了使句式整齐,凑足音节,《小象》引用爻辞又有增字的现象。如《需·九二》:"小有言,终吉。"《小象》作:"虽小有言,以吉终也。"增加一"虽"字。又如《复·初九》:"不远复,无祇悔。"《小象》作:"不远之复,以修身也。"也增加一"之"字。这些现象,我们读《小象传》都必须加以注意,才不致造成误解。

(二)《小象传》的思想

1. 政治观

《小象传》的政治观基本上也是民本思想。它一方面主张君要亲民、惠民,另一方面也主张民要尊君、从君。如《观·九五·小象》:"'观我生',观民也。"是说在上者要通过观察民风来自我审察。《屯·初九·小象》:"以贵下贱,大得民也。"是说在上者要礼遇在下者,尊重在下者,方能得到人民的拥护。《谦·九三·小象》:"劳谦君子,万民服也。"这是说统治者只有勤劳民事,谦虚待人,才能使广大百姓服从。《颐·六四·小象》:"颠颐之吉,上施光也,"主张在上者要施泽下民,以舒民困。与这种"得民"的主张相联系,《小象传》又提出"尚贤"说。《观·六四·小象》:"'观国之光',尚宾也。""尚宾",即指礼尚宾贤。

但是,这种重民尚贤的观点又是以维护尊卑等级制度为前提的。《小象传》以爻位说解《易》,以居中位为贵,以阴承阳、阳乘阴为吉,突出地表现其对等级制度的肯定。如《讼·六三·小象》:"食旧德,从上吉也。"《蹇·上六·小象》:"利见大人,以从贵也。"《家人·六四·小象》:"富家大吉,顺在位也。"总之,对在上者、对君"顺"、"从",就是吉;否则,就是凶。

2. 人生观

在家庭关系上,《小象传》有浓厚的男尊女卑的观念。《恒·六五·小象》云："夫子制义，从妇凶也。"认为一家之中，应以夫为主，否则就会不吉。《家人·六二·小象》："六二之吉，顺以巽也。"爻辞认为女子居家，只能主"中馈"之事。《小象》则认为女子以"顺"、"巽（逊）"为德，实际上赞同爻辞的观点。《恒·六五·小象》又说："妇人贞吉，从一而终也。"指妇人当终身只从一夫，以此为"贞吉"。在男女相配问题上，《小象》认为男必须长于女。如《大过·九二·小象》就说："老夫得其女妻，无不利。"老夫少妻，没有不吉利的。同卦《九五·小象》却说："老妇士夫，亦可丑也"。老妻少夫，则以为是可丑之事。

在道德修养上，《小象传》明确提出了"修身"的主张。《复·初九·小象》说："不远之复，以修身也。"《家人·上九·小象》也说："威如之吉，反身之谓也。"《复·六五·小象》也说："敦复无悔，中以自考也。""反身"，即反躬自问；"自考"，即自省。如何修身呢？《小象传》屡言"中正"，这既是指爻位关系上的居中得正，也是要求君子言行要谨守中道，不偏不倚。

三 《文言传》

《文言传》为今本《易传》的又一篇，又称为《文言》。"文言"，即"文饰乾、坤两卦之言"。因为乾、坤两卦为《易》之门户，在《周易》六十四卦中意义重大、地位突出，所以特意加以文饰解说，以作为训释其他六十二卦的榜样。帛书易传《衷》篇解《易》，也特别重视乾、坤两卦，反复解说、阐释，较之其他六十二卦明显不同，可视为《文言传》的同调。

在汉石经本中，《文言传》在《系辞传》后，为《易传》的第四种第九篇。在今本《易传》中，它依卦一分为二，分别附于乾、坤两卦之后，居于《彖传》、《象传》之末。

《文言传》是解释乾、坤两卦的卦爻辞的。《乾·文言》，朱熹《周易本义》分为六节，其中第一、第五节解释乾卦卦辞，其他四节解释乾卦爻辞。《坤·文言》，朱熹《周易本义》分为两节，第一节解释坤卦的卦辞，第二节分别解释坤卦各爻的爻辞。下面，我们分别来谈《文言传》解经的体例及其思想。

（一）《文言传》解经的体例

《文言传》解释卦辞，大致有两种形式。一是对卦辞逐字进行训释。如

《乾·文言》第一节：

> 元者，善之长也；亨者，嘉之会也；利者，义之和也；贞者，事之干也。君子体仁足以长人，嘉会足以合礼，利物足以和义，贞固足以干事，君子行此四德者，故曰"乾：元、亨、利、贞"。

这是首先解释"元、亨、利、贞"四字的意义，再分别从中引申出君子的四德，以君子之德来诠解卦辞。

二是发挥卦辞的大义。如《坤·文言》第一节：

> 坤至柔而动也刚，至静而德方。后得主而有常，含万物而化光。坤道其顺乎！承天而时行。

这里并没有对坤卦卦辞逐字逐句加以解释，而是抓住坤柔、静、顺的特点进行阐述、发挥。《乾·文言》第五节阐释乾卦卦辞也是如此。其说与《象传》非常接近，以致人们认为它有承袭《象传》的痕迹。①

对爻辞的解释，《文言传》大致有四种方式。

一是问答式，先引爻辞，然后再以"子曰"作答。《乾·文言》第二节解释初九至上九爻辞都是如此。如：

> 初九曰"潜龙勿用"，何谓也？子曰："龙德而隐者也。不易乎世，不成乎名；遁世无闷，不见是而无闷；乐则行之，忧则违之，确乎其不可拔，'潜龙'也。"

这种以"子曰"解《易》的形式与《系辞传》"子曰"解《易》的形式相同，特别是解释乾上九爻辞部分，与《系辞》的"子曰"全同。这说明《文言传》与《系辞传》有着相同的材料来源。

二是定义式，先引爻辞，然后用简短的几个字像下定义似的直接进行说明。《乾·文言》第三节、第四节都是如此。

> "潜龙勿用"，下也；"见龙在田"，时舍也……

其句式和语气，都类似《小象传》。

三是引证式，先正面立论，再引爻辞证明其论点。《乾·文言》的第六

---

① 如朱伯崑《易学哲学史》上册第二章第一节。

节、《坤·文言》的第七节都有。如《乾·文言》：

> 君子学以聚之，问以辩之，宽以居之，仁以行之。《易》曰："见龙在田，利见大人。"君德也。

这是先正面立论，再阐释爻辞的意义。又如《坤·文言》：

> 天地变化，草木蕃；天地闭，贤人隐。《易》曰："括囊，无咎无誉。"盖言谨也。

这里与其说是解释爻辞之义，还不如说是引用爻辞来证明自己的观点。

四是重点注释式，扣住爻辞一些重要的辞、字进行解释、发挥。《乾·文言》第六节、《坤·文言》第二节都有。如《乾·文言》：

> 九四重刚而不中，上不在天，下不在田，中不在人，故"或"之。"或"之者，疑之也，故"无咎"。

《坤·文言》：

> 君子黄中通理，正位居体，美在其中，而畅于四支，发于事业：美之至也！

《文言传》没有对卦体的分析，但对乾、坤两卦的事物象征和德性象征都有论述，以乾为天，以坤为地；以乾的德性为刚健中正，以坤的德性为柔顺静方。其中，中正、静方是《文言传》在卦德方面的新见解。而坤的德性又有"动也刚"的一面，与《系辞传》所说"夫坤，其静也翕，其动也辟"是一致的。"动也辟"就是"动也刚"。这种提法，不见于《易传》的其他篇。但比较而言，这些卦德，象征的意义少，而形容的作用多。

在爻象方面，《文言传》也是以—为阳、为刚，以--为阴、为柔，与《易传》的其他篇同。

在爻位方面，《文言传》有上中下位、当位、相应、重刚、天地人位的观念，现分述如下。

其一，上中下位：初爻所居为下位，上爻所居为上位，二、五两爻所居分别为两经卦的中位。《文言传》由这种爻位观念而发展出来的词语有：下、潜藏、贵、高、穷、极、中、正中等。如《乾·文言》："'潜龙勿用'，下也。""'潜龙勿用'，阳气潜藏。""下"、"潜藏"都是就初爻而言的，初爻在一卦的最下,故说"潜藏"。又如《乾·文言》:"上九曰:'亢龙有悔。'何谓也?子曰:'贵而无位,高而无民,贤人在下位而无辅,是以动而有悔也。'""'亢龙有悔',穷之灾也。'""'亢龙有悔',与时偕极。"这里的"贵"、"高"、"穷"、"极"都是就上爻而言,上爻在一卦的最上,故有这些说法。又如《乾·文言》:"九二曰:'见龙在田,利见大人。'何谓也?子曰:'龙德而正中者也。'""九三重刚而不中。"《坤·文言》:"君子黄中通理,正位居体(即体居正位)。""正中"指九二刚爻居中位。"不中",不居中位,中指下卦之中位。"正位"指上卦之中位。

其二,当位:如《乾·文言》所说"贵而无位",即指上九以阳爻居偶位,"无位"即不当位。

其三,相应:上引《乾·文言》"高而无民,贤人在下位而无辅",就是指上九与九三不能相应,二阳爻相敌。

其四,重刚:是说阳爻与阳爻相重。如《乾·文言》所说:"九三重刚而不中。……九四重刚而不中。"即指九三与九二相重,九四与九三相重。

其五,天地人位:以第五爻为天位,第二爻为地位,第三爻为人位。如《乾·文言》:"'飞龙在天',乃位乎天德。""位乎天德",指居于乾卦九五爻,这是以第五爻为天位。又如《乾·文言》所说"上不在天,下不在田,中不在人"。"不在天",指不居于第五爻;"不在田",指不居于第二爻,田即地;"不在人",指不居于第三爻。[①]

(二)《文言传》的思想

《文言传》的思想主要表现在自然观和人生观方面。

在自然观方面,《文言传》提出了"阳气"说。《乾·文言》说:

> "潜龙勿用",阳气潜藏。

这里,以"阳气"解释乾卦的阳爻。以此类推,阴爻就是阴气。所以《文言传》实际上内涵以阴阳二气说来解释阴阳爻,乾、坤与刚、柔就是阴阳二气。《文言传》的这一思想,极具理论意义。

在人生观方面,《文言传》认为人具有参赞天地之化育、与天地合德的能力。《乾·文言》说:

---

① 说详戴琏璋《易传之形成及其思想》第三章第二节(台湾:文津出版社,1989年)。

> 夫"大人"者，与天地合其德，与日月合其明，与四时合其序，与鬼神合其吉凶。先天而天弗违，后天而奉天时。天且弗违，而况于人乎？况于鬼神乎？

"先天"，谓先于天时的变化而行事。"后天"，指在天时变化之后行事。这是说，作为理想人格的圣人，掌握了《周易》的法则，其德行则与天地日月的变化相一致，既可以预测天时，又可以顺应天时而行动。

怎样才能实现理想人格呢？《乾·文言》强调"进德修业"。如何"进德修业"呢？《文言传》也提出了一些方法。《乾·文言》说：

> 忠信，所以进德也；修辞立其诚，所以居业也。

要以忠诚信实，以增进道德；言辞出于诚心，以加强修养。又说：

> 君子学以聚之，问以辩之，宽以居之，仁以行之。

要依靠学习来积累知识，靠发问来辨决疑难，以宽阔的胸襟来处世，以仁慈之心来行事。《坤·文言》又说：

> 君子敬以直内，义以方外，敬义立而德不孤。

不但要"道问学"，而且还要"尊德性"，二者不能偏废。

《文言传》还提出一套处世的理论：

> "亢"之为言也，知进而不知退，知存而不知亡，知得而不知丧。其唯圣人乎！知进退存亡，而不失其正者，其唯圣人乎！

这是说，亢龙之所以有悔，是只知晋升，不知引退；满足于现状，不懂得有丧失的危险。圣人却不如此，知道进退存亡相互转化之理，所以能取中道，进时知退，得时知丧，存时知亡。这种处世方法，是以其辩证思维为前提的。

思考题：

1. 请简述《大象传》的体例。
2. 《小象传》解释爻辞的特点是什么？
3. 《文言传》的"先天"、"后天"是什么意思？

第十三讲

《系辞传》

　　《系辞传》又称《系辞》,是今本《易传》的第四种,分为上、下两篇。朱熹《周易本义》又将每篇分为十二章,其说可从。在汉石经本中,它居《文言传》之前,《彖传》、《象传》之后。

　　"系辞"之名有两种不同的涵义:一是指系卦爻辞于卦爻象之下;一是指总论所系之卦爻辞的大义。《系辞传》通论《易经》和筮法大义,对一些重要的观念和爻辞又作了重点诠释,用的显然是后一义。下面,从三个方面分述其内容。①

一　论占筮的原则和体例

　　《系辞传》论占筮的原则和体例,其内容有两方面,一是对卦爻辞的意义及其卦象爻位等的解释,一是论揲蓍求卦的过程。

　　我们先来看第一个方面。

　　对卦爻辞的意义及其卦象爻位的解释,《系辞传》有取义说、取象说、爻位说。

　　《系辞传》属通论性质,它没有提卦位,也没有逐卦讨论卦象,只不过在议论时运用了一些卦象观念而已。它以乾为天,以坤为地,这是运用取象说,指出乾、坤两经卦的事物象征。比如说:"天尊地卑,乾坤定矣。"它又以乾为刚、健、阳,以坤为柔、顺、阴,这是用的取义说,指出乾、坤两卦的德性象征。如其所说:"乾,阳物也;坤,阴物也。阴阳合德,而刚柔有体。"从"鼓之以雷霆,润之以风雨,日月运行,一寒一暑"来看,似乎它还以为震有雷之象,巽有风之象,坎有雨、月之象,离有霆、日之象。从"阳卦奇,阴卦耦"来看,似乎它认为震、坎、艮有阳性,巽、离、兑为阴性。从"齐小大者存乎

---

①　本讲内容多参朱伯崑《易学哲学史》上册第二章第二节,下不详注。

卦……卦有小大"说来看，似乎它还以☰乾、☳震、☵坎、☶艮为大，以☷坤、☴巽、☲离、☱兑为小。

对爻象的解释，《系辞传》有刚柔阴阳说和三才说。如"刚柔相摩"、"刚柔相推"，这是以—为刚、--为柔。"一阴一阳之谓道"，这是以—为阳，以--为阴。它又说："《易》之为书也，广大悉备，有天道焉，有人道焉，有地道焉。兼三才而两之，故六。六者非它也，三才之道也。"又说："六爻之动，三极之道也。""三才"即"三极"，即是将一卦六爻一分为三，上二爻象天，中二爻象人，下二爻象地。三才、三极，即天、地、人。天、地、人三才说可以说是取象说，刚柔阴阳说可以说是取义说。

《系辞传》的爻位说有上中下位、当位、相应等观念，现分述如下：

1. 上中下位：

> 其初难知，其上易知，本末也。

初指初爻，初爻为本；上指上爻，上爻为末。

> 列贵贱者存乎位。

这是泛说爻位的序列有贵贱的意思。贵指上、五爻，其他为贱。如："贵而无位。"贵指乾上九。"三多凶，五多功，贵贱之等也"，贵指五爻，贱指三爻。又说：

> 二多誉，四多惧，近也。柔之为道，不利远者，其要无咎，其用柔中也。

"柔中"指第二爻，既为柔位，又为中位。"要"，一说即"腰"，指中位，即二、五两位，与"惧以终始，其要无咎"之"要"同。

> 若夫杂物撰德，辨是与非，则非其中爻不备。

"中爻"指二、三、四、五各爻。一说，指二、五爻。

2. 当位：

> "亢龙有悔。"子曰："贵而无位，高而无民，贤人在下位而无辅，是以动而有悔也。"

"无位"即"失位"、"不当位"，这里指乾上九以刚爻居柔位。

> 二与四同功而异位,……三与五同功而异位。

"同功"即爻位性质相同,同为柔位或同为刚位。

3. 相应:

> 高而无民,贤人在下位而无辅。

"无民"、"无辅"都是指乾卦上九与九三不能相应。

论求卦揲蓍的过程,主要见于《系辞传上》第九章,其文说:

> 天一,地二;天三,地四;天五,地六;天七,地八;天九、地十。天数五,地数五,五位相得而各有合。天数二十有五,地数三十。凡天地之数五十有五,此所以成变化而行鬼神也。
>
> 大衍之数五十[有五],其用四十有九。分而为二以象两,挂一以象三,揲之以四以象四时,归奇于扐以象闰,五岁再闰,故再扐而后挂。乾之策二百一十有六,坤之策百四十有四,凡三百有六十,当期之日。两篇之策,万有一千五百二十,当万物之数也。是故四营而成易,十有八变而成卦,八卦而小成。引而申之,触类而长之,天下之能事毕矣。

这是说天地之数共有十位。天数,即奇数,有五位,即一、三、五、七、九。地数,即偶数,也有五位,即二、四、六、八、十。五天数相加得二十五,五地数相加得三十。天数二十五和地数三十相加,得天地之数五十五。"大衍之数五十",金景芳依姚信、董遇说,认为"五十"后脱"有五"二字,大衍之数即天地之数。① 既然"大衍之数五十有五",为何"其用四十有九"? 因为"其六以象六画之数,故减之"②,所以五十五根筮策揲蓍时就只用四十九根。这样"大衍之数"经过"分二"、"挂一"、"揲四"、"归扐","四营"、"十八变"就产生出一个六画的别卦。《周易》的六十四卦就是这样一卦一卦地筮成的。③

这一揲蓍成卦的方法,《系辞传》又称为:

---

① 金景芳:《易通》,商务印书馆,1945 年。
② 陆秉说,详见郭鸿林《评宋人陆秉对"大衍之数"的解说》,《周易研究》1992 年第 1 期。
③ 详见本书第三讲第一节。

> 参伍以变，错综其数。通其变，遂成天地之文；极其数，遂定天下之象。

"参伍以变"，指变化之多。"错综其数"，指奇偶之数交织在一起。经过种种变化，穷尽奇偶之数，就可以得出六十四之象。

关于揲蓍和画卦的过程，《系辞传》又说：

> 《易》有太极，是生两仪，两仪生四象，四象生八卦，八卦定吉凶，吉凶生大业。是故法象莫大乎天地，变通莫大乎四时，县象著明莫大乎日月；崇高莫大乎富贵，备物致用，立成器以为天下利，莫大乎圣人；探赜索隐，钩深致远以定天下之吉凶，成天下之亹亹者，莫大乎蓍龟。

"《易》有太极"指六十四卦的最初根源是太极。就揲蓍过程说，此太极指四十九根筮策混而未分。"是生两仪"，"两仪"即上"分为二以象两"的"两"。"两仪生四象"，即上"揲之以四，以象四时"。"四象生八卦"，即上"十有八变而成卦"。两仪、四象、八卦，都是指奇偶之卦画的变化由两到八，所以下文说"八卦定吉凶，吉凶生大业"。这一段虽然是讲筮法，但认为从太极到八卦是一个生化的过程或分化的过程，这就将以蓍求卦的过程理论化了，后来的学者们从《系辞传》对筮法的解释中得到了启发，从而提出一套关于宇宙形成的理论，这就从筮法中产生了哲学。

二　论《易经》的性质

《易经》是一部什么样的书？《系辞传》说：

> 《易》有圣人之道四焉：以言者尚其辞，以动者尚其变，以制器者尚其象，以卜筮尚其占。是以君子将有为也，将有行也，问焉而以言，其受命也如响。无有远近幽深，遂知来物。非天下之至精，其孰能与于此？

认为它是一部讲圣人之道的典籍，它有四种圣人之道：一是察言，二是观变，三是制器，四才是卜占。所以君子有事要做，得先向《周易》请教，而《周易》则有问必答，能告知未来，因此说是天下最精妙的典籍。

《系辞传》又认为《易经》具有两重性，它既是圣人探讨事物的义理和变易法则的工具，又是载有圣人之道的典籍。它说：

> 夫《易》，圣人之所以极深而研几也。唯深也，故能通天下之志；唯几也，故能成天下之务；唯神也，故不疾而速，不行而至。

这是说，《周易》蕴藏着深刻的道理，圣人以它来通晓天下人的志向；它能显示事物变化的苗头，圣人以它来成就天下的事业；它有求必应，非常神速。

另一方面，《周易》又是圣人探求事物变化的方向，用来治理天下、教化百姓的神圣典籍。《系辞传》说：

> 子曰："书不尽言，言不尽意。"然则圣人之意，其不可见乎？子曰："圣人立象以尽意，设卦以尽情伪，系辞焉以尽其言，变而通之以尽利，鼓之舞之以尽神。"

这是说《周易》的"象"、"卦"、"辞"都是表达"圣人之意"的，是圣人"尽意"、"尽情伪"、"尽其言"的工具。因此：

> 天地设位，圣人成能；人谋鬼谋，百姓与能。

《周易》既有"人谋"，又有"鬼谋"，"百姓与能"，老百姓学习《周易》，是"与"圣人之"能"，是"圣人成能"的活动之一。而君子学习《周易》，也是"学问"之一种：

> 是故君子所居而安者，《易》之序也。所乐而玩者，爻之辞也。是故君子居则观其象而玩其辞，动则观其变而玩其占。是以"自天佑之，吉无不利"。

君子静则观象、玩辞，动则观变、玩占，体会、琢磨其中蕴含的圣人之道，就可以逢凶化吉，吉无不利。

作为工具，《易经》一个重要内容就是预测未来的事变，指导人们的行动。《系辞传》说：

> 夫易，开物成务，冒天下之道，如斯而已者也。是故圣人以通天下之志，以定天下之业，以断天下之疑。是故蓍之德圆而神，卦之德方以知，六爻之义易以贡。圣人以此洗心，退藏于密，吉凶与民同患。神以知来，知以藏往，其孰能与于此哉。古之聪明睿知、神武而不杀者夫！是以明于天之道，而察于民之故，是兴神物以前民用。圣人以此斋戒，以神明其德夫！

这是认为，《周易》包括天下之道，能开通人的心思，确定所做的事情。圣人就是依此通达天下之志向，规划天下之事业，推断天下之疑惑。蓍数的性质圆通而神奇，卦象的德行方正而明智，六爻的变化能告人以吉凶之义，圣人就是以此开导人的疑惑，无事又藏于胸中，关心吉凶之事，与百姓同忧患。圣人以掌握筮法、知来藏往为最高的境界，可以说是有高度智慧，不用暴力而使百姓心服。圣人的任务就是懂得天道的变化用来考察百姓的事情，以蓍草这一通神之物推断未来，作为民用的先导。所以圣人用《周易》修斋警戒，正是为了神妙地显明其道德。依此说，《周易》就成了圣人预知来事的工具，而《周易》之所以具有预知来事之能，就是因为蓍法知来，卦象藏往。蓍的"知来"是通过揲蓍成卦去实现；卦的"藏往"谓占得一卦后，占者对卦爻辞和卦象细心体察，从卦爻辞所记述的往事中引出经验教训而作为借鉴，用来指导其行动。将知来和藏往联系起来解释《周易》，其目的在于说明揲蓍求卦，是依据卦所藏之往事，推断所占之事的前途，这种"以故知新"的方法论的解释，实际上是把占筮哲理化了。

对于《周易》预测未来的作用，《系辞传》说：

> 夫《易》彰往而察来，而微显阐幽。开而当名辨物，正言断辞则备矣。

认为卦象卦名和卦爻辞，蕴藏着往事的经验教训，即使其所记载的是碎小的事，也包含着深远的道理。所以依据卦名及卦爻辞所论之往事，可以类推所占之事的前途。这种"彰往而察来"，同"知来"、"藏往"一样，也是将占筮的活动哲理化了。

《系辞传》认为《周易》不但是圣人用来预测未来的工具，更是体现圣人思想和圣人事业的神圣典籍，是道德修养之书。《系辞传》说：

> 《易》之兴也，其于中古乎？作《易》者，其有忧患乎？

> 《易》之兴也，其当殷之末世，周之盛德邪，当文王与纣之事邪。是故其辞危。危者使平，易者使倾；其道甚大，百物不废。惧以终始，其要无咎，此之谓《易》之道也。

> 《易》之为书也不可远，为道也屡迁。变动不居，周流六虚，上下无常，刚柔相易，不可为典要，唯变所适。其出入以度，外内使知惧。又明于忧患与故，无有师保，如临父母。

这是说，《周易》的卦爻辞颇多忧患之辞，与它产生的时代背景有关。忧患之辞多，可以使人不忘危亡之事；如果其辞平易，人们则会抱着侥幸心理，结果失去警惕，招来倾覆之祸。做事自始至终忧患警惕，就可以不犯过错。爻象的变化虽然无常，可是其吉凶断语却有原则。正因如此，《周易》可以使人明白忧患之故，虽然没有师保的监护，也如同父母亲临。关键在于自己如何领会和运用。

《易》为忧患之书，更是道德教训之书。《系辞传》认为处于忧患时，从《周易》中寻找圣人之道，主要是寻找其道德教训，作为防止和解除忧患的依据。《系辞传》下第七章说：

> 是故履，德之基也；谦，德之柄也；复，德之本也；恒，德之固也；损，德之修也；益，德之裕也；困，德之辨也；井，德之地也；巽，德之制也。履和而至，谦尊而光，复小而辨于物，恒杂而不厌，损先难而后易，益长裕而不设，困穷而通，井居其所而迁，巽称而隐。履以和行，谦以制礼，复以自知，恒以一德，损以远害，益以兴利，困以寡怨，井以辩义，巽以行权。

这里三次陈述了履、谦、复、恒、损、益、井、困、巽九卦的卦义，认为履卦讲循礼，是树立道德的初基；谦卦说明行为谦虚，是施行道德的柯柄；复卦说明回复正途，是遵循道德的分配；恒卦说明守正有恒，是巩固道德的前提；损卦说明自损不善，是修美道德的途径；益卦说明施益于人，是充裕道德的方法；困卦说明遭困守操，是检验道德的准绳；井卦说明井养不穷，是居守道德的处所；巽卦说明因顺申命，是展示道德的规范。总而言之，三陈九卦，就是要人们于忧患中提高道德境界，以此作为化凶为吉的手段。

《系辞传》关于《周易》一书性质的论述，将《周易》的卜筮功能降到极度，完成了《周易》从卜筮到哲理化的创造性转换，这给后来的思想家和易学家以深刻的影响。

三 论《易经》的基本原理

《系辞传》通过解释《易经》的占筮原则、讨论《易经》一书的性质，对《易经》的基本原理进行了创造性的阐述和发挥，其主要观点有三：

（一）一阴一阳之谓道

阴阳思想是《周易》的精髓。但《周易》经文中虽有—、--的符号，却并没有以文字形式出现的阴阳范畴。《彖传》在对泰、否两卦的解释中，开始以阴阳说解其卦象和卦辞。《小象传》在对乾坤两卦爻辞的解释中，也引入了阴阳概念。《文言》更提出了阳气说。但明确地用阴阳说全面诠释《周易》的卦象和爻象，以阴阳说概括《周易》的基本原理，却始于《系辞传》。

《系辞传》解释八卦的性质说：

> 阳卦多阴，阴卦多阳，其故何也？阳卦奇，阴卦耦。其德行何也？阳一君而二民，君子之道也；阴二君而一民，小人之道也。

这是以☰乾为阳，以☷坤为阴，并按阴、阳爻数量的多少，确定其他六卦的阴阳性质。如☵坎，一阳二阴，为阳卦；☲离，一阴二阳，为阴卦；☳震，一阳二阴，为阳卦；☴巽，一阴二阳，为阴卦；☶艮，一阳二阴，为阳卦；☱兑，一阴二阳，为阴卦。以爻象阴阳爻多少规定其阴阳性质，又以社会政治现象论证其划分的合理性。这样，不但把卦画、卦象阴阳化了，将人类的社会政治生活也阴阳化了。

《系辞传》又说：

> 乾坤其《易》之门邪。乾，阳物也；坤，阴物也。阴阳合德而刚柔有体，以体天地之撰，以通神明之德。

为什么说乾坤两卦为《周易》的门户呢？因为乾是纯粹由阳爻组成的卦，坤是纯粹由阴爻组成的卦。其他的六十二卦都是由乾卦的阳爻和坤卦的阴爻按照一定的方式组合成的。乾、坤是别卦，也是阴阳爻的代表。掌握了阴阳，也就掌握了乾坤，也就掌握了六十四卦。这是以阴阳为六十四卦构成的基本法则。

《系辞传》对乾坤两卦的重视，实际就是对阴阳爻及其哲理象征的重视，这从它对易简之理的论述中可以看得非常清楚：

> 乾道成男，坤道成女。乾知大始，坤作成物。乾以易知，坤以简能。易则易知，简则易从。易知则有亲，易从则有功。有亲则可久，有功则可大。可久则贤人之德，可大则贤人之业。易简而天下之理得矣。天下之理得，而成位乎其中矣。

它认为乾坤如男性和女性一样，男女结合而生子女，乾主开端，坤则与之配合而成六十四卦。乾坤两卦各自都是由—和--组成的，六十四卦尽管有三百八十四爻，但也不出—和--。所以说"易简"。《系辞传》对易简之理推崇备至，与它对乾坤两卦的高度重视一样，都是出于对阴阳爻及其哲理象征重要性的认识。

如果说，从乾坤、从简易之理来谈阴阳，主要还是就筮法和卦象、卦画而言，那么，在下一段话里，《系辞传》就对阴阳说作了哲理的概括：

> 一阴一阳之谓道。继之者善也，成之者性也。仁者见之谓之仁，知者见之谓之知，百姓日用而不知，故君子之道鲜矣。

这是说，任何事物，包括卦爻象的变化，都是有阴有阳，这就是事物的完善的本性。可是，一般人总是看不到阴阳两方面，或者见仁而不见智，或者见智而不见仁，以自己所见的一面为道。而百姓只是日常运用此道，并不懂得其道理。这样，君子之道也就稀罕了。

这一段话具有深刻的内涵。第一，它是将《周易》的基本原理概括为"一阴一阳"。就卦画说，奇偶二数、阴阳二爻、乾坤两卦，都是一阴一阳。就乾坤两卦以外的各卦说，皆由阴阳二爻所组成，也是一阴一阳。就六子卦说，震、坎、艮为阳卦，巽、离、兑为阴卦，相互对立，也是一阴一阳。就六十四卦说，由三十二个对立面构成，也是一阴一阳。总之，离开阴阳对立，就没有六十四卦，也就没有《周易》。就卦爻变化说，老阴和老阳互变，本卦变为之卦，此为一阴一阳。一卦之爻象互变，则成为另一卦象，亦是一阴一阳。总之，离开阴阳变易，也就没有《周易》的变易法则。

第二，它是将事物的性质及其变化的法则概括为一阴一阳。《系辞传》的阴阳概念涵盖面极广，它以天为阳，地为阴；日为阳，月为阴；暑为阳，寒为阴；昼为阳，夜为阴；刚为阳，柔为阴；健为阳，顺为阴；明为阳，幽为阴；进为阳，退为阴；辟为阳，阖为阴；伸为阳，屈为阴；贵为阳，贱为阴；男为阳，女为阴；君为阳，民为阴；君子为阳，小人为阴。总之，认为从自然现象到人类社会生活，都存在着对立面，称为"一阴一阳"。对立的事物，同卦爻一样，互相变通。如日月有推移，寒暑有往来，行动有屈伸，处境有穷通，君子小人相互消长。这种变化，也是一阴一阳。

第三，"一阴一阳之谓道"这一命题，就其理论思维说，是承认事物存在着两重性，并要求人们从对立的两方面去观察事物的性质，既要看到阳的一面，又要看到阴的一面；只看到对立面的一方，见仁而不见智，是一种片面的观点。这一命题，可以说是我国古代哲学中两点论的代表，是《系辞传》在古代哲学史上的一大贡献。

（二）刚柔相推而生变化

《系辞传》对阴阳变易法则作了多方面的论述。

第一，它从筮法的角度，通过对卦爻象的解释，论述了《周易》的变易之理。

> 爻者言乎变者也。
>
> 爻也者，效天下之动者也。
>
> 道有变动，故曰爻。

它认为爻象的特征是变动，爻是用来表现或说明事物的运动变化的。而卦象和爻象的变化，来源于阴阳二爻的互相推移：

> 刚柔相推，变在其中矣。
>
> 刚柔相推而生变化。

相推移的结果，有的进，有的退，有的长，有的消。因为爻象有变动，《周易》才有吉凶悔吝等不同的占辞。爻象的这种刚柔相推、一进一退，也是天地人三才至极之道，是宇宙的普遍法则，从自然现象到人类的精神生活，莫不如此。如其所说：

> 天下何思何虑？天下同归而殊涂，一致而百虑。天下何思何虑？日往则月来，月往则日来，日月相推而明生焉。寒往则暑来，暑往则寒来，寒暑相推而岁成焉。往者屈也，来者信也，屈信相感而利生焉。尺蠖之屈，以求信也；龙蛇之蛰，以存身也；精义入神，以至用也；利用安身，以崇德也。过此以往，未之或知也；穷神知化，德之盛也。

天下的事情，途径虽异，其归则同；意见虽多，其致则一，无须过多思虑。因为事物的变化，总是往来相推，互相召感。如日月相推，方有光明；寒暑相推，方有岁月。屈伸相感召，方有利益之事。如屈伸虫，行则屈其腰，是为了向前伸；龙蛇潜藏，是为了来日行动。就人类活动说，精研义理，进入神妙的境地，是为了致用；事有所利，身有所安，是为了提高道德业绩。除此以外，皆不必追求。总之,穷尽事物变化的道理,就是最高的德行。这是《系辞传》对刚柔相推说进行的哲理概括。

第二,《系辞传》通过对筮法的解释,又提出变通说。它说:

> 变而通之以尽利,鼓之舞之以尽神。

这是说,爻象的变化,有变有通;爻象的变通显示所占之事的性质及其变化的趋势,指导人们趋利避害。又说:

> 化而裁之谓之变,推而行之谓之通。

"化而裁之"指对卦爻的变化加以裁节,即使阴爻变为阳爻、阳爻变为阴爻,可见"变"指卦画的变易。"通"指爻象的推移而无阻碍,如上下往来,周流于六位之中,此即"推而行之谓之通"。

《系辞传》又以乾坤两卦的性能解释变和通,它说:

> 阖户谓之坤,辟户谓之乾,一阖一辟谓之变,往来不穷谓之通。

坤的性能主阖闭,乾的性能主开辟。阳爻或变为阴爻,阴爻或变为阳爻,这种开而又合,合而又开,开合互易,就是"变"。这种对立面的往来推移没有穷尽,就是通顺。

对于变通的必要性,《系辞传》提出"穷则变,变则通,通则久"的三阶段说:

> 神农氏没,黄帝尧舜氏作,通其变,使民不倦,神而化之,使民宜之。
> 《易》穷则变,变则通,通则久。

这是以筮法中的变通说,解释圣人观象制器。按此说法,事物的变化,总是穷而后变,变而后通,通而后久。这种对变通的重视和肯定,是对《周易》阴阳变易原理的发展。

第三,《系辞传》认为,在刚柔相推的过程中,其对立面的相互作用,既有相交,也有相攻。它说:

> 天地氤氲,万物化醇。男女构精,万物化生。《易》曰:"三人行,则损一人;一人行,则得其友。"言致一也。

"氤氲",指交相融合,互相吸引。这是说,损卦九三爻辞,所以以二人同行为吉利,因为二人可以合作,如同天地氤氲、男女构精一样,化生万物。这是以对立面的相吸引解释生化的根源。

对筮法中刚柔爻象的相交相攻，《系辞传》作了这样的概括：

> 是故爱恶相攻而吉凶生，远近相取而悔吝生，情伪相感而利害生。

"爱恶相攻而吉凶生"，指刚柔爻象互相排斥，因为相互排斥，也就有了吉凶之分。"远近相取而悔吝生"，指远近之爻相互资取，取之不当，则生悔吝。"情伪相感而利害生"，是说刚柔相交则利，如泰卦；不相交则害，如否卦。"近而不相得，则凶"，是说相邻的两爻如柔乘刚即不相得，则凶。这里的"相攻"、"相感"、"相取"，既是指筮法中刚柔爻象相排斥、相吸引的现象，也是指人类生活中相联系、相矛盾的关系，是筮法形式掩盖下的朴素的辩证观点。

第四，《系辞传》通过对筮法的解释，对事物的运动变化规律也进行了探索。它认为爻象和事物的变化是有规律的，因此，提倡"贞夫一"：

> 天地之道，贞观者也；日月之道，贞明者也；天下之动，贞夫一者也。

天地的变化，以其正道显示于人；日月的运行，以其正道放出光明；天下事物的变动，皆统一于正道。所谓"贞"，即正，指符合正常的规律和规范。这既是指筮法变化的规律性，也是泛指事物变化的规律性。

但是，《系辞传》又提出"阴阳不测之谓神"说，认为筮法和事物变化的过程不拘一格，存在着偶然性。又说：

> 《易》之为书也不可远，为道也屡迁，变动不居，周流六虚，上下无常，刚柔相易，不可为典要，唯变所适。

爻象于六位之中，并非按着一个模式而变化，其可上可下，可以有应，可以无应，有时居中位，有时不居中位，"不可为典要"，没有常定不变的格式。此即"阴阳不测之谓神"。此是说，在筮法中，奇偶之数和刚柔爻象变化神妙，难以推测。以揲蓍求卦说，事先不能预定求得某卦；就爻象的变化说，事先也不能断定某爻必为老阳，或必为老阴。

因为筮策数目和爻象的变化神妙莫测，所以《系辞传》就进一步将这种筮法变化的性能称为"神"，它说："蓍之德圆而神"，"神以知来"，"神无方而《易》无体"。认为筮策数目的变化没有固定的方向，爻象的变易也没有固定的体制。正因为筮法的变化不是固定的，所以它能预知未来的各种变化。

　　总之,筮法的变化和事物的变化,既存在着必然性、规律性,又存在着偶然性和不确定性;既"贞夫一",又有"阴阳不测"之"神"。

(三)《易》与天地准

　　为了给《周易》的原理及其筮法的体例以哲理的依据,从自然观和历史观的角度说明《周易》和筮法的合理性,《系辞传》又提出了"《易》与天地准"的命题,它说:

> 《易》与天地准,故能弥纶天地之道。

认为《周易》与天地齐等,所以能包含天地的法则。

　　为什么"《易》与天地准"呢?《系辞传》提出"观物取象"说,从八卦卦象的来源上进行了论证。它说:

> 古者包牺氏之王天下也,仰则观象于天,俯则观法于地,观鸟兽之文,与地之宜,近取诸身,远取诸物,于是始作八卦,以通神明之德,以类万物之情。

这是说,八卦之象本于天地万物,是圣人效法天地万物的形象而制定的。别卦的卦象、爻象、卦爻的变化和吉凶之辞也都来源于自然界的秩序和变化。《系辞传》还认为:

> 天尊地卑,乾坤定矣。卑高以陈,贵贱位矣。动静有常,刚柔断矣。方以类聚,物以群分,吉凶生矣。在天成象,在地成形,变化具矣。

这是说,乾坤的关系,爻位的贵贱,依据的是天高地下之序。爻象的刚柔之分,本于天动地静之常规。卦爻辞的吉凶,本于万物性质的因类而异。爻象的变动,也源于天地万物的变化。一句话,《易》理源于自然,效法自然,是对天地的摹写,《易》理与天地的法则是一致的。

　　从"《易》与天地准"的认识出发,《系辞传》高度评价了《周易》及其筮法的作用:

> 知周乎万物而道济天下……范围天地之化而不过,曲成万物而不遗……

认为《周易》包容了世界的一切法则,掌握了《周易》的原理就可以德配天地,周知万物,普济天下而无过失。

《系辞传》提出的圣人观象制器说就是以这种认识为前提的。它说:

> 作结绳而为罔罟,以佃以渔,盖取诸离。包牺氏没,神农氏作。斫木为耜,揉木为耒,耒耨之利以教天下,盖取诸益。日中为市,致天下之民,聚天下之货,交易而退,各得其所,盖取诸噬嗑。……黄帝、尧、舜垂衣裳而天下治,盖取诸乾、坤。刳木为舟,剡木为楫,舟楫之利以济不通;致远以利天下,盖取诸涣。服牛乘马,引重致远,以利天下,盖取诸随。重门击柝,以待暴客,盖取诸豫。断木为杵,掘地为臼,臼杵之利,万民以济,盖取诸小过。弦木为弧,剡木为矢,弧矢之利,以威天下,盖取诸睽。上古穴居而野处,后世圣人易之以宫室;上栋下宇,以待风雨,盖取诸大壮。古之葬者,厚衣之以薪,葬之中野,不封不树,丧期无数;后世圣人易之以棺椁,盖取诸大过。上古结绳而治,后世圣人易之以书契,百官以治,万民以察,盖取诸夬。

这是说包牺氏发明网罗,用来围猎捕鱼,是受了离卦卦象的启发(☲有"目"象,☲为两目相重,就好像网眼一样)。神农氏发明耒耜,教导百姓耕作,是受了益卦卦象的启发(☴上巽为木,为入,下震为动,恰如以耒耜动土)。

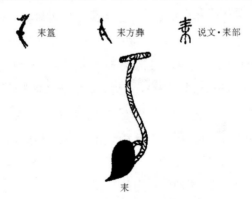

耒簋　　耒方彝　　说文·耒部

耒

发明集市交易,是受了噬嗑卦卦象的启发(☲上离为日,下震为动,象征"咬合",恰如以日中而集市兴动,贸易交合)。黄帝、尧、舜无为而天下治,是受了乾坤卦卦象的启发(☰乾☷坤两卦六爻最为简单,一个全部是阳爻,一个全部是阴爻)。发明船和桨,穿越天险,方便天下,是受了涣卦卦象的启发(☴上巽为木,下坎为水,木在水上,恰如舟行水面)。发明用牛马来运输、骑乘,是受了随卦卦象的启发(☱上兑为悦,下震为动,象征随从,恰如牛马在下奔驰,人居上而欣悦)。发明屋门而夜间敲梆警戒,以防备暴徒强盗,是受了豫卦卦象的启发(☷下坤为阖户,有重门之象;上震为动,有击柝之象,又,豫有预备之义)。发明臼杵舂米为食,是受了小过卦卦象的启发(☳上震为动,下艮为止,上下配合,恰如杵臼舂米)。发明弓箭威服天下,是受了睽卦卦象的启发(依《说卦传》,☲上离为戈兵,下兑为毁折)。后世圣人发明宫室以避风雨,是受了大壮卦卦象的启发(☳上震为动,象征风雨动于上;下乾为圜、为玉、为金、为衣,象征以石为宫)。发明棺椁,是受了大过卦卦象的启发(☱上兑为附决,象征顺从人裁决;下巽为木,象征棺椁)。发明文书契符,是受了夬卦卦象的启发(☱有缺形,恰如券契之齿口)。① 它把包牺氏发明网罗,神农氏发明耜、耒,以及舟楫的发明、弧矢的发明等等,无不归诸《周易》卦象的启发,此即"《易》有圣人之道"之一的"以制器者尚其象"。

由此看来,《系辞传》"《易》与天地准"这一命题包含着丰富的内容。它以为《周易》及其筮法出于对自然现象的摹写,其根源在于自然界,是一种朴素的唯物论观点。但另一面,它对《周易》的筮法功能又过分地进行了夸张,认为易卦包罗万象,囊括一切变化的法则,视其为绝对真理,又是一种唯心论的说教了。

思考题:

1. "一阴一阳之谓道,继之者善也,成之者性也。仁者见之谓之仁,知者见之谓之知,百姓日用而不知,故君子之道鲜矣"一段话的意思是什么?

2. "阴阳不测之谓神"的本义是什么?

3. 简述"穷则变,变则通,通则久"的意义。

---

① 可参看黄寿祺、张善文《周易译注》第574—578 页的注释。

第十四讲

《说卦传》

《说卦传》又简称《说卦》，是今本《易传》的第五种。朱熹《周易本义》将它分为十一章。第一、二章，讲的是"六画而成卦"，"六位而成章"，显然是就六画卦而言；第三至第十一章，是"专说八卦"。所以，大而言之，《说卦传》可分为两部分。在"专说八卦"的九章中，第三章是"顺数"先天卦位，第四章是逆推先天卦位，第五章专陈后天卦位，第六章是兼先天、后天两种卦位而言之，第七至第十一章则以八卦父子生成先后为序。所以，以八卦之序看，《说卦传》的后九章可一分为二：第三至第六章可为一单位，第七至第十一章又可为一单位。

《说卦传》在论述《周易》的象数、阐发《周易》的义理方面，都提出了不少新见解。现将其内容分述如下。

一　论六画卦

《说卦传》的第一、二两章，专论六画卦的象数和义理。它说：

> 昔者圣人之作《易》也，幽赞于神明而生著，参天两地而倚数，观变于阴阳而立卦，发挥于刚柔而生爻，和顺于道德而理于义，穷理尽性以至于命。

> 昔者圣人之作《易》也，将以顺性命之理，是以立天之道曰阴与阳，立地之道曰柔与刚，立人之道曰仁与义。兼三才而两之，故《易》六画而成卦；分阴分阳，迭用柔刚，故《易》六位而成章。

从象数的角度而言，首先，它告诉我们：《周易》六十四卦来源于著数。"幽赞于神明而生著"，是神明暗中赞助圣人而产生用著草占筮的方法；"参天两地而倚数"，将天数和地数两相参杂而建立起大衍之数（倚，立）；"观变于阴阳而立卦"，观察筮数阴阳的变化而确定六十四卦；"发挥于刚柔而生爻"，发挥筮数刚柔的特性而产生出阴阳爻画。"生著"、"倚数"、"立卦"、

"生爻"，著数是《周易》六十四卦卦画的根本。这一分析，与《系辞传》的大衍筮法章和"参伍以变，错综其数"说本质上是一致的。

对于筮出的六画卦，《说卦传》又进一步细分：所谓"兼三才而两之"，"三才"就是将六爻之位分为"立天之道"、"立地之道"、"立人之道"，也就是天、地、人三位。以上爻和第五爻为天位，以第四、三爻为人位，以第二、初爻为地位。这样，别卦就不是一分为二，分为上下经卦，而是一分为三，打破了上下经卦的划分。这一点，与《系辞传》的"有天道焉，有人道焉，有地道焉……六者，非它也，三才之道也"完全一致。为什么要以上爻和第五爻为天位，以第四、三爻为人位，以第二、初爻为地位？这是因为天在上，地在下，而人顶天立地，故在天地之中。

对于天、地、人三才之道，《说卦传》又进一步"两之"，一分为二：所谓"分阴分阳，迭用柔刚"，就是在"立天之道"，也就是天位中划分出"阴阳"来，以上爻为阴，以第五爻为阳；在"立地之道"，也就是地位中划分出"柔刚"来，以第二爻为柔，以初爻为刚；在"立人之道"，也就是人位中划分出"仁义"来，以第四爻为仁，以第三爻为义。这里的"阴阳"、"柔刚"、"仁义"，说穿了，只是奇偶的代名词。"阴"、"柔"、"仁"代表偶数位"上"、"四"、"二"；"阳"、"刚"、"义"代表奇数位"五"、"三"、"初"。比较起来，《系辞传》只抽象地说"两之"，并没有说得如此细致到位，应该是《说卦传》的新特点。以图表示，即：

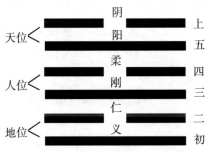

从义理的角度而言，这两章也有一些值得重视的亮点。首先，阐述圣人作《易》的目的是"将以顺性命之理"，用它来顺应天地和人生变化的规律。在《说卦传》看来，《周易》是讲"性命之理"之书，既谈天道（包括地道），也谈人道。六画卦的六爻之位蕴含"立天之道"、"立地之道"、"立人之道"，《周易》是一部探讨宇宙和人生原理的哲学典籍。所谓"和顺于道德而理于义"，即和谐顺从于道德而懂理于礼义，也是这一意思。认为圣人揲蓍成卦，其目的不只是用于卜筮，更重要的是通过推求卦爻象变化的法则，来提高人们的道德境界，使人的行为遵循一定的规范。

在此基础上，《说卦传》又进而提出了学习《周易》的方法"穷理尽性以至于命"。所谓"穷理"，就是要了解天道和地道，对阴阳变易的法则有透彻的了解。所谓"尽性"，就是要了解人道，对人之所以为人的道理有透彻的把握。能够"穷理尽性"，就能正确对待个人的生活处境，不被生死寿夭等问题所困扰，安身而立命。这些说法，对后人，尤其是宋明理学家，影响极深。

《说卦传》论六画卦的这两章与《系辞传》之说非常接近，以致人们怀疑它们原本是《系辞传》之文，后来错简，混入了《说卦传》。如宋人周燔《九江易传》就说：

> 《说卦传》卷首"昔者"两段，差误在此；今已附入《系辞》上下篇，自"天地定位"以下，乃为《说卦传》首章，欲见圣人专说八卦之物。①

这是说《说卦传》的"昔者圣人之作《易》也，幽赞于神明而生蓍"和"昔者圣人之作《易》也，将以顺性命之理"两段是《系辞》的错简。而《说卦传》真正的首章应是今本《说卦传》的第三段"天地定位"以下。其说不为无理。因为这两章只讲六画卦，与下九章内容不同。但从帛书《衷》篇看，这两章又和今本《说卦传》的第三章联在一块。而熹平石经《说卦传》残石既存有今本《说卦传》第一、二章的文字，又存有第三章的文字，还存有四、五、六、八、十、十一章的文字。② 熹平石经《周易·杂卦》残石之阴，有《易经》"尾题"、曰"易经梁"。《梁丘易》立为博士在西汉宣帝甘露三年（前51年）。吴翊寅《汉置五经博士考》云："至《梁丘易》立为博士，则以（梁丘）贺子（梁丘）临为之。"而梁丘贺与施雠、孟喜并为武帝时《易》博士田王孙之门人，后又以明京房（杨何弟子）《易》征，拜为郎。"及梁丘贺为少府，事多，乃遣子临分将门人张禹等从（施）雠问。"③由此可见，《梁丘易》可上溯至田王孙和杨何

---

① 朱彝尊：《经义考》卷二九，林庆彰等点校补正本第一册，第667页，台北"中研院"文哲所筹备处，1997年。

② 详见屈万里：《汉石经周易残字集证》卷二，第44—46页。

③ 《汉书·儒林传》，第3598页，北京：中华书局，1962年。

师徒。所以，从熹平石经《说卦传》残石看，今本《说卦传》的前三章出现于《说卦传》中，不会晚于西汉。结合帛书《衷》篇的记载，很可能会早到先秦时代。所以，轻易地将《说卦传》论六画卦的这两章排除出《说卦传》，是有一定危险的。①

二　论八卦

对于八经卦的取象、八经卦的关系和卦位，《说卦传》提出了一系列新说。

第三章说：

> 天地定位，山泽通气，雷风相薄，水火不相射，八卦相错。数往者顺，知来者逆，是故《易》逆数也。

这一章帛书易传《衷》篇作：

> 天地定立，□□□□，火水相射，雷风相榑，八卦相厝，数往者顺，知来者逆，故易达数也。

"立"通"位"，所缺四字，一般认为当据今本《说卦传》补为"山泽通气"②；"榑"通"薄"；"厝"通"错"。今本的"雷风相薄，水火不相射"帛书作"火水相射，雷风相榑"，张政烺（1912—2005）先生认为：

> 两相对勘，帛书本有两个优点。一、"水火不相射"无不字，是也。水火矛盾，故言相射，不相射则脱离接触，不构成矛盾的两个方面。二、水火在山泽之后，雷风之前，这一点很重要，和我们画的八卦方位圆图相合。③

于豪亮（1917—1982）先生从解释帛书《六十四卦》的卦序结构出发，肯定了帛书"火水"在"雷风"之前的合理性，但指出要将帛书的"火水"改为"水火"④，其说与张同。严灵峰（1903—1999）先生同意上说，并引《经典释文》

---

① 详见廖名春：《〈周易·说卦传〉错简说新考》，《周易研究》1997 年第 2 期。
② 补记："山泽通气"四字帛书的残片陈剑已找出。
③ 张政烺：《帛书〈六十四卦〉跋》，《文物》1984 年第 3 期。
④ 于豪亮：《帛书〈周易〉》，《文物》1984 年第 3 期。

"水火不相逮"句"郑（玄）、宋（衷）、陆（绩）、王肃、王廙无'不'字"为证①。李学勤先生也同意上说②。

尽管帛书《衷》篇"天地定位"这四句与帛书《六十四卦》并无内在联系，以它来解释帛书《六十四卦》的卦序是错误的③，但是上述先生的意见仍然值得重视。从语言形式上看，帛书的这四句句式整齐，字数相等，显然比今本更为协调。所以，除"火水"应改为"水火"之外，其他应以帛书为准，即《说卦传》这四句的原文应为：

> 天地定位，山泽通气，水火相射，雷风相薄。

今本《说卦传》的"数往者顺，知来者逆，故《易》逆数也"一句，帛书《衷》"逆"作"达"，谁是谁非，值得讨论。"逆"、"达"二字，在帛书中字形相近④，较易混淆。但从文义考虑，帛书作"达"似乎为优。对于"逆数"的解释，前人有多说，但均有碍滞难通之处。从原文来看，上文既是"数往者顺，知来者逆"，包括"顺"、"逆"两者，为何下文又只肯定《易》为"逆数"了呢？从帛书《衷》来分析，这一难点可迎刃而解。

于豪亮先生据"天地定位，山泽通气，水火相射，雷风相薄"四句画有八卦卦位圆图⑤：

（乾）
键

（艮）根　　　　　筭（巽）

（坎）赣　　　　　罗（离）

（震）辰　　　　夺（兑）

川
（坤）

---

① 严灵峰：《马王堆帛书〈易经〉六十四卦的重卦和卦序问题》，《东方杂志》第18卷第8期，1985年。

② 李学勤：《马王堆帛书〈周易〉的卦序卦位》，《中国哲学》第14辑，北京：人民出版社，1984年。

③ 详细论证见廖名春《论帛书〈易传〉与帛书〈易经〉的关系》，《孔子研究》1994年第4期。

④ 详参《汉语大字典》字形组编：《秦汉魏晋篆录字形表》，第108、113页，成都：四川辞书出版社，1985年。

⑤ 于豪亮：《帛书〈周易〉》。

此图的八卦次序是左旋的,即由乾至艮,再至坎,至震。李学勤先生不同意于先生的左旋之法,他说:

> 晚周到汉代的各种数术图,除二十八宿系左旋外,凡反映方位的都是右旋,后天卦位也是右旋。因此,根据帛书试画的圆图是:

> 改用卦画表示,即:

于图和李图一为左旋,一为右旋,但它们有一点是相同的,即卦图的次序都是由乾至艮,再至坎,至震;阳卦四卦和阴卦四卦各居一边,由父、母而少、中、长;分别不杂,秩序井然。以此看"数往者顺,知来者逆"就清楚了。所谓"顺"者,即由乾至艮、至坎、至震,在李先生的卦图上,这是顺数。所谓"逆"者,即由震至坎、至艮、至乾,在李先生的卦图上,这是逆推。八卦相错,都系以方位,形成卦位圆图,既可顺数,又可逆推,故云"易达数也"。"达数",即达于数。紧承帛书《衷》篇的另一篇帛书《要》载孔子说:

> 幽赞而达乎数,明数而达乎德,又仁[守]者而义行之耳,赞而不达于数,则其为之巫,数而不达于德,则其为之史。①

----

① 廖名春:《帛书〈要〉释文》,《国际易学研究》第一辑。

研《易》有"达数"、"达德"两途。说顺数逆推属于"达数"之事，应不为过。由此看来，《说卦传》的本文当作"达数"，后人因"达"、"逆"两字形近，又因上文"知来者逆"，误将"达"字写作"逆"字了。

懂得《说卦传》第三章蕴含卦位"顺"、"逆"之理，我们再来看《说卦传》下文，其八卦相次的许多疑点也可涣然冰释。

《说卦传》第四章云：

> 雷以动之，风以散之；雨以润之，日以恒之；艮之止之，兑以说之；乾以君之，坤以藏之。

"雨"即水，"日"即火。此言八卦次序，由雷风而水火，由艮兑而乾坤，系承上章"知来者逆"之"逆"字来，故顺序恰与上章"天地定位，山泽通气，水火相射，雷风相薄"相反。明了这一点，可知上述先生帛书"火水"当作"水火"，今本"雷风"、"水火"之序当依帛书的论断为是。不然，以偶然性为释，是难以服人的。宋人项安世（1129—1208）云：

> 自"天地定位"至"八卦相错"，言先天之顺象也；自"雷以动之"至"坤以藏之"，言先天之逆象也。①

其说庶几近之。严格说来，这种"顺象"、"逆象"不符合今本《说卦传》的"天地定位"四句，只符合我们所校定的《说卦传》原文："天地定位，山泽通气，水火相射，雷风相薄。"

今本《说卦传》第五章说：

> 帝出乎震，齐乎巽，相见乎离，至役乎坤，说言乎兑，战乎乾，劳乎坎，成言乎艮。万物出乎震，震，东方也。齐乎巽，巽，东南也；齐也者，言万物之絜齐也。离也者，明也，万物皆相见，南方之卦也；圣人南面而听天下，向明而治，盖取诸此也。坤也者，地也，万物皆致养焉，故曰至役乎坤。兑，正秋也，万物之所说也，故曰说乎兑。战乎乾，乾，西北之卦也，言阴阳相薄也。坎者，水也，正北方之卦也，劳卦也，万物之所归也，故曰劳乎坎。艮，东北之卦也，万物之所成终，而所成始也，故曰成言乎艮。

---

① 项安世：《周易玩辞》卷十五，第211页，上海：上海古籍出版社，1990年。

此章分层,从"帝出乎震"至"成言乎艮"为一层,系总说;从"万物出乎震"至"故曰成言乎艮"为一层,系分述。其言八卦之序,都是由震而巽、离、坤、兑、乾、坎、艮。特别是第二层,又将八卦与方位、时间相联系,使这种次序的内在逻辑显得更清楚。画成图,便是:

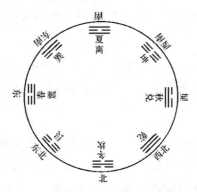

此图宋人称为"文王八卦方位"[①],又称为"后天八卦图"。

今本《说卦传》第六章说:

> 神也者,妙万物而为言者也。动万物者莫疾乎雷,桡万物者莫疾乎风,燥万物者莫熯乎火,说万物者莫说乎泽,润万物者莫润乎火,终万物者始万物者莫盛于艮。故水火相逮,雷风不相悖,山泽通气,然后能变化既成万物也。

此章专说六子卦,可分两层:一是由雷而风、火、泽、水、艮,这显然是承第五章而来,用的是"帝出乎震"之序;一是由水火而雷风,而山泽,这用的是何次序呢? 先儒项安世、胡炳文(1250—1333)、李光地(1642—1718)都认为用的是先天卦位之序[②]。其说有一定道理。严格说来,这是承第四章之说而来。第四章以雷、风、雨、日、艮、兑、乾、坤为序,逆推第三章之文。这里只举六子卦,故不言乾、坤。疑"雷风不相悖"当在"水火相逮"之前。如此,方与第四章之序密合。由此可见,《说卦传》第六章先是紧承第五章"帝出乎震"之序而来,又回扣第四章的逆推"先天"之序。它与第三、四、五章的逻辑联系是不可否认的。项安世认为此章文义是先指明"后天分治之序",再

---

① 朱熹:《周易本义》卷首,上海:商务印书馆,1922 年。
② 李光地:《周易折中》卷十七,第 452、453 页,上海:上海古籍出版社,1990 年。

揭示"先天相合之位"，李光地认为"此章合羲、文卦位而总赞之"①，正是看到了这一点。

今本《说卦传》的第七、八、九、十、十一这五章都以乾、坤、震、巽、坎、离、艮、兑为序，与《说卦传》的首二章显然不同，当为别一系统。这种八卦之序的内在逻辑是什么呢？《说卦传》第十章说得很清楚：

> 乾，天也，故称乎父；坤，地也，故称乎母；震一索而得男，故谓之长男；巽一索而得女，故谓之长女；坎再索而得男，故谓之中男；离而索而得女，故谓之中女；艮三索而得男，故谓之少男；兑三索而得女，故谓之少女。

这是按照男尊女卑的原则，以生成的先后来排序的。乾、坤为父母，故列为六子卦之前；男尊女卑，故乾在坤前。六子卦中，以长、中、少为次，故长男、长女居中男、中女前，中男、中女居少男、少女前；以尊卑为次，故长男、中男、少男分别居长女、中女、少女前。与"先天"说、"后天"说不同，这种父子说没有方位概念。所以，《说卦传》的这五章，应当有相当大的独立性。

《说卦传》的第八、九、十一三章专说八卦的取象，在易学象数学上影响深远。

乾卦所取之象，有马（第八章）、首（第九章）、天、圜、君、父、玉、金、寒、冰、大赤、良马、老马、瘠马、驳马、木果（第十一章）等。坤卦所取之象，有牛（第八章）、腹（第九章）、地、母、布、釜、吝啬、均、子母牛、大舆、文、众、柄、黑地（第十一章）等。震卦所取之象，有龙（第八章）、足（第九章）、雷、龙、玄黄、旉、大塗、长子、决躁、苍筤竹、萑苇、马之善鸣、馵足、作足、的颡、稼之反生、究健、蕃鲜（第十一章）等。巽卦所取之象，有鸡（第八章）、股（第九章）、木、风、长女、绳直、工、白、长、高、进退、不果、臭、人之寡发、广颡、多白眼、近利市三倍、躁卦（第十一章）等。坎卦所取之象，有豕（第八章）、耳（第九章）、水、沟渎、隐伏、矫輮、弓轮、人之加忧、心病、耳痛、血卦、赤、马之美脊、亟心、下首、薄蹄、曳、舆之多眚、通、月、盗、木之坚多心（第十一章）等。离卦所取之象，有雉（第八章）、目（第九章）、火、日、电、中女、甲胄、戈兵、人之大腹、乾卦、鳖、蟹、蠃、蚌、龟、木之科上槁（第十一章）等。艮卦所取之

---

① 李光地：《周易折中》卷十七，第452、453页。

象,有狗(第八章)、手(第九章)、山、径路、小石、门阙、果蓏、阍寺、指、狗、鼠、黔喙之属、木之坚多节(第十一章)等。兑卦所取之象,有羊(第八章)、口(第九章)、泽、少女、巫、口舌、毁折、附决、地之刚卤、妾、羊(第十一章)等。

《说卦传》所记载的这众多的取象,都是从乾为天,坤为地,震为雷,巽为风,坎为水,离为火,艮为山,兑为泽这八种基本物象和"乾,健也;坤,顺也;震,动也;巽,入也;坎,陷也;离,丽也;艮,止也;兑,说也"这八种基本卦义的基础上引发出来的。

如乾为天是基本象,为首,为君,为父,则从天之尊高引申出。为玉,为金,则从天之尊贵取义。为马,良马,老马,瘠马,驳马等,则从天之健义引申。为圜,周转运动,也是从天之健义引申。[1]"为大赤",孔颖达说是"取其盛阳之色也"。疑周人以火德王,尚赤[2],所以说"为大赤"。"为木果",孔颖达说是"取其果实着木,有似星之着天也"。[3] 而郭雍说"'果'者'木'之始也,'木'以'果'为始,犹物以乾为始也"[4]。比较起来,似乎郭说更胜。至于"为寒,为冰",孔颖达说是"取其西北寒冰之地也"。乾为西北之卦。西北气候寒冷,大雪山终年积雪结冰。似乎有一定道理。不过高亨说:"此四字似当在下文'坤为地为母'之下,误窜于此。寒为阴气,冰为阴物,故坤为寒,为冰。"[5]也可参考。

坤的取象也是如此。坤为地是基本象,为母、为腹,则从地的生长万物义引申出。为牛、为子母牛[6]、为大舆,则从地的"厚德载物"、"任重而顺"取义。为布,布者展布也,当是从地之宽广取义。为釜,取地的化生成熟之义。为吝啬,取地的闭藏之义。为均,取地道平均之义。为文,取其万物杂

① 孔颖达《周易正义》:"乾既为天,天动运转,故为圜也。为君为父,取其尊道而为万物之始也。……为良马,取其行健之善也。为老马,取其行健之久也。为瘠马,取其行健之甚。瘠马,骨多也。为驳马,言此马有马如倨,能食虎豹。《尔雅》云:'倨牙,食虎豹。'此之谓也。王廙云:'驳马能食虎豹,取其至健也。'"(《十三经注疏》,第95页)

② 《礼记·檀弓上》:"周人尚赤。"

③ 上引孔颖达说,皆见《周易正义》卷九,《十三经注疏》,第95页。

④ 郭雍:《郭氏传家易说》卷九,文渊阁《四库全书》经部易类。

⑤ 高亨:《周易大传今注》,第621页。

⑥ 高亨:"子读为牸。《广雅·释兽》:'牸,雌也。'牸母牛即牝牛之俗称也。"(《周易大传今注》,第623页)

陈之义。为众，取其地载物非一、物产丰富之义。为柄，取地为生物化育根本之义。"其于地也为黑，取其极阴之色也"①，孔颖达的解释可从。

震卦也是如此。震为雷是基本象，为龙当是引申义。在第五章的"帝出乎震"说里，震为东北，二十八宿中，角、亢、氐、房、心、尾、箕七宿有龙的形象，称为"东苍龙"，所以说震"为龙"。"旉，花之通名。"②震为正春季节，此时百花齐放，故震为旉。③"蕃鲜"，草木茂盛而新鲜。这也是取义于震为正春季节。"为苍筤竹，竹初生之时色苍筤，取其春生之美也。为萑苇，萑苇，竹之类也。"④这是说，苍筤、萑苇都是青色的。震为东方，为正春，为青。所以有苍筤竹和萑苇之象。"为足"，当从震之动义出。大涂，大路，取象本于动义。决躁，急躁。《广雅·释

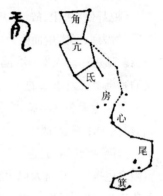

诂》："趞，躁，疾也。"决躁即趞躁，指行动迅速。而震为雷，雷厉风行。故说震有决躁疾速之象。善鸣，从雷声震动而来。为正羿足，为作足，为的颡，都取义于马的善动之性。所谓"羿足"，指左足长白毛的马。"的颡"，额首斑白的马。"作足"，前两足腾举的马。都是善跑的良马。比如"的颡"，又称为"的卢"，《三国演义》第三十四回《蔡夫人隔屏听密语 刘皇叔跃马过檀溪》写刘备檀溪脱险，襄阳蔡瑁隔岸追赶不及，乘的正是"的卢"。震卦有这些良马之象，也都是取义于动。为反生之稼，反生指禾稼顶着种子的甲壳破土萌生，正含动义，可见也是从震之动义引申。玄黄，病也。雷震而生恐惧，所以为病。"其究为健"，"究"，极。"极于震动，则为健也"，故以极健取义。"为长子"，则从其为阳卦初爻而取义。

巽卦所取之象，巽为风是基本象。"为鸡"，《周易集解》引《九家易》说"鸡时至而鸣，与风相应"⑤。这是说鸡鸣声如风入人耳，当是从巽为风为入之义引申。"为股"，股间为下气之处，下气，亦风也，所以也是从巽为风之

---

① 孔颖达：《周易正义》卷九，《十三经注疏》，第95页。
② 陆德明《经典释文》引干宝说。
③ 高亨：《周易大传今注》，第624页。
④ 孔颖达：《周易正义》卷九，《十三经注疏》，第95页。
⑤ 李鼎祚：《周易集解》卷十七，第5页，北京：中国书店，1984年。

义引申而来。"为木",孔颖达说"木可以輮曲直,即巽顺之谓也"①。如此,则是从巽之顺义引申而来。"为长女",则从其为阴卦初爻而取义。"为绳直",当从"巽为木"说而来。木匠做木工以墨线取直,故巽又引申出"绳直"之象。"为工","亦正取绳直之类",工人制木为器,所以以工为象。"'为白',取其风吹去尘,故洁白也。""'为长',取其风行之远也。""'为高',取其风性高远,又木生而上也。""'为进退',取其风之性前却,其物进退之义也。'为不果',取其风性前却,不能果敢决断,亦皆进退之义也。"②孔颖达的这些解释有道理。巽为风,风常转变方向,时而进向此方,时而退向彼方,故巽为进退。又风或东或西,或急或徐,或大或小,或强或弱,多转变,不果决,故巽为不果。"为臭",臭,气味也。巽为风,风吹则物之气味远闻,故巽为臭。③"'其于人也为寡发',寡,少也。风落树之华叶,则在树者稀疏,如人之少发,亦类于此,故为'寡发'也。'为广颡',额阔为广颡,发寡少之义,故为'广颡'也。""'为多白眼',取躁人之眼,其色多白也。""躁人",急躁之人,这是从风的迅疾取义。"'为近利',取其躁人之情,多近于利也。'市三倍',取其木生蕃盛,于市则三倍之宜利也。'其究为躁卦',究,极也。取其风之近极于躁急也。"④"躁",急,也是由风的迅疾义引申而来。

坎卦所取之象,坎为水是基本象。"为豕","坎主水渎",而豕喜处有水之洼渎中,故坎为豕。"为耳",坎,陷也,洼坑也。耳是头部之洼坑,故坎为耳。⑤"为沟渎",沟渎为水之所存,故取以为象。"为隐伏",水隐伏于地中,掘地深则得水,故坎有隐伏之象。"为矫輮","使曲者直为矫,使直者曲为輮",而水之流也可直可曲,故为矫輮也。"为弓轮",弓轮都是弯曲而坎坷不平的,故取以为象。"其于人也为加忧,为心病",坎为险,人在险难,增加忧虑,增加忧虑,则成心病,故坎为加忧、为心病。"为耳痛",坎为水,又为耳,耳中有水,则成耳病,故为耳痛。"'为血卦',取其人之有血,尤地有水也。'为赤',亦取血之色。""其于马也为美脊,为亟心,为下首,为薄蹄,为曳",皆当从坎陷取义。"美脊",脊背尚美,似隐指脊背以下皆陷入险坑。

---

① 孔颖达:《周易正义》卷九,《十三经注疏》,第95页。
② 同上。
③ 高亨:《周易大传今注》,第628页。
④ 孔颖达:《周易正义》卷九,《十三经注疏》,第95页。
⑤ 高亨:《周易大传今注》,第619页。

"呕心"，焦心。"下首"，垂首，所谓垂头丧气，精神不振也。"薄蹄"，蹄迫地，以蹄踢地。"曳"，奋力拖拉，欲求脱险。这些都是马陷入坎险之象。"其于舆也为多眚"，眚，灾。车以陷险难行，所以多有灾眚。"为通"，物深陷则穿，则通。"为月"，取月是水精之说。"为盗，取水行潜窃如盗贼也。"上文坎为隐伏，盗是隐伏以盗窃之人，故坎为盗。"其于木也为坚多心"，心，纤，指尖刺，取木坚硬多小刺，触之有险之义。①

离卦所取之象，离为火是基本象。"离为雉"，离为文明，而雉有鲜明之文章，故离为雉。"离为目"，当取义于"明"，人之身能明了视物的，自然为"目"。"为日"，"取其日是火精也"，是最大的火。"为电"，"取其有明似火之类也"，闪电也是火。"为中女"，则从其为阴卦中爻而取义，"似谓附丽于长女、幼女之间"。"为甲胄"，甲胄穿于人身，也是附丽在人身上，隐含"附着"义。"为戈兵"，戈兵即武器，火作为武器经常用于战事，诸葛亮就是最擅长于火战者。"其于人也为大腹"，"取其怀阴气也"，"离中虚"，即为"大腹"之象。"为乾卦"，后天卦位中离居南方，先天卦位中则乾也居南方，所以离有乾象。又，乾，乾燥也。离为火，为日。火日能使物乾燥，故离有乾象。"为鳖，为蟹，为蠃（螺），为蚌，为龟"，"皆取刚在外也"，它们都是外有硬壳，内有肉身，正象离卦外刚而内柔。"其于木也为科上槁"，"科，空也。阴在内为空，木既空中者，上必枯槁也"②，也就是空心木，因此也是取"离中虚"之象。

艮卦所取之象，艮为山是基本象。"艮为狗"，艮，止也。狗守家，能禁止外人，故取以为象。"为手"，艮为山，山有峰。而手掌与手指恰似山峰，故取以为象。③"为径路，为小石"，"径路"，小路，山上之路皆为小路，故艮为径路。山上多石，且艮为少男，为小，故艮为小石。"为门阙"，门之两旁筑台，其台谓之阙，也称为观。艮为山，门阙高崇，似两山对峙，故艮为门阙。"为果蓏，木实为果，草实为蓏，取其出于山谷之中也。""为阍寺"，阍人守门，寺人守巷，禁止人妄入门巷，故取阍寺为象。"为指"，与"为手"同。"为鼠"，鼠穴居于家，疑取止义。"为黔喙之属"，"黔"，黑，"喙"，野兽之口。

---

① 阮元《揅经室集》说，见黄寿祺、张善文《周易译注》，第640页。
② 孔颖达：《周易正义》卷九，《十三经注疏》，第95页。
③ 高亨：《周易大传今注》，第619页。

野兽居于山上,故取以为象。"其于木也为坚多节",这种坚硬之木,正好做禁人止物之器,故取以为象。①

兑卦所取之象,兑为泽是基本象。"兑为羊",兑,说(悦)也。羊性柔顺,为人所喜悦,故取以为象。"为口","为口舌",兑为悦,取悦人在于口,在于言语。又口之于身,如泽之于地,口之出入言语犹泽之吞吐河流,故取以为象。"为少女",则从其为阴卦上爻而取义。"为巫",《国语·楚语》:"在男曰觋,在女曰巫。"兑为女,为口。女巫恃口取食,故兑为巫。"为毁折,为附决",兑为西方之卦,属于秋季。秋季庄稼成熟,收获必"毁折",顺从人裁决(附决)。"其于地也为刚卤",兑为泽,泽水所停之地坚硬而含咸质,故兑为刚卤之地。"为妾",兑为泽,泽之位卑下。兑又为少女,少女在家庭中处卑下之位者是妾也,故取以为象。②

这诸多引申之象,尽管有的引申线索清楚,有的曲折过多,意义隐晦,但都是从经卦的基本取象和基本性质发展出来的。

通过阐述八卦的取象、德性、功能和相互作用,《说卦传》也表达了它对万物生成的看法。

《说卦传》之所以不厌其烦地例举如此多的物象,有以八卦为模式对万物进行分类的思想。八卦能生出无穷无尽的物象,能象征世界上的万物。而这大量的物象中,基本的又只有八种,即天、地、雷、风、水、火、山、泽。这八种物象是其他众多物象的根本,也可以说构成万物产生的基础。

《说卦传》认为,八卦所代表的八种自然现象各有其特性,八卦的这些基本特性对万物的生成又各有其作用:

> 雷以动之,风以散之;雨以润之,日以烜之;艮以止之,兑以说之;乾以君之,坤以藏之。

此是说,震为雷,春雷震动可以使万物从冬眠状态中苏醒而萌发幼芽。巽为风,风吹拂而无孔不入,可以使万物舒展开来而日益焕发;坎为水,雨水降落于大地,可以促使万物而不断成长;离为火,阳光照耀如火炽,可以使万物发育苗壮;艮为山,山静止,苗壮而止之,可以使万物达到成熟;兑为泽,泽能喜

---

① 黄寿祺、张善文:《周易译注》,第642页。
② 高亨:《周易大传今注》,第636页。

悦,成熟则喜悦,可以使万物各得其所而固定其本质;然后,乾为天,天主创始赋予万物以生生机制;坤为地,地主收藏而孕育。从而进入下一轮生长周期。

《说卦传》又认为,八卦所代表的八种自然现象在万物的生成过程中并不是彼此孤立、互不相干的,而是相反相成,两两构成对立面的统一。它说:

> 天地定位,山泽通气,雷风相薄,水火不相射;八卦相错。

> 神也者,妙万物而为言者也。动万物者莫疾乎雷,桡万物者莫疾乎风,燥万物者莫熯乎火,说万物者莫说乎泽,润万物者莫润乎水,终万物始万物者莫盛乎艮。故水火相逮,雷风不相悖,山泽通气,然后能变化既成万物也。

乾、坤、雷、风、火、水、山、泽生化万物的功能是非常神妙的,它们既各有各的特点,彼此对立,又互相联系,构成统一体。如乾为天,天在上;坤为地,地在下。一上一下是对立的,但能交合成一体,又是统一的。艮为山,兑为泽,山高泽低是对立的,但其气相通,又是统一的。巽为风,震为雷,风雷互相搏击是对立的,但能互相增益其势而不相悖,又是统一的。坎为水,离为火,水火不相入是对立的,但它们又能"相逮",互相资济,又是统一的。这种既对一又统一的特性推动了万物的变化发展,所以说"然后能变化既成万物也"。由此可见,《说卦传》的八卦论,实际上是以解释筮法的形式出现的一种万物生成论。此种生成论也是对中国大陆黄河流域节气变化和农业生产的总结。

思考题:

1. 你对《说卦传》的结构如何看?

2. 今本《说卦传》的"数往者顺,知来者逆,故《易》逆数也"一句当如何理解? 谈谈你的看法。

3. 除《说卦传》列举的这些八卦取象外,你还能补充一些吗?

第十五讲

《序卦传》与《杂卦传》

《序卦传》又简称为《序卦》,《杂卦传》又简称为《杂卦》。它们是今本易传的第六、第七种。

《序卦传》和《杂卦传》都论述了《周易》的卦序和卦义,但其理解和侧重点又各有不同。下面,我们分述其内容。

一 《序卦传》

《序卦传》是一篇分析《周易》六十四卦的编排次序,并揭示诸卦前后相承意义的专论。

全文据《周易》上、下两篇分为两段。前段解释上经乾、坤到坎、离三十卦的卦次,后段解释下经咸、恒到既济、未济三十四卦的卦次。

《序卦传》之名,孔颖达《周易正义》认为是“就上下二经,各序其相次之义,故谓之序卦焉”[①]。所论为是。

《序卦传》主旨是论卦序之义,但在论卦与卦前后相联的关系时,它也以简约的语言概括了诸卦名义。这些对卦义的论述,有的切合各卦的实际,有的只是取其一端,以偏概全。为了揭示卦序之义,将六十四卦建立起因果连续性的链条,它不得不对卦义取其所需。

《序卦传》分析卦序,一般都据卦名立说,只有乾、坤、咸三卦例外。它说:“有天地然后万物生焉。盈天地之间者唯万物,故受之以屯。”这里,没有点出乾、坤两卦的卦名,而说天地。乾为天,坤为地,这是取象说。又说:“夫妇之道不可以不久也,故受以恒。”恒卦前是咸卦,它没有点出咸卦的卦名,却以“夫妇之道”代之,这是取义说。《彖传》说“咸,感也……男下女”,☷咸卦卦体上兑下艮,《说卦传》以艮为少女,以兑为少男。《序卦传》以咸

---

① 孔颖达:《周易正义》卷九,《十三经注疏》,第 95 页。

卦为"夫妇之道"，正是取卦体结构和卦辞之义。

对六十四卦的顺序结构，《序卦传》从相因、相反两个方面进行分析。

所谓相因，是揭示前后卦因相承关系、条件关系、蕴涵关系而相联接。如：

> 需者，饮食之道也。饮食必有讼，故受以讼。讼必有众起，故受之以师；师者众也。聚必有所比，故受之以比；比者，比也。比必有所畜，故受之以小畜。物畜然后有礼，故受之以履。

这是说需卦之后之所以是讼卦，是因为需卦是讲饮食之道的，而饮食之需，必然会产生争讼，争讼会牵涉到众人，所以讼卦后是师卦，师就是众的意思。而物以类聚，人以群分。众人自有亲比，所以师卦之后接以比卦。亲比要有蓄积，所以比卦之后是小畜卦。物资积蓄起来后如何进行分配，就产生了礼的问题，所以小畜卦之后接以履卦，履就是礼。这些卦所代表的事物，一个引发一个，相继衍生。《序卦传》就是用这种相承关系来说明卦与卦之间的顺序。

《序卦传》又用条件关系来说明前后卦之间的顺序。如：

> 蒙者，蒙也，物之稚也。物稚不可不养也，故受之以需。需者，饮食之道也。

此是说，蒙卦代表幼稚的事物，幼稚的事物必须要加养育，而需卦代表饮食，正是养育幼稚之物之所需。这样，需卦的饮食就成了养蒙的条件，所以蒙卦之后接以需卦。又认为，咸、恒两卦相联，是因为夫妇之道必须恒久；井、革两卦相联，是因为井必须要加以陶冶、革新；革卦之后所以是鼎卦，是因为变革事物没有比鼎器化生为熟更显著的；鼎之后之所以是震卦，因为主持鼎器没有比长子更合适的。这些，都是以后卦之义作为前卦之义的条件，来解释前后相次之理。

《序卦传》又用蕴涵关系来说明前后两卦相因。如：

> 屯，物之始生也。物生必蒙，故受之以蒙。蒙者，蒙也，物之稚也。

这是说屯卦之名有物之始生之义，而蒙卦之名为幼稚，蕴涵着屯卦物之始生之义，故两卦相连。又如萃卦之名是会聚的意思，而升卦之名有上升之义，上升蕴涵着会聚之意，所以萃、升两卦相因。未济有事物的发展不可穷尽之义,而既济含有完成的意义,但既济的事物还有新的未济,所以两卦相联。

所谓相反,是指前后两卦有一种逆转变化的关系。《序卦传》往往以相反之理来揭示卦序。如:

> 泰者,通也。物不可以终通,故受之以否。物不可终否,故受之以同人。

此是说泰卦之义为通泰,但事物不可能一直通泰,通泰到了极点就会走向反面闭塞(否),因此泰卦之后就是否卦。但人也不会始终处在封闭不通的境况中,最后也会走向与人沟通合作,因此否卦之后又接之以同人。又如损与益、益与夬相联接,是由于事物不断地受损就会逼出求益的意愿,事物不断地受益就会导致溃决。

通过《周易》六十四卦序的分析,《序卦传》表述了它对自然和社会的认识。

第一,提出了"盈天地之间者,唯万物"的命题。《序卦传》开篇就说:

> 有天地,然后万物生焉。盈天地之间者,唯万物。

此是说,天地是万物的根源,而且充盈天地之间的,也只有万物。这一观点实际是认为世界充满各种物体,宇宙中没有真空的领域。

第二,探讨了自然和社会的历史发展的过程。《序卦传》说:

> 有天地,然后有万物;有万物,然后有男女;有男女,然后有夫妇;有夫妇,然后有父子;有父子,然后有君臣;有君臣,然后有上下;有上下,然后礼义有所错。

"有天地,然后有万物",此是以天地为万物的本原,不以天神为万物之源;"有万物,然后有男女",是说有了无生物和生物以后才产生了人类;"有男女然后有夫妇",是说异性结合是家庭生活的基石;"有夫妇,然后有父子",是说有了夫妇关系方可产生父子关系;"有父子,然后有君臣",是说君臣关系是在父子关系的基础上发展起来的;"有君臣,然后有上下;有上下,然后礼义有所错",是说有了上下的区别,维系上下区别的礼义法度也就形成了。序卦对自然和社会发展的这些描述,承认先有自然界而后有人类社会,人类社会是以家庭为基础而发展起来的,这种见解是相当深刻的。但是,它对人类社会发展的解释,却又打上了中国古代农业社会和宗法制度的烙印。

第三,以相反说解释卦序,表现了穷极则反的对立面转化的思想。除上举例外,它分析剥卦与复卦、恒卦与遁卦、遁卦与大壮卦、晋卦与明夷卦、蹇卦与解卦等,都是以"穷上反下"、互相转化的观点来说明它们前后相次之理。

《序卦传》不仅认为对立面可以互相转化,而且认为这种转化、发展是无穷的。《周易》六十四卦的最后两卦是既济、未济。"既济"有完成之义,而"未济"有未完成之义。可是《周易》不以既济置于最后,而是以未济为全经的结束。《序卦传》认为这是由于"物不可以终穷也,故受之以未济终焉"。这是说事物的转化是没有穷尽的,事物将永远处于变易的过程中。这种"穷上反下"说和"物不可以终穷"说,正表现了《序卦传》辩证思维的特色。

二 《杂卦传》

《杂卦传》在今本易传诸篇中最短,它是以卦象对举见义的形式揭示《周易》六十四卦卦德的一篇专论。

《杂卦传》通篇为韵文,共用了十九个韵,因而显得音节和谐。除篇末的八个卦之外,杂卦其余五十六个卦的排列顺序都很有规律,它们皆"二二相耦",每两个卦成一组;每组两个卦的关系又是相综相错、非覆即变。如开篇它就说:"乾刚坤柔,比乐师忧;临观之义,或与或求。"这里的六个卦,乾卦和坤卦是一组,比卦和师卦是一组,临卦和观卦是一组,这就是"二二相耦"。

乾卦的卦形为☰,坤卦的卦形为☷。它们两卦同位之爻的爻性全部相异,乾卦的初爻为阳,坤卦的初爻为阴,其他二、三、四、五、上爻皆如此。这种关系韩康伯称为"错",孔颖达称为"变"。比卦和师卦、临卦和观卦这两组卦与卦之间的关系则不同。比卦上坎下坤,卦形为☵☷;师卦上坤下坎,卦形为☷☵。将比卦的卦形倒转过来,就是师卦的卦形。临和观也是如此,将上坤下兑的☷☱临卦倒转过来,就是上巽下坤的☴☷观卦。同组内两卦之间的这种关系,韩康伯称为"综",孔颖达称为"覆"。

《杂卦传》前五十六卦二十八组，每组内的两卦，其关系不是"综"就是"错"，不是"覆"就是"变"。可是，从第五十七卦起，后面的八个卦就不同了。这八卦是☱大过和☰姤卦，☴渐卦和☶颐卦，☵既济和☱归妹，☲未济和☱夬卦。☱大过上兑下巽，☰姤卦上乾下巽，它们之间既没有相综或相覆的关系，也没有相错或相变的关系。渐和颐、既济和归妹、未济和夬卦皆如此。这种不合乎规律的现象，显系错简所致，宋人蔡渊根据前五十六卦"二二相耦"、"非覆即变"的结构和句尾押韵之例，将后八卦改作：

> 大过，颠也；颐，养正也。既济，定也；未济，男之穷也。归妹，女之终也；渐，女归待男行也。姤，遇也，柔遇刚也；夬，决也，刚决柔也。君子道长，小人道忧也。

这样，大过和颐就成了相错关系，归妹和渐卦、既济和未济、姤和夬卦就成了相综关系。其说为是。

由此看来，《杂卦传》实际将《周易》六十四卦分成了三十二组，其中乾与坤、小过与中孚、离与坎、大过与颐这四组卦皆是相错关系，其余二十八组皆为相综关系。就是用这种"错综其义"的方法，《杂卦传》重新编排了《周易》六十四卦的顺序。

《杂卦传》的卦序与今本《周易》的卦序相比，有同有异。就"二二相耦，非覆即变（即相综相错）"而言，它们是一致的。但今本《周易》的卦组与卦组之间如《序卦传》所说有意义上的联系，成为一因果联系的系列。可是，《杂卦传》中卦象的排列却没有这种联系。如《杂卦传》初始的六卦，各卦组间的两卦有着反对关系，一刚一柔，一乐一忧，一与一求。但乾坤组与比师组、临观组之间，却互不相关。此说明《杂卦传》所追求的是卦组内的逻辑结构，而不是卦组之间先后的续承关系。

韩康伯认为："《杂卦》者，杂糅众卦，错综其义，或以同相类，或以异相明也。"[①]就是说《杂卦传》是利用《周易》六十四卦"错综"的特点，用"以同相类，或以异相明"的方法来探讨《周易》各卦卦义的。所谓"以同相类"，就是将卦义相同或相近的两卦作为一组，通过对举使其义凸显。所谓"以异相明"就是通过揭示两卦的对立关系来凸显其各自的意义。人们一般都论

---

① 　王弼、韩康伯注，孔颖达疏：《周易正义》，《十三经注疏》，第96页。

定:《杂卦传》"以同相类"者少,"以异相明"者多。"以异相明"是《杂卦传》主要的解释方法。①

如果韩康伯说可信,《杂卦传》既有"以同相类"者,也有"以异相明"者,就说明《杂卦传》对卦义的探讨,并不是完全以卦体相反为根据的。如果完全以卦体相反为根据来探讨卦义,就应该只有"以异相明",而不应有"以同相类"。由此,笔者怀疑韩康伯对《杂卦传》存在误解,将本来是"以异相明"者误认为"以同相类"者。如果此说成立,《杂卦传》就是以卦体相反为据系统探讨《周易》六十四卦卦义之作了。

下面,我们试对《杂卦传》所论作一分析。

"乾,刚;坤,柔。"乾为刚健,坤为柔顺。相反见义,这显然是"以异相明"。

"比,乐;师,忧。"比为亲比,团结,故云"乐"。师本指师众、军旅,引申指战争。兵者,凶事也,故云"忧"。

"临、观之义,或与或求。"临为监临,义为居上治民。统治者居高临下,君临天下,发号施令,是为施与。观是观察民情,采诗纳谏,自当为"求"。

"屯见而不失其居,蒙杂而著。"屯是初生,"见"即出。所谓"屯见而不失其居",是说屯卦之义是出生而不离其出生地。蒙当为蒙蔽;"杂"当读为"帀",是"反屮(之)","倒之",其意义则近于盖、合。所谓"蒙杂而著",是说蒙卦之义是由蒙蔽到曝光。

"震,起也;艮,止也。"一为震动,一为限止,卦义完全相反。

"损、益,盛衰之始也。"减损是增益的开始,增益也是减损的开始。

"大畜,时也;无妄,灾也。"大畜是大为天所厚,所以说得"时"。无妄是无所希望,为之绝望,故以为"灾"。

"萃聚而升不来也。"荟萃内聚,是由远而近;上升不返,是近而远。

"谦轻而豫怠也。""轻"是自贱、小,怠是慢、倨。这是说谦卦之义为自贱、谦虚,而豫卦之义为傲慢、自大。

---

① 如王兴业:"《杂卦》不同,卦与卦之间,不相因承,其相偶之卦,多是相斥。"(《杂卦不杂说》,《周易研究》1988年第1期,第24页)戴琏璋:"作者对于每一组的说明不外乎'以同相类'与'以异相明'两种观点。"(《易传之形成及其思想》,第195页,台北:文津出版社,1989年)廖名春:"《杂卦》主要的解释方法是'以异相明'。"(《周易经传与易学史新论》,第346页,济南:齐鲁书社,2001年)

"噬嗑,食也;贲,无色也。""无"当读作"橆",训为本。"无色"即本色,多色。这是说噬嗑是以刑法为治,依仗武功;而贲为彩色,依靠的则是文治。

"兑见而巽伏也。"兑为显现,是自内往外;巽为入,为隐伏,是自外至内。

"随,无故也;蛊,则饬也。"随为无事而休息,蛊为有事而整治。

"剥,烂也;复,反也。"剥是剥落仅存一阳,前景堪忧,故称"烂";而复是一阳复生,将要尽复失地,故称"反(返)"。

"晋,昼也;明夷,诛也。"晋是太阳上升,时为白昼;明夷是太阳落山,光明夷灭,时为黑夜。

"井通而困相遇也"应作"井通而困丧遇也","相"是"丧"的假借。井是源头活水,给养不绝;而困则是受困失遇。

"咸,速也;恒,久也。"咸,即感,男女相感等于今天的谈恋爱,而恒指成立家庭。比较之下,谈恋爱时间短,故称"速";而成家立业过日子时间长,故称"久"。

"涣,离也;节,止也。"涣是离散,节是节制、收束。

"解,缓也;蹇,难也。"解是舒难解困,蹇是遭遇艰难。

"睽,外也;家人,内也。"睽为同中生异,由内而外,犹如姐妹,生为同根,而归属不同;家人为异中生同,由外而内,犹如夫妻,本为异姓,而成一家。

"否、泰,反其类也。"否为"大往小来",泰为"小往大来",是相反的事类。

"大壮则止,遁则退也。""止"与"之"形近而音同,疑"止"当作"之"。"之"义为往,为进,而"遁"义为"退",刚好相反。

"大有,众也;同人,亲也。"大有是不分彼此,四海俱有,故云众多;而同人则是"以类族辨物",以"亲"同人,所得自然为少。

"革,去故也;鼎,取新也。"革为革除,去掉故旧;而鼎烹饪,餐餐取新。

"小过,过也;中孚,信也。"小过是无心有过,中孚是有心于信。过越与守信,意义也相对。

"丰,多故也;亲寡,旅也"即"丰,多故也;旅,亲寡也"。是说家大业大,官大势大,则故旧之人多来亲近攀附;在外作客,则少有亲人。

"离上而坎下也。"火焰向上,水往低流,上下方向正好相反。

"小畜,寡也;履,不处也"当作"小畜,顾也;履,不处也"。"顾"义为等待,等待也就是止。小畜卦辞所谓"密云不雨",正是止步不前,正是等待。而履为行,也就是"不处",不停留。

"需,不进也;讼,不亲也。"需义为退缩。退缩也就是"不进"。"讼"义为"争","争"故云"不亲"。

"大过,颠也;颐,养正也。"大过是永别人世,颐是颐养天年。"颠",倒,与"正"相反。

"既济,定也;未济,男之穷也。"既济是已经成功,所以说"定";未济为尚未成功,作为男子来说壮志未酬,所以说"穷"。

"归妹,女之终也;渐,女归待男行也。"同为"女归",渐是循礼而"吉";归妹则违礼而"凶"。

"姤,遇也,柔遇刚也;夬,决也,刚决柔也。君子道长,小人道忧也。"姤为阴长阳消,阴柔得志,而阳刚失意;夬为阳盛阴消,阳刚决除阴柔,所以说是"君子道长,小人道忧"。

从上述分析可知,《杂卦传》解《易》,基本上是"以异相明",可以说并无真正的"以同相类"。所谓的"以同相类"例,如"屯见而不失其居,蒙杂而著。……大壮则止,遯则退也。大有,众也;同人亲也。……小畜,寡也;履,不处也。需,不进也;讼,不亲也。……归妹,女之终也;渐,女归待男行也"[1],如上所述,全部是"以异相明"。把它们列为"以同相类",只是出于人们的误解。

以"对"来讲《周易》,深入发掘《周易》卦画形式和卦义上"对"的特点,是《杂卦传》解《易》最为成功之处。《序卦传》解《易》,列举卦名时没有破坏《周易》六十四卦"二二相耦"的规律,这与《杂卦传》是相同的。但为了将六十四卦建立起因果连续性的链条,阐发卦义时却常常违反相反为义的原则,得出了错误的认识。如将需讲成"饮食之道",将无妄讲成"不妄"等等。应该说,《杂卦传》虽然文辞简短,甚至可以说是惜墨如金,但它每一个字的分析都是有根据、经得起检验的,而且揭示了《周易》卦画形式和卦义上的一条重要规律。《序卦传》解《易》,虽然立意很高,理论上有深度,但有

---

① 见戴琏璋《易传之形成及其思想》第195页所举。

许多非《周易》本经所固有,特别是其对卦组与卦组关系的阐发,难以令人信从,可以说是其赋予《周易》本经的新思想,是新"加上去"的东西。在易学史上,在《周易》本经的解释史上,《序卦传》浮夸的因果链条说遮盖住了《杂卦传》信实的"二二相耦"、相反为义说,当是治《易》者不思之过。

《杂卦传》"以异相明"的方法突出了《周易》用矛盾对立观念解释世界的意义,其主要范畴是"刚"、"柔"。首句"乾,刚;坤,柔",表达了其对立义。乾卦由六阳爻—组成,代表事物的刚健之性;坤卦由六阴爻--组成,代表事物的柔弱之质。乾、坤对峙,表示万事万物无不具备刚柔两重性,而其间的刚柔消长则决定了事物之间的互相区分。乾、坤以下六十二卦正是以刚柔消长的不同态势来说明事物之间的差异性的。如:"否、泰,反其类也。"否卦上乾下坤,泰卦上坤下乾。一是内柔而外刚,一是内刚而外柔,以刚柔分类,态势正相反,故云"反其类也"。又说:"剥,烂也;复,反也。"剥卦上艮下坤,卦形为☶,柔长而刚退,复卦坤下震,卦形为☳,刚退尽而复返,虽只一刚爻居下,但表示了刚健之性的发展趋向。所以剥、复对举,说明刚柔消长决定了事物的不同发展趋向。

刚柔思想反映在人事上,则刚为男,柔为女;刚君子而柔小人。如说:"归妹,女之终也;渐,女归待男行也。"☳归妹上震下兑,震为长男,兑为少女;☴渐为归妹之综卦,上巽下兑,巽为长女,兑为少男。两卦都是以嫁女作解。长男配少女,与礼相宜,故归妹云"终";少男配长女,与礼不宜,故渐云"待"。这是以男女为刚柔。《杂卦》结尾云:"姤,遇也,柔遇刚也;夬,决也,刚决柔也,君子道长,小人道忧也。"姤卦形为☴,上乾下巽,一柔初生,《杂卦传》不言柔"反",而言"柔遇刚"。夬为姤之综卦,卦形为☱,上兑下乾,五刚下长,一柔仅存,刚占绝对优势,故云"刚决柔"。既然是五阳决除一柔,所以"君子道长",而"小人道忧"。所谓"君子"、"小人",也是"刚"、"柔"。《杂卦》以"乾,刚;坤,柔"始,以"柔遇刚"、"刚决柔"终。中间的六十卦,虽未明言刚柔,但刚柔之义或示之于六爻,如否、泰、剥、复,或显之于上下卦,如渐、归妹,未言刚柔而实寓刚柔之义于其中。所以,《杂卦》实际是以反对为内在结构形式、以刚柔思想为主线的一篇《易》说。①

---

① 说参王兴业:《杂卦不杂说》,《周易研究》1988 年第 1 期;萧汉明:《杂卦论》,《周易研究》1988 年第 2 期。

思考题：

1. 你认为《序卦传》对《周易》卦序的解说最精彩的是哪些？简述其理由。

2. 试比较《序卦传》与《说卦传》的异同。

3. 《杂卦传》的主要范畴是什么？试作分析。

附　录

《周易》经、传

一　《易经》

（一）上经

乾卦第一

☰乾,元,亨;利贞。

初九:潜龙勿用。

九二:见龙在田,利见大人。

九三:君子终日乾乾,夕惕若,厉无咎。

九四:或跃在渊,无咎。

九五:飞龙在天,利见大人。

上九:亢龙,有悔。

用九:见群龙无首,吉。

坤卦第二

☷坤,元,亨;利牝马之贞。君子有攸往,先迷后得主,利。西南得朋,东北丧朋。安贞,吉。

初六:履霜,坚冰至。

六二:直方,大,不习,无不利。

六三:含章,可贞,或从王事,无成有终。

六四:括囊,无咎无誉。

六五:黄裳,元,吉。

上六:龙战于野,其血玄黄。

用六:利永贞。

屯卦第三

☲屯,元,亨;利贞。勿用有攸往,利建侯。

初九:盘桓,利居贞,利建侯。

六二:屯如邅如,乘马班如,匪寇,婚媾。女子贞不字,十年乃字。

六三:即鹿无虞,惟入于林中。君子几,不如舍;往,吝。

六四:乘马班如,求婚媾,往,吉,无不利。

九五:屯其膏,小,贞,吉;大,贞,凶。

上六:乘马班如,泣血涟如。

蒙卦第四

☶蒙,亨;匪我求童蒙,童蒙求我;初筮告,再三渎,渎则不告;利贞。

初六:发蒙,利用刑人,用说桎梏,以往,吝。

九二:包蒙,吉;纳妇,吉;子克家。

六三:勿用取女,见金夫,不有躬。无攸利。

六四:困蒙,吝。

六五:童蒙,吉。

上九:击蒙,不利为寇,利御寇。

需卦第五

☵需,有孚,光亨;贞,吉,利涉大川。

初九:需于郊,利用恒,无咎。

九二:需于沙,小,有言,终吉。

九三:需于泥,致寇至。

六四:需于血,出自穴。

九五:需于酒食,贞,吉。

上六:入于穴,有不速之客三人来,敬之,终吉。

讼卦第六

☰讼,有孚窒惕,中吉,终凶;利见大人,不利涉大川。

初六:不永所事,小,有言,终吉。

九二:不克讼,归而逋;其邑人三百户,无眚。

六三:食旧德,贞,厉;终吉,或从王事,无成。

九四:不克讼,复即命,渝,安贞,吉。

九五:讼,元,吉。

上九:或锡之鞶带,终朝三褫之。

师卦第七

☷师,贞,丈人吉,无咎。

初六:师出以律;否臧,凶。

九二:在师,中,吉,无咎,王三锡命。

六三:师或,舆尸,凶。

六四:师左次,无咎。

六五:田有禽,利执言,无咎,长子帅师。弟子舆尸,贞,凶。

上六:大君有命,开国承家,小人勿用。

比卦第八

☵比,吉。原筮,元,永贞,无咎。不宁方来,后夫凶。

初六:有孚,比之,无咎;有孚盈缶,终来有他,吉。

六二:比之自内,贞,吉。

六三:比之匪人。

六四:外比之,贞,吉。

九五:显比,王用三驱,失前禽,邑人不诫,吉。

上六:比之无首,凶。

小畜卦第九

☴小畜,亨;密云不雨,自我西郊。

初九:复自道,何其咎?吉。

九二:牵复,吉。

九三:舆说辐,夫妻反目。

六四:有孚血去惕出,无咎。

九五:有孚挛如,富以其邻。

上九：既雨既处，尚德载，妇贞，厉；月几望，君子征，凶。

履卦第十

☱履，虎尾，不咥人，亨。

初九：素履，往，无咎。

九二：履道坦坦，幽人贞，吉。

六三：眇能视，跛能履，履虎尾，咥人，凶；武人为于大君。

九四：履虎尾，愬愬，终吉。

九五：夬履，贞，厉。

上九：视履考祥，其旋，元，吉。

泰卦第十一

☷泰，小往，大来，吉，亨。

初九：拔茅茹，以其汇，征，吉。

九二：包荒，用冯河，不遐遗；朋亡，得尚于中行。

九三：无平不陂，无往不复；艰贞，无咎；勿恤其孚，于食有福。

六四：翩翩，不富以其邻；不戒，以孚。

六五：帝乙归妹以祉，元，吉。

上六：城复于隍，勿用师，自邑告命，贞，吝。

否卦第十二

☰否之匪人，不利君子贞，大往，小来。

初六：拔茅茹，以其汇，贞，吉，亨。

六二：包承，小人吉，大人否亨。

六三：包羞。

九四：有命，无咎，畴离祉。

九五：休否，大人吉；其亡其亡，系于苞桑。

上九：倾否，先否后喜。

同人卦第十三

☰同人于野，亨。利涉大川，利君子贞。

初九:同人于门,无咎。

六二:同人于宗,吝。

九三:伏戎于莽,升其高陵,三岁不兴。

九四:乘其墉,弗克;攻,吉。

九五:同人,先号咷而后笑,大师克相遇。

上九:同人于郊,无悔。

大有卦第十四

☲大有,元,亨。

初九:无交害,匪咎,艰则无咎。

九二:大车以载,有攸往,无咎。

九三:公用亨于天子,小人弗克。

九四:匪其彭,无咎。

六五:厥孚交如威如,吉。

上九:自天佑之,吉,无不利。

谦卦第十五

☷谦,亨,君子有终。

初六:谦谦君子,用涉大川,吉。

六二:鸣谦,贞,古。

九三:劳谦,君子有终,吉。

六四:无不利,扐谦。

六五:不富以其邻,利用侵伐,无不利。

上六:鸣谦,利用行师,征邑国。

豫卦第十六

☷豫,利建侯行师。

初六:鸣豫,凶。

六二:介于石,不终日;贞,吉。

六三:盱豫,悔;迟,有悔。

九四:由豫,大有得;勿疑朋盍簪。

六五：贞，疾，恒不死。

上六：冥豫，成；有渝，无咎。

随卦第十七

䷐随，元，亨；利贞，无咎。

初九：官有渝，贞，吉，出门交有功。

六二：系小子，失丈夫。

六三：系丈夫，失小子。随有求得，利居贞。

九四：随有获，贞，凶；有孚，在道以明，何咎？

九五：孚于嘉，吉。

上六：拘系之，乃从维之，王用亨于西山。

蛊卦第十八

䷑蛊，元，亨。利涉大川，先甲三日，后甲三日。

初六：干父之蛊，有子考，无咎，厉，终吉。

九二：干母之蛊，不可贞。

九三：干父之蛊，小，有悔，无大咎。

六四：裕父之蛊，往，见吝。

六五：干父之蛊，用誉。

上九：不事王侯，高尚其事。

临卦第十九

䷒临，元，亨；利贞，至于八月有凶。

初九：咸临，贞，吉。

九二：咸临，吉，无不利。

六三：甘临，无攸利；既忧之，无咎。

六四：至临，无咎。

六五：知临，大君之宜，吉。

上六：敦临，吉，无咎。

观卦第二十

䷓观，盥而不荐，有孚颙若。

初六：童观，小人无咎，君子吝。

六二：窥观，利女贞。

六三：观我生，进退。

六四：观国之光，利用宾于王。

九五：观我生，君子无咎。

上九：观其生，君子无咎。

噬嗑卦第二十一

䷔噬嗑，亨，利用狱。

初九：屦校灭趾，无咎。

六二：噬肤，灭鼻，无咎。

六三：噬腊肉，遇毒，小，吝，无咎。

九四：噬干胏，得金矢，利艰贞，吉。

六五：噬干肉，得黄金，贞，厉，无咎。

上九：何校灭耳，凶。

贲卦第二十二

䷕贲，亨；小，利有攸往。

初九：贲其趾，舍车而徒。

六二：贲其须。

九三：贲如濡如，永贞，吉。

六四：贲如皤如，白马翰如；匪寇，婚媾。

六五：贲于丘园，束帛戋戋，吝，终吉。

上九：白贲，无咎。

剥卦第二十三

䷖剥，不利有攸往。

初六：剥床以足，蔑贞，凶。

六二：剥床以辨，蔑贞，凶。

六三：剥,无咎。

六四：剥床以肤,凶。

六五：贯鱼以宫人宠,无不利。

上九：硕果不食。君子得舆,小人剥庐。

复卦第二十四

䷗复,亨。出入,无疾;朋来,无咎。反复其道,七日来复;利有攸往。

初九：不远,复,无祗悔;元,吉。

六二：休复,吉。

六三：频复,厉,无咎。

六四：中行,独复。

六五：敦复,无悔。

上六：迷复,凶,有灾眚。用行师,终有大败;以其国,君凶,至于十年不克征。

无妄卦第二十五

䷘无妄,元,亨;利贞。其匪正,有眚,不利有攸往。

初九：无妄,往,吉。

六二：不耕获,不菑畬,则利有攸往。

六三：无妄之灾,或系之牛,行人之得,邑人之灾。

九四：可贞,无咎。

九五：无妄之疾,勿药有喜。

上九：无妄,行有眚,无攸利。

大畜卦第二十六

䷙大畜,利贞。不家食,吉;利涉大川。

初九：有厉,利已。

九二：舆说輹。

九三：良马逐,利艰贞;曰闲舆卫,利有攸往。

六四：童牛之牿,元,吉。

六五：豮豕之牙,吉。

上九:何天之衢,亨。

颐卦第二十七

☶颐,贞,吉。观颐,自求口实。

初九:舍尔灵龟,观我朵颐,凶。

六二:颠颐;拂经,于丘颐,征,凶。

六三:拂颐,贞,凶,十年勿用,无攸利。

六四:颠颐,吉;虎视眈眈,其欲逐逐,无咎。

六五:拂经,居贞,吉,不可涉大川。

上九:由颐,厉,吉,利涉大川。

大过卦第二十八

☱大过,栋桡;利有攸往,亨。

初六:藉用白茅,无咎。

九二:枯杨生稊,老夫得其女妻,无不利。

九三:栋桡,凶。

九四:栋隆,吉;有它,吝。

九五:枯杨生华,老妇得其士夫,无咎,无誉。

上六:过涉,灭顶,凶;无咎。

习坎卦第二十九

☵习坎,有孚维心,亨,行有尚。

初六:习坎,入于坎窞,凶。

九二:坎有险,求小得。

六三:来之坎坎,险且枕,入于坎窞,勿用。

六四:樽酒,簋贰,用缶,纳约自牖,终无咎。

九五:坎不盈,祗既平,无咎。

上六:系用徽纆,寘于丛棘,三岁不得,凶。

离卦第三十

☲离,利贞,亨;畜牝牛,吉。

初九：履错然，敬之，无咎。

六二：黄离，元，吉。

九三：日昃之离，不鼓缶而歌，则大耋之嗟，凶。

九四：突如其来如，焚如，死如，弃如。

六五：出涕沱若，戚嗟若，吉。

上九：王用出征，有嘉，折首，获匪其丑，无咎。

（二）下经

咸卦第三十一

☷咸，亨，利贞；取女吉。

初六：咸其拇。

六二：咸其腓，凶；居，吉。

九三：咸其股，执其随，往，吝。

九四：贞，吉，悔亡。憧憧往来，朋从尔思。

九五：咸其脢，无悔。

上六：咸其辅、颊、舌。

恒卦第三十二

☷恒，亨，无咎；利贞，利有攸往。

初六：浚恒，贞，凶，无攸利。

九二：悔亡。

九三：不恒其德，或承之羞；贞，吝。

九四：田无禽。

六五：恒其德，贞，妇人吉，夫子凶。

上六：振恒，凶。

遯卦第三十三

☷遯，亨，小，利贞。

初六：遯尾，厉，勿用有攸往。

六二：执之用黄牛之革，莫之胜，说。

九三：系遯，有疾，厉；畜臣妾，吉。

九四:好遯,君子吉,小人否。

九五:嘉遯,贞,吉。

上九:肥遯,无不利。

大壮卦第三十四

䷡大壮,利贞。

初九:壮于趾,征,凶,有孚。

九二:贞,吉。

九三:小人用壮;君子用罔,贞,厉;羝羊触藩,羸其角。

九四:贞,吉,悔亡。藩决不羸,壮于大舆之輹。

六五:丧羊于易,无悔。

上六:羝羊触藩,不能退,不能遂,无攸利,艰则吉。

晋卦第三十五

䷢晋,康侯用锡马蕃庶,昼日三接。

初六:晋如摧如,贞,吉,罔;孚裕,无咎。

六二:晋如愁如,贞,吉;受兹介福,于其王母。

六三:众允,悔亡。

九四:晋如鼫鼠,贞,厉。

六五:悔亡,失得,勿恤;往,吉,无不利。

上九:晋其角,维用伐邑,厉,吉,无咎;贞,吝。

明夷卦第三十六

䷣明夷,利艰贞。

初九:明夷于飞,垂其翼;君子于行,三日不食。有攸往,主人有言。

六二:明夷,夷于左股;用拯马壮,吉。

九三:明夷于南狩,得其大首;不可疾,贞。

六四:入于左腹,获明夷之心,于出门庭。

六五:箕子之明夷,利贞。

上六:不明,晦;初登于天,后入于地。

家人卦第三十七

☲☴家人,利女贞。

初九:闲有家,悔亡。

六二:无攸遂,在中馈,贞,吉。

九三:家人嗃嗃,悔,厉,吉;妇子嘻嘻,终吝。

六四:富家,大吉。

九五:王假有家,勿恤,吉。

上九:有孚,威如,终吉。

睽卦第三十八

☲☱睽,小事,吉。

初九:悔亡,丧马,勿逐,自复;见恶人,无咎。

九二:遇主于巷,无咎。

六三:见舆曳,其牛掣,其人天且劓;无初有终。

九四:睽孤,遇元夫,交孚,厉,无咎。

六五:悔亡,厥宗噬肤,往,何咎?

上九:睽孤,见豕负涂,载鬼一车;先张之弧,后说之弧,匪寇,婚媾;往,遇雨则吉。

蹇卦第三十九

☵☶蹇,利西南,不利东北;利见大人,贞,吉。

初六:往蹇,来誉。

六二:王臣蹇蹇,匪躬之故。

九三:往蹇,来反。

六四:往蹇,来连。

九五:大蹇,朋来。

上六:往蹇,来硕,吉;利见大人。

解卦第四十

☳☵解,利西南,无所往。其来复,吉;有攸往,夙,吉。

初六:无咎。

九二：田获三狐，得黄矢，贞，吉。

六三：负且乘，致寇至，贞，吝。

九四：解而拇，朋至斯孚。

六五：君子维有解，吉，有孚于小人。

上六：公用射隼于高墉之上，获之，无不利。

损卦第四十一

䷨损，有孚，元，吉，无咎，可贞，利有攸往。曷之用？二簋可用享。

初九：已事遄，往，无咎；酌损之。

九二：利贞；征，凶。弗损，益之。

六三：三人行，则损一人；一人行，则得其友。

六四：损其疾，使遄，有喜，无咎。

六五：或益之十朋之龟，弗克违，元，吉。

上九：弗损，益之，无咎；贞，吉。利有攸往，得臣，无家。

益卦第四十二

䷩益，利有攸往，利涉大川。

初九：利用为大作，元，吉，无咎。

六二：或益之十朋之龟，弗克违，永贞，吉。王用享于帝，吉。

六三：益之用凶事，无咎。有孚，中行，告公用圭。

六四：中行，告公从，利用为依迁国。

九五：有孚，惠心，勿问，元，吉；有孚，惠我德。

上九：莫益之，或击之，立心勿恒，凶。

夬卦第四十三

䷪夬，扬于王庭；孚号，有厉。告自邑，不利即戎，利有攸往。

初九：壮于前趾，往，不胜，为咎。

九二：惕号，莫夜。有戎，勿恤。

九三：壮于頄，有凶。君子夬夬独行，遇雨若濡，有愠，无咎。

九四：臀无肤，其行次且。牵羊，悔亡。闻言，不信。

九五：苋陆夬夬，中行，无咎。

上六：无号，终有凶。

姤卦第四十四

☰☴姤，女壮，勿用取女。

初六：系于金柅，贞，吉；有攸往，见凶，羸豕孚蹢躅。

九二：包有鱼，无咎，不利宾。

九三：臀无肤，其行次且，厉，无大咎。

九四：包无鱼，起凶。

九五：以杞包瓜，含章，有陨自天。

上九：姤其角，吝，无咎。

萃卦第四十五

☱☷萃，亨。王假有庙，利见大人，亨，利贞。用大牲，吉，利有攸往。

初六：有孚不终，乃乱乃萃。若号，一握为笑：勿恤，往，无咎。

六二：引，吉，无咎，孚乃利用禴。

六三：萃如嗟如，无攸利，往，无咎，小吝。

九四：大，吉，无咎。

九五：萃有位，无咎，匪孚；元，永贞，悔亡。

上六：赍咨，涕洟，无咎。

升卦第四十六

☷☴升，元，亨，用见大人。勿恤，南征，吉。

初六：允，升，大吉。

九二：孚乃利用禴，无咎。

九三：升，虚邑。

六四：王用亨于岐山，吉，无咎。

六五：贞，吉，升阶。

上六：冥升，利于不息之贞。

困卦第四十七

☱☵困，亨。贞，大人吉，无咎。有言，不信。

初六：臀困于株，入于幽谷，三岁不觌。

九二：困于酒食，朱绂方来，利用享祀；征，凶，无咎。

六三：困于石，据于蒺藜，入于其宫，不见其妻，凶。

九四：来徐徐，困于金车，吝，有终。

九五：劓刖，困于赤绂；乃徐有说，利用祭祀。

上六：困于葛藟，于臲卼；曰动，悔；有悔，征，吉。

井卦第四十八

䷯井改，邑不改。井，无丧无得，往来井井。汔至，亦未繘井，羸其瓶，凶。

初六：井泥，不食；旧井无禽。

九二：井谷射，鲋甕敝漏。

九三：井渫，不食，为我心恻；可用汲，王明，并受其福。

六四：井甃，无咎。

九五：井洌，寒泉食。

上六：井收，勿幕。有孚，元，吉。

革卦第四十九

䷰革，巳日乃孚，元，亨；利贞，悔亡。

初九：巩用黄牛之革。

六二：巳日乃革之，征，吉，无咎。

九三：征，凶；贞，厉。革言三就，有孚。

九四：悔亡。有孚，改命，吉。

九五：大人虎变，未占，有孚。

上六：君子豹变，小人革面。征，凶；居贞，吉。

鼎卦第五十

䷱鼎，元，吉，亨。

初六：鼎颠趾，利出否。得妾以其子，无咎。

九二：鼎有实，我仇有疾，不我能即，吉。

九三：鼎耳革，其行塞，雉膏不食；方雨亏悔，终吉。

九四:鼎折足,覆公𫗧,其形渥,凶。

六五:鼎黄耳、金铉,利贞。

上九:鼎玉铉,大吉,无不利。

震卦第五十一

䷲震,亨。震来,虩虩,笑言哑哑。震惊百里,不丧匕鬯。

初九:震来,虩虩,后笑言哑哑,吉。

六二:震来,厉,亿丧贝。跻于九陵,勿逐,七日得。

六三:震苏苏,震行,无眚。

九四:震遂,泥。

六五:震,往来,厉。亿无丧,有事。

上六:震索索,视矍矍,征,凶。震不于其躬,于其邻,无咎;婚媾有言。

艮卦第五十二

䷳艮其背,不获其身;行其庭,不见其人:无咎。

初六:艮其趾,无咎,利永贞。

六二:艮其腓;不拯其随,其心不快。

九三:艮其限;列其夤,厉,熏心。

六四:艮其身,无咎。

六五:艮其辅,言有序,悔亡。

上九:敦艮,吉。

渐卦第五十三

䷴渐,女归,吉;利贞。

初六:鸿渐于干,小子厉;有言,无咎。

六二:鸿渐于磐,饮食衎衎,吉。

九三:鸿渐于陆,夫征不复,妇孕不育,凶。利御寇。

六四:鸿渐于木,或得其桷,无咎。

九五:鸿渐于陵,妇三岁不孕,终莫之胜,吉。

上九:鸿渐于陆,其羽可用为仪,吉。

归妹卦第五十四

☳归妹,征,凶,无攸利。

初九:归妹以娣,跛能履,征,吉。

九二:眇能视,利幽人之贞。

六三:归妹以须,反归以娣。

九四:归妹愆期,迟归有时。

六五:帝乙归妹,其君之袂,不如其娣之袂良;月几望,吉。

上六:女承筐无实,士刲羊无血,无攸利。

丰卦第五十五

☳丰,亨。王假之,勿忧,宜日中。

初九:遇其配主,虽旬,无咎;往,有尚。

六二:丰其蔀,日中见斗。往,得;疑,疾。有孚发若,吉。

九三:丰其沛,日中见沫;折其右肱,无咎。

九四:丰其蔀,日中见斗;遇其夷主,吉。

六五:来章,有庆誉,吉。

上六:丰其屋,蔀其家,窥其户,阒其无人,三岁不觌,凶。

旅卦第五十六

☶旅,小,亨;旅,贞,吉。

初六:旅琐琐,斯其所取灾。

六二:旅即次,怀其资,得童仆,贞。

九三:旅焚其次,丧其童仆,贞,厉。

九四:旅于处,得其资斧,我心不快。

六五:射雉,一矢亡,终以誉命。

上九:鸟焚其巢,旅人先笑后号啕;丧牛于易,凶。

巽卦第五十七

☴巽,小,亨,利有攸往,利见大人。

初六:进退,利武人之贞。

九二:巽在床下,用史、巫纷若,吉,无咎。

九三:频巽,吝。

六四:悔亡,田获三品。

九五:贞,吉,悔亡,无不利。无初有终;先庚三日,后庚三日,吉。

上九:巽在床下,丧其资斧,贞,凶。

兑卦第五十八

兑,亨,利贞。

初九:和兑,吉。

九二:孚兑,吉,悔亡。

六三:来兑,凶。

九四:商兑,未宁;介疾,有喜。

九五:孚于剥,有厉。

上六:引兑。

涣卦第五十九

涣,亨。王假有庙,利涉大川,利贞。

初六:用拯,马壮,吉。

九二:涣,奔其机,悔亡。

六三:涣其躬,无悔。

六四:涣其群,元,吉;涣有丘,匪夷所思。

九五:涣汗,其大号,涣王居,无咎。

上九:涣,其血去逖出,无咎。

节卦第六十

节,亨;苦节,不可贞。

初九:不出户庭,无咎。

九二:不出门庭,凶。

六三:不节若,则嗟若,无咎。

六四:安节,亨。

九五:甘节,吉,往,有尚。

上六:苦节,贞,凶,悔亡。

中孚卦第六十一

䷼中孚，豚，鱼，吉；利涉大川，利贞。

初九：虞，吉；有它，不燕。

九二：鸣鹤在阴，其子和之；我有好爵，吾与尔靡之。

六三：得敌，或鼓或罢，或泣或歌。

六四：月几望，马匹亡，无咎。

九五：有孚挛如，无咎。

上九：翰音登于天，贞，凶。

小过卦第六十二

䷽小过，亨；利贞。可小事，不可大事。飞鸟遗之音，不宜上，宜下，大吉。

初六：飞鸟，以凶。

六二：过其祖，遇其妣；不及其君，遇其臣，无咎。

九三：弗过，防之；从，或戕之，凶。

九四：无咎，弗过，遇之；往，厉，必戒；勿用，永贞。

六五：密云不雨，自我西郊；公弋，取彼在穴。

上六：弗遇，过之；飞鸟，离之凶：是谓灾眚。

既济卦第六十三

䷾既济，亨。小，利贞；初吉，终乱。

初九：曳其轮，濡其尾，无咎。

六二：妇丧其茀，勿逐，七日得。

九三：高宗伐鬼方，三年克之，小人勿用。

六四：繻有衣，袽；终日，戒。

九五：东邻杀牛，不如西邻之禴祭，实受其福。

上六：濡其首，厉。

未济卦第六十四

䷿未济，亨。小狐汔济，濡其尾，无攸利。

初六:濡其尾,吝。

九二:曳其轮,贞,吉。

六三:未济,征,凶;利涉大川。

九四:贞,吉,悔亡;震用伐鬼方,三年有赏于大国。

六五:贞,吉,无悔;君子之光,有孚,吉。

上九:有孚于饮酒,无咎;濡其首,有孚,失是。

二 《易传》

（一）《彖传》

大哉"乾元"! 万物资始,乃统天。云行雨施,品物流形。大明终始,六位时成,时乘六龙以御天。"乾"道变化,各正性命,保合大和,乃"利贞"。首出庶物,万国咸宁。

至哉"坤元"! 万物资生,乃顺承天。"坤"厚载物,德合无疆。含弘光大,品物咸"亨"。"牝马"地类,行地无疆,柔顺"利""贞"。"君子""攸"行,"先迷"失道,"后"顺"得"常。"西南得朋",乃与类行;"东北丧朋",乃终有庆。"安贞"之"吉",应地无疆。

"屯",刚柔始交而难生,动乎险中,大"亨""贞"。雷雨之动满盈,天造草昧,宜"建侯"而不宁。

"蒙",山下有险,险而止,"蒙"。"蒙,亨",以"亨"行时中也。"匪我求童蒙,童蒙求我",志应也。"初筮告",以刚中也。"再三渎,渎则不告","渎""蒙"也。"蒙"以养正,圣功也。

"需",须也,险在前也,刚健而不陷,其义不困穷矣。"需,有孚,光亨,贞,吉",位乎天位,以正中也;"利涉大川",往有功也。

"讼",上刚下险,险而健,"讼"。"讼,有孚,窒惕,中吉",刚来而得中也;"终凶","讼"不可成也;"利见大人",尚中正也;"不利涉大川",入于渊也。

"师",众也;"贞",正也。能以众正,可以王矣。刚中而应,行险而顺,以此毒天下,而民从之,"吉"又何"咎"矣!

"比,吉"也,"比",辅也,下顺从也;"原筮,元永贞,无咎",以刚中也;

"不宁方来"，上下应也；"后夫凶"，其道穷也。

"小畜"，柔得位而上下应之，曰"小畜"；健而巽，刚中而志行，乃"亨"；"密云不雨"，尚往也；"自我西郊"，施未行也。

"履"，柔"履"刚也，说而应乎乾，是以"履虎尾，不咥人，亨"。刚中正，履帝位而不疚，光明也。

"泰，小往大来，吉，亨"，则是天地交而万物通也，上下交而其志同也。内阳而外阴，内健而外顺，内君子而外小人，君子道长，小人道消也。

"否之匪人，不利君子贞，大往小来"，则是天地不交而万物不通也，上下不交而天下无邦也。内阴而外阳，内柔而外刚，内小人而外君子。小人道长，君子道消也。

"同人"，柔得位得中，而应乎乾，曰"同人"。同人曰："同人于野，亨。利涉大川。"乾行也。文明以健，中正而应，君子正也。唯君子为能通天下之志。

"大有"，柔得尊位，大中而上下应之，曰"大有"。其德刚健而文明，应乎天而时行，是以"元亨"。

"谦，亨"，天道下济而光明，地道卑而上行。天道亏盈而益"谦"，地道变盈而流"谦"，鬼神害盈而福"谦"，人道恶盈而好"谦"。"谦"尊而光，卑而不可逾，君子之终也。

"豫"，刚应而志行，顺以动，"豫"。"豫"顺以动，故天地如之，而况"建侯行师"乎？天地以顺动，故日月不过而四时不忒；圣人以顺动，则刑罚清而民服。"豫"之时义大矣哉！

"随"，刚来而下柔，动而说，"随"。大"亨"，"贞，无咎"，而天下"随"时。"随"时之义大矣哉！

"蛊"，刚上而柔下，巽而止，"蛊"。"蛊，元，亨"，而天下治也；"利涉大川"，往有事也；"先甲三日，后甲三日"，终则有始，天行也。

"临"，刚浸而长，说而顺，刚中而应，大"亨"以正，天之道也；"至于八月有凶"，消不久也。

大"观"在上，顺而巽，中正以"观"天下。"观，盥而不荐，有孚颙若"，下"观"而化也。"观"天之神道，而四时不忒；圣人以神道设教，而天下服矣！

颐中有物，曰"噬嗑"。"噬嗑"而"亨"，刚柔分，动而明，雷电合而章。

柔得中而上行，虽不当位，"利用狱"也。

"贲，亨"，柔来而文刚，故"亨"；分刚上而文柔，故"小利有攸往"，天文也；文明以止，人文也。观乎天文，以察时变；观乎人文，以化成天下。

"剥"，剥也，柔变刚也。"不利有攸往"，小人长也。顺而止之，观象也。君子尚消息盈虚，天行也。

"复，亨"，刚反，动而以顺行，是以"出入无疾，朋来无咎"。"反复其道，七日来复"，天行也。"利有攸往"，刚长也。"复"，其见天地之心乎？

"无妄"，刚自外来，而为主于内。动而健，刚中而应，大"亨"以正，天之命也。"其匪正有眚，不利有攸往"，"无妄"之往，何之矣？天命不佑，行矣哉？

"大畜"，刚健笃实辉光，日新其德，刚上而尚贤。能止健，大正也。"不家食，吉"，养贤也；"利涉大川"，应乎天也。

"颐，贞，吉"，养正则"吉"也。"观颐"，"观"其所养也；"自求口实"，观其自养也。天地养万物，圣人养贤以及万民。"颐"之时大矣哉！

"大过"，"大"者"过"也。"栋桡"，本末弱也。刚过而中，巽而说行，"利有攸往"，乃"亨"。"大过"之时"大"矣哉！

"习坎"，重险也。水流而不盈，行险而不失其信，"维心亨"，乃以刚中也。"行有尚"，往有功也。天险不可升也，地险山川丘陵也，王公设险以守其国。险之时用大矣哉！

"离"，丽也；日月丽乎天，百谷草木丽乎土，重明以丽乎正，乃化成天下。柔丽乎中正，故"亨"，是以"畜牝牛，吉"也。

"咸"，感也。柔上而刚下，二气感应以相与，止而说，男下女，是以"亨，利贞，取女吉"也。天地感而万物化生，圣人感人心而天下和平。观其所感，而天地万物之情可见矣！

"恒"，久也。刚上而柔下，雷风相与，巽而动，刚柔皆应，"恒"。"恒，亨，无咎，利贞"，久于其道也。天地之道，"恒"久而不已也。"利有攸往"，终则有始也。日月得天而能久照，四时变化而能久成，圣人久于其道而天下化成。观其所"恒"，而天地万物之情可见矣！

"遯，亨"，"遯"而"亨"也。刚当位而应，与时行也。"小利贞"，浸而长也。"遯"之时义大矣哉！

"大壮"，"大"者"壮"也；刚以动，故"壮"。"大壮，利贞"，"大"者正也。正"大"而天地之情可见矣！

"晋"，进也。明出地上，顺而丽乎大明，柔进而上行，是以"康侯用锡马蕃庶，昼日三接"也。

明入地中，"明夷"。内文明而外柔顺，以蒙大难，文王以之。"利艰贞"，晦其明也。内难而能正其志，箕子以之。

"家人"，女正位乎内，男正位乎外，男女正，天地之大义也。家人有严君焉，父母之谓也。父父、子子、兄兄、弟弟、夫夫、妇妇，而家道正；正家而天下定矣！

"睽"，火动而上，泽动而下；二女同居，其志不同行。说而丽乎明，柔进而上行，得中而应乎刚，是以"小事吉"。天地"睽"而其事同也，男女"睽"而其志通也，万物"睽"而其事类也。"睽"之时用大矣哉！

"蹇"，难也，险在前也。见险而能止，知矣哉！"蹇，利西南"，往得中也；"不利东北"，其道穷也；"利见大人"，往有功也；当位"贞，吉"，以正邦也。"蹇"之时用大矣哉！

"解"，险以动，动而免乎险，"解"。"解，利西南"，往得众也；"其来复，吉"，乃得中也；"有攸往，夙吉"，往有功也。天地解而雷雨作，雷雨作而百果草木皆甲坼，"解"之时大矣哉！

"损"，损下益上，其道上行。"损"而"有孚，元吉，无咎，可贞，利有攸往。曷之用？二簋可用享"。"二簋"应有时，"损"刚益柔有时，"损"益盈虚，与时偕行。

"益"，损上"益"下，民说无疆；自上下下，其道大光。"利有攸往"，中正有庆；"利涉大川"，木道乃行。"益"动而巽，日进无疆。天施地生，其"益"无方。凡"益"之道，与时偕行。

"夬"，决也，刚决柔也。健而说，决而和，"扬于王庭"，柔乘五刚也；"孚号有厉"，其危乃光也；"告自邑，不利即戎"，所尚乃穷也；"利有攸往"，刚长乃终也。

"姤"，遇也，柔遇刚也。"勿用取女"，不可与长也。天地相遇，品物咸章也。刚遇中正，天下大行也。"姤"之时义大矣哉！

"萃"，聚也；顺以说，刚中而应，故聚也。"王假有庙"，致孝享也；"利见大人，亨"，聚以正也；"用大牲吉，利有攸往"，顺天命也。观其所聚，而天地万物之情可见矣！

柔以时"升"，巽而顺，刚中而应，是以大"亨"。"用见大人，勿恤"，有庆也；"南征，吉"，志行也。

"困"，刚揜也。险以说，"困"而不失其所"亨"，其唯君子乎！"贞，大人吉"，以刚中也；"有言不信"，尚口乃穷也。

巽乎水而上水，"井"，"井"养而不穷也。"改邑不改井"，乃以刚中也；"汔至，亦未繘井"，未有功也；"羸其瓶"，是以凶也。

"革"，水火相息；二女同居，其志不相得，曰"革"。"巳日乃孚"，革而信之；文明以说，大"亨"以正，"革"而当，其"悔"乃"亡"。天地"革"而四时成，汤武"革"命顺乎天而应乎人。"革"之时大矣哉！

"鼎"，象也。以木巽火，亨饪也。圣人亨以享上帝，而大亨以养圣贤。巽而耳目聪明，柔进而上行，得中而应乎刚，是以"元""亨"。

"震，亨，震来虩虩"，恐致福也；"笑言哑哑"，后有则也；"震惊百里"，惊远而惧迩也。出可以守宗庙社稷，以为祭主也。

"艮"，止也。时止则止，时行则行，动静不失其时，其道光明。"艮"其止，止其所也。上下敌应，不相与也。是以"不获其身，行其庭不见其人，无咎"也。

"渐"之进也，"女归，吉"也。进得位，往有功也。进以正，可以正邦也。其位，刚得中也。止而巽，动不穷也。

"归妹"，天地之大义也。天地不交而万物不兴；"归妹"，人之终始也。说以动，所"归妹"也。"征，凶"，位不当也；"无攸利"，柔乘刚也。

"丰"，大也。明以动，故"丰"。"王假之"，尚大也；"勿忧，宜日中"，宜照天下也。日中则昃，月盈则食，天地盈虚，与时消息，而况于人乎？况于鬼神乎？

"旅，小，亨"，柔得中乎外而顺乎刚，止而丽乎明，是以"小，亨，旅贞，吉"也。"旅"之时义大矣哉！

重巽以申命，刚巽乎中正而志行。柔皆顺乎刚，是以"小，亨，利有攸往，利见大人"。

"兑"，说也。刚中而柔外，说以"利贞"，是以顺乎天而应乎人。说以先民，民忘其劳；说以犯难，民忘其死。说之大，民劝矣哉！

"涣，亨"，刚来而不穷，柔得位乎外而上同。"王假有庙"，王乃在中也；"利涉大川"，乘木有功也。

"节,亨",刚柔分而刚得中。"苦节,不可贞",其道穷也。说以行险,当位以"节",中正以通。天地"节"而四时成,"节"以制度,不伤财,不害民。

"中孚",柔在内而刚得中。说而巽,孚乃化邦也。"豚鱼吉",信及豚鱼也;"利涉大川",乘木舟虚也;"中孚"以"利贞",乃应乎天也。

"小过","小"者"过"而"亨"也。"过"以"利贞",与时行也。柔得中,是以"小事吉"也;刚失位而不中,是以"不可大事"也。有"飞鸟"之象焉,"飞鸟遗之音,不宜上,宜下,大吉",上逆而下顺也。

"既济,亨","小"者"亨"也。"利贞",刚柔正而位当也。"初吉",柔得中也;"终"止则"乱",其道穷也。

"未济,亨",柔得中也。"小狐汔济",未出中也;"濡其尾,无攸利",不续终也。虽不当位,刚柔应也。

(二)《大象传》

天行,健;君子以自强不息。

地势,坤;君子以厚德载物。

云雷,屯;君子以经纶。

山下出泉,蒙;君子以果行育德。

云上于天,需;君子以饮食宴乐。

天与水违行,讼;君子以作事谋始。

地中有水,师;君子以容民畜众。

地上有水,比;先王以建万国,亲诸侯。

风行天上,小畜;君子以懿文德。

上天下泽,履;君子以辩上下,定民志。

天地交,泰;后以财成天地之道,辅相天地之宜,以左右民。

天地不交,否;君子以俭德辟难,不可荣以禄。

天与火,同人;君子以类族辨物。

火在天上,大有;君子以遏恶扬善,顺天休命。

地中有山,谦;君子以裒多益寡,称物平施。

雷出地奋,豫;先王以作乐崇德,殷荐之上帝,以配祖考。

泽中有雷,随;君子以向晦入宴息。

山下有风,蛊;君子以振民育德。

泽上有地,临;君子以教思无穷,容保民无疆。

风行地上,观;先王以省方观民设教。

雷电,噬嗑;先王以明罚敕法。

山下有火,贲;君子以明庶政,无敢折狱。

山附于地,剥;上以厚下安宅。

雷在地中,复;先王以至日闭关,商旅不行,后不省方。

天下雷行,物与无妄;先王以茂对时,育万物。

天在山中,大畜;君子以多识前言往行,以畜其德。

山下有雷,颐;君子以慎言语,节饮食。

泽灭木,大过;君子以独立不惧,遁世无闷。

水洊至,习坎;君子以常德行,习教事。

明两作,离;大人以继明照于四方。

山上有泽,咸;君子以虚受人。

雷风,恒;君子以立不易方。

天下有山,遁;君子以远小人,不恶而严。

雷在天上,大壮;君子以非礼弗履。

明出地上,晋;君子以自昭明德。

明入地中,明夷;君子以莅众,用晦而明。

风自火出,家人;君子以言有物,而行有恒。

上火下泽,睽;君子以同而异。

山上有水,蹇;君子以反身修德。

雷雨作,解;君子以赦过宥罪。

山下有泽,损;君子以惩忿窒欲。

风雷,益;君子以见善则迁,有过则改。

泽上于天,夬;君子以施禄及下,居德则忌。

天下有风,姤;后以施命诰四方。

泽上于地,萃;君子以除戎器,戒不虞。

地中生木,升;君子以顺德,积小以高大。

泽无水,困;君子以致命遂志。

泽中有火,革;君子以治历明时。

木上有火,鼎;君子以正位凝命。

洊雷,震;君子以恐惧修省。

兼山,艮;君子以思不出其位。

山上有木,渐;君子以居贤德善俗。

泽上有雷,归妹;君子以永终知敝。

雷电皆至,丰;君子以折狱致刑。

山上有火,旅;君子以明慎用刑而不留狱。

随风,巽;君子以申命行事。

丽泽,兑;君子以朋友讲习。

风行水上,涣;先王以享于帝立庙。

泽上有水,节;君子以制数度,议德行。

泽上有风,中孚;君子以议狱缓死。

山上有雷,小过;君子以行过乎恭,丧过乎哀,用过乎俭。

水在火上,既济;君子以思患而豫防之。

火在水上,未济;君子以慎辨物居方。

(三)《小象传》

"潜龙勿用",阳在下也。

"见龙在田",德施普也。

"终日乾乾",反复道也。

"或跃在渊",进无咎也。

"飞龙在天",大人造也。

"亢龙有悔",盈不可久也。

"用九",天德不可为首也。

"履霜,坚冰",阴始凝也;驯致其道,至"坚冰"也。

"六二"之动,"直"以"方"也;"不习,无不利",地道光也。

"含章,可贞",以时发也;"或从王事",知光大也。

"括囊,无咎",慎不害也。

"黄裳,元吉",文在中也。

"龙战于野",其道穷也。

"用六""永贞",以大终也。

虽"盘桓",志行正也;以贵下贱,大得民也。

"六二"之"难",乘刚也;"十年乃字",反常也。

"即鹿,无虞",以从禽也;"君子""舍"之,"往吝"穷也。

"求"而"往",明也。

"屯其膏",施未光也。

"泣血涟如",何可长也?

"利用刑人",以正法也。

"子克家",刚柔节也。

"勿用取女",行不顺也。

"困蒙"之"吝",独远实也。

"童蒙"之"吉",顺以巽也。

"利"用"御寇",上下顺也。

"需于郊",不犯难行也;"利用恒,无咎",未失常也。

"需于沙",衍在中也;虽"小有言",以"终""吉"也。

"需于泥",灾在外也;自我"致寇",敬慎不败也。

"需于血",顺以听也。

"酒食,贞,吉",以中正也。

"不速之客""来","敬之,终吉";虽不当位,未大失也。

"不永所事",讼不可长也;虽"小有言",其辩明也。

"不克讼","归""逋"窜也;自下讼上,患至掇也。

"食旧德",从上吉也。

"复即命,渝","安贞"不失也。

"讼,元,吉",以中正也。

以讼受服,亦不足敬也。

"师出以律",失"律""凶"也。

"在师,中,吉",承天宠也;"王三锡命",怀万邦也。

"师或舆尸",大无功也。

"左次,无咎",未失常也。

"长子帅师",以中行也;"弟子舆尸",使不当也。

"大君有命",以正功也;"小人勿用",必乱邦也。

"比"之"初六","有他,吉"也。

"比之自内",不自失也。

"比之匪人",不亦伤乎?

"外比"于贤,以从上也。

"显比"之"吉",位正中也;舍逆取顺,"失前禽"也;"邑人不诫",上使中也。

"比之无首",无所终也。

"复自道",其义"吉"也。

"牵复"在中,亦不自失也。

"夫妻反目",不能正室也。

"有孚""惕出",上合志也。

"有孚挛如",不独富也。

"既雨既处","德"积"载"也。

"君子征,凶",有所疑也。

"素履"之"往",独行愿也。

"幽人贞,吉",中不自乱也。

"眇能视",不足以有明也;"跛能履",不足以与行也;"咥人"之"凶",位不当也;"武人为于大君",志刚也。

"愬愬终吉",志行也。

"夬履,贞,厉",位正当也。

"元吉"在"上",大有庆也。

"拔茅""征,吉",志在外也。

"包荒","得尚于中行",以光大也。

"无往不复",天地际也。

"翩翩，不富"，皆失实也；"不戒以孚"，中心愿也。

"以祉元吉"，中以行愿也。

"城复于隍"，其命乱也。

"拔茅""贞吉"，志在君也。

"大人否，亨"，不乱群也。

"包羞"，位不当也。

"有命，无咎"，志行也。

"大人"之"吉"，位正当也。

"否"终则"倾"，何可长也！

出"门""同人"，又谁咎也？

"同人于宗"，"吝"道也。

"伏戎于莽"，敌刚也；"三岁不兴"，安行也。

"乘其墉"，义"弗克"也；其"吉"，则困而反则也。

"同人"之"先"，以中直也；"大师""相遇"，言相"克"也。

"同人于郊"，志未得也。

"大有""初九"，"无交害"也。

"大车以载"，积中不败也。

"公用亨于天子"，"小人"害也。

"匪其彭，无咎"，明辨晢也。

"厥孚交如"，信以发志也；"威如"之"吉"，易而无备也。

"大有""上""吉"，"自天佑"也。

"谦谦君子"，卑以自牧也。

"鸣谦，贞，吉"，中心得也。

"劳谦，君子"，万民服也。

"无不利，捣谦"，不违则也。

"利用侵伐"，征不服也。

"鸣谦"，志未得也；可"用行师，征邑国"也。

"初六,鸣豫",志穷"凶"也。

"不终日,贞,吉",以中正也。

"盱豫有悔",位不当也。

"由豫,大有得",志大行也。

"六五,贞疾",乘刚也。"恒不死",中未亡也。

"冥豫"在"上",何可长也?

"官有渝",从正吉也;"出门交有功",不失也。

"系小子",弗兼与也。

"系丈夫",志舍下也。

"随有获",其义"凶"也;"有孚在道",明功也。

"孚于嘉,吉",位正中也。

"拘系之",上穷也。

"干父之蛊",意承"考"也。

"干母之蛊",得中道也。

"干父之蛊",终"无""咎"也。

"裕父之蛊",往未得也。

"干父""用誉",承以德也。

"不事王侯",志可则也。

"咸临,贞,吉",志行正也。

"咸临,吉,无不利",未顺命也。

"甘临",位不当也;"既忧之","咎"不长也。

"至临,无咎",位当也。

"大君之宜",行中之谓也。

"敦临"之"吉",志在内也。

"初六,童观","小人"道也。

"窥观""女贞",亦可丑也。

"观我生，进退"，未失道也。

"观国之光"，尚"宾"也。

"观我生"，观民也。

"观其生"，志未平也。

"屦校灭趾"，不行也。

"噬肤灭鼻"，乘刚也。

"遇毒"，位不当也。

"利艰贞，吉"，未光也。

"贞，厉，无咎"，得当也。

"何校灭耳"，聪不明也。

"舍车而徒"，义弗乘也。

"贲其须"，与上兴也。

"永贞"之"吉"，终莫之陵也。

"六四"当位，疑也；"匪寇，婚媾"，终无尤也。

"六五"之"吉"，有喜也。

"白贲，无咎"，上得志也。

"剥床以足"，以灭下也。

"剥床以辨"，未有与也。

"剥之无咎"，失上下也。

"剥床以肤"，切近灾也。

"以宫人宠"，终无尤也。

"君子得舆"，民所载也；"小人剥庐"，终不可用也。

"不远"之"复"，以修身也。

"休复"之"吉"，以下仁也。

"频复"之"厉"，义"无咎"也。

"中行独复"，以从道也。

"敦复，无悔"，中以自考也。

"迷复"之"凶",反君道也。

"无妄"之"往",得志也。
"不耕获",未富也。
"行人""得""牛","邑人""灾"也。
"可贞,无咎",固有之也。
"无妄"之"药",不可试也。
"无妄"之"行",穷之灾也。

"有厉,利已",不犯灾也。
"舆说輹",中无尤也。
"利有攸往",上合志也。
"六四""元吉",有喜也。
"六五"之"吉",有庆也。
"何天之衢",道大行也。

"观我朵颐",亦不足贵也。
"六二""征凶",行失类也。
"十年勿用",道大悖也。
"颠颐"之"吉",上施光也。
"居贞"之"吉",顺以从上也。
"由颐,厉,吉",大有庆也。

"藉用白茅",柔在下也。
"老夫""女妻",过以相与也。
"栋桡"之"凶",不可以有辅也。
"栋隆"之"吉",不桡乎下也。
"枯杨生华",何可久也?"老妇""士夫",亦可丑也。
"过涉"之"凶",不可"咎"也。

"习坎"入"坎",失道凶也。

"求小得"，未出中也。

"来之坎坎"，终无功也。

"樽酒，簋贰"，刚柔际也。

"坎不盈"，中未大也。

"上六"失道，"凶""三岁"也。

"履错"之"敬"，以辟"咎"也。

"黄离，元吉"，得中道也。

"日昃之离"，何可久也？

"突如其来如"，无所容也。

"六五"之"吉"，离王公也。

"王用出征"，以正邦也。

"咸其拇"，志在外也。

虽"凶，居吉"，顺不害也。

"咸其股"，亦不处也；志在"随"人，所"执"下也。

"贞，吉，悔亡"，未感害也；"憧憧往来"，未光大也。

"咸其脢"，志末也。

"咸其辅颊舌"，滕口说也。

"浚恒"之"凶"，始求深也。

"九二，悔亡"，能久中也。

"不恒其德"，无所容也。

久非其位，安得"禽"也？

"妇人""贞""吉"，从一而终也；"夫子"制义，从"妇""凶"也。

"振恒"在"上"，大无功也。

"遯尾"之"厉"，不"往"何灾也？

"执""用黄牛"，固志也。

"系遯"之"厉"，有疾惫也；"畜臣妾，吉"，不可大事也。

"君子""好遯"，"小人否"也。

"嘉遁,贞吉",以正志也。

"肥遁,无不利",无所疑也。

"壮于趾",其孚穷也。

"九二,贞吉",以中也。

"小人用壮",君子罔也。

"藩决不羸",尚往也。

"丧羊于易",位不当也。

"不能退,不能遂",不详也;"艰则吉",咎不长也。

"晋如,摧如",独行正也;"裕,无咎",未受命也。

"受兹介福",以中正也。

"众允"之志,上行也。

"鼫鼠""贞,厉",位不当也。

"失得勿恤",往有庆也。

"维用伐邑",道未光也。

"君子于行",义"不食"也。

"六二"之"吉",顺以则也。

"南狩"之志,乃"得""大"也。

"入于左腹","获""心"意也。

"箕子之""贞","明"不可息也。

"初登于天",照四国也;"后入于地",失则也。

"闲有家",志未变也。

"六二"之"吉",顺以巽也。

"家人嗃嗃",未失也;"妇子嘻嘻",失家节也。

"富家,大吉",顺在位也。

"王假有家",交相爱也。

"威如"之"吉",反身之谓也。

"见恶人"，以辟"咎"也。

"遇主于巷"，未失道也。

"见舆曳"，位不当也；"无初有终"，遇刚也。

"交孚""无咎"，志行也。

"厥宗噬肤"，往有庆也。

"遇雨"之"吉"，群疑亡也。

"往蹇，来誉"，宜待也。

"王臣蹇蹇"，终无尤也。

"往蹇，来反"，内喜之也。

"往蹇，来连"，当位实也。

"大蹇，朋来"，以中节也。

"往蹇，来硕"，志在内也；"利见大人"，以从贵也。

刚柔之际，义"无咎"也。

"九二""贞，吉"，得中道也。

"负且乘"，亦可丑也；自我"致"戎，又谁咎也？

"解而拇"，未当位也。

"君子""有解"，小人退也。

"公用射隼"，以解悖也。

"已事遄往"，尚合志也。

"九二，利贞"，中以为志也。

"一人行"，"三"则疑也。

"损其疾"，亦可"喜"也。

"六五""元吉"，自上佑也。

"弗损益之"，大得志也。

"元吉，无咎"，下不厚事也。

"或益之"，自外来也。

"益""用凶事"，固有之也。

"告公从"，以益志也。

"有孚惠心"，"勿问"之矣；"惠我德"，大得志也。

"莫益之"，偏辞也；"或击之"，自外来也。

"不胜"而"往"，"咎"也。

"有戎""勿恤"，得中道也。

"君子夬夬"，终无咎也。

"其行次且"，位不当也；"闻言不信"，聪不明也。

"中行无咎"，中未光也。

"无号"之"凶"，"终"不可长也。

"系于金柅"，柔道牵也。

"包有鱼"，义不及"宾"也。

"其行次且"，"行"未牵也。

"无鱼"之"凶"，远民也。

"九五""含章"，中正也；"有陨自天"，志不舍命也。

"姤其角"，上穷"吝"也。

"乃乱乃萃"，其志乱也。

"引吉，无咎"，中未变也。

"往，无咎"，上巽也。

"大吉，无咎"，位不当也。

"萃有位"，志未光也。

"赍咨涕洟"，未安上也。

"允升，大吉"，上合志也。

"九二"之"孚"，有喜也。

"升虚邑"，无所疑也。

"王用亨于岐山"，顺事也。

"贞，吉，升阶"，大得志也。

"冥升"在"上"，消不富也。

"入于幽谷"，幽不明也。

"困于酒食"，中有庆也。

"据于蒺藜"，乘刚也；"入于其宫，不见其妻"，不祥也。

"来徐徐"，志在下也；虽不当位，有与也。

"劓刖"，志未得也；"乃徐有说"，以中直也；"利用祭祀"，受福也。

"困于葛藟"，未当也；"动，悔，有悔"，"吉"行也。

"井泥不食"，下也；"旧井无禽"，时舍也。

"井谷射鲋"，无与也。

"井渫不食"，行"恻"也；求"王明"，受"福"也。

"井甃，无咎"，修井也。

"寒泉"之"食"，中正也。

"元吉"在"上"，大成也。

"巩用黄牛"，不可以有为也。

"巳日""革之"，行有嘉也。

"革言三就"，又何之矣？

"改命"之"吉"，信志也。

"大人虎变"，其文炳也。

"君子豹变"，其文蔚也；"小人革面"，顺以从君也。

"鼎颠趾"，未悖也；"利出否"，以从贵也。

"鼎有实"，慎所之也；"我仇有疾"，终无尤也。

"鼎耳革"，失其义也。

"覆公𫗧"，信如何也！

"鼎黄耳"，中以为实也。

"玉铉"在"上"，刚柔节也。

"震来虩虩"，恐致福也；"笑言哑哑"，后有则也。

"震来厉"，乘刚也。

"震苏苏",位不当也。

"震遂泥",未光也。

"震往来,厉",危行也;其"事"在中,大"无丧"也。

"震索索",未得中也;虽"凶""无咎",畏"邻"戒也。

"艮其趾",未失正也。

"不拯其随",未退听也。

"艮其限",危"熏心"也。

"艮其身",止诸躬也。

"艮其辅",以中正也。

"敦艮"之"吉",以厚终也。

"小子"之"厉",义"无咎"也。

"饮食衎衎",不素饱也。

"夫征不复",离群丑也;"妇孕不育",失其道也;"利"用"御寇",顺相保也。

"或得其桷",顺以巽也。

"终莫之胜,吉",得所愿也。

"其羽可用为仪,吉",不可乱也。

"归妹以娣",以恒也;"跛能履""吉",相承也。

"利幽人之贞",未变常也。

"归妹以须",未当也。

"愆期"之志,有待而行也。

"帝乙归妹","不如其娣之袂良"也,其位在中,以贵行也。

"上六""无实","承"虚"筐"也。

"虽旬无咎",过旬灾也。

"有孚,发若",信以发志也。

"丰其沛",不可大事也;"折其右肱",终不可用也。

"丰其蔀",位不当也;"日中见斗",幽不明也;"遇其夷主",吉行也。

"六五"之"吉"，"有庆"也。

"丰其屋"，天际翔也；"窥其户，阒其无人"，自藏也。

"旅琐琐"，志穷灾也。

"得童仆，贞"，终无尤也。

"旅焚其次"，亦以伤矣；以旅与下，其义"丧"也。

"旅于处"，未得位也；"得其资斧"，"心"未快也。

"终以誉命"，上逮也。

以"旅"在"上"，其义焚也；"丧牛于易"，终莫之闻也。

"进退"，志疑也；"利武人之贞"，志治也。

"纷若"之"吉"，得中也。

"频巽"之"吝"，志穷也。

"田获三品"，有功也。

"九五"之"吉"，位正中也。

"巽在床下"，上穷也；"丧其资斧"，正乎"凶"也。

"和兑"之"吉"，行未疑也。

"孚兑"之"吉"，信志也。

"来兑"之"凶"，位不当也。

"九四"之"喜"，有庆也。

"孚于剥"，位正当也。

"上六，引兑"，未光也。

"初六"之"吉"，顺也。

"涣奔其机"，得愿也。

"涣其躬"，志在外也。

"涣其群，元吉"，光大也。

"王居，无咎"，正位也。

"涣其血"，远害也。

"不出户庭"，知通塞也。

"不出门庭，凶"，失时极也。

"不节"之"嗟"，又谁咎也？

"安节"之"亨"，承上道也。

"甘节"之"吉"，居位中也。

"苦节，贞，凶"，其道穷也。

"初九，虞吉"，志未变也。

"其子和之"，中心愿也。

"或鼓或罢"，位不当也。

"马匹亡"，绝类上也。

"有孚挛如"，位正当也。

"翰音登于天"，何可长也？

"飞鸟以凶"，不可如何也。

"不及其君"，臣不可过也。

"从或戕之"，"凶"如何也！

"弗过遇之"，位不当也；"往，厉，必戒"，终不可长也。

"密云不雨"，已上也。

"弗遇过之"，已亢也。

"曳其轮"，义无咎也。

"七日得"，以中道也。

"三年克之"，惫也。

"终日戒"，有所疑也。

"东邻杀牛"，不如西邻之时也；"实受其福"，吉大来也。

"濡其首，厉"，何可久也？

"濡其尾"，亦不知极也。

"九二""贞吉"，中以行正也。

"未济，征凶"，位不当也。

"贞,吉,悔亡",志行也。

"君子之光",其晖"吉"也。

"饮酒""濡""首",亦不知节也。

(四)《文言传》

元者,善之长也;亨者,嘉之会也;利者,义之和也;贞者,事之干也。君子体仁足以长人,嘉会足以合礼,利物足以和义,贞固足以干事。君子行此四德者,故曰:"乾,元、亨、利、贞。"

初九曰"潜龙勿用",何谓也? 子曰:"龙德而隐者也。不易乎世,不成乎名,遁世无闷,不见是而无闷。乐则行之,忧则违之,确乎其不可拔,潜龙也。"

九二曰"见龙在田,利见大人",何谓也? 子曰:"龙德而正中者也。庸言之信,庸行之谨,闲邪存其诚,善世而不伐,德博而化。《易》曰:'见龙在田,利见大人。'君德也。"

九三曰"君子终日乾乾,夕惕若,厉无咎",何谓也? 子曰:"君子进德修业。忠信,所以进德也;修辞立其诚,所以居业也。知至至之,可与几也;知终终之,可与存义也。是故居上位而不骄,在下位而不忧。故乾乾因其时而惕,虽危无咎矣。"

九四曰"或跃在渊,无咎",何谓也? 子曰:"上下无常,非为邪也;进退无恒,非离群也。君子进德修业,欲及时也,故无咎。"

九五曰"飞龙在天,利见大人",何谓也? 子曰:"同声相应,同气相求;水流湿,火就燥,云从龙,风从虎。圣人作而万物睹。本乎天者亲上,本乎地者亲下,则各从其类也。"

上九曰"亢龙有悔",何谓也? 子曰:"贵而无位,高而无民,贤人在下位而无辅,是以动而有悔也。"

"潜龙勿用",下也;"见龙在田",时舍也;"终日乾乾",行事也;"或跃在渊",自试也;"飞龙在天",上治也;"亢龙有悔",穷之灾也;"乾元""用九",天下治也。

"潜龙勿用",阳气潜藏;"见龙在田",天下文明;"终日乾乾",与时偕行;"或跃在渊",乾道乃革;"飞龙在天",乃位乎天德;"亢龙有悔",与时偕极;"乾元用九",乃见天则。

"乾元"者,始而"亨"者也。"利贞"者,性情也。"乾"始能以美"利"天下,不言所"利",大矣哉! 大哉"乾"乎! 刚健中正纯粹精也。六爻发挥,旁通情也。时乘六龙,以御天也。云行雨施,天下平也。君子以成德为行,日可见之行也。"潜"之为言也,隐而未见,行而未成,是以君子弗用也。君子学以聚之,问以辩之,宽以居之,仁以行之。《易》曰:"见龙在田,利见大人。"君德也。九三重刚而不中,上不在天,下不在田。故"乾乾"因其时而"惕",虽"危,无咎"矣。九四重刚而不中,上不在天,下不在田,中不在人,故"或"之。"或"之者,疑之也,故"无咎"。夫"大人"者,与天地合其德,与日月合其明,与四时合其序,与鬼神合其吉凶。先天而天弗违,后天而奉天时。天且弗违,而况于人乎? 况于鬼神乎?"亢"之为言也,知进而不知退,知存而不知亡,知得而不知丧。其唯圣人乎? 知进退存亡而不失其正者,其唯圣人乎!

坤至柔而动也刚,至静而德方,后得主而有常,含万物而化光。坤道其顺乎! 承天而时行。积善之家,必有余庆;积不善之家,必有余殃。臣弑其君,子弑其父,非一朝一夕之故,其所由来者渐矣,由辩之不早辩也。《易》曰:"履霜,坚冰至。"盖言顺也。

"直",其正也;"方",其义也。君子敬以"直"内,义以"方"外,敬义立而德不孤。"直方,大,不习,无不利",则不疑其所行也。

阴虽有美,"含"之;以"从王事",弗敢成也。地道也,妻道也,臣道也。地道"无成",而代"有终"也。

天地变化,草木蕃;天地闭,贤人隐。《易》曰:"括囊,无咎无誉。"盖言谨也。

君子黄中通理,正位居体。美在其中,而畅于四支,发于事业——美之至也!

阴疑于阳,必战,为其嫌于无阳也,故称"龙"焉。犹未离其类也,故称"血"焉。夫"玄黄"者,天地之杂也——天"玄"而地"黄"。

(五)《系辞传》

《系辞传》上

天尊地卑,乾坤定矣。卑高以陈,贵贱位矣。动静有常,刚柔断矣。方以类聚,物以群分,吉凶生矣。在天成象,在地成形,变化见矣。是故刚柔相摩，八卦相荡。鼓之以雷霆，润之以风雨；日月运行，一寒一暑。乾道成男，坤道成女。乾知大始，坤作成物。乾以易知，坤以简能。易则易知，简则易从。易知则有亲，易从则有功。有亲则可久，有功则可大。可久则贤人之德，可大则贤人之业。易简而天下之理得矣。天下之理得而成位乎其中矣。

圣人设卦观象，系辞焉而明吉凶，刚柔相推而生变化。是故吉凶者，失得之象也。悔吝者，忧虞之象也。变化者，进退之象也。刚柔者，昼夜之象也。六爻之动，三极之道也。是故君子所居而安者，《易》之序也。所乐而玩者，爻之辞也。是故君子居则观其象而玩其辞，动则观其变而玩其占。是以自天佑之，吉无不利。

彖者，言乎象者也。爻者，言乎变者也。吉凶者，言乎其失得也。悔吝者，言乎其小疵也。无咎者，善补过也。是故列贵贱者存乎位，齐小大者存乎卦，辩吉凶者存乎辞，忧悔吝者存乎介，震无咎者存乎悔。是故卦有小大，辞有险易。辞也者，各指其所之。

《易》与天地准，故能弥纶天地之道。仰以观于天文，俯以察于地理，是故知幽明之故；原始反终，故知死生之说；精气为物，游魂为变，是故知鬼神之情状。与天地相似，故不违；知周乎万物而道济天下，故不过；旁行而不流，乐天知命，故不忧；安土敦乎仁，故能爱。范围天地之化而不过，曲成万物而不遗，通乎昼夜之道而知，故神无方而《易》无体。

一阴一阳之谓道，继之者善也，成之者性也。仁者见之谓之仁，知者见之谓之知，百姓日用而不知，故君子之道鲜矣！显诸仁，藏诸用，鼓万物而不与圣人同忧，盛德大业至矣哉！富有之谓大业，日新之谓盛德。生生之谓易，成象之谓乾，效法之谓坤，极数知来之谓占，通变之谓事，阴阳不测之谓神。

夫《易》广矣大矣！以言乎远则不御，以言乎迩则静而正，以言乎天地之间则备矣。夫乾，其静也专，其动也直，是以大生焉。夫坤，其静也翕，其动也辟，是以广生焉。广大配天地，变通配四时，阴阳之义配日月，易简之善配至德。

子曰："《易》其至矣乎！夫《易》，圣人所以崇德而广业也。知崇礼卑，崇效天，卑法地。天地设位而《易》行乎其中矣！成性存存，道义之门。"圣人有以见天下之赜，而拟诸其形容，象其物宜，是故谓之象。圣人有以见天下之动，而观其会通，以行其典礼，系辞焉以断其吉凶，是故谓之爻。言天下之至赜而不可恶也，言天下之至动而不可乱也。拟之而后言，议之而后动，拟议以成其变化。

"鸣鹤在阴，其子和之；我有好爵，吾与尔靡之。"子曰："君子居其室，出其言善，则千里之外应之，况其迩者乎？居其室，出其言不善则千里之外违之，况其迩者乎？言出乎身，加乎民；行发乎迩，见乎远。言行，君子之枢机，枢机之发，荣辱之主也。言行，君子之所以动天地也，可不慎乎？"

"同人，先号咷而后笑。"子曰："君子之道，或出或处，或默或语。二人同心，其利断金，同心之言，其臭如兰。"

"初六，藉用白茅，无咎。"子曰："苟错诸地而可矣，藉之用茅，何咎之有？慎之至也。夫茅之为物薄而用可重也，慎斯术也以往，其无所失矣！"

"劳谦，君子有终，吉。"子曰："劳而不伐，有功而不德，厚之至也。语以其功下人者也。德言盛，礼言恭；谦也者，致恭以存其位者也。"

"亢龙有悔。"子曰："贵而无位，高而无民，贤人在下位而无辅，是以动而有悔也。"

"不出户庭，无咎。"子曰："乱之所生也，则言语以为阶。君不密则失臣，臣不密则失身，几事不密则害成。是以君子慎密而不出也。"

子曰："作《易》者其知盗乎？《易》曰：'负且乘，致寇至。'负也者，小人之事也。乘也者，君子之器也。小人而乘君子之器，盗思夺之矣；上慢下暴，盗思伐之矣。慢藏诲盗，冶容诲淫。《易》曰：'负且乘，致寇至。'盗之招也。"

大衍之数五十，其用四十有九。分而为二以象两，挂一以象三，揲之以四以象四时，归奇于扐以象闰；五岁再闰，故再扐而后挂。天一，地二，天三，地四，天五，地六，天七，地八，天九，地十。天数五，地数五，五位相得，而各有合。天数二十有五，地数三十，凡天地之数五十有五，此所以成变化而行鬼神也。

乾之策，二百一十有六；坤之策，百四十有四。凡三百有六十，当期之日。二篇之策，万有一千五百二十，当万物之数也。是故四营而成《易》，十有八变而成卦，八卦而小成。引而伸之，触类而长之，天下之能事毕矣。显道神德行，是故可与酬酢，可与佑神矣。子曰："知变化之道者，其知神之所为乎？"

《易》有圣人之道四焉：以言者尚其辞，以动者尚其变，以制器者尚其象,以卜筮尚其占。是以君子将有为也,将有行也,问焉而以言,其受命也如响。无有远近幽深,遂知来物。非天下之至精,其孰能与于此? 参伍以变,错综其数,通其变,遂成天地之文;极其数,遂定天下之象。非天下之至变,其孰能与于此?《易》无思也,无为也,寂然不动,感而遂通天下之故。非天下之至神,其孰能与于此? 夫《易》,圣人之所以极深而研几也。唯深也,故能通天下之志;唯几也,故能成天下之务;唯神也,故不疾而速,不行而至。子曰"《易》有圣人之道四焉"者,此之谓也。

子曰:"夫《易》何为者也? 夫《易》开物成务,冒天下之道,如斯而已者也。"是故圣人以通天下之志,以定天下之业,以断天下之疑。是故蓍之德圆而神,卦之德方以知,六爻之义易以贡。圣人以此洗心,退藏于密,吉凶与民同患。神以知来,知以藏往,其孰能与于此哉? 古之聪明睿知,神武而不杀者夫。是以明于天之道,而察于民之故,是兴神物以前民用。圣人以此齐戒,以神明其德夫。是故阖户谓之坤,辟户谓之乾;一阖一辟谓之变,往来不穷谓之通;见乃谓之象,形乃谓之器;制而用之谓之法,利用出入、民咸用之谓之神。

是故《易》有太极,是生两仪,两仪生四象,四象生八卦,八卦定吉凶,吉凶生大业。是故法象莫大乎天地,变通莫大乎四时,县象著明莫大乎日月,崇高莫大乎富贵。备物致用,立成器以为天下利,莫大乎圣人。探赜索隐,钩深致远,以定天下之吉凶,成天下之亹亹者,莫大乎蓍龟。是故天生神物,圣人则之;天地变化,圣人效之;天垂象,见吉凶,圣人象之。河出图,洛出书,圣人则之。《易》有四象,所以示也;系辞焉,所以告也;定之以吉凶,所以断也。

《易》曰:"自天佑之,吉无不利。"子曰:"佑者,助也,天之所助者顺也,人之所助者信也,履信思乎顺,又以尚贤也。是以'自天佑之,吉无不利'也。"

子曰:"书不尽言,言不尽意。"然则圣人之意,其不可见乎? 子曰:"圣人立象以尽意,设卦以尽情伪,系辞焉以尽其言,变而通之以尽利,鼓之舞之以尽神。"

乾坤,其《易》之缊邪? 乾坤成列,而《易》立乎其中矣。乾坤毁,则无以见《易》。《易》不可见,则乾坤或几乎息矣。是故形而上者谓之道,形而下者谓之器,化而裁之谓之变,推而行之谓之通,举而错之天下之民谓之事业。

是故夫象，圣人有以见天下之赜，而拟诸其形容，象其物宜，是故谓之象。圣人有以见天下之动，而观其会通，以行其典礼，系辞焉以断其吉凶，是故谓之爻。极天下之赜者存乎卦，鼓天下之动者存乎辞，化而裁之存乎变，推而行之存乎通，神而明之存乎其人，默而成之，不言而信，存乎德行。

《系辞传》下

八卦成列，象在其中矣；因而重之，爻在其中矣。刚柔相推，变在其中矣；系辞焉而命之，动在其中矣。吉凶悔吝者，生乎动者也。刚柔者，立本者也；变通者，趣时者也。吉凶者，贞胜者也；天地之道，贞观者也；日月之道，贞明者也；天下之动，贞夫一者也。夫乾，确然示人易矣；夫坤，隤然示人简矣。爻也者，效此者也；象也者，像此者也。爻象动乎内，吉凶见乎外，功业见乎变，圣人之情见乎辞。天地之大德曰生，圣人之大宝曰位。何以守位？曰仁。何以聚人？曰财。理财正辞，禁民为非，曰义。

古者包牺氏之王天下也，仰则观象于天，俯则观法于地，观鸟兽之文，与地之宜。近取诸身，远取诸物。于是始作八卦，以通神明之德，以类万物之情。作结绳而为罔罟，以佃以渔，盖取诸离。包牺氏没，神农氏作。斲木为耜，揉木为耒，耒耨之利，以教天下，盖取诸益。日中为市，致天下之民，聚天下之货，交易而退，各得其所，盖取诸噬嗑。神农氏没，黄帝、尧、舜氏作。通其变，使民不倦；神而化之，使民宜之。《易》，穷则变，变则通，通则久。是以"自天佑之，吉无不利"。黄帝、尧、舜垂衣裳而天下治，盖取诸乾、坤。刳木为舟，剡木为楫，舟楫之利以济不通；致远以利天下，盖取诸涣。服牛乘马，引重致远，以利天下，盖取诸随。重门击柝，以待暴客，盖取诸豫。断木为杵，掘地为臼，臼杵之利，万民以济，盖取诸小过。弦木为弧，剡木为矢，弧矢之利，以威天下，盖取诸睽。上古穴居而野处，后世圣人易之以宫室；上栋下宇，以待风雨，盖取诸大壮。古之葬者，厚衣之以薪，葬之中野，不封不树，丧期无数；后世圣人易之以棺椁，盖取诸大过。上古结绳而治，后世圣人易之以书契，百官以治，万民以察，盖取诸夬。

是故《易》者象也，象也者像也，彖者材也，爻也者效天下之动者也。是故吉凶生而悔吝著也。

阳卦多阴，阴卦多阳，其故何也？阳卦奇，阴卦耦。其德行何也？阳一君而二民，君子之道也。阴二君而一民，小人之道也。

《易》曰："憧憧往来，朋从尔思。"子曰："天下何思何虑？天下同归而殊涂，一致而百虑，天下何思何虑？日往则月来，月往则日来，日月相推而明生焉。寒往则暑来，暑往则寒来，寒暑相推而岁成焉。往者屈也，来者信也，屈信相感而利生焉。尺蠖之屈，以求信也；龙蛇之蛰，以存身也；精义入神，以致用也；利用安身，以崇德也。过此以往，未之或知也。穷神知化，德之盛也。"

《易》曰："困于石，据于蒺藜；入于其宫，不见其妻，凶。"子曰："非所困而困焉，名必辱；非所据而据焉，身必危。既辱且危，死期将至，妻其可得见耶？"

《易》曰："公用射隼于高墉之上，获之，无不利。"子曰："隼者，禽也；弓矢者，器也；射之者，人也。君子藏器于身，待时而动，何不利之有？动而不括，是以出而有获，语成器而动者也。"

子曰："小人不耻不仁，不畏不义，不见利不劝，不威不惩。小惩而大诫，此小人之福也。《易》曰：'屦校灭趾，无咎。'此之谓也。"善不积不足以成名，恶不积不足以灭身。小人以小善为无益而弗为也，以小恶为无伤而弗去也。故恶积而不可掩，罪大而不可解。《易》曰："何校灭耳，凶。"

子曰："危者，安其位者也；亡者，保其存者也；乱者，有其治者也。是故君子安而不忘危，存而不忘亡，治而不忘乱。是以身安而国家可保也。《易》曰：'其亡其亡，系于苞桑。'"

子曰："德薄而位尊，知小而谋大，力小而任重，鲜不及矣。《易》曰：'鼎折足，覆公𫗧，其形渥，凶。'言不胜其任也。"

子曰："知几其神乎？君子上交不谄，下交不渎，其知几乎？几者，动之微，吉之先见者也。君子见几而作，不俟终日。《易》曰：'介于石，不终日，贞吉。'介如石焉，宁用终日，断可识矣！君子知微知彰，知柔知刚，万夫之望。"

子曰："颜氏之子，其殆庶几乎！有不善未尝不知，知之未尝复行也。《易》曰：'不远复，无祗悔，元吉。'天地絪缊，万物化醇；男女构精，万物化生。《易》曰：'三人行，则损一人；一人行，则得其友。'言致一也。"

子曰："君子安其身而后动，易其心而后语，定其交而后求，君子修此三者故全也。危以动，则民不与也；惧以语，则民不应也；无交而求，则民不与也;莫之与,则伤之者至矣。《易》曰:'莫益之,或击之,立心勿恒,凶。'"

子曰:"乾坤,其《易》之门邪?"乾,阳物也;坤,阴物也;阴阳合德而刚柔有体,以体天地之撰,以通神明之德。其称名也,杂而不越,于稽其类,其衰世之意邪?夫易,彰往而察来,而微显阐幽,开而当名辨物,正言断辞则备矣!其称名也小,其取类也大,其旨远,其辞文,其言曲而中,其事肆而隐。因贰以济民行,以明失得之报。

《易》之兴也,其于中古乎?作《易》者,其有忧患乎?是故履,德之基也;谦,德之柄也;复,德之本也;恒,德之固也;损,德之修也;益,德之裕也;困,德之辨也;井,德之地也;巽,德之制也。履和而至,谦尊而光,复小而辨于物,恒杂而不厌,损先难而后易,益长裕而不设,困穷而通,井居其所而迁,巽称而隐。履以和行,谦以制礼,复以自知,恒以一德,损以远害,益以兴利,困以寡怨,井以辩义,巽以行权。

《易》之为书也不可远,为道也屡迁。变动不居,周流六虚,上下无常,刚柔相易,不可为典要,唯变所适。其出入以度,外内使知惧。又明于忧患与故,无有师保,如临父母。初率其辞而揆其方,既有典常,苟非其人,道不虚行。

《易》之为书也,原始要终以为质也。六爻相杂,惟其时物也。其初难知,其上易知:本末也。初辞拟之,卒成之终。若夫杂物撰德,辩是与非,则非其中爻不备。噫!亦要存亡吉凶,则居可知矣。知者观其象辞则思过半矣。二与四同功而异位,其善不同:二多誉,四多惧,近也。柔之为道,不利远者,其要无咎,其用柔中也。三与五同功而异位:三多凶,五多功,贵贱之等也。其柔危,其刚胜邪?

《易》之为书也,广大悉备。有天道焉,有人道焉,有地道焉。兼三才而两之,故六。六者,非它也,三才之道也。道有变动,故曰爻。爻有等,故曰物。物相杂,故曰文。文不当,故吉凶生焉。

《易》之兴也,其当殷之末世,周之盛德邪?当文王与纣之事邪?是故其辞危。危者使平,易者使倾,其道甚大。百物不废,惧以终始,其要无咎。此之谓《易》之道也。

夫乾,天下之至健也,德行恒易以知险;夫坤,天下之至顺也,德行恒简以知阻。能说诸心,能研诸侯之虑,定天下之吉凶,成天下之亹亹者。是故变化云为,吉事有祥;象事知器,占事知来;天地设位,圣人成能;人谋鬼谋,百姓与能。八卦以象告，爻彖以情言，刚柔杂居而吉凶可见矣。变动以利言，吉凶以情迁。是故爱恶相攻而吉凶生，远近相取而悔吝生，情伪相感而利害生。凡《易》之情，近而不相得则凶，或害之，悔且吝。将叛者其辞惭，中心疑者其辞枝。吉人之辞寡，躁人之辞多。诬善之人其辞游，失其守者其辞屈。

（六）《说卦传》

昔者圣人之作《易》也，幽赞于神明而生蓍，参天两地而倚数，观变于阴阳而立卦，发挥于刚柔而生爻，和顺于道德而理于义，穷理尽性以至于命。

昔者圣人之作《易》也，将以顺性命之理。是以立天之道，曰阴与阳；立地之道，曰柔与刚；立人之道，曰仁与义。兼三才而两之，故《易》六画而成卦；分阴分阳，迭用柔刚，故《易》六位而成章。

天地定位，山泽通气，雷风相薄，水火不相射，八卦相错。数往者顺，知来者逆，是故《易》逆数也。

雷以动之，风以散之，雨以润之，日以烜之，艮以止之，兑以说之，乾以君之，坤以藏之。

帝出乎震，齐乎巽，相见乎离，致役乎坤，说言乎兑，战乎乾，劳乎坎，成言乎艮。万物"出乎震"，震，东方也。"齐乎巽"，巽，东南也。"齐"也者，言万物之絜齐也。"离"也者，明也，万物皆"相见"，南方之卦也；圣人南面而听天下，向明而治，盖取诸此也。坤也者，地也，万物皆致养焉，故曰"致役乎坤"。兑，正秋也，万物之所说也，故曰"说言乎兑"。"战乎乾"，乾，西北之卦也，言阴阳相薄也。坎者，水也，正北方之卦也；劳卦也，万物之所归也，故曰"劳乎坎"。艮，东北之卦也，万物之所成终而所成始也，故曰"成言乎艮"。

神也者，妙万物而为言者也。动万物者莫疾乎雷，挠万物者莫疾乎风，燥万物者莫熯乎火，说万物者莫说乎泽，润万物者莫润乎水，终万物始万物者莫盛乎艮。故水火相逮，雷风不相悖，山泽通气，然后能变化，既成万物也。

乾，健也；坤，顺也；震，动也；巽，入也；坎，陷也；离，丽也；艮，止也；兑，说也。

乾为马，坤为牛，震为龙，巽为鸡，坎为豕，离为雉，艮为狗，兑为羊。

乾为首,坤为腹,震为足,巽为股,坎为耳,离为目,艮为手,兑为口。

乾,天也,故称乎父;坤,地也,故称乎母;震一索而得男,故谓之长男;巽一索而得女,故谓之长女;坎再索而得男,故谓之中男;离再索而得女,故谓之中女;艮三索而得男,故谓之少男;兑三索而得女,故谓之少女。

乾为天、为圜、为君、为父、为玉、为金、为寒、为冰、为大赤、为良马、为老马、为瘠马、为驳马、为木果。

坤为地、为母、为布、为釜、为吝啬、为均、为子母牛、为大舆、为文、为众、为柄、其于地也为黑。

震为雷、为龙、为玄黄、为敷、为大涂、为长子、为决躁、为苍筤竹、为萑苇、其于马也为善鸣、为馵足、为作足、为的颡、其于稼也为反生、其究为健、为蕃鲜。

巽为木、为风、为长女、为绳直、为工、为白、为长、为高、为进退、为不果、为臭、其于人也为寡发、为广颡、为多白眼、为近利市三倍、其究为躁卦。

坎为水、为沟渎、为隐伏、为矫輮、为弓轮、其于人也为加忧、为心病、为耳痛、为血卦、为赤、其于马也为美脊、为亟心、为下首、为薄蹄、为曳、其于舆也为多眚、为通、为月、为盗、其于木也为坚多心。

离为火、为日、为电、为中女、为甲胄、为戈兵、其于人也为大腹、为乾卦、为鳖、为蟹、为蠃、为蚌、为龟、其于木也为科上槁。

艮为山、为径路、为小石、为门阙、为果蓏、为阍寺、为指、为狗、为鼠、为黔喙之属、其于木也为坚多节。

兑为泽、为少女、为巫、为口舌、为毁折、为附决、其于地也为刚卤、为妾、为羊。

(七)《序卦传》

有天地,然后万物生焉。盈天地之间者唯万物,故受之以屯;屯者盈也,屯者物之始生也。物生必蒙,故受之以蒙;蒙者蒙也,物之稚也。物稚不可不养也,故受之以需;需者饮食之道也。饮食必有讼,故受之以讼。讼必有众起,故受之以师;师者众也。众必有所比,故受之以比。比者比也,比必有所畜,故受之以小畜。物畜然后有礼,故受之以履。履而泰然后安,故受之以泰,泰者通也。物不可以终通,故受之以否。物不可以终否,故受之以同人。与人同者,物必归焉,故受之以大有。有大者,不可以盈,故受之以谦。

有大而能谦必豫,故受之以豫。豫必有随,故受之以随。以喜随人者必有事,故受之以蛊,蛊者事也。有事而后可大,故受之以临,临者大也。物大然后可观,故受之以观。可观而后有所合,故受之以噬嗑,嗑者合也。物不可以苟合而已,故受之以贲;贲者饰也。致饰然后亨则尽矣,故受之以剥;剥者剥也。物不可以终尽,剥穷上反下,故受之以复。复则不妄矣,故受之以无妄。有无妄然后可畜,故受之以大畜。物畜然后可养,故受之以颐;颐者养也。不养则不可动,故受之以大过。物不可以终过,故受之以坎;坎者陷也。陷必有所丽,故受之以离;离者丽也。

有天地,然后有万物;有万物,然后有男女;有男女,然后有夫妇;有夫妇,然后有父子;有父子,然后有君臣;有君臣,然后有上下;有上下,然后礼义有所错。夫妇之道不可以不久也,故受之以恒;恒者久也。物不可以久居其所,故受之以遁;遁者退也。物不可以终遁,故受之以大壮。物不可以终壮,故受之以晋;晋者进也。进必有所伤,故受之以明夷;夷者伤也。伤于外者必反其家,故受之以家人。家道穷必乖,故受之以睽;睽者乖也。乖必有难,故受之以蹇;蹇者难也。物不可以终难,故受之以解;解者缓也。缓必有所失,故受之以损。损而不已必益,故受之以益。益而不已必决,故受之以夬。夬者决也。决必有所遇,故受之以姤;姤者遇也。物相遇而后聚,故受之以萃;萃者聚也。聚而上者谓之升,故受之以升。升而不已必困,故受之以困。困乎上者必反下,故受之以井。井道不可不革,故受之以革。革物者莫若鼎,故受之以鼎。主器者莫若长子,故受之以震;震者动也。物不可以终动,止之,故受之以艮;艮者止也。物不可以终止,故受之以渐;渐者进也。进必有所归,故受之以归妹。得其所归者必大,故受之以丰;丰者大也。穷大者必失其居,故受之以旅。旅而无所容,故受之以巽;巽者入也。入而后说之,故受之以兑;兑者说也。说而后散之,故受之以涣;涣者离也。物不可以终离,故受之以节。节而信之,故受之以中孚。有其信者必行之,故受之以小过。有过物者必济,故受之以既济。物不可穷也,故受之以未济终焉。

(八)《杂卦传》

乾刚坤柔,比乐师忧;临观之义,或与或求。屯见而不失其居,蒙杂而著。震,起也;艮,止也。损、益,盛衰之始也。大畜,时也;无妄,灾也。萃聚而升不来也,谦轻而豫怠也。噬嗑,食也;贲,无色也。兑见而巽伏也。随,无故也;蛊,则饬也。剥,烂也;复,反也。晋,昼也;明夷,诛也。井通而困相遇也。咸,速也;恒,久也。涣,离也;节,止也。解,缓也;蹇,难也。睽,外也;家人,内也。否、泰,反其类也。大壮则止,遁则退也。大有,众也;同人,亲也。革,去故也;鼎,取新也。小过,过也;中孚,信也。丰,多故也;亲寡,旅也。离上而坎下也。小畜,寡也;履,不处也。需,不进也;讼,不亲也。大过,颠也;姤,遇也,柔遇刚也。渐,女归待男行也。颐,养正也;既济,定也。归妹,女之终也;未济,男之穷也。夬,决也,刚决柔也:君子道长,小人道忧也。

修订版后记

《〈周易〉经传十五讲》一书初版于 2004 年 9 月。撰写此书时，正值"非典"，笔者禁足于西三旗育新寓所，闭户不出，埋头苦干，其成书也速，不成熟处亦不少。这次重版，最为突出的是对第四、五、六、七讲的卦爻辞部分以及附录部分经文的断句，作了较大的修改。

《周易》卦爻辞的"元"字，学界一般都作程度副词讲，也有训为"始"的。近几年来，我转而改训为"善"。"小"字经文也常见，我的博士生吴国源认为多当独自为句，我深以为然。"如"字过去常视为词缀，我认为屯、大有、贲、晋、萃这五卦里"屯如邅如"、"厥孚交如威如"、"贲如濡如"、"贲如皤如"、"晋如摧如"、"晋如愁如"、"晋如鼫鼠"、"萃如嗟如"句中的第一个"如"字都当训为"而"，表顺承关系。"恤"字经文 6 见，过去都以忧虑为解，我以为当改释为停止。如此种种，不一而足。所以，经文的断句不得不修改，释义也不得不随之改变。

其他各讲，基本上一仍其旧，只订正了一些错文误字。这些错误，有些是读者在给我的来信中指出的，有些是我的学生在课堂上指出的，有些是我自己发现的。由于我在电脑上随时订正，没有及时加注，以致到今天修订时已说不清指正者是谁了。这里我只能对这些"无名英雄"们表示由衷的感谢。

我的朋友如郭彧等，还指出了本书其他的一些问题，这次修订，也来不及作更大的改动，只能有待于来日。

从初版到重版的八年，我发表了如下一些与《周易》有关的论文，有兴趣者可以参考。

1.《楚简〈周易〉豫卦再释》，《出土文献研究》第 6 集，上海：上海古籍出版社，2004 年 12 月。

2.《〈吕绍纲易学文选〉序》，《〈周易〉的哲学精神——吕绍纲易学文选》,上海:上海古籍出版社,2005 年 1 月。

3.《〈周易〉惕义考——传世文献与出土简帛的互证》,《国际易学研究》第八辑,北京:华夏出版社,2005 年。

4.《楚简〈周易〉遯卦六二爻辞新释》,《周易研究》2005 年第 4 期。

5.《楚简〈周易〉联卦新释》,《周易研究》2006 年第 4 期。

6.《释〈周易〉之“童”》,《周易研究》2007 年第 1 期

7.《〈周易·乾〉卦新释》,《社会科学战线》2008 年第 3 期。

8.《从“乾”、“坤”的本字论〈周易〉的哲学内涵》,成均馆大学儒教文化研究所《儒教文化研究》国际版第 9 辑,2008 年 2 月。

9.《帛书〈要〉篇“夫子老而好易”章新释》,《周易研究》2008 年第 4 期。

10.《周易蒙卦新释》,《国际易学研究》第 10 辑,北京:中国戏剧出版社,2008 年。

11.《〈周易·夬〉卦九二爻辞新释》,《中华国学研究》创刊号,2008 年 10 月。

12.《从新出简帛释〈周易·萃〉卦初六爻辞》,《湖北大学学报》(哲学社会科学版)2009 年第 1 期。

13.《〈帛书要篇校释〉序》,《周易研究》2009 年第 4 期。

14.《〈周易系辞传〉乾专直新释》,郑吉雄主编《周易经传文献新诠》,台湾大学出版中心,2010 年 1 月。

15.《〈周易·晋〉卦爻辞新释》,《社会科学战线》2010 年第 4 期。

16.《〈周易〉比、履、离、泰四卦爻辞零释》,《周易研究》2010 年第 5 期。

17.《〈周易本义〉(点校本)前言》,《炎黄文化研究》第 11 辑,郑州:大象出版社,2010 年 11 月。

18.《〈周易〉释“艰”》,《周易研究》2011 年第 4 期。

19.《〈左传〉、〈国语〉易筮言“八”解》,《国学学刊》2012 年第 1 期。

20.《帛书〈要〉篇补释》,《周易研究》2012 年第 4 期。

廖名春
2012 年 8 月于北京回龙观